本书为国家社科基金重点项目"新媒体与市场环境下文化资本的伦理义务研究（16AZX022）"的最终成果

文化资本的伦理义务

魏则胜 ○ 著

Ethical Obligations of
Cultural Capital

中国社会科学出版社

图书在版编目（CIP）数据

文化资本的伦理义务／魏则胜著．—北京：中国社会科学出版社，2022.9
ISBN 978-7-5227-0535-4

Ⅰ.①文… Ⅱ.①魏… Ⅲ.①文化经济学 Ⅳ.①G05

中国版本图书馆 CIP 数据核字（2022）第 128996 号

出 版 人	赵剑英
责任编辑	杨晓芳
责任校对	王　冉
责任印制	王　超

出　　版	中国社会科学出版社
社　　址	北京鼓楼西大街甲 158 号
邮　　编	100720
网　　址	http://www.csspw.cn
发 行 部	010-84083685
门 市 部	010-84029450
经　　销	新华书店及其他书店
印　　刷	北京明恒达印务有限公司
装　　订	廊坊市广阳区广增装订厂
版　　次	2022 年 9 月第 1 版
印　　次	2022 年 9 月第 1 次印刷
开　　本	710×1000　1/16
印　　张	25
插　　页	2
字　　数	325 千字
定　　价	129.00 元

凡购买中国社会科学出版社图书，如有质量问题请与本社营销中心联系调换
电话：010-84083683
版权所有　侵权必究

前　　言

　　20世纪以来发生了一系列影响人类文明发展方式的重大事件，文化事件是其中一部分。它的作用深入社会发展动力机制的根源，与其他力量一起，在不知不觉中，不可阻挡地按照自己的方式创设社会发展的逻辑。几个世纪以来不间断的思想启蒙运动终于迎来现代人的文化意识觉醒。文化意识觉醒的标志是文化主体性的确立。尽管文化主体性不断遭到各种挑战，人们不再将渐进形成并固化的文化模式当作理所当然的存在，而是在坚持物质本体论的基础上，认识到人是文化的主体，通过反思精神结构的形成与再生产机制，努力寻求促进精神结构更加完善的途径。不过，文化意识的觉醒所带来的后果，并不仅仅是人们对于精神结构再生产机制的创建。当文化的巨大价值成为现代社会普遍共识的时候，它进入了被多种力量主宰发展方式的时代，文化权力因此产生。所谓文化权力，是指个人或组织所拥有的通过文化价值的发现和运用，将文化当作获取某种利益、达成某些目标的手段或工具的权力。拥有文化权力的主体称为文化权力主体。文化权力并不是一个独立的权力形态，更不是指文化本身具有何种权力，而是指各种社会力量所具有的文化使用权与文化发展权。

　　文化权力是文化资本运作的前提条件。所谓文化资本，就是各种文化权力主体在运行其文化权力进行文化生产、文化传播和文化消费时所投入的人力、物力、权力、财力等资源构成的资本。在文化生产领域投入的资本称作文化生产资本；在文化传播领域投入的资本称作文化传播资本；在文化消费领域投入的资本称作文化消费资本。关于文化资本的最初论述，源于马克思的著作《资本论》中有关劳动力商品的价值构成理论，认为劳动力价值的文化投入使得文化成为资本要素。"文化资本"作为学术范畴，首先是由法国社会学家皮埃尔·布迪厄于20世纪70年代初创立。英国的文化研究思潮、法兰克福学派以及20世纪80年代后中国的文化研究，从教育资本、政治资本以及产业资本的角度切入，深入研究文化在现代社会对于个人精神结构和公共精神结构的建构意义及伦理义务。近十年来我国学术界试图将道德意识注入文化意识，运用伦理学原理，为文化自由立法，确立文化行动的伦理准则，明确文化资本对于社会公共精神生活和个人精神结构的再生产所应当担负的伦理义务。由此，文化资本的伦理义务，成为伦理学研究必须给予足够重视的时代论题。

　　文化资本的伦理义务，是指文化资本的主导者进行文化生产、文化传播以及文化消费的行为遵守伦理原则和伦理规则的义务。研究成果的学术价值在于，丰富伦理学基础理论，创新文化资本伦理义务的研究思路，拓展伦理学研究的理论边界；以文化资本为切入点，研究文化实践理性的完善逻辑，创制了文化资本运作行为应该遵循的伦理原则，确定文化价值关系中的主体行动应该遵循的伦理规范，在此基础上拓展伦理学基础理论；为当代中国社会的文化治理提供理论参照，确立文化价值关系的伦理准则，为人的精神生活设置道德路标；为社会个体的文化行为设立伦理准则，改变文化价值关系模式，为文化价值关系中文化主体的行为设置方向和路标。

　　文化资本的伦理原则包括以下几个方面。一是文化契约原则。文化资本运作行为所要遵循的契约原则,即文化契约原则,是指所有文化权力主体运作文化资本的行为,以尊重文化价值关系中的行为主体的自由、自主、自觉、自愿为前提,通过引诱、控制、成瘾、欺骗、胁迫等手段减弱文化关系主体独立思考的能力和分辨能力而得到某种结果的行为,都不可接受。二是文化集体主义原则,文化集体主义原则是指文化权力主体在配置文化资本时,应该优先将文化资本运用于那些出于完善公共精神结构和个人精神结构、出于人类长远利益考虑、出于维护广大人民利益而进行的文化生产、文化传播与文化消费行为;保护那些为广大人民群众的物质利益和精神利益而进行的文化生产、文化传播与文化消费的行动主体,并为他们实现文化目标尽可能提供保障条件。三是文化公平原则。文化公平原则,是对于文化价值关系中各种文化权力主体运用文化资本权力的形式进行规定,它是指文化权力主体运用文化资本达到某种目的包括完善精神结构目的时,不能追求文化权力垄断,不能谋求文化霸权,尽力扩大文化生产关系的范围,尽可能将更多的人纳入文化生产、传播与消费环节,提升文化主体的文化生产力和消费能力,提升全民受教育程度,尽力做到在社会公众中进行公平的文化资源分配,从而尽可能将更多的人纳入精神结构完善的行动中。四是文化先进原则。文化先进原则,是指文化资本进行文化生产、文化传播和文化消费行动时,应该生产、传播和消费先进文化,拒绝落后文化;任何生产、传播和消费落后文化的行为,无论为了什么目的,都属于不正当的文化行为。五是文化意愿善良原则。文化意愿善良原则,是指文化权力主体进行文化资本运作时,无论是为了什么样的目的,无论是准备采取什么样的手段或方法达到目的,都应该出自善良的意愿,首先要让那些支配自己进行目的预期和方法设计的意愿,经受善良与否的审查,要用强力意志调控自己的情感、认知、观念和行动,从而保证自己不作恶。

文化生产资本需要承担的伦理义务，一是生产先进文化的规则；二是维护社会共同体。文化资本的公共权力主体、商业主体、教育主体以及个人主体，在具体的文化价值关系中，以不同的方式承担文化生产义务，遵循相应的伦理规则。

文化传播资本需要承担相应的伦理义务。公共权力机构运作文化资本传播文化应该遵循的伦理规则体现在以下几个方面。一是目标选择。公共权力主体运作文化资本进行文化传播，应该选择那些有利于完善和发展精神结构的工作目标。二是文本审验。公共权力主体应该选择先进文化文本进入传播领域。三是环境治理。公共权力主体应该投入资本为文化传播创造一个优良环境。

文化消费资本需要承担相应的伦理义务。文化生产与文化消费的相互转化。文化消费的特殊性在于，文化消费过程也是生产过程，只不过文化消费环节的生产，其"产品"是文化消费主体的精神结构。理性层级的文化消费，本质是理性结构的生产过程，通过文化消费，个体理性结构发生改变，理性能力得到提升。通过知性层级和理性层级的文化消费，人的精神结构发生变化，精神生产力有可能因此得到提升。

伦理为文化资本行为设置的目的是，以个人精神结构和公共精神结构的完善为目的，精神结构的完善构成了文化资本运作的终极目的，这是关于文化资本行为目的的伦理规定。人有三种存在方式即自然存在、社会存在和精神存在，人的精神结构因为文化的不断输入而不断改变内容和生产能力。每个文化权力主体，对于个人精神结构以及公共精神结构的生产、发展和完善，都负有伦理责任，都需要接受伦理原则的指导，遵守伦理规则，从而将人从"自然人"转变为"文化人"，并成为人类文明不断进化的主体条件。

目　录

第一章　文化资本伦理义务研究的实践基础与理论源流 …………… 1
　第一节　什么是文化研究 ……………………………………………… 2
　第二节　西方社会的文化研究 ………………………………………… 9
　第三节　现当代中国的文化研究 ……………………………………… 13
　第四节　追寻核心价值：文化资本的伦理义务研究 ………………… 26

第二章　精神与文化的双向生产 ……………………………………… 33
　第一节　文化存在与发展的物质条件：物质生产 …………………… 34
　第二节　文化存在与发展的精神条件：精神生产 …………………… 37
　第三节　精神活动是个体意识活动的高级阶段 ……………………… 39
　第四节　文化生产精神结构的条件——文化功能 …………………… 41
　第五节　文化输入生产个体精神结构 ………………………………… 49
　第六节　文化共同化生产公共精神结构 ……………………………… 52
　第七节　精神结构生产的文化主体与客观条件 ……………………… 54

第三章　文化资本的伦理原则 ………………………………………… 63
　第一节　文化资本及其属性 …………………………………………… 63

第二节	文化资本伦理义务的发现与发明 …………………………	67
第三节	文化资本运作行为的伦理目的预设：完善精神结构 ……	85
第四节	文化资本运作行为遵循的伦理原则：伦理目的的	
	实现条件 …………………………………………………	90

第四章 文本生产资本的伦理义务 …………………………… 103
  第一节 文化资本的文本生产 ………………………………… 104
  第二节 文化资本生产的文本信息应当符合先进标准要求 …… 108
  第三节 文化资本生产的文本信息应该维护和完善社会
           共同体 ……………………………………………………… 128

第五章 文化传播资本的伦理义务 …………………………… 155
  第一节 新媒体与市场环境下文化传播方式革命以及
           网络文化市场的形成 …………………………………… 156
  第二节 文化传播资本及其运作主体 …………………………… 160
  第三节 文化传播资本运作应该遵守的伦理规则 ……………… 163

第六章 文化消费资本的伦理义务 …………………………… 187
  第一节 文化消费资本的构成 …………………………………… 188
  第二节 文化生产与文化消费的相互转化 ……………………… 191
  第三节 新媒体与市场环境下的文化消费方式 ………………… 194
  第四节 组织主体运作文化资本进行文化消费应该遵循的
           伦理规则 ………………………………………………… 200
  第五节 文化消费资本个人主体的文化消费行为应该
           遵循的伦理规则 ………………………………………… 207

第七章　网络游戏文本的伦理价值 ……………………… 231
第一节　游戏的本质及其发展 …………………………… 232
第二节　精神生活再生产：网络游戏的影响 …………… 237
第三节　网络游戏文本的伦理义务 ……………………… 249

第八章　网络小说文本的伦理价值 ……………………… 265
第一节　网络小说的发展历程 …………………………… 265
第二节　网络小说的伦理价值 …………………………… 271
第三节　网络小说创作的伦理义务 ……………………… 278

第九章　电视剧文本的伦理价值 ………………………… 303
第一节　电视剧文本的发展历程 ………………………… 304
第二节　文化资本商业主体运作文本的伦理价值分析——以电视剧《甄嬛传》为例 …………………………… 306
第三节　文化资本公共权力主体运作文本的伦理价值分析——以电视剧《山海情》为例 …………………………… 333

第十章　文化立法的伦理义务 …………………………… 352
第一节　我国的文化立法 ………………………………… 352
第二节　我国文化立法的伦理义务 ……………………… 356
第三节　我国文化立法的完善思路 ……………………… 368

参考文献 …………………………………………………… 379

后　记 ……………………………………………………… 387

第一章 文化资本伦理义务研究的实践基础与理论源流

　　文化资本的伦理义务，是指文化资本的主导者进行文化生产、文化传播以及文化消费的行为遵守伦理原则和伦理规则的义务。文化资本的伦理义务研究具有双重价值，即文化价值和伦理价值，它是文化领域的伦理研究，也是伦理领域的文化研究。文化权力已经成为这个时代最重要的权力之一，思想权力作为文化权力的重要形式，始终担负着推动精神生产从而解放思想、开启民智的重任，因此，文化资本的伦理义务研究，就是赋予文化权力主体的文化行为以伦理责任，为文化生产、文化传播与文化消费行为，装载道德指南针。文化资本的伦理义务研究遵循人的主体性与文化本体性相互作用的关系逻辑，探索文化资本如何承担伦理义务从而追寻人的自由而全面发展的目标。

　　基于新媒体和市场环境下展开文化资本伦理义务研究，首先需要回答几个基本问题：什么是文化研究？文化研究从何而来又是如何演变发展的？为什么要进行文化研究？文化研究的主流范式是什么？上述几个问题的答案，是对于文化资本伦理义务研究的对象、文化本体、文化研究的理论变迁路线、文化研究价值以及文化基本研究方法等核心命题的精准陈述，构成新媒体与市场环境下文化资本伦理义务研究的逻辑起点。

第一节　什么是文化研究

文化研究起源于四种研究活动：一是文化人类学研究；二是文学研究；三是文化社会学研究；四是文化政治学研究。四种研究各有逻辑和范式，最后汇聚成文化研究思潮和文化研究范式。他们互相借用彼此的研究方法、叙述话语以及基本概念和思想逻辑，又有各自关注的侧重点。一直到今天，文化研究活动主要存在五种研究范式或理论框架：文化哲学、文化人类学、文化社会学、文化政治学以及文学研究。文化哲学以其他文化研究为基础，进行文化形而上学的研究，为其他研究提供基本概念、思路和方法，但是深受其他研究理论范式的影响。

一　什么是文化

什么是文化，或者说文化是什么，这是所有与文化有关的学术研究必须予以回答的问题。常见的现象是，在"文化是什么"的解答没有得到逻辑和实践经验双重验证的情形下，文化研究行动已经开始，以至研究对象无法锚定，研究过程陷入混乱，研究方法让人迷惑，研究结果让人怀疑。对此，有一种解释是，文化概念众多，莫衷一是，研究者很难在其中选择一个让各方满意或者说已经获得了广泛学术共识或最大学术公约数的概念为己所用。这种解释存在两个认识误区。概念只是思维运用范畴对实践经验加以概括和表述的方式，概念所呈现的对象只能在实践经验中寻找，不可能在纷繁复杂的概念系列中确定研究对象；每一个概念的定义方式，与一定的专业知识框架和话语背景之间存在必然关联，不同的知识框架和话语背景，对于研究对象的表述并不相同，因此在脱离了知识的专业特殊性和话语现场性的情况下讨论某个概念能否正确或准确地表述某个存在，难以获得令人满意的答案。因此，我们回答文化是什么的问题，以及本文后续对于所有问题的解答方式以及基本研究方法，遵循"实践主义"原则，对于这个方法论原则，本文其后会做出详细解释。回到文化是什么这个问题的追问，只有当我们在实践经验中考察这个问题，而不是在理论观点或概念的迷宫中做艰难选择，就可以逐渐明晰这个问题的答案。

长期以来，"文化是什么"的问题让人困惑，尤其是对于那些初次接触文化研究的读者或研究者而言，几百个不同表述的文化概念在为我们走入文化研究领域提供多种路径的同时，也产生了迷茫甚至混乱。走出概念迷阵直接面对实践经验，才是考察"文化是什么"问题唯一有效途径。在《关于费尔巴哈的提纲》一文中，马克思指出："全部社会生活在本质上是实践的。凡是把理论引向神秘主义的神秘东西，都能在人的实践中以及对这种实践的理解中得到合理的解决。"[①] 人类实践活动从哪里开始，"全部人类历史的第一个前提无疑是有生命的个人的存在。"[②] "有生命的个人存在"需要两个条件，一是物质资料的生产与再生产，二是人口的生产与再生产即种族的繁衍。在物质资料再生产实践过程中，另一种再生产同时进行，就是人类的精神再生产。"思想、观念、意识的生产最初是直接与人们的物质活动，与人们的物质交往，与现实生活的语言交织在一起的。人们的想象、思维、精神交往在这里还是人们物质行动的直接产物。表现在某一民族的政治、法律、道德、宗教、形而上学等的语言中的精神生产也是这样。"[③] 可

---

① 《马克思恩格斯选集》第 1 卷，人民出版社 2012 年版，第 135—136 页。
② 《马克思恩格斯选集》第 1 卷，人民出版社 2012 年版，第 146 页。
③ 《马克思恩格斯选集》第 1 卷，人民出版社 2012 年版，第 151—152 页。

见，物质生产实践是精神生产的基础，"因而，意识一开始就是社会的产物，而且只要人们存在着，它就仍然是这种产物"①。但是，意识并不是物质的附庸或始终以消极反映的形式存在，意识是社会的产物，只是指意识活动的内容来自社会，但是意识能动性根源，在于人的主体性，人作为实践主体，是物质生产和精神生产的统一本体。

作为主体的实践形式，物质劳动和精神劳动的分工，是人类历史发展过程中出现的最重大事件，人类文明从此真正走上发展和进步的道路。"分工只是从物质劳动和精神劳动分离的时候起才真正成为分工。从这时候起意识才能现实地想象：它是和现存实践的意识不同的某种东西；它不用想象某种现实的东西就能现实地想象某种东西。从这时候起，意识才能摆脱世界而去构造'纯粹的'理论、神学、哲学、道德等等。"② 考察人类精神生产过程和结果可以发现，精神劳动在与物质劳动分离之后所构造的产物，不仅有纯粹的理论、神学、哲学等知识形态的精神存在，有法律、道德、制度等规范形式的精神存在，还有文学、音乐、绘画、雕刻、舞蹈等艺术形态的精神存在。

人类社会存在与发展形成的各种需要，决定了精神生产的结果或精神产品基本功能或使用价值。一是物质生产价值，即精神产品从科学知识转化为物质生产力，不断推动人类社会物质生产方式的进步，构成人类社会存在与发展的物质基础，满足人们的物质需求；二是以法律、道德等关于规范的观念为前导，建构人类社会的制度体系，不断完善社会治理方式以及人与人之间交往关系，引导行为方式，满足人们的交往需求；三是以全部精神产品作为人类精神生产与再生产资源，满足人类精神存在与精神进步而产生的消费需求。至此，在历史唯物主义实践本体论的指引下，我们终于可以精准回答"文化是什么"

---

① 《马克思恩格斯选集》第 1 卷，人民出版社 2012 年版，第 161 页。
② 《马克思恩格斯选集》第 1 卷，人民出版社 2012 年版，第 162 页。

这个问题：文化，是人类精神生产所创制的直接用来满足人类精神存在与精神进步所产生的各种需求的精神产品。对于文化概念，本文会在后续研究中给予更为详尽的考察，不过，无论怎么解读文化概念，都需要从三个思维路径开始。第一个路径是从文化本源开始。文化来源于人的精神生产，而不是物质生产或其他生产，精神生产与物质生产都是从人的意识能动性开始，但是二者的根本区别在于，精神生产的过程是精神运动的过程，而物质生产的过程是人的意识通过劳动实践作用于物质的过程，因此精神生产的结果是精神产品，物质生产的结果是物质产品。第二个路径是从劳动分工的目的开始。人类劳动之所以出现物质生产活动和精神生产活动，原因就在于人类两类不同的需求赋予劳动不同的目的。人类社会存在与发展，不仅需要物质条件，而且需要精神条件。物质生产活动的结果是物质产品，用以满足人的物质需要；精神生产活动的结果是精神产品，用以满足人的精神需要，即精神存在与发展或完善的需要。第三个路径是从文化存在形式的独特性开始。精神生产的产品以理论知识、规范体系或制度以及艺术等精神形式存在，精神产品的存在，需要借用语言、声音、符号、动作、物体等载体，对精神产品进行呈现、记载和叙述，但是这些载体只是文化的外在形式，而不是文化的内在本质。文化的内在本质是精神属性而不是物质属性。文化的出现，意味着人类文明的漫漫征途由此开启。

二 从文化到文本：文化研究的对象

文化研究从研究对象的确立开始。在中外部分学者看来，界定文化研究的对象和范围非常困难。柯林·斯巴克斯（Colin Spurks）曾经于 1977 年发表的一篇文章中指出："在任何精确的程度上界定文化研究都是极其困难的，给文化研究画一条清晰的线索或说我们从一个侧面发现文化研究的适当领域也是不可能的,指出足以标志文化研究之特征的整齐划一的理论或方法也是不可能的。"① 柯林·斯巴克斯的这个观点,在国内文化研究领域被一再重复,似乎成为共识,可是,如果柯林·斯巴克斯的判断是正确的,无异于判处了文化研究的"死刑"。文化研究的对象、思想历程、研究领域以及独特的理论和方法,是文化研究范式得以确立的基础,如果这些问题没有得到明确的回答,文化研究就不是作为一个思想事实和经验事实而存在,但是,现实却是,文化研究作为一个独立的研究范式并且以学科方式存在着,这足以说明柯林·斯巴克斯的论断是不准确的,或者说是带有强烈个人色彩的独断论。

柯林·斯巴克斯关于文化研究的上述论断之所以存在并得到部分认可,原因在于两个方面。一方面,文化研究者的个人视野、有限经验以及知识储备,必然影响到对于一个极为庞杂的研究活动的知性认识和理性认识。另一方面,文化不是一个僵化的存在,它的生命力与文化的繁荣以及社会发展紧密相关,几十年来,随着文化与社会的不断发展,文化在现当代社会的存在方式逐渐显现出较为清晰的脉络或架构;在文化实践经验的积累以及文化研究的理论沉淀基础上,学术界对于文化概念的内涵与外延基本达成共识。

确定文化研究对象,需要解决的首要问题就是要精准回答"文化是什么"的问题,这个问题,本书已经在上文做出明确回答。仅仅回答文化是什么的问题还无法构成确定文化研究对象、文化研究范围以及问题意识的充足条件,因为这只是从文化本体论框架中通过揭示文化的本质属性而给出文化概念,从文化本质出发认识文化现象,就可以确定文化研究对象。如果文化本质属性没有被探究明白,我们就

---

① 陶东风主编:《文化研究精粹读本》,中国人民大学出版社2006年版,第12—13页。

无法基于本质认识文化现象，或者说无法判断哪些现象才属于文化现象。

没有依据一定标准对文化存在形式进行区分，是造成文化研究对象模糊的另一个重要原因。与物质产品不同的是，精神产品以文本的形式作为基本存在形态。文化文本，就是文化的存在形态，是指以各种符号、行为以及生活方式作为载体，表达、叙述或呈现精神活动过程及结果而产生的社会存在。依据文化在人类生活领域中存在阶段的不同，可以将文化文本划分为叙述文本和社会文本。叙述文本是指存在于精神生产阶段的文化，精神生产的产品以理论知识、规范体系或制度以及艺术等形式存在，精神产品需要借助于或依托于各种载体得到叙述或呈现，这些载体包括语言、声音、符号、动作、物体等，它们对精神产品进行呈现、记载和叙述，构成文化的叙述文本，或呈现文本。按照内容元素，叙述文本分为四类：知识文本、规则文本、艺术文本以及游戏文本。精神生产的知识文本创制能力，是指将认知结果完整呈现和表达的能力，借助于各种符号和载体，将认知结果呈现，这叫作知识文本。精神生产的规则文本创制能力，就是意识能力中实践理性的活动结果的呈现，为行为方式应该如何而制定原则即道理和规则，法律、道德、制度、纪律等属于此类。精神生产的艺术文本创制能力，是指意识活动将情感、认知、再现、想象等活动的结果，通过符号、语言、动作、音像等载体进行完整的单元呈现；艺术文本，是指通过符号、语言、动作、音像和物体等工具，呈现人的情感、认知、再现、想象等意识活动的过程和结果而产生的载体。知识文本来自理论理性活动；规则文本来自实践理性活动；艺术文本是唯一以全部人类心灵能力或意识能力活动为条件而产生的文本形式。在叙述文本中存在一类特殊文本，即游戏文本。游戏是指依据人类的生产劳动和日常生活中经验而创造的、通过个人动作组合或多人行为配合而达到一定目标的娱乐活动。游戏具有以下几个基本特点。一是游戏来自经验，游戏的内容和形式来自生产和生活经验，是对生产和生活领域某些内容进行加工改造而成；二是为了娱乐，游戏唯一的目的就是获得快乐；三是属于精神成果，游戏的内容来自生产或生活经验，但是游戏是精神劳动的产物，不是自然现象；四是规则明确，任何游戏都是依据一定的规则而完成某个目标从而产生快乐。游戏通过各种动作或行为操纵得到呈现，也可以通过文字得到记录或呈现，因此游戏文本的载体是行为和文字，所谓游戏文本，就是以文字和行为呈现游戏过程而形成的文本。游戏文本是一种特殊的叙述文本。

文化文本的另一个形态是社会文本。叙述文本存在于精神生产的第二个环节，即实践活动。当精神活动的过程和结果以叙述文本得到记载、呈现或叙述的时候，意味着精神产品转变为文化文本。所谓社会文本，是指那些负载着特定精神元素或文化内容的行为方式以及一系列行为方式构成的生活方式。需要从三个角度准确理解社会文本。第一，社会文本的存在领域。社会文本并不是存在于精神生产领域，而是精神产品存在于精神生产之外的所有生活领域。第二，社会文本并不是用来叙述文化内容的载体，它是生活本身，是因为一定的生活方式负载了文化内容而成为文化研究的文本。第三，社会文本概念只是相对于文化研究活动而产生的认知结果，也就是说，文化研究在确定研究对象和研究范围时，将那些负载特定文化内容的行为方式以及一系列行为方式构成的生活方式当作研究对象，从而将其文本化。

文化是人类精神生产的结果，这是文化概念的内涵；文化存在形态分为叙述文本和社会文本，这是文化概念的外延。文化研究的对象是叙述文本和社会文本。叙述文本和社会文本，不仅确定了文化研究的对象，也划定了文化研究的范围，文化研究的问题意识、价值目标、道德立场以及其他观念。以叙述文本和社会文本的创制和发现为前提条件,精确界定文化研究的对象和范围虽然困难,却是可能的;在思想的海洋和思潮的洪流中给文化研究清理出理论脉络是可以做到的,那些足以标志文化研究之特征的整齐划一的理论或方法因此得以显现。

第二节 西方社会的文化研究

文化成为科学研究对象,是从民族学开始的。1839 年世界上最早的民族学会在巴黎成立,其行动纲领将民族学研究宗旨设定为"鉴别人类种族的要素,其身体构造、知识与道德的特质,语言、历史的传统"。1859 年法国成立人类学会,将民族学附属于人类学。文化人类学一词由美国考古学家霍姆斯(W. H. Holmes)于 1901 年创设,研究领域为人类文化史。在 20 世纪 20 年代以前,民族学和文化人类学研究内容基本相同,当文化人类学逐渐将研究对象从原始民族扩展为现代工业社会时,文化人类学正式成为研究文化现象的科学。[①] 尽管如此,文化人类学毕竟从人类学和民族学发展而来,因此他的研究领域、研究对象、研究方法、基本概念以及话语方式,始终归属于人类学体系,而不是后来的文化学体系。文化人类学自产生以来,形成了几个重要理论流派,影响最大的当属进化论学派,代表人物是达尔文、斯宾塞、麦克南伦、泰勒、摩尔根等。他们创建的理论不仅是文化人类学的基石,而且奠定了后来各种人文社会科学研究的价值论和方法论基础。被称为人类学之父的爱德华·伯内特·泰勒(Edward Burnett Tylor,1832—1917)在其经典著作《原始文化》一

[①] 黄淑娉、龚佩华:《文化人类学理论方法研究》,广东高等教育出版社 1998 年版,第 6、9 页。

书中给文化下的定义是,"文化,就其在民族志中的广义而言,是个符合的整体,它包含知识、信仰、艺术、道德、法律、习俗和个人作为社会成员所必需的其他能力和习惯"①。显然,这个定义不是从文学艺术或文化哲学的知识框架出发而是从民族志或人类学的学科背景出发而给定的,不仅成为文化人类学领域得到广泛学术认同的文化概念,也成为其他文化研究学科借用的概念,但是上述概念的突出优点同时也是其局限,就在于它的学科属性。作为后学的文化研究范式因为这个定义的巨大影响力而陷入了不知如何重新界定本领域的文化概念的困境,这也是造成文化概念纷繁复杂的原因之一。文化移动和传播学派的代表人物为德国的拉策尔;法国社会学派的代表人物杜尔干;功能—结构论学派创始人是英国社会人类学家马林诺夫斯基(Malinowski, Bronislaw Kaspar, 1884—1942)和拉德克利夫-布朗(Radcliffe - Brown);美国历史学派的代表人物是弗朗茨·博厄斯(Franz Boas, 1858 年 7 月 9 日至 1942 年 12 月 21 日)和鲁思·本尼迪克特(Ruth Benedict),本尼迪克特的著作《菊花与刀》以及她提出的"文化模式"理论,对于文化人类学以及其他领域的文化研究的影响极为深远;法国人类学家克洛德·列维-斯特劳斯(Claude Levi - Strauss, 1908 年 11 月 28 日至 2009 年 10 月 30 日)则是结构主义人类学创始人。此外还有其他一些理论流派。

在文化研究范式的发展和演化过程中,文化人类学对于文化研究的影响程度属于奠基级别,现阶段的文化研究细分为以文学艺术为对象的文化研究、文化社会学研究、文化人类学研究以及文化哲学研究,除了文学艺术研究之外,无论是文化社会学还是文化哲学以及其他形式的文化研究,其理论基础、研究对象的确定、研究领域的界分以及

---

① [英] 泰勒:《原始文化》,连树声译,广西师范大学出版社 2005 年版,第 1 页。

话语体系的运用，都能发现文化人类学范式深刻而全面的影响。文化研究起源于英国，最开始阶段，在对工人阶级亚文化进行研究的时候，"伯明翰中心的学者采用了一种被称为'民族志'的研究方法。这种方法源于文化人类学对异民族文化的考察，尤其是马林诺夫斯基创造的'参与观察法'"①。

文化人类学为文化研究的出现准备了研究领域、研究方法和思维逻辑线路，但是它毕竟属于人类学学科，作为独立的文化研究从英国开始。"狭义的文化研究是指第二次世界大战以后在英国逐步兴起，而后扩展到美国及其他西方国家的一种学术思潮和知识传统。尽管霍尔声称，文化研究并没有一个'绝对的开端'，但在追溯其根源时，大多数学者都把五六十年代之交出现的几部著作，如理查德·霍加特的《文化的用途》（1958）、雷蒙·威廉斯的《文化与社会》（1958）、《漫长的革命》（1961），以及 P. E. 汤普森的《英国工人阶级的形成》（1963），看作它的奠基作。"② 文化研究成为一个时代波澜壮阔的社会思潮的推动力量，是西方马克思主义开创的文化研究范式。意识形态、阶级、性别、文化权力以及大众文化等概念，成为文化研究确立自己独特研究领域、研究对象、核心命题以及基本观点的思想路标，文化研究由此自成门户，独树一帜。将文化当作意识形态进行分析研究的推动者是法国结构主义马克思主义思想家阿尔都塞。他的基本观点是，意识形态从外部构成了我们的本质和"自我"，因此我们所谓本质的自我不过是一种虚构；我们是依赖于那些对我们施加教育的语言和意识形态来看待自己的身份并成为一个主体，我们对自我的看法不是由自己产生的，而是由文化赋予的。③ 但是阿尔都塞

---

① 罗钢、刘象愚主编：《文化研究读本》，中国社会科学出版社2011年版，第25页。
② 罗钢、刘象愚主编：《文化研究读本》，中国社会科学出版社2011年版，第2页。
③ 罗钢、刘象愚主编：《文化研究读本》，中国社会科学出版社2011年版，第12页。

的理论对于近现代主体性哲学关于主体观念的解构遭到诟病。此时，文化研究的"葛兰西转向"开始了，文化被当作一种权力，尤其是意识形态权力，葛兰西认为阶级斗争或政治权力的争夺，关键在于如何获得"文化领导权"。直到今天，将文化与权力深度关联，依然是文化研究的重要方法之一。

随着科学技术的进步和生产力的发展，人类社会在20世纪60年代后迎来了工业社会的繁荣阶段，物质生产力水平和精神生产力水平的大幅提升，为大众文化的产生提供了肥沃的社会土壤和历史条件。作为大众文化研究理论的奠基者和权威，法兰克福学派对于大众文化持严厉的批判态度。阿多诺等人认为，大众文化具有商品化倾向和商品拜物教特征，其标准化、统一化和同质化，扼杀了艺术个性和人的精神创造力，并产生同质性的社会主体；大众文化具有强制的支配力量，剥夺了个人的自由选择，控制和规范着文化消费方式，压制了人的主体意识，助长了工具理性。[①] 大众文化批判方法论几乎决定了今天所有大众文化的价值立场和思维方式。由于西方马克思主义学派的推动，文化研究从文化人类学的知识研究范式，逐渐走向社会研究范式；从科学知识建构以及意识形态批判，走向人的精神结构批判、社会存在批判。在这个过程中，文化研究逐渐明确了自己的研究对象、研究领域、研究方法、政治立场和价值目标，摆脱了民族志和文化人类学将文化当作一定时间和空间某个群体总体生活方式加以考察的研究范式，最终将文化研究的对象确定为精神生产活动及其产品，将文化研究的领域确定为人的精神结构的生产与再生产，将文化研究的价值设定为人的自由而全面的发展，由此，作为文化研究的学科框架得以确立，尽管当代文化研究范式依然带有浓厚的

---

① 罗钢、刘象愚主编：《文化研究读本》，中国社会科学出版社2011年版，第32页。

文化人类学甚至民族志的色彩，但是，以时代的精神状况或者说以人的精神生活的生产与再生产作为主要研究对象，构成文化研究的逻辑起点和价值归宿。

第三节 现当代中国的文化研究

文化研究并不是纯粹的思想运动，它的存在、发展以及变化趋势，始终以社会发展过程中形成的特定历史条件和时代问题为前提。当代中国文化研究的兴起动力，主要来自四个方面：一是文化革新运动，二是大众文化勃兴，三是文化市场的崛起，四是物质生产方式和精神生产方式的变化导致的社会生活精神化转变。

一　文化革新运动是文化研究的精神动力和思想资源

文化研究不是一个孤立的事件，它是现当代中国文化运动的一个形式，与其他文化行动彼此呼应，构成现当代中国波澜壮阔的文化思潮与文化实践。现当代中国文化运动的起点是五四新文化运动，五四新文化运动可以被当作是现当代社会中国思想界文化研究运动的开始。与世界上其他国家文化研究不同的是，现当代中国的文化革新运动构成文化研究背后一条隐秘而又完整的主线。虽然从历史事件而言，五四新文化存在的时间是20世纪初的十几年，但是它所开创的文化运动延续至今，可以这样说，现当代中国所有的文化运动，在理想目标上都是新文化运动的继续，其本质就是文化革新，文化革新是现当代中国文化运动的初心和使命，文化研究、文化建设、文化作品的创制，都是遵循着文化革新的目标和立场而展开，文化建设、文化作品的创制与文化研究之间，因为文化革新运动而成为彼此关联的文化行动。文化革新运动不仅通过文化生产为文化研究提供了研究对象即精神产品；而且为文化研究提供了政治方向、价值目标和道德立场的参照。文化革新运动与社会发展的深度交织，促使知识群体关注和探索文化文本或精神产品与人的发展、文化文本与社会进步之间的内在关系，如果没有现当代中国风起云涌的文化革新运动，就不会有当下如此态势的文化研究。

19世纪中叶所发生的一系列重大事件，对于中国而言可以用"天崩地解"来形容。当工业化文明的曙光已经从西方世界的地平线冉冉升起的时候，中国社会依然沉睡在农业文明的温床上做着酣梦，但是这种貌似平静实则僵化的社会受到了资本主义工业化推动的初级阶段的全球化浪潮的猛烈冲击。马克思指出："资产阶级，由于一切生产工具的迅速改进，由于交通的极其便利，把一切民族甚至最野蛮的民族都卷到文明中来了。它的商品的低廉价格，是它用来摧毁一切万里长城、征服野蛮人最顽强的仇外心理的重炮。它迫使一切民族——如果它们不想灭亡的话——采用资产阶级的生产方式；它迫使它们在自己那里推行所谓的文明，即变成资产者。一句话，它按照自己的面貌为自己创造出一个世界。"[①] "生产的不断变革，一切社会状况不停的动荡，永远的不安定和变动，这就是资产阶级时代不同于过去一切时代的地方。一切固定的僵化的关系以及与之相适应的素被尊崇的观念和见解都被消除了，一切新形成的关系等不到固定下来就陈旧了。一切等级的和固定的东西都烟消云散了，一切神圣的东西都被亵渎了。人们终于不得不用冷静的眼光来看他们的生活地位、他们的相互关系。"[②] 世界和中国发生的巨大变化给中国最早一批接触外界前沿思想观念的知识分子带来极大震动，他们开始从文化传统、意识形态结构、文化与人的关系、文化与国民精神的同构等问题进入，试图寻找到中国社

---

① 《马克思恩格斯选集》第1卷，人民出版社2012年版，第404页。
② 《马克思恩格斯选集》第1卷，人民出版社2012年版，第403—404页。

会问题发生的思想观念根源，试图通过文化革新的途径推动国民精神结构尤其是思想观念的革新，从而重建国民的主体性，找到推动中国社会发展进步的实践主体。中国的文化研究一开始就背负重大历史使命，具有改革社会的宏图远志，一个多世纪以来的文化研究运动，文化革新意识或文化革命观念一直贯穿其中，直到今天，文化研究依然将思想启蒙和社会改造、人的发展当作价值目标，从而摆脱了将文化研究仅仅当作知识研究或艺术研究的有限视野。

文化革新运动呈现两条逻辑：一个是思想逻辑，一个是行动逻辑。思想逻辑是文化—人—社会逻辑；行动逻辑是文化—政治逻辑，两个逻辑构成文化运动的精神动力，也预设了文化研究的价值目标和道德立场。文化—人—社会逻辑的本质是思想启蒙，基本形式是精神生产或文化产品创制，探索文化、人以及社会三者之间的内在联系，试图通过文化生产和文化产品的传播启蒙理性，重构实践主体的精神结构和思想观念，从而为社会发展提供合格的行动主体。鲁迅先生是文化—人—社会逻辑的文化运动的代表人物，他的作品《狂人日记》《阿Q正传》《药》《故乡》等，在悲凉和悲壮中寻找解救中国社会的药方。以文诊世、以文救世、以文化人的使命意识，在初始阶段为文化运动设置了理想和意义目标。文化—政治逻辑的本质是社会动员，即基于某种政治目标而对社会公众进行思想教育和观念引导，实现群众力量的重组。文化—政治逻辑来自近现代中国社会"救亡图存"的历史重任。一方面，文化被当作政治运动的强大手段和思想武器，起着社会动员的作用；另一方面，政治成为文化研究的推动力量，甚至在特定历史时期成为左右文化研究路线的决定力量，进步政治力量试图通过文化革新达到政治革命或社会发展的目标。

文化—人—社会逻辑与文化—政治逻辑并不是截然分开，二者之间存在一定联系。由于近现代中国社会特殊的历史条件，政治因素始终深度融入文化—人—社会逻辑,这既是特定历史条件下的必然结果,又是一种文化研究的知识分子群体追随时代潮流、自觉担负历史使命、以进步之名追寻文化研究价值的体现。《为了忘却的纪念》《纪念刘和珍君》等作品,与《呐喊》等作品相呼应,构成五四新文化运动以来文化大师们的时代精神特征。这种状况,一直延续到"文革"后期的几次文化争论。

二 文化研究兴起的生产方式基础

现当代中国文化研究兴起的社会现实条件,在于两种生产方式的重大变化。物质生产和精神生产的变革给公众生活方式带来的重大变化,就是人的生活方式逐渐明显的精神化趋势。

一是物质生产方式发生根本转变,物质生产过程和结果与精神产品深度融合。随着工业化生产力以及信息技术革命对于物质生产方式的颠覆性技术重构,物质生产方式不再是手工劳动或机械化操作,纯粹知识转化为技术,再转化为物质生产力,作为文化内核的知识逐渐掌控物质生产过程和结果,成为现代社会物质生产力的灵魂。文学、艺术、价值观念甚至意识形态等精神元素,不仅作为物质产品的附加值进入人们的生活方式,而且以传播手段或言说工具的方式与物质产品的流通过程融合,作为物质产品更快被接纳并进入生活方式的助力元素。同时,精神生产需要各种资源和条件,它借助物质生产而生产和传播自身,由此,物质生产与精神生产深度融合,强大的商业整合机制和庞大的市场以及利益吸引力,催生了现代社会全新的物质生产方式,即物质与精神两种使用价值共同生产、相互支持的物质生产方式。

二是精神生产方式的转变。在信息技术和人工智能等前沿高科技的支持下,精神生产力水平得到巨大提升。物质生产和精神生产的根本区别在于，物质生产是通过劳动实践创制物质产品，人的意识能动性体现为改变物质存在方式以及创建新的物品；精神生产通过脑力劳动创制精神产品，人的意识能动性体现为对于精神活动过程及结果的记录、整理和叙述，产生知识、观念和艺术等精神产品，用来满足人的精神需要，再生产或重建精神结构。但是物质生产和精神生产的共同之处在于，两种生产的生产力水平与科学技术密切相关，科学技术是推动两种生产效率提升的第一动力。信息技术、人工智能、大数据、互联网等先进科学技术，运用于精神生产过程时，创制精神产品以及叙述、传播和呈现精神产品的效率得到几何级数的增长。精神生产方式的革命，精神生产力的爆发式增长，为社会提供了极为丰富的精神产品。当代社会丰富的精神产品所产生的直接结果就是人们可以获得价格低廉却内容丰富的精神产品。在基本物质需求得到满足的基础上，精神生活在人的生活方式中具有越来越重要的地位，大众的生活方式发生重要转向，就是生活方式精神化。

现代社会一个突出特征就是教育的飞速发展。物质生产力的提升带来物质产品总量的增长，为扩大教育规模提供了物力和财力支持；科学技术不断升级教育技术，教育效率成倍提高。最近二十年，我国高校招生人数扩大了十倍，而且高等教育入学率还在提升，受教育人口的增长和积累，对于一个社会人口素质结构的改变具有颠覆后果，生活方式因为教育的扩张而逐渐呈现精神化特征，这是现代社会的趋势。在现代社会特定历史条件下，社会研究范式中出现文化研究，以研究文化为途径展开对于社会的研究，并追溯到社会存在的实践主体，即人的研究，尤其是人的精神生产、精神结构以及精神生活的再生产研究，文化研究终于因为它对于社会存在本质和进步趋势的洞见，对于人的自由而全面发展的关怀而成为当今时代影响巨大而深远的科学研究范式。

三　文化研究的文本基础：大众文化的崛起

当代中国社会大众生活方式的一个重要特征，就是生活方式的精神化或文化介入。生活方式的精神化，一方面体现为生活过程中精神生活占据重要位置，精神生活不再是奢侈品而是日常生活消费的"口粮"；另一方面，已经化身为商品的文化产品，如同超市琳琅满目的物质商品，为人们提供了丰富而廉价的文化商品，在不到四十年的时间里为公众文化消费的选择自由提供了产品条件。大众文化是物质生产力发展到一定阶段、社会物质生活水平逐渐过渡到富裕层次后必然出现的社会现象，大众文化的崛起是当今中国社会的重要现象，它具有巨大的精神建构力量以及对于社会发展机制的深远影响。大众文化因此成为当代文化研究最重要的文本，甚至有观点将文化研究等同于大众文化研究，足以反映出大众文化作为新型文化文本的影响力量。

当代中国大众文化，从概念而言，无论其内涵还是外延，与西方社会文化研究思想中的大众文化概念都有所区别。大众文化概念在西方社会的文化研究中被使用的时间大约是从20世纪40年代开始，美国批评家麦克唐纳（Dwight Macdonald）宣称是他创设了大众文化（Mass–Cult/Massculture）概念，但是大众文化所指对象，在不同研究者那里并不相同，有时指通俗文化，有时指流行文化，有时指媚俗文化，在法兰克福学派那里，大众文化指的是文化工业，从一种文化文本类型的描述，转变为资本主义社会文化商品的工业化生产机制和意识形态统治方式。"文化研究领域占统治地位的思考大众文化的方式分别是'文化主义'和'结构主义'。前者把大众文化看作自下而上自发兴起的文化，一种真正的工人阶级文化，代表人民的声音，是作为能动性的大众文化。这种范式由英国文化研究的创始人威廉斯开创……后者则把大众文化看作由资本主义文化工业所强加、为利润和意识形态控制服务的文化,这是结构主义的大众文化。这方面的代表是法兰克福学派、结构主义以及某些政治经济学派别。"[1] 上述归纳指出大众文化在两种占统治地位的文化研究范式中的不同含义,但是忽略了一个重要文化现象,即流行文化。流行文化的研究,不属于文化主义,也不属于结构主义,虽然带有二者的理论痕迹,但是从研究范式而言,流行文化研究属于"娱乐主义",是一种关于各种文化文本的呈现形式、流行机制、受众基础以及社会影响的研究。

当今中国社会出现的大众文化,并不是文化主义研究范式概括的带有阶级分析色彩的,与政治精英或知识精英相区别的群众文化、基层文化,也不是结构主义研究范式指出的资本主义文化工业生产的带有意识形态图谋的"社会水泥",它是指由多种社会力量推动、多种方式创制、具有广泛群众基础、以满足社会公众精神生活需要为目标的文化产品,以及这些文化产品在呈现、传播和消费的过程中所产生的各种文本形态。它不是用来进行阶级斗争和划分阶级界线、代表阶层呼声的寻求特定阶层存在感的文化,不是某个政治组织用来制造意识形态认同结构的文化,不是在众声喧哗中如烟花般绚烂却迅速湮灭的"昙花型文化",它是中国社会发展到一定文明水平后所具有的现代化表征,随着社会文明程度的提升不断得到丰富和完善。因此,当代中国的大众文化不是暂时的、狭隘的、带有政治图谋的文化,也不是一个松散的各种文化产品的组合,而是一种具有内在逻辑联系的文化模式,一种文化共同体,不仅是精神生产的结果,而且是精神生产的资源;它对于社会公众精神结构的再生产能力,使其成为当代社会精神生产的基本方式,它将在现在和未来很长一段时期陪伴国人,成为社

---

[1] 陶东风主编:《文化研究精粹读本》,中国人民大学出版社2006年版,第12—13页。

会公众的文化家园，一种稳定的精神生活再生产方式。

在确定当今中国大众文化所指对象的前提下，我们可以进一步归纳大众文化的基本特征。第一，大众文化得以产生和繁荣的物质基础是中国社会物质生产力水平的迅速提升以及物质财富的增长。无论在范围还是程度上，经济繁荣为中国公众物质生活水平带来巨大改善，物质生活需求得到各种满足后，为精神生活得到满足提供了个人经济条件和时间自由。第二，大众文化生产方式与科学技术水平，与物质生产力水平密切相关，二者之间具有正相关联系，物质生产力水平的提升以及生产关系的变化，给大众文化生产力水平以及生产关系带来全面而根本的变化。工业化发展到今天，数字技术、人工智能以及信息技术等，正在给大众文化生产方式带来颠覆性重建。第三，大众文化以文本形态进行传播的方式，已经由单纯的传播变成复制、生产、传播合一的过程，即文化文本传播的过程，也是文化文本得到高效率复制的过程，同时也是文化文本被高效率改造、加工的再生产过程。第四，市场机制在大众文化的生产、传播以及消费行为中具有发动机作用。文化消费市场的不断扩大，不仅带来投资的增长，而且带来生产技术升级，大众文化生产不仅获得源源不断的资金投入，而且市场具有的竞争机制不断激发大众文化生产的精神动力，大众文化产品种类和数量因此得到几何级数的增长。第五，大众文化具有多种呈现方式从而构成多样态的文化形式，如符号呈现、物质呈现、行动呈现、影音呈现等。符号呈现是指以语言、文字或其他符号形式呈现文化作品；物质呈现是指以物质产品作为载体呈现文化作品；行动呈现是指以特定行动组合如表演等方式呈现文化作品；影音呈现是指以音乐、电影、电视剧作品以及网络游戏等形式呈现的大众文化。

大众文化是当代文化研究的文本基础。大众文化产品的凋零或单调，无法提供丰富的文本，文化研究因此失去研究对象的丰富性而造成思想匮乏；大众文化产品的丰富，反向激发文化研究的活力，为文化研究提供实践经验基础，文化研究的理性活动，必须以文化的感性存在物和知性的经验归纳为基础。当代中国大众文化的崛起，为文化研究提供了丰富的文本，不仅为文化研究提供了众多对象，也为文化研究提供了实践经验，文化研究因此进入了一个新的发展阶段。

四 从新文化运动走来：文化研究进程

如果将文化研究当作一种学科范式来看待，那么文化研究在现当代中国的发展历程大致呈现三个阶段。第一阶段是文化研究的启动阶段，标志是新文化运动。它是由当时中国一批先进知识分子以"民主"和"科学"为旗帜发起的一场提倡新思想和新文化的思想启蒙运动。1915年9月陈独秀在上海创办《青年杂志》，1916年9月《青年杂志》更名为《新青年》，李大钊、胡适、鲁迅、钱玄同、刘半农等一批文化代表人物以《新青年》杂志为阵营，正式拉开现当代中国文化运动的序幕，也由此开启文化研究行动。新文化运动的精神旗帜是民主和科学，反对专制和迷信盲从；提倡个性解放，反对封建礼教；提倡新文学，反对旧文学，实行文学革命。1917年1月，胡适在《新青年》上发表《文学改良刍议》，提倡以白话文代替文言文，引起文化界广泛响应。新文化运动被称为"中国的文艺复兴和启蒙运动"，它在20世纪初乌云密布的中国天空划出一道亮彻天地的闪电，不仅试图为国人精神进化设置方向和路标，也为文化运动和文化研究确定了"启蒙思想、革新文学以发展社会"的宗旨，影响至今。

作为文化研究开端的新文化运动，研究对象主要是社会文本，以文学作品为主要形式的叙述文本研究，从属于社会文本研究，原因在于新文化运动本质上不是一场纯粹的文化运动，而是一场以文化革新的方式进行的思想启蒙运动，其目标在于改造国人精神从而推动社会进步。文学革命带来的叙述文本革命，承担了这场运动的思想宣传和社会动员。五四运动爆发后，新文化运动的代表人物成为政治运动的推动者，开启了中国民主主义革命新征程。从后来的历史轨迹可以发现，从新文化运动走来的政治革命的领导者始终深受新文化运动的影响。

第二阶段是文化研究的分支演进阶段，从五四运动到20世纪80年代末。20世纪20年代后，中国社会已经不具备开展大规模文化研究或文化运动的历史条件，文化研究的对象发生分化，一部分是叙述文本研究，一部分是社会文本研究。叙述文本研究以文学、戏剧研究为主要形式；社会文本研究以文化人类学研究为主要形式。文学与戏剧研究是这一阶段文化研究的主流形式，一直持续到20世纪80年代末。

第三阶段是文化研究学科化阶段，从20世纪90年代初一直到当前。虽然新文化运动是现当代文化研究的开端，但是其宗旨在于以思想启蒙和文化运动的方式启发民众，进而推进社会革命，因此新文化运动后期走向宣传马克思列宁主义并最终融入中国民主主义革命浪潮是必然趋势。新文化运动开启了以社会运动为宗旨的文化研究范式，一直到20世纪90年代，以文化建设和文化自我革新为目标的文化研究才真正开始，文化研究进入学科范式的建构与完善时代。在这个阶段，文化研究出现几个新特征。第一，文化人类学和文学研究范式以独立的学科范式耕耘于自己的领域，但是出现两个不可忽视的事实，一是文化人类学的研究范式对文化研究范式具有重大影响，尤其是对那些以社会文本为研究对象的文化研究影响很大；二是文学研究范式开始衍生出文化研究分支，将文学研究拓展到文化研究，研究对象、研究方法都有所不同。戴锦华等学者开始运用文化研究的方法展开对电影作品和都市流行文化的研究，虽然在当时影响不大，但已经预示一种趋势的开始。第二，文化形而上学理论建构初步完成，文化研究获得顶层设计支持。司马云杰的《文化价值论》、衣俊卿的《文化哲学》等著作，是文化研究的哲学奠基著作。第三，文化研究学科开始建立，2010年9月，首都师范大学自主设立的文化研究专业招收第一届博士研究生，在国内属首次，标志文化研究学科正式建立。第四，以文化研究命名的学术机构、学术活动以及传播媒介不断涌现。2000年中国大陆第一个以文化研究命名的学术机构"当代中国文化研究中心"在上海大学成立，其后上海多所大学成立了类似机构。2005年，上海大学当代中国文化研究中心启动"1990年代上海地区文化分析"研究计划；2008年开始"当代中国文化生产机制分析"研究计划，包括"新的支配性文化的生产机制分析"和"中国社会主义文化问题分析"两部分[1]。第五，以文化研究命名的学术杂志陆续出版，成为文化研究专门化、专业化以及学科化进程初步完成的标志，在文化研究历史上注定占据独一无二重要位置的杂志就是陶东风先生等人创立并主编的《文化研究》集刊。《文化研究》作为当代中国文化研究最重要的学术阵营，一方面译介世界各国文化研究前沿成果和思想观点，另一方面集中国内一批知名学者开展文化研究，研究范围横跨叙述文本与社会文本，至此，当代中国的文化研究终于呈现出确定的研究对象、清晰的研究范围、基本研究方法以及彼此关联的理论逻辑。

五 文化研究范式及其转变

经过近一个世纪的理论准备和实践经验积累，尤其是20世纪90年代以来，文化研究对象、研究范围、研究方法等基本问题的解决，终于以学科的形式确定了文化研究范式。在文化研究的总体框架内，由于研究对象以及方法的差异，文化研究存在多种分支研究范式。

文化哲学研究。文化哲学以文化现象的总体为经验基础进行文化

---

[1] 陶东风主编：《文化研究年度报告（2010）》，社会科学文献出版社2011年版，第5页。

形而上学的建构，创设文化研究的本体论、认识论、价值论、方法论以及发展论，建构文化研究的上层建筑的理论体系。由于文化实践经验的不断丰富以及文化文本的扩张，文化哲学基本理论需要进一步修正和完善。在 20 世纪 90 年代开始出现的文化哲学理论，深受文化人类学理论影响，经过几十年的文化实践，当今中国的文化哲学面临新的理论难题。

大众文化研究。大众文化研究以当代中国社会大众文化兴起为前提条件。国民财富的增长、国民受教育水平的提高以及外来文化的促进，为大众文化的迅猛发展提供了源源不断的动力。与西方国家大众文化发展逻辑不同的是，我国大众文化商业资本投入只是发展动力之一。大众文化建设是社会主义精神文明建设的主要方式，从属于国家文化发展战略，体现国家软实力水平，因此商业资本或市场机制是推动大众文化繁荣的重要因素，却不是最终的主导力量，我国大众文化发展目标与价值追求，遵循社会主义先进文化建设的总体战略。大众文化的崛起，为文化研究提供了丰富的叙述文本和社会文本，文化研究以文化哲学理论为原则，以文学、艺术、文化社会学以及文化人类学等学科研究方法，对大众文化文本进行广泛而深入的研究，构成当前我国文化研究的主要内容。

国学研究。当今中国没有哪一种文化如国学那般命运多舛。作为新文化运动批判标的，国学为几千年的政治统治和社会动荡承担了罪责，被设定为与思想启蒙对立的文化势力，"文化大革命"的十年称得是国学的至暗时刻。更为不幸的是，随着国门打开，20 世纪 80 年代后西方文化的强力传播再次给了国学沉重一击，国学不仅在思想界被边缘化，也被青年群体冷落。但是，作为中华民族的精神家园和心灵母体，国学在被历史疾风吹落蒙尘后，内在光华依然照亮星斗，它的复兴只是时间问题。国学研究在当代的兴起具有多方面原因。一是其内在无无替代的文化价值依然存在，只是静待复兴良机，这个时机出现在21世纪初；二是国人精神生活对于文化资源产生巨量需求，在市场经济改变中国社会运转方式以及物质生活水平提高后，安顿心灵、问道解惑、完善观念结构等需求，促使国人转向国学寻求精神资源；三是青年一代在热切拥抱西方文化后逐渐发现，自己的文化家园依然在传统文化那里，西方文化在方法论和认识论方面能够为国人开辟新的思想路径，但是在价值论、修身养性，尤其是在各种迷茫的渡口接引精神的任务，最终需要国学担起责任；四是国际局势的转变，导致文化竞争成为国际竞争的软实力较量，国学研究和传播成为我国文化强国战略的一部分。多种原因汇聚成一股强大的时代力量，推动国学再次成为显学，国学研究成为文化研究的重要分支。

《文化研究读本》一书中，罗钢和刘象愚在归纳文化研究活动的特点时指出，与传统文学研究注重历史经典不同，文化研究注重研究当代文化；与传统文学研究注重精英文化不同，文化研究注重大众文化，尤其是以影视为媒介的大众文化；与传统文学研究注重主流文化不同，文化研究注重被主流文化排斥的边缘文化和亚文化；与传统文学研究将自身封闭在象牙塔中不同，文化研究注意与社会保持密切的联系，关注文化中蕴藏的权力关系及其运作机制；提倡跨学科、超学科甚至是反学科的态度与研究方法。文化研究为我们提供了一种与传统的研究全然不同的新的学术视野和研究范式。[1]

从价值预设而言，无论存在多少种研究方式或研究分支，当代中国文化研究的价值预设，大致在以下几个方面，即思想价值、艺术价值以及社会治理价值。思想价值是指将文化研究的意义与思想进步联系在一起；艺术价值是指通过叙述文本和社会文本的研究，发现文化

---

[1] 罗钢、刘象愚主编：《文化研究读本》，中国社会科学出版社2011年版，第1页。

文本的艺术价值和审美价值，赋予当代文化存在以艺术品质；社会治理价值是指文化研究以某些特定的行为方式、生活方式以及文明的片段作为研究对象，试图在这些社会文本中发现社会发展过程中存在的各种问题，通过先进文化嵌入行为和生活方式的途径达到改革社会、完善社会治理的目标，从而获得更高阶的文明。在文化研究的各种价值预设中，有一个价值始终作为文化研究的核心价值而存在，并因此影响文化研究的总体走向，即文化研究始终是文化运动的一个形式，文化运动始终受到文化革新意识和使命的引导。现当代中国的文化运动以文化—人—社会逻辑和文化—政治逻辑预设文化研究的价值目标和道德立场，通过文化革新以启蒙思想，推动社会进步，是当代中国文化研究的核心价值。

第四节　追寻核心价值：文化资本的伦理义务研究

一　文化权力与文化资本

20世纪以来发生了一系列影响人类文明发展方式的重大事件，文化事件是其中一部分，它的作用深入社会发展动力机制的根源，与其他力量一起，在不知不觉中，不可阻挡地按照自己的方式创设社会发展的逻辑。几个世纪以来不间断的思想启蒙运动终于迎来现代人的文化意识觉醒。文化意识觉醒的标志是文化主体性的确立，尽管文化主体性不断遭到各种挑战。人们不再将渐进形成并固化的文化模式当作理所当然的存在，而是在坚持物质本体论的基础上，认识到人是文化的主体，通过反思精神结构的形成与再生产机制，努力寻求促进精神结构更加完善的途径。不过，文化意识的觉醒所带来的后果，并不仅仅是人们对于精神结构再生产机制的创建，当文化的巨大价值成为现代社会普遍共识的时候，它因此进入了被多种力量主宰发展方式的时代，文化权力因此而产生。

所谓文化权力，是指个人或组织所拥有的通过文化价值的发现和运用，将文化当作获取某种利益、达成某些目标的手段或工具的权力。拥有文化权力的主体称为文化权力主体。依据文化权力所属主体是个人还是集体进行分类，文化权力主体分为文化权力组织主体和文化权力个人主体。文化权力组织主体有四个经典代表：公共权力机构；各种民间组织机构包括商业组织机构；教育机构，主要指从基础教育到高等教育各层级的学校或其他教育机构；家庭。文化权力个人主体是指拥有文化权力的社会个体，权力为个人所有，而不是指代表各种组织机构行使文化权力的个人。文化权力并不是一个独立的权力形态，更不是指文化本身具有何种权力，而是指各种社会力量所具有的文化使用权与文化发展权。依据马克思主义经济基础和上层建筑辩证关系的原理，我们可以将权力结构划分为经济权力、政治权力以及思想权力三个类型。经济的文化权力，是指某种社会力量以文化为工具获取经济利益的权力。政治的文化权力，是指政治组织通过文化行动达到政治意识形态权力的巩固或获取意识形态权力的目标，这是当今全球所有国家和地区所有政治组织都在试图获取的权力。思想的文化权力，是指知识分子个人或群体所拥有的运用文化进行精神生产和精神消费的权力。

所谓文化资本，就是各种文化权力主体在运行其文化权力进行文化生产、文化传播和文化消费时所投入的人力、物力、权力、财力等资源构成的资本。依据权力主体在文化生产、传播与消费等领域的投资目的，文化资本的形态分为以下三种。一是政治文化资本，即文化权力主体以实现政治价值为目标而进行文化生产、文化传播和文化消费时所投入的人力、物力、权力、财力等资源构成的资本；二是经济文化资本，即文化权力主体为经济利益或商业利润而进行的文化生产、文化传播和文化消费时所投入的人力、物力、权力、财力等资源构成的资本；三是精神文化资本，是指文化权力主体以人的精神需要的满足为直接目的而进行文化生产、文化传播和文化消费时所投入的人力、物力、权力、财力等资源构成的资本。这里值得注意的是目的与手段的区别：政治文化资本和经济文化资本在进行文化生产、文化传播和文化消费时，必须将精神生活需要的满足作为文化的生产、传播和消费行动的参照因素，但只是将其作为达到政治价值目标或经济价值目标的手段，只有当文化权力主体以人的精神需要满足为直接目的时，所投入的文化资本才成为精神文化资本。

依据文化资本所属的权力主体是个人还是组织进行分类，文化资本主体分为文化资本组织主体和文化资本个人主体。文化资本组织主体运作的文化资本称为组织文化资本，是指以组织或机构的形式作为文化权力主体进行运作的文化资本，行使文化权力的方式是代表制，即法人或责任人代表某个组织或机构行使文化权力，进行文化资本运作；文化资本个人主体运作的文化资本称为人力文化资本，是指个人为实现某种目的而进行的文化生产、文化传播和文化消费时所投入的人力、物力、权力、财力等资源构成的资本，行使文化权力的方式是自主行使，自我选择文化权力行使方式，自主运作文化资本，个人承担由此产生的全部文化责任或其他社会责任。

文化资本的运作过程叫作文化资本的循环与周转，是不同环节有机联系而且相互衔接、彼此呼应的过程，由文化生产、文化传播（即文化流通，包括文化分配和文化交换等行为）和文化消费三个环节构成。文化权力主体在文化资本的循环与周转的不同环节的投资行为，产生了文化资本的多种形态。在文化生产领域投入的资本称作文化生产资本；在文化传播领域投入的资本称作文化传播资本；在文化消费领域投入的资本称作文化消费资本。三种资本相互接力，各得其所，构成文化资本的循环与周转的总过程，文化的生产、传播和消费等行为，构成文化存在的生态链。

文化资本具有四种基本属性。一是精神属性，无论文化资本以什么样的形态存在，它都是以介入人类精神生产过程和结果的形式进行运作，精神属性不是文化资本的本质属性，却是标志其资本所属生产领域的属性；二是价值属性，文化资本在文化价值的生产、分配、交换、传播和消费的过程中不断循环和周转；三是关系属性，文化资本只有将文化的生产、分配、交换传播和消费与人的各种价值需求联系在一起，才能进入人的行为方式和生活方式，才能获得自身存在的基础。因此，文化资本自产生那一刻起，就是一种体现各种价值关系的存在，文化资本的本质，是人与人之间精神产品价值的生产、分配、传播、交换和消费的关系。

二 文化资本的伦理义务研究以文化革新为目标

文化资本是文化权力主体进行的文化生产、文化传播与消费行动所运作的资本总和，文化资本以文化权力为前提，没有文化权力，就没有随后而来的文化资本运作。文化权力意味着个人或组织拥有文化运用的自主权或行动自由，没有文化运用的自主权和行动自由，文化资本的运作就失去合法性和主体能动性的支持。任何自由都不是为所欲为，而是必须接受那些确定正当与否的原则的指导，按照那些规定行为应该如何的具体细则而行动，这个观点是自近代以来人类社会思想运动的伟大成果。康德在《道德形而上学奠基》一书中指出："而处理确定的对象和这些对象所遵守的规律［法则］的质料的哲学，又有两方面。因为这些规律［法则］要么是自然的规律（Gesetze der Natur），要么是自由的法则（Gesetze der Freiheit）。关于第一种规律的科学称为物理学,关于第二种规律的科学是伦理学;前者也称为自然学说,后者称为道德学说。"① 文化权力主体在运用文化资本达到某种目的时,意味着他拥有文化资本的运用自由,这种自由需要接受某些法则的管辖和指引,这些管辖和指引文化权力运用文化资本的法则,是文化资本需要遵循的伦理原则和伦理规范,遵循一定的伦理原则和伦理规范,是文化资本的伦理义务。

文化资本的伦理义务,是指文化资本的主导者进行文化生产、文化传播以及文化消费的行为所承担的遵守伦理原则和伦理规则的义务。文化资本履行伦理义务的前提,是文化权力主体运作文化资本的行为所遵守的伦理原则以及伦理规则需要得到明确。本文的研究目的,就在于探寻文化资本运作行为所要遵循的伦理原则和伦理规则。伦理原则是行为指导原则,即判定文化行为正当或高尚与否的基本原则,是形而上的文化行为正道;伦理规则是指导文化价值关系中各种文化行为的实施细则,它给出具体情境下文化行为正当性的判定标准,明示何种行为才是正当的或应该的行为。

文化资本的伦理义务研究具有双重价值,即文化价值和伦理价值,它是以文化为领域的伦理研究,也是伦理领域的文化研究。文化权力已经成为这个时代最重要的权力之一,文化权力运作文化资本,不仅可以进行政治动员和政治教育,而且可以创造商业利润,给文化投资主体带来巨大经济利益。更为重要的是,思想权力作为文化权力的重要形式,始终担负着推动精神生产从而解放思想、开启民智的重任,因此,文化资本的伦理义务研究,就是赋予文化权力主体的文化行为以伦理责任,为文化生产、传播与消费行为,装载道德指南针。在价值立场上,文化资本伦理研究从属于文化革新运动,因而必然遵循文

---

① [德] 康德:《道德形而上学奠基》,杨云飞译,邓晓芒校,人民出版社 2013 年版,第 1 页。

化革新运动内在的两个发展逻辑,即文化—人—社会逻辑以及文化—政治逻辑。文化资本的伦理义务研究遵循文化—人—社会逻辑,这条逻辑的本质是思想启蒙和观念进步的路线,引导文化资本的伦理义务研究走向人的自由而全面发展的价值目标。

三 文化资本伦理义务研究的基本方法与叙述方法

文化资本伦理义务研究,是基于文化资本的循环与周转过程,以文化生产、文化传播以及文化消费等作为研究对象,探寻文化行为所遵循的道义和规则,是在文化世界进行伦理研究,在伦理领域开展文化研究,因此,文化资本的伦理义务研究意味着一种跨学科的新研究范式,基本方法是实践主义方法。

文化资本伦理义务研究所运用的实践主义方法,具有以下几层含义。第一,它以实践经验作为认知基础,基于人的实践活动所接触到的经验事实作为判断基础,确定研究对象和研究方法。第二,它以实践作为检验研究结论的标准。证明或证伪思想观念的方式有两个,一是逻辑方式,二是实践方式。实践主义以实践方式作为证明或证伪思想观念的根本方式,也就是说,用经验事实作为证明或证伪的最后标准。第三,它以实践理性引导思维方向。实践主义方法从属于理性主义方法,基于事实进行知性认知和理性抽象的思维活动,以实践理性对于伦理原则和伦理规则的探索或创设,将文化资本的伦理义务研究从事实判断导向价值判断和伦理判断。第四,它遵循辩证唯物主义和历史唯物主义基本原则,深入物质生活和精神生活构成的生活方式中研究文化的存在与发展过程,从而在文化生产、文化传播和文化消费的基础上,发现或创设文化权力主体运行文化资本的所有实践活动必须遵循的道义原则和行为规则。

本书采取两种方法叙述研究内容:一是运用抽象方法进行理论

叙述，构成本书的文化资本伦理义务的形而上学内容；二是运用实证方法进行实践叙事，基于一定历史条件下的生活方式进行文化文本研究，构成本书的文化资本伦理义务的实证研究内容。但无论是抽象的理论叙述还是具体的文本分析，实践主义研究方法的目的都在于试图通过探索文化资本所要承担的伦理义务，为推动社会进步和人的自由而全面的发展贡献微薄的理论力量，符合一百多年来我国文化运动的宗旨。

第二章　精神与文化的双向生产

　　精神与文化之间存在双向生产的相互作用关系。精神生产形成精神生产关系。所谓精神生产关系，是指在精神生产过程中形成的精神与精神产品的关系，以及精神生产、精神产品传播、精神产品消费过程中形成的人与人之间的关系，又称为文化关系。精神与精神产品的关系是双向生产的关系。一方面，精神通过精神生产活动创制各种精神产品，这些精神产品称为文化，以叙述文本和社会文本的方式存在；另一方面，文化以叙述文本和社会文本的形式，为精神生产提供资源和精神条件。文化关系的本质，是人们运用文化文本对个体和集体的精神结构进行再生产或者施加影响。对于个体精神结构的再生产或施加影响，包括人们对自我和他人的精神结构进行再生产或施加影响；对于集体精神结构的再生产，是指社会个体或组织运用文本，通过各种方式建构社会公共精神结构，从而形成社会精神共同体的文化行动。文化是人类精神劳动的产物，它为人类精神结构的生产与再生产、为人类精神活动提供精神资源。文化生产个体精神结构的过程，实质是文化主体行使文化权力的过程。权利与义务是一对孪生物，任何权利不能拒绝它必须承担的义务，拒绝承担相应义务的权利不具有合法性，不符合正义原则和公平规则的要求。文化权力的行使意味着承担相应的文化义务，当文化权力主体被赋予了生产他人精神结构以及社会公共精神结构的权利的时候，就同时宣布他需要承担对于他人的精神结构和社会公共精神结构的义务。文化权力主体进行文化资本运作所产生的结果，就是再生产个体精神结构以及社会公共精神结构，这是文化资本需要承担相应伦理义务的实践前提。

第一节　文化存在与发展的物质条件：物质生产

在历史唯物主义哲学框架中，物质生产和物质劳动两个概念密切相关，在很多语境中可以互换使用，但是二者侧重点存在差异。物质劳动是指以物质资料为对象的劳动方式，侧重于强调实践主体的活动方式或种类；物质生产侧重于强调实践主体活动的预期结果是创造物质资料。精神劳动相对于物质劳动而言，是指人类以精神资料和精神结构为对象的意识活动，侧重于强调实践主体活动方式的精神属性；精神生产是相对于物质生产而言，是指实践主体活动的预期结果是创造精神资料或改变精神结构。

考察文化现象，需要以人的实践活动作为理论逻辑和历史事实的起点。所有社会现象，都是人的实践活动的结果，文化不过是人的精神劳动的产物。从本体论而言，人类历史存在的前提是人的生命活动的存在，"全部人类历史的第一个前提无疑是有生命的个人的存在。因此，第一个需要确认的事实就是这些个人的肉体组织以及由此产生的个人对其他自然的关系"[①]。马克思主义哲学的自然本体论为物质本体论，将社会历史本体论归结为实践本体论在理论逻辑和实践经验方面都可以获得充分证明。人类历史从有生命的个人的存在开始，个人维

---

① 《马克思恩格斯选集》第 1 卷，人民出版社 2012 年版，第 146 页。

持生命存在的第一个活动就是进行物质生产实践。人类生产自身存在的物质条件的同时，也在生产或再生产自身存在的方式。"个人怎样表现自己的生活，他们自己就是怎样。因此，他们是什么样的，这同他们的生产是一致的——既和他们生产什么一致，又和他们怎样生产一致。因而，个人是什么样的，这取决于他们进行生产的物质条件。"①

物质劳动在生产了人类存在的物质基础的同时，为什么说生产了人类自身存在的方式？"人们在自己生活的社会生产中发生一定的、必然的、不以他们的意志为转移的关系，即同他们的物质生产力的一定发展阶段相适合的生产关系。这些生产关系的总和构成社会的经济结构，即有法律的和政治的上层建筑竖立其上并有一定的社会意识形态与之相适应的现实基础。物质生活的生产方式制约着整个社会生活、政治生活和精神生活的过程。不是人们的意识决定人们的存在，相反，是人们的社会存在决定人们的意识。社会的物质生产力发展到一定阶段，便同它们一直在其中运动的现存生产关系或财产关系（这只是生产关系的法律用语）发生矛盾。于是这些关系便由生产力的发展形式变成生产力的桎梏。那时社会革命的时代就到来了。随着经济基础的变更，全部庞大的上层建筑也或慢或快地发生变革。在考察这些变革时，必须时刻把下面两者区别开来：一种是生产的经济条件方面所发生的物质的、可以用自然科学的精确性指明的变革，一种是人们借以意识到这个冲突并力求把它克服的那些法律的、政治的、宗教的、艺术的或哲学的，简言之，意识形态的形式。我们判断一个人不能以他对自己的看法为根据，同样，我们判断这样一个变革时代也不能以它的意识为根据；相反，这个意识必须从物质生活的矛盾中，从社会生产力和生产关系之间的现存冲突中去解释。"②

---

① 《马克思恩格斯选集》第1卷，人民出版社2012年版，第147页。
② 《马克思恩格斯选集》第2卷，人民出版社2012年版，第2—3页。

物质生产的结果,不仅是人类生活所必需的物质条件,而且在生产过程中形成了彼此之间的生产关系;生产关系构成人类上层建筑存在的经济基础。生产力与生产关系之间的矛盾关系演变,构成人类物质生产方式变革的动力基础,从而构成整个社会发展变化的动力基础。精神劳动与物质劳动分工后进行独立的生产活动,但是它的存在基础是物质劳动,它所需要的经验材料来自物质劳动,社会意识具有能动性,但是它以社会存在作为精神活动的经验资源。

研究文化现象从物质生产开始,原因在于四个方面。一是确定文化现象的本体,给予文化研究"本体论的承诺"。文化是人类实践的产物,人类实践从物质劳动开始,实践活动是人类社会历史的本体。二是确定文化现象存在的现实条件。文化是精神劳动产品的文本形态,但是精神劳动以物质劳动为基础,没有物质条件的支撑,精神劳动失去物质资源支持而陷入困境,精神文化的繁荣,需要物质资源的丰足作为支持基础,这是文化发展到市场经济阶段文化资本深度介入文化生产、传播与消费过程的必然结果,文化创制和文化进步需要不断的资本投入。三是确定文化内容。如果将文化文本比喻为一棵大树上绽放的花朵,那么这棵繁花似锦的大树深深植根于大地,人类在物质世界的实践经验是文化创造的材料来源。四是文化发展演变的规律与物质生产实践活动的发展规律密切相关。精神生产产生了精神生产力与精神生产关系,精神生产力是指人类精神生产的能力;精神生产关系是指人们在精神生产和精神劳动产品的传播与消费过程中形成的人与人之间的关系,即文化关系。精神生产力与精神生产关系构成精神生产方式,精神生产方式的发展具有内在规律,但是精神生产方式深受物质生产方式发展规律的影响,这也是"社会存在决定社会意识"命题的本意。

第二节 文化存在与发展的精神条件：精神生产

精神生产是指人类通过精神劳动创造精神产品，并以精神产品即文化文本为载体生产个体精神结构和公共精神结构的实践活动。人类所有活动都与自由相关，不仅以获得自由为目的，而且以自由为手段或条件。人类所有实践活动都是人的自由得到实现的方式，所有实践活动的目的都是人类自由的实现、自由的再生产以及自由的增长。在《德意志意识形态》一文中，马克思和恩格斯指出，人类社会开始于个体生命的存在，但是它的延续还需要另外两种生产：人口生产和精神生产。人口生产是在个体生命存在时间受限的前提下人类延续种族存在的唯一方式；精神生产是人类确认自身从自然生物到文明主体的根本途径，精神生产的产品即文化，以及文化对于个体精神结构和公共精神结构的再生产以及完善，是人类文明得以存在并呈现加速度发展的动力根源。从自由的角度而言，物质生产的目的在于为生命的自由行动提供物质条件，物质的贫困极大限制了人类的行动自由，物质条件的充足程度与人类行动自由受限程度之间是反比例关系，与人类行动自由扩张程度成正比例关系。科学技术作为第一生产力，是因为科学技术通过提高物质生产力水平而突破人类活动的限制条件，为人类自由行动提供更多可能，科学技术越发达，人类行动越自由，这就是我们尊重科学、追求真理的根本原因。

精神劳动是精神生产的起点。精神劳动是在物质生产发展到一定阶段出现的，精神劳动与物质劳动的分工，是人类文明真正的起点。物质劳动是实践主体与实践客体即物质相互作用，实践主体改变外在物质某些属性或形态，创造新物质形态，物质资料只是物质生产的对象。精神劳动与物质劳动根本差异在于，精神不仅是精神生产的主体，而且是精神生产的对象，精神生产在生产精神产品的同时又被精神产品所生产，精神生产的主体和对象是统一体。当它作为生产主体，它需要外在经验材料作为对象，但目的不是改变物质对象的属性和形状，而是改变自身的内容结构，提高精神生产能力，改善自身存在状态，它通过对经验事实的加工、再现、事实叙述以及重构化叙述，或通过想象与虚构的方式创作生产精神产品。当精神作为精神生产的对象或客体时，它接受已经存在的精神产品或文化输入，文化内容以精神基因的方式内化为个体精神结构的一部分。人们通过文化输入的方式将精神基因内化为个体精神结构的活动，称为个体精神生产；人们以文化认同的方式建构社会精神共同体，以精神基因建构社会公共精神结构，称为公共精神生产。因此，精神生产有两个含义，一是指精神作为活动主体进行文化生产活动；二是指精神作为对象，以个体精神结构与公共精神结构的方式接受文化输入，接受精神基因的建构，形成新的个体精神存在和公共精神存在。

从自由的角度而言，精神生产的目的，在于为人的精神自由提供条件，同时，精神生产本身就是精神自由的体现，精神自由既是精神生产的条件，又是精神生产的产物。如果说物质的贫困极大限制了人类的行动自由，那么精神产品即文化的匮乏所限制的就是人类的精神自由。物质匮乏导致人饥寒交迫，文化的匮乏则导致精神结构的不完善状态和欠发展状态，精神的不完善状态会导致人的生活方式的不完善状态；精神的欠发展状态不仅会减少所有实践活动的自由度，而且会导致整个社会物质文明和精神文明的发展受到阻碍。精神生产是人的自由的体现，同时精神生产也创造精神自由所需要的文化条件，而且，精神自由深刻影响物质实践活动以及生活方式的自由度。精神生产的本质，就是人类为增加所有实践活动的自由度而进行的生产活动，它的目的、过程和结果，都与自由密切相关，因此它必须接受"自由的法则"对其进行规范和约束。

第三节 精神活动是个体意识活动的高级阶段

拥有意识是所有动物的根本特征，拥有高级意识是人的根本特征，高级意识是指人类所具有的社会意识。依据意识所具有的能动性水平，可以划分为初级意识和高级意识。初级意识是指人和动物天然具有的对外界刺激做出反应的意识；高级意识是指人类所特有的以社会存在为内容的意识，它通过学习、教育等途径不断接受文化训练，即作为精神生产的对象，不断接受文化信息的改造或建构而形成，相对于先天意识而言，它属于后天意识。意识活动是意识能动性的体现，意识活动方式包括非理性活动与理性活动。非理性活动包括情绪、情感和意志等活动形式；理性活动包括感性、知性、理论理性、实践理性和艺术理性等活动形式。感性活动体现意识的感知能力，形成人类意识对于存在的感知而产生的实践经验；无法进入感知范围的存在就无法构成人类理论理性认识的对象，而只能成为实践理性或艺术理性对象的一部分。"不可知"的命题并不是对事物本身属性的判断，而是对人的认识能力界限的判断。知性是人的意识对于经验材料的总结和概括，形成关于存在的概念，在此基础上形成某一方面的专门知识或片段化认知；理论理性是对知识的体系化，是用逻辑的方式对事实判断进行整理，形成理论化的知识体系。实践理性是基于各种事实，为人类行为创制判断行为正当性所依据的原则及道理，以及具体情境中各种行为正当性即"行为应该如何"所依据的规则，或原则指导下的实施细则。理性对于道理和规则的意识，形成价值观念和道德观念。艺术理性是人类意识活动最为奇特也是最为美好的能动方式，它通过再现、想象或虚构的方式创制各种艺术作品。

意识的高级形式即社会意识，称为精神，社会意识或精神是在实践活动中逐渐发展起来的，它出现的标志就是人类劳动的物质方式与精神方式的分工。"分工只是从物质劳动和精神劳动分离的时候起才真正成为分工。从这时候起意识才能现实地想象：它是和现存实践的意识不同的某种东西；它不用想象某种现实的东西就能现实地想象某种东西。从这时候起，意识才能摆脱世界而去构造'纯粹的'理论、神学、哲学、道德等等。"①从生产逻辑或时间次序而言，物质生产属于基础生产，精神生产由于其自身的复杂性与高端性而属于高阶生产，物质生产—精神生产—自由，这是人类生产活动的价值逻辑，即最终目的是自由。

与物质产品不同的是，精神产品以文本的形式作为基本存在形态。文化文本划分为叙述文本与社会文本两类。精神产品需要借助于或依托于各种载体得到叙述或呈现，这些载体包括语言、声音、符号、动作、物体等，它们对精神产品进行呈现、记载和叙述，构成文化的叙述文本。叙述文本分为四类：知识文本、规则文本、游戏文本以及艺术文本。知性活动与理论理性活动创造理论化的知识体系，借助于各种符号和载体，呈现认知结果，形成知识文本。实践理性活动的结果即表达行为方式应该如何的道理和规则的文本称为规则文本。艺术理性创作的艺术作品，以符号、语言、动作、音像和物体等方式呈现人的情感、认知、再现、想象等意识活动的过程和结果而产生的文本称为艺术文本，艺术文本是以全部人类心灵能力或意识能力活动为条件而产生的文本形式。如果以文本创制所主要依赖的意识活动方式而言，游戏文本与艺术文本有共同之处，即以全部人类心灵能力或意识能力活动为条件而产生的文本形式，但二者的区别在于，艺术文本是为了

---

① 《马克思恩格斯选集》第1卷，人民出版社2012年版，第162页。

满足欣赏、审美以及精神愉悦的需求，游戏文本只是为了满足人的感官和精神愉悦的需求，即"找乐子"。

精神是人类意识的社会意识形态，它是在意识发展到一定阶段才出现的。精神生产是意识活动在实践过程中发展到一定程度才出现的。精神劳动是意识能动性的高级阶段的活动。精神劳动目的在于进行精神生产，精神生产有三个产品，一个直接产品，两个间接产品。精神生产的直接产品是叙述文本；精神生产的间接产品，一是个人的社会意识结构，二是社会公共意识结构。个人的社会意识结构称为个人精神结构，社会公共意识结构称为社会公共精神结构。人们通过文化文本输入机制改变个人精神结构，通过文化文本公共化机制构筑社会公共精神结构。

第四节 文化生产精神结构的条件——文化功能

文化生产精神结构需要的前提条件是文化具有生产精神结构的能力。文化因为自身所具有的各种功能而具有生产精神结构的可能性，这些功能是文化生产个体精神结构和公共精神结构的基础条件。

一 文化储存功能

精神劳动和物质劳动的分离，是人类最重要的一次社会分工。人类以精神劳动的方式进行精神生产，即人的意识开始构造理论、神学、哲学、道德等，人类通过精神劳动的方式，生产出理论知识、价值观念、道德观念、形而上学、哲学、宗教理论等。精神产品以语言、符号、行为以及其他各种载体记载和呈现精神生产的成果，形成叙述文本。文化储存功能是指叙述文本将知识、观念以及文学艺术作品储存下来，形成文化资源。雅思贝尔斯曾经说过，大约在公元前5世纪，人类文明进入"轴心时代",一批伟大思想家的精神生产奠定了人类文明的基础并确定文明的发展趋势,如中国的孔子、印度的佛陀、古希腊的亚里士多德等。黑格尔说过,对于一个西方人而言,每当说到古希腊哲学,都有一种精神家园之感。黑格尔谈到笛卡儿哲学时指出:人类哲学在流浪了一千多年后,终于回到它的起点。人类文明为什么会出现轴心时期,孔子和亚里士多德的思想成就为什么能奠定人类文明走向的基础,是因为他们伟大的思想成果通过叙述文本得到储存,成为后人进行文化生产的精神资源,也成为后人通过文化传播和文化消费生产社会意识的精神资源。哲学在思想的海洋中流浪了一千多年之所以还能够回到起点,是因为文化的储存功能早已在社会意识前行的道路上,悄悄设置了无数的路标,将思想从黑暗或迷茫,引向黎明和自由。历史的尘埃淹没了无数城市和乡村,沧海桑田,文化因为具有储存功能,在斗转星移中将人类精神生产的果实保存下来,为人类精神生活提供恒久的滋养。文化储存功能的意义对于文明而言是"生命线":如果没有文化的储存功能,所有精神劳动的成果都会成为"随生随灭"的精神元素,无法被记载,也无法被传播和传承,文化失去了积累的可能,人类文明的存在方式终将成为一个原地踏步式的循环往复,而不是从量变到质变的加速度发展的变化趋势。

二 文化记忆功能

文化的记忆功能,不是指文化储存精神生产成果的功能,而是指文化以文本的形式,叙述和记载人类实践活动、各种社会事件、各种历史场景,即叙述文本对于社会生活的言说,对于实践经验的记载。文本对于社会历史各种现象的记载,形成文化记忆。文化记忆的作用在于,文化记忆创制了人类观察自身历史的资料,即史料,保存了人类社会关于自身活动历史的各种认知;文化记忆为人类认识和探究社会历史发展过程提供了"另一种事实",即文本事实,从中发现社会历史发展变化的规律;文化记忆为民族和国家提供共同的历史记忆,共同的历史记忆是共同精神结构的经验基础,尽管这种经验基础是一种文本事实,但文本事实的来源是历史事实。所有面向未来的行动,都有一个历史的起点,文本事实为重大集体行动提供了历史共识。通过文本事实而产生的共同历史认知,构成社会公众思想观念一致性的重要条件。被鲁迅先生称赞为"史家之绝唱,无韵之离骚"的司马迁的著作《史记》,记述中华民族从三皇五帝到汉武帝时期的社会历程;《二十四史》以及其他历史学著作,以及在文学艺术作品中得到记载的历史,为后人提供了一个完整的中华民族历史的共同记忆。文化记忆在历史深处为国人耕作了一块共同的精神家园,也为文明发展提供了"前车之鉴",人们在文本事实提供的历史之镜中不仅认知了文明的灿烂,而且认知了人性的黑暗和曾经的社会悲剧,社会意识因此被改变,将经验教训带入人的发展和社会进步的规划。

三 文化发现功能

人的意识活动以理性活动和非理性活动的方式进行。理性活动有感性活动、知性活动、理论理性活动、实践理性活动以及艺术理性活动等方式。人毕竟是有限的理性存在者,个体在自然界和社会环境中的活动范围终究有限,因此依据本人的实践活动获得的直接经验必然有限。文化文本因为其储存功能和记忆功能,为人的社会意识活动提供间接经验,相对于个人有限理性而言,文本的间接经验资源几乎是无限的,即所谓"学海无涯"。文化的发现功能是指通过阅读文本,从文本中读取间接经验信息,即通过对于知识、思想观念、信仰以及文学艺术等精神产品的信息读取,人们可以发现在个人感性经验的有限范围内无法发现的存在。

依据发现对象所存在的领域不同，文化发现分为自然发现和社会发现两类。自然发现是指人们通过读取文本信息发现自然事实、自然现象和自然规律；社会发现是指人们通过读取文本信息发现社会现实和历史事实，以及社会历史发展的规律，他人的行为方式等。依据发现对象对于社会意识的作用的不同，文化发现分为事实发现、价值发现和意义发现。人们可以通过文本信息发现他们在直接经验世界没有经历过的各种事实，这些事实是他人的行为、集体的行为，以及他人和集体行为所构成的超越个人活动的时间和空间的社会生活。在事实之中有一类事实是价值事实，即事物、行为或现象具有什么样的作用，或者负载什么样的使用价值，价值发现是人的存在与发展的前提，也是社会进步的基础。人类的物质劳动和精神劳动，目的在于进行价值生产，只不过生产的价值因为属性不同而区分为物质价值生产和精神价值生产，相应地产生了物质劳动形式和精神劳动形式。人们通过文本信息读取可以发现各种意义设计。此处的意义，不是指语词的含义，也不是指价值或作用，而是指人类为自身行为预设的总目的或终极目的，行为的终极原因。通过文本学习，人们可以从中发现他人，尤其是人类社会中那些伟大的思想家们关于行为意义或人生意义的陈述。文化之所以能够为人类的思想和行动设置路标，不仅是因为它为人类提供了事实，事实判断因此有了基础，而且在于它为人类提供了价值选择的可能，运用价值观和道德观等公理和规则为行为设置界限。在此基础之上，文化以意义陈述，阐明各种关于行为以及人生意义命题，为人的行为和生命预设了目标，人的意识和实践因此有了思维方向和行动方向。

四　文化再现功能

文化再现功能是指文本将直接经验以某种方式呈现出来的功能，

体现在三个方面，即原始再现、选择再现以及想象再现。原始再现是文化以文本形式对自然事实和社会历史事实进行原状记录，形成直接经验的"第一手资料"，即原始再现文本。第一手资料对于自然科学研究和社会科学研究极为重要，只有获得第一手资料，思考和探究才能够"实事求是"。文化人类学研究是文化研究的鼻祖，它将所有研究建立在田野调查的基础之上，通过获取第一手资料进行实证研究，从而保证研究结论的可靠性。文化的选择再现，是指基于某些价值观、行为规则或预设目标，对自然现象和社会历史现象进行甄别或选择，再以文本形式记述经过甄别或选择的各种现象。选择再现文本是对现实世界某些经验材料的部分呈现。康德认为，在理性边界之外，有个"物自体"，我们认知能达到的对象只是物自体的现象而不是物自体本身。我们在此不去讨论"物自体"问题，但是有一点可以肯定，那就是人的理性的有限，因此，由于人的理性的有限，选择再现文本与原始再现文本，都是对于各种自然和社会现象、各种事实的片段呈现。二者的区别在于，原始再现文本的片段呈现，是在人的智力可能范围内的必然现象，是人的理性无法突破自身有限性所致；选择再现文本的片段呈现，是在人的智力可能范围内的主观现象，是人的理性出于某些目的或价值观而有意识地对现实世界的各种存在进行甄别或选择，再按照既定目标或目的将部分事实写入文本，由此形成选择文本。想象再现是人运用艺术理性的创作活动，通过想象或虚构的方式，对现实世界的各种素材进行加工，从而以艺术作品的方式再现生活世界，由此形成想象再现文本。想象文本的巨大价值在于，它是人类对于现实世界认知的超越，以想象或虚构的方式对经验材料进行艺术加工，创造了来自现实而又不同于现实的文学艺术文本，以此表达情感、价值观、道德观、理想、信仰以及人生的意义，也为人们提供了另类生活样式的参照。

五　文化传播功能

文化传播功能，是指文化所具有的信息传输功能，即文化以文本为载体，通过文本在不同社会个体之间的流动，达到向社会意识输入文化信息的目的。文化传播功能在两个方向发挥作用，一个是时间方向，一个是空间方向。由于文化文本所具有的储存功能，文化信息被保存在各种文本中。从时间而言，文本在不同时代的个体之间进行传递或流通，实现文化的历时传播功能。历时传播属于纵向传播或代际传播，通过文化的历时传播，文化不仅得以保存和继承，而且为后来的精神生产提供文化成果和精神资源。文化发挥历时传播功能的过程，也是文本信息不断经受选择而传播的过程，某些文化信息被选中而传承给后人，某些文化信息可能就暂时被搁置。文化信息选择意味着传播主体拥有文化权力，对于社会意识的建构目标成为文化信息选择所参照的基本标准。当不同的文化信息选择标准发生冲突时，一个时代的文化变革可能即将开始，大规模的文化冲突甚至文化革命，往往从文化信息选择的冲突开始。当一个时代不再接受文化的历时传播而选择外来文化信息时，一种文化传统的代际传播便出现断层。从空间而言，文本在同时代不同个体之间进行传递和流动，实现文化的共时传播功能。文化共时传播意味着不同文化的相互交融和彼此促进。在人类历史上，不同文化体系的每一次相互交融都能够带来文化的繁荣，闭关自守能够有效阻断一个国家或地区的对外文化交流，但是文化共时传播被阻断的结果，有可能造成文化失去新的精神资源的注入而逐渐失去活力，一个在闭关自守中失去活力的文化体系造成社会意识发展停滞，思想保守，思维僵化，以至于社会发展由于缺少具有先进意识的主体而陷入困境。

无论是历时传播还是共时传播，文化传播功能所依托的文本只有两类，一是叙述文本，二是社会文本。社会个体通过读取叙述文本所储存的文化信息获得精神资料，重构个人的社会意识。社会文本由生活方式构成，作为生活方式的社会文本构成个体的生活环境，当个体接受一种生活方式，或者被一种生活方式逐渐同化，意味着个体接受了特定生活方式所蕴含的文化信息。社会文本通过风俗习惯、乡规民约、礼仪、节日甚至言行禁忌等形式，构筑了具有稳定结构的生活方式，个体生活在一定的生活方式之中，不断接受这种生活方式所蕴含的精神元素的教化和同化，向个体进行文化传播。

六　文化消费功能

文化被创造的原因在于它具有满足人类精神生活需要的功能，以自身的使用价值为人类精神消费提供条件。人类为什么要创造文化？精神劳动之所以最终与物质劳动分工，是因为精神劳动承担了物质劳动所无法承担的职能，即进行精神生产，产品是精神文化。人类所有劳动产物具有一个共同属性，即合乎人类生存与发展的需要，人类劳动为了满足物质生活与精神生活的需要而进行生产，才有了物质劳动和精神劳动这两种基本的劳动形式。因此，人类为什么要创造文化，或者说文化为什么会出现，答案就在于人类的精神生活需要。从社会现实来看，社会个体有四种存在方式：生命存在方式、物质存在方式、关系存在方式以及精神存在方式。马克思和恩格斯在《德意志意识形态》一文中揭示了人的四种存在方式的区别以及相互之间的逻辑联系。人的第一种存在方式也即基础方式是生命存在，生命存在是人类历史存在的前提。生命存在与延续需要物质生活资料的生产和再生产，人类凭借各种物质条件实现行动自由，构成自身存在的物质方式。在物质生产基础上形成了生产关系以及更为丰富的社会关系。人们之间的交往关系构成人的关系存在方式，"一定的方式进行生产活动的一定的个人，发生一定的社会关系和政治关系……社会结构和国家总是从一定的个人的生活过程中产生的"[1]。在生命存在、物质存在和关系存在的基础之上，人还有第四种存在方式也是最为高端的存在方式即精神存在方式，精神存在以生命存在、物质存在和交往存在为基础，生命存在、物质生产、交往关系是精神活动的内容，精神存在方式确证人的独特本质，是人与一般动物的根本区别所在。

人的精神需要体现于两个方面，一是精神生活消费的需要，二是精神结构发展的需要。精神作为个体意识的高级阶段即社会意识形态，情感的表达、情绪的宣泄、美的追求、艺术欣赏、心灵的慰藉、灵魂的安顿、意志力的增强等，构成人类精神生活的基本需求，都需要借助于文化产品的消费行为才能够满足这些需求。人类通过精神劳动创造如此丰富的文化产品，并不是只有那些客观知识和遥远的彼岸信仰，人们在日常生活中必然具有的喜怒哀乐等意识活动，产生了精神空间巨大的表达、安慰和寄托需求。对于人生无尽的梦想和渴望，对于自由的向往，对于心理创伤的治愈，人类如此复杂多样的心灵需求，只有在文化文本的消费中才能得到满足，文化为每一个人提供了放声歌唱的田园，也为被压迫心灵提供了安静的角落。精神生活对于文化的消费，是人类自我救赎的方式。文化是人类心灵最好的伴侣，在漫长的人生旅途上，只有文化能够承载人的精神压力的输出，在纷扰中给人安宁，在歧途指引迷津，在孤独中温暖相伴。文化是人类心灵存在的方式，是人的精神栖息地。

人的知性、理论理性、实践理性、艺术理性等理性能力，只有借助于文化学习和文化教育，才能够不断得到完善与发展。精神劳动创造了文化，文化文本通过各种方式改变人的精神结构，提升人的

---

[1] 《马克思恩格斯选集》第 1 卷，人民出版社 2012 年版，第 151 页。

理性能力。文化资源缺乏和文化传播被阻隔，或者教育欠发达，无一例外的结果是人的意识向社会意识发展过程受到阻碍，质朴与蒙昧之间并没有不可逾越的鸿沟，理性启蒙和思想觉悟，产生了人的精神需求的高级形式。精神需求产生的高级消费形式与非理性的文化消费需求的本质不同在于，因高级阶段的精神发展需求而产生的文化消费行为，本身也是精神生产过程，人类的精神消费和精神生产在此得到了统一。

第五节　文化输入生产个体精神结构

一　文化是个体意识的间接经验来源

从本体论而言，个体意识的高级阶段即个体的社会意识，是社会存在的反映，个体社会意识内容的根源在于社会存在提供的经验事实。但是个体社会意识的形成并不是从社会存在自然生长出来的精神成果，一方面，个体的意识能动性所具有的理性能力对直接经验进行加工而产生社会意识；另一方面，个体通过文化文本获得间接经验，间接经验通过被动接受或主动习得的方式内化为个体的社会意识，文化以叙述文本和社会文本为载体，对个体意识进行发展和完善，从而将个体意识从自然意识推进到社会意识阶段。在个体社会意识的形成过程中，个人直接经验是基础，但是文化在个体意识的建构过程中的作用更为关键。原因在于文化所承载的间接经验的无限性超越了个人直接经验的有限性。康德在《纯粹理性批判》一书中，将人定义为"有限的理性存在者"，即个人理性能力不是无限的，而是局限于一定的边界之内。个人作为有限的理性存在者，获得更多社会存在经验材料的唯一途径就是接受文化的信息传输。

二 文化是提升理性活动能力的必要条件

意识能动性的高级形态即理性能力，只有在接受了人类文化产品的不断教育和训练后，文化资源的接受能力才能够得到不断增长，它才开始了实质性转化，个体意识从初级形态发展为高级形态。依据文化权力主体的社会身份，可以将提升个人理性能力的文化方式划分为以下几种类型。第一种是自主文化学习，即社会个体运用自己的文化权力，获取文化资源，将文化信息内化为社会意识内容。第二种是文化教育，即个体接受各种方式的文化传播和文化传承。第三种是文化环境的作用。生活环境分为物质环境和文化环境，文化与日常生活世界的融合形成文化的社会文本，社会文本构成个人生活中的文化环境。文化环境以生活经验输入的方式不断为理性活动提供精神资源，促进个人理性能力的提高。文化提升理性活动能力的所有途径有一个共性即文化学习，个人在学习中不断扩张理性认知的范围，学习理性思维方法，将认识从感性阶段上升到理性阶段，用理论范式去认识世界，从而有可能从现象深入本质，从联系中发现规律。人的理性能力与文化教育之间存在彼此促进的双向生长关系：文化是理性活动的产物，文化反过来促进理性的发展，联通二者关系的就是教育和文化传播，理性—文化—理性，二者之间存在相互促进的良性循环关系。人的意识是一块肥沃的土壤，它只有通过学习和教育的方式辛勤耕耘这片土地并将文化的种子播撒在其中，才有可能开放出灿烂的社会意识的花朵。

三 文化改变个人精神结构

个人意识发展的高级阶段是社会意识，社会意识进行各种文化文本的生产才称得上是精神生产。文化以社会意识作为活动对象，通过文本输入生产和再生产人的社会意识，从而生产人的精神结构。精神结构是人的理性活动的结果。人的精神结构通过两种方式形成，一是精神结构的直接生产，二是精神结构的间接生产。精神结构的直接生产是指理论理性在实践活动中对直接经验材料进行加工而产生的精神成果。理性通过实践活动与外在世界发生联系，形成对客观世界的经验认知而产生感性经验；理性对经验材料进行加工，形成知性概念和知识片段；理性经验知识进行逻辑建构，形成理论知识。实践理性为行为正当与否、高尚与否设定道义标准、创制道理，依据行为原则设计行动规则，产生了价值观念和道德观念、理想和信仰。艺术理性通过对生活世界的再现、想象或虚构等方式创造艺术作品。精神结构的间接生产是理性在间接经验领域的活动结果。个体通过自主学习、接受教育以及受到文化环境潜移默化的影响等方式，不断接受文化文本的信息输入。知识文本输入生产个体知识结构；规则文本输入生产个体价值观念和道德观念；文学艺术文本属于"全息文本"，不仅为个体精神结构输入知识和规则信息，包括文学艺术知识和文学艺术行动规则，从而改变个体的知识结构、价值观念和道德观念，而且个体在接受文学艺术的信息输入时，艺术素养得到提升，艺术理性的鉴赏能力、审美能力以及创作能力因此得到培育和提高。艺术理性是个体精神结构中最美好的精神素养，如果说知识文本和规则文本的文化输入为人的精神之路设置路标，将精神从黑暗和迷茫引向黎明和自由，那么艺术文本就是将诗意和美好赋予人的精神世界，为人类培育精神花园。

四 文化为人的意志力提供依据

意志是人的意识自我管理和自我调控方式，意志力是个人行为的意识控制能力。意志力并不是凭空产生，它的存在以及运行，需要某种凭借。意志力有两个凭借，一个是自然凭借，一个是文化凭借。自然凭借来自"求生本能",为生命存在与延续而获取各种条件的愿望成为意志力的自然凭借。社会凭借来自文化素养。文化的叙述文本和社会文本,不仅改变个人知识结构,而且创设个体价值观、道德观,为个人选择理想、忠于信仰以及坚定信念,提供文化参照。只有具有明确的价值观和道德观且确立了远大理想的人,只有那些忠于信仰并为实现理想目标而坚定信念的人,才会在各种困境中保持强大的意志力,才有可能克服困难、历经艰险而不改初心,从而实现伟大目标。只有当一个人不是出自本能而是通过文化学习,在社会意识得到启蒙后自主确定价值观、道德观,追寻理想,忠于信仰,并坚定实践行动的信念,这样的人才能够被称为觉悟者,才是真正具有高级意识能动性的社会主体。

文化因为改变个体精神结构而具备了改变个人自然意识活动方式的可能。个人精神结构经由文化输入而得到改变后,个人的自然意识会因为社会意识的发展或完善而发生相应改变。情感表达方式、情绪反应方式、语言表达形式以及行为方式,首先受到自然意识能动性的影响,即自然反应,但是自然反应方式属于未经雕琢的、素朴的反应方式,有可能不符合人类文明的要求;人的自然反应只有在接受良好价值观和道德观的约束、接受礼仪教化、深受艺术熏陶后,才有可能变得更加文明,更加美好。自然意识反应向社会意识反应方式转变的本质是个体社会化过程,文化是人类从自然状态转向文明状态的关键因素。

第六节　文化共同化生产公共精神结构

精神生产最终将人类与一般动物区别开来。人们运用文化资源生产个体精神结构和社会公共精神结构,不仅改变个人的存在与发展方式,也改变了社会存在与发展方式,文明模式因为文化而存在或消亡,衰落或繁荣。

　　文化通过个体的自我学习、个体接受文化教育以及接受文化环境影响等途径，依托文本进行文化信息输入，影响个体的精神结构以及意识活动方式，成为个体意识完成社会化和文明化的基本力量。个体意识在经由文化改造了精神结构后，获得了文化属性。与个体精神结构相对应的是公共精神结构，与个体意识相对的是公共意识。公共意识是指以社会公众共享、公认或共建的方式存在的社会意识。个体意识分为自然意识和社会意识两个阶段，但公共意识只能是以社会意识即高级意识的形式存在，因为公共意识的来源不是个体所具有的自然意识，而是来源于文化文本所具有的精神资源。文化的精神资源是精神生产的产物，精神生产是个体意识的高阶活动方式，精神生产的产物以文化文本的形式呈现，文化文本再现、记载高级意识活动成果，构成公共意识赖以产生的精神资源。具有内在联系的公共意识内容体系称为公共精神结构，它是社会公众共享、共建、公认的精神元素所构成的精神共同体。

　　公共精神结构的组成元素包括知识体系、社会核心价值观体系、公民道德观念体系、社会共同理想、社会共同信仰、社会共同艺术观念。公共知识体系是一定历史时期一个国家或民族所拥有或愿意接纳的全部理论知识，它是所有个人判断和社会决策的真理基础，公共知识体系所达到的科学水平，从根本上决定了公共精神结构的科学水平。知识体系不仅是个人行动的认知依据、社会发展规划以及治理决策的依据，而且在转化为科学技术后成为第一生产力，从根本上影响人类社会存在与发展的物质生产方式，因此知识体系决定了一定历史时期的国家或民族的物质文明程度。

　　社会核心价值体系与公民道德观念体系是一定历史时期一个社会所共同认可并以其作为行为依据的公理、规则以及制度的总和，为个人行为、社会发展规划以及社会治理行动合法性的依据，它向全社会宣布：无论是个人还是集体组织、机构或以国家名义进行的行动，其正当与否或高尚与否依据的道义是什么；依据这些公理所设计的具体情境中各种行为应该遵循的规范是什么。公理、规则和制度，为社会公众提供自由行动的合理方式与各种权力的界限，即"自由的原则"和"自由的规则"。

社会共同理想规划了一个时代公众共同向往的发展目标，是公众对于人与社会的存在状况以及发展目标的设想；共同信仰为公众思想观念的本体论、价值论、方法论、道德论共识提供终极依据及其合理性的终极论证，在信仰存在的地方，可以找到人类所有思想观念和行为的终极依据，它是人类精神最后的皈依之所。

社会共同艺术观念，这是一个被很多人忽视的公共精神结构要素，以至一个时代一个国家或民族，缺乏必要的审美观念，缺乏充盈的艺术修养，文明因此失色，公众文化素养因此失去艺术的熏陶。公共艺术观念是指公众对于优秀文学艺术作品的尊重与敬仰，对于文学艺术创造活动的爱护，以及对于艺术水准和审美标准的共识。社会公众共享、共建和公认的知识、公理以及文学艺术观念，构成公共精神结构，它产生的社会公众在思想观念和行动方式方面的共同性和一致性，是一个社会的精神共同体，从而成为上层建筑的核心。

第七节 精神结构生产的文化主体与客观条件

文化以文本输入的方式生产个体精神结构。公共精神结构的形成机制比个体精神结构的形成机制要复杂得多，它是在客观条件的基础上多种文化权力主体共同行动的结果，也是各种文化权力相互博弈、各种文化资源相互竞争的结果。

一 精神结构生产的文化主体

负载精神资源的文化文本,通过各种途径输入个体意识,建构个体社会意识即精神结构;各种权力主体和客观因素共同作用形成合力,逐渐形成一定历史时期的社会公共精神结构。文本只是精神结构得以形成的精神资源载体,文本生产、文本流动以及文本信息输入,才是文化改变个体意识、形成公共精神结构的必要条件。由此产生的问题是,文化文本是如何被生产出来的,文化文本如何进入流通环节即进入流动渠道,什么样的文本信息可以进入个人意识,哪些文化文本可以最终成为公共精神结构的核心要素。从人类文化发展的历史和精神结构形成的过程可以发现,文化文本的生产、流动以及信息输入的决定力量在于两个方面,一是主体力量即文化权力主体,二是客观力量即各种社会历史条件。

文化权力主体分为文化权力的组织主体以及文化权力的个人主体两个大类,文化权力的组织主体有四个经典代表:公共权力机构;各种民间组织机构包括商业组织机构;教育机构,主要指从基础教育到高等教育的学校或其他教育机构;家庭。文化文本的生产、文本流动以及文本信息输入,都是文化权力主体推动的结果。

(一)政府机构是生产精神结构的公共主体

政府机构拥有合法授权,掌控巨量政治资源、经济资源和人力资源。政府机构制定文化发展规划,为文化生产投入人力、物力和资金,组织力量开发文化资源,培养优秀的精神劳动者,为文化生产提供各种物质条件和制度保障,将精神劳动从个体劳动形式转化为有组织、有计划的社会生产形式。中国和西方社会,各个历史时期的政府机构,主要是通过兴办教育的方式主导精神劳动所需要的人力资源的培育,如各个历史时期政府主办的"官学"即朝廷直接举办和管辖的以及各级官府按照行政区划在地方所办的学校系统。太学和国子监是我国在近代以前的最高学府,是封建王朝培养人才的主要场所。东汉末年创立的鸿都门学,南朝的史学、文学、儒学和玄学,唐代、宋代以及明代分别创办的书学、算学、律学、医学、画学、武学等,都是属于培养某种专业人才的专科学校,与之相关的师资、使用的教材等都有比较完备的规定。东汉的四姓小侯学,唐朝的弘文馆、崇文馆,宋代的宗学、诸王宫学及内小学,明朝的宗学,清代的旗学、宗学,属于贵族学校。包括中央官学和地方官学,共同构成了中国古代最主要的官学教育制度,为精神劳动源源不断输送文化生产的人力资源。此外,政府机构组织力量投入文化典籍的编写或编纂工作,成为文化生产的重要方式,甚至主导了一个时代文化生产的基本状况。明朝永乐年间明成祖朱棣先后命解缙、姚广孝等主持编纂《永乐大典》,成书于明永乐六年(1408),累计参与编纂者超过三千人,全书约 3.7 亿字,共 11095 册,内容囊括了我国明朝以前的文学艺术、历史地理、哲学、宗教和应用科学等方面的文化成果。如此鸿篇巨制,唯有政府举全国之力才有可能生产出来。任何一个历史时代,国家和政府机构是否重视教育以培养精神生产的人力资源,是否投入资源进行文化生产,直接决定了那个时代文化繁荣与否。

政府代表公共权力进行社会管理和社会治理,其中就包括文化管理或文化治理。文化管理或文化治理的根本任务是两个:一是管控文本流通,二是管控文本信息。文本流通的管控决定了哪些文化文本获准进入社会传播渠道;文本信息管控决定了哪些精神资源或文化信息能够最终进入文本,通过文化传播转化为文化生产和文化消费所需要的精神资源。政府机构进行文化管理和文化治理主要是通过两个方式进行,一是柔性方式,即通过舆论宣传、教育引导的方式,改变公众的文化信息选择标准；二是刚性方式，即通过文化立法或指定文化传播规范的方式，管控文本流动和信息输入。

（二）文化商业组织是生产精神结构的市场主体

现代社会，能够左右文化生产和文化流动的另一个重要力量就是文化商业主体，即市场环境中各种经营文化产业的商业组织。作为文化产业的投资主体，对于文化生产和文本流动具有极为广泛而强大的影响力，影响力的来源在于日益扩大的文化商品消费需求以及由此推动的巨量文化资本投入。文化商业组织主要在两个环节投入文化资本，一是文化产品的生产，二是文化商品的销售。商业组织以市场为导向制定文化生产规划，商业目标明确，以市场需求反向确立文化产品的生产投入规模。市场机制内的文化产品与物质产品具有相同的商品属性，是商业组织为了商业利润而生产的文化商品。文化商业组织投入文化资本的另一个环节是文化商品流通。进入市场交换环节的文化产品成为文化商品，依据马克思在《资本论》一书中的经济学理论，我们可以将文化商品定义为"用来交换的精神劳动产品"。同一个文化商业组织，有可能同时在文化产品的生产环节和文化商品流通环节进行资本投入，也可能只是在文化产业链条的某个环节进行资本投入，或者在文化产品生产环节投入资本，或是在文化商品流通环节投入资本。在市场体制下，文化生产与流通环节的资本投入，对于文化产品生产的数量、文化文本传播的速度和规模，产生巨大影响。马克思和恩格斯在《共产党宣言》一文中指出："资产阶级在它的不到一百年的阶级统治中所创造的生产力，比过去一切时代创造的全部生产力还要多，还要大。"[①]资产阶级作为商业组织的集合体为何能够推动社会生产力获得如此大的发展？根源

---

① 《马克思恩格斯选集》第 1 卷，人民出版社 2012 年版，第 405 页。

在于商品经济的发展以及市场经济机制。市场经济机制推动的不仅是生产力水平的提升,而且是商品流通的速度和范围的急剧扩大,商品流通速度关系到资本的循环与周转速度,也是私人劳动能否转化为社会劳动这一"惊险一跳"的关键环节。"物质的生产是如此,精神的生产也是如此。各民族的精神产品成了公共的财产。民族的片面性和局限性日益成为不可能,于是由许多种民族的和地方的文学形成了一种世界的文学。"①

(三) 学校是生产精神结构的教育主体

现代社会,生产个人精神结构和公共精神结构的文化权力主体之间的关系存在"三足鼎立"现象:代表公共权力的政府机构、代表市场与商业资本力量的商业组织、代表教育主体的学校,三个主体相互联系又彼此独立,在各自的领域通过各自的途径生产精神结构。政府机构生产精神结构的行动,在很大程度上受制于政治任务和政治目标的要求;商业组织通过文化产业生产精神结构,直接以经济利益或商业利润的获取为目标;只有学校所进行的文化教育行动,直接以精神结构的生产为目的,政治和经济因素对学校生产精神结构的行动存在各种影响,无论是西方社会还是中国社会,无论是古代社会还是当代社会,这是一种普遍现象。造成这种现象的原因在于学校的教育活动需要各种资源的支持,资源供给途径,要么来自公共权力提供的保障,要么来自商业组织的资金投入。尽管如此,学校教育在接受公共权力管理和治理时保持相对独立性,在接受商业组织的资金投入时没有被市场逻辑操纵,是一个时代文明程度的重要标志。教育只能用来育人,而不是以育人为工具来获取经济利益。

---

① 《马克思恩格斯选集》第 1 卷,人民出版社 2012 年版,第 404 页。

在精神结构生产的过程中，学校具有无可替代的作用，原因在于学校拥有任何其他文化权力主体都不可能拥有的两个生产条件：一是精神劳动主体条件，二是精神结构生产对象条件。精神劳动主体是指学校拥有的知识分子和专家群体；精神结构生产的对象，是指学校的教育对象即学生群体。

任何文化权力主体进行精神结构的生产，都必需一个基本条件，即文化资源的供给。文化资源来自精神劳动，精神劳动主体所具有的精神产品或文化产品生产力，直接决定了文化产品的丰富程度，从而也决定了精神结构生产所需要的文化资源的丰富程度。学校的独特优势在于，它拥有受教育程度最高、专业化水平最高、集中度最高、工作任务最为专门化的从事精神劳动的人力资源，即教师群体。重新发现文化资源，基于已有的文化资源深度开发或创新，基于实践经验进行知识创新，通过各种渠道引进外来文化等，是学校的精神劳动大军进行精神生产的主要方式，文化资源因此得到不断丰富和完善。

学校进行精神结构生产的另一个独特优势在于受教育对象之间法定的教育关系。受教育对象在学校接受教育的目的，正是改变和完善个人精神结构。学校的主要工作是通过教育手段培养学生，生产学生精神结构，改变或完善学生精神结构，是所有学校教育工作的主要目的，也是直接目的，这是其他任何文化权力主体都不具有的独特优势。政府机构生产精神结构的主要方式是舆论宣传以及文化传播，效果如何不仅取决于舆论宣传的力度和文化传播的效能，而且取决于社会公众的认同或接受与否。精神结构生产并不是商业组织进行文化活动的目的，人的精神生活需求只是商业组织获得文化产业利润的工具，精神结构的变化只是市场体制下文化产业的副产品。只有学校，不仅直接将教育对象精神结构的生产与完善当作行动目的，而且精神结构的生产行动受到教育对象天然的支持，因为所有进入学校教育系统的学生，接受教育的目的正是发展和完善本人的精神结构。

就精神结构生产方式而言，政府机构依赖于舆论宣传，但无法确定受众；商业组织依赖于市场营销；它们都不具备学校教育的专门化、系统化、组织化与规模化优势。学校主要通过课堂教学的方式，以教材为载体，对学生进行文本输入和精神劳动能力的训练。公共精神结构的形成，依赖于社会个体对于文化的认同，学校是生产公共文化认同的专门场所，因此，学校是人类在文明时代专门进行精神结构生产的场所。

（四）个人是生产精神结构的自我主体

个人精神结构的生产方式有两类，一是消极的精神结构生产，二是积极的精神结构生产。消极的精神结构生产是指外在力量通过文本输入的方式改变个人精神结构；积极的精神结构生产是指社会个体自主输入文化信息，或自主选择是否接受文本输入以改变自身的精神结构。如果说政府机构、商业组织以及学校对于个人精神结构的生产属于"他者生产"或消极生产，个人对于自身精神结构的生产则属于"自我生产"或积极生产。所有的个人精神结构的生产方式都是消极生产与积极生产的统一。

所有的社会个体都是精神结构生产的主体和生产对象的统一。作为精神结构的拥有者，个体成为精神结构生产的对象；作为精神劳动的承担者，个体是精神结构生产的主体。个体在生产精神结构过程中主要有以下几种行动方式。一是以从事精神劳动的方式生产精神产品，创制文化文本，增加文化资源；二是进行文化产品的传播或交换，促进文化文本的流动；三是参与文化市场行为，进行文化商品的交换；四是以文化输入者的身份对他人进行文化文本输入，改变或再生产他人的精神结构；五是以认同与否的方式参与公共精神结构的形成过程；六是出于自身的精神生活需要而进行文化消费，文化消费是精神结构再生产的前提，个人在进行文化消费的过程中，精神结构得到生产或改变。因此，个人对于自身、他人以及社会公共精神结构，负有不可推卸的责任。

二 精神结构生产的客观条件

精神结构的生产受到三个因素的影响。一是生产主体，即文化权力主体，生产主体状况构成精神结构生产的主体条件；二是生产资源，即文化资源，构成精神结构生产的精神条件；三是生产环境，包括物质条件和社会历史基础，构成精神结构生产的客观条件。

精神结构生产的客观条件，居首的是物质条件。一方面，物质生活资料的生产是人类历史的第一个活动，人类生存和延续所必需的基础；另一方面，物质生产力水平、科学技术水平，直接影响到精神生产力水平的提升，文化文本的传播技术，从竹简到纸张，到电信再到当代的新媒体，每一次文化传播技术革命都带来文化生产力水平的提升，文化传播技术得到提升的根源在于物质生产力水平的提高。

经济基础是精神结构生产的社会历史基础。生产力与生产关系构成生产方式，生产关系的总和构成一定社会的经济基础，个体精神结构与社会公共精神结构属于上层建筑。马克思在《政治经济学批判·序言》中指出："人们在自己生活的社会生产中发生一定的、必然的、不以他们的意志为转移的关系，即同他们的物质生产力的一定发展阶段相适合的生产关系。这些生产关系的总和构成社会的经济结构，即有法律的和政治的上层建筑竖立其上并有一定的社会意识形态与之相适应的现实基础。物质生活的生产方式制约着整个社会生活、政治生活和精神生活的过程。"[1] 经济基础的发展变化，直接引起上层建筑的

---

[1] 《马克思恩格斯选集》第2卷，人民出版社2012年版，第2页。

变化，从而影响到精神结构的生产过程。经济基础不仅是通过物质条件，而且是经由政治制度以及意识形态的方式对精神结构的发展变化产生各种影响。

在各种因素中，对精神结构生产具有根本影响的因素是物质条件。精神产品的生产、文化文本的流动以及文化消费方式，与物质条件直接相关。物质资源持续不断地投入文化产品的生产、文化文本的流通以及文化消费，构成文化资本。能量供给是任何一种社会行动的生命线，文化资本从精神生产到文本流动再到文本信息输入的过程，构成文化生产精神结构的完整链条。这条生产线如果缺少文化资本持续不断的投入或供给，就会发生断裂，精神结构的生产线会因此停止运转。在市场经济社会，文化建构精神结构，依赖于各种文化权力主体以各种方式，不断投入文化资本。文化资本所体现的，不是物与人的关系，而是人与人之间的关系，是文化生产、文化传播以及文化消费等过程中人与人之间的文化关系，每个文化权力主体在文化关系中的行为，都需要接受"自由的规则"的约束和规范，这就是文化资本的伦理义务。

第三章 文化资本的伦理原则

两种贫困一直在威胁着人类的生存境遇：一种是物质贫困，另一种是精神贫困。人类所有的努力，都是与物质贫困和精神贫困进行抗争。文化并不是如阳光那样可以如期而至，人们在黑夜里安静守候便能够迎来黎明，文化是人类为自己点燃的火炬，照亮无尽的精神空间，让我们知道自己来自何处，身在何方，所往何方。因为持续不断的努力，才有了物质文明和精神文明的发达，但是精神文明才是人类文明的本质，在精神劳动与物质劳动分离后，物质生产力水平不过是精神生产力水平的投射或运用。文化作为精神文明的符号，精神生产的果实，不仅构筑安放心灵的田园，而且指出通往未来的道路。如果说忽视物质生产力水平的提升和物质财富的增长是一个时代的苦难，那么缺乏对于文化发展的宏伟规划，则是一个时代的无知，只会将自身引向蒙昧和精神黑夜。文化建设是一种真正的人道主义行动，它为人的自由而全面的发展提供精神条件。

第一节 文化资本及其属性

精神劳动的目的是进行精神生产，精神劳动是精神生产的一个环节或起始阶段。精神生产是指精神产品的生产和精神结构的生产，因此精神生产具有双重作用：一方面，精神生产通过精神劳动创造精神产品即文化；另一方面通过文化输入产生或改变人的精神结构和公共精神结构。精神生产分为三个阶段：一是精神产品即文化的生产阶段，二是文化的传播阶段，三是文化的消费阶段。文化资本是存在于精神生产过程中的资本形态。

一 什么是文化资本

精神生产各个环节的存在与持续，需要一个基本条件，即连续的资源投入，或精神生产资料的投入。在精神生产过程的各个环节投入的各种资源，包括人力资源、物质资源、精神资源等，称作文化资本。马克思在《资本论》中指出，资本在现象上表现为货币和生产资料，但货币和生产资料本身并不是资本，只有在资本主义社会中劳动力成为商品的前提条件下，货币和生产资料被资本家用来作为剥削雇佣工人的手段时，才转化为资本。因此，资本不是物，而是通过物体现出来的资本家与雇佣劳动者之间的剥削与被剥削的生产关系，因此资本是一个历史的范畴，资本是能够带来剩余价值的价值。在不同的研究领域，由于知识体系和话语背景差异，资本概念的内涵与外延并不相同。《资本论》一书中马克思对于资本的定义方式有以下几个特征。第一，在政治经济学知识体系中定义资本，因此资本不仅是一个纯粹的经济学概念，还是一个政治概念，反映了雇佣劳动关系；第二，在历史唯物主义哲学框架内定义资本，资本只有在资本主义社会才会出现；第三，资本的物质属性是货币和生产资料。

文化资本概念中的资本，是在文化哲学的知识框架内得到定义的。文化资本概念虽然从文化人类学和文化社会学理论发展而来，但是它是以文化哲学作为概念界定的知识基础，以现实生活中的文化实践活动作为感性经验基础。文化哲学范畴中的文化资本，是指以资源或资金的形式体现的、能够作为精神生产必要条件的人力资源、物质资源、精神资源。在精神生产的不同阶段，文化资本的存在形态并不相同。在文化生产阶段投入的文化资本称为文化生产资本；在文化传播阶段投入的文化资本称为文化传播资本；在文化消费阶段投入的文化资本称为文化消费资本。可以从以下几个方面进一步准确理解文化资本。第一，文化资本的现实基础是精神生产过程，是指在文化生产、文化传播和文化消费三个环节投入的资源；第二，文化资本所反映的不是雇佣劳动关系，而是文化文本与人的精神劳动和精神结构之间的双向建设关系以及精神生产过程中人与人之间的价值关系；第三，文化资本得以出现的社会历史条件，是精神劳动和物质劳动开始出现分工，而不是哪一种特定类型的社会，也就是说，文化资本在各种社会形态或各种社会制度中都有可能存在。

二 文化资本的属性

文化资本具有多重属性，主要有资源属性、关系属性以及主体属性。文化资本具有资源属性。文化资本首先是资源，各种资源由于自身具备的各种功能、作用或使用价值，能够为精神生产过程的顺利进行提供各种保障。人力、物力以及资金，以人力资源、生产资料以及货币等形式，构成精神生产与再生产过程所必需的资源条件，从而由资源转化为文化资本。

文化资本的关系属性，是指文化资本只是在精神生产关系中才会出现。文化生产、文化传播以及文化消费过程中形成的人与人之间的关系以及文化与人之间的关系，称为精神生产关系。之所以称之为精神生产关系而不是文化生产关系，不仅是因为它是与物质生产关系相对应的社会存在，而且是因为文化的来源和目标都是精神生产。精神生产关系由三个环节的文化关系构成，即文化生产关系、文化传播关系和文化消费关系，三者彼此独立且相互关联，在一定条件下互相转化，构成精神生产的循环圆圈，即闭环。人力资源、生产资料以及货币资金并不是天然的文化资本，只有当他们以资源的形式投入精神生产过程才成为文化资本，它体现了两种关系，一是人与人之间的文化关系，二是人与文化之间的关系，因此文化资本具有关系属性。

文化资本的根本属性是主体属性。文化资本在精神生产各个环节的投入，需要一个前提，即文化资本投入主体的存在。文化资本作为资源，不会自动进入精神生产领域，它需要拥有某种动力因，文化资本投入精神生产领域的动力因或推动者就是文化权力主体。可见，文化资本不仅包括物的因素，还包括人的因素。在《资本论》中，劳动力成为商品是资金转化为资本的条件，劳动力的买卖产生的雇佣劳动关系才使得货币和生产资料转化为资本；文化资本产生的条件是精神劳动与物质劳动的分工，人的精神生活的需求、个人精神结构与公共精神结构的发展需求，需要向精神生产过程不断投入各种资源，这些资源不仅有生产资料和资金，还有人力资源。

文化生产资本、文化传播资本以及文化消费资本，分别拥有不同的文化权力主体。那些主导文化资本投入和运营的文化权力主体，称为文化资本主体。依据文化资本主体的文化权力属性，我们将文化资本主体划分为文化资本公共主体、文化资本商业主体、文化资本教育主体以及文化资本个人主体四个类型。文化资本公共主体，是指依据自身拥有的公共权力以投入、运作文化资本的主体，如政府机构等；文化资本商业主体，是指运用自身拥有的商业权力运作文化资本进行文化商品生产或其他文化产业的主体，如各种商业组织；文化资本教育主体是指依据自身所具有的教育权力运作文化资本进行文化生产、文化传播或文化消费的主体；文化资本个人主体，是指以自身人力资源投入文化生产、文化传播与文化消费，从而使得个体人力资源成为文化资本的主体。

　　文化资本之所以要承担一定的伦理义务，根源在于文化资本的关系属性和主体属性。文化资本的关系属性决定了文化资本运行过程中必然涉及各种价值关系；文化资本的主体属性意味着文化资本的实质不过是文化权力主体之间的价值关系。文化资本需要承担一定的伦理义务，是因为文化资本主体在价值关系中的各种行为，需要遵守伦理原则和行为规则，接受关于"自由的规律"的科学的指引。

第二节　文化资本伦理义务的发现与发明

　　人类为什么要进行各种生产和再生产活动？是因为生存和发展的需要，人类有意识地生产的一切，即那些具有明确目标和确定方法的生产活动，其目标都是为了满足自身的某种需求。物质生产与再生产是因为人类生命存在与发展需要各种物质资料；人口生产是因为人类个体生命存在时间有限，只能通过人口生产为种族延续创造条件；精神生产是因为人类的情感、知性和理性等意识活动的需要。人的精神生活的自由，需要精神资料提供满足的条件，我们将满足人的精神生活需要的精神劳动的产物，称为文化。无论文化以什么样的文本形式存在，它的内核和本质属性，是精神。人的精神如同婴儿，他的心灵、情感、情绪都需要保护，渴望陪伴，呼唤回应，等待唤醒，留恋安顿；他终将成长为巨人，虽然在年幼时步履蹒跚，眼界狭窄，思维混沌，天性纯真，但是当他成长为一个巨人时，足以改变自己，改变世界，让河流改变方向，让山川改变模样，他为市井带来了俚语歌声，为学校带来孩童的诵读，为寺院响起晨钟暮鼓，为人的言行带来正义原则和善良德行标准，为社会带来庞大的制度体系，为人类文明赋予远大理想和彼岸的信仰。文化是母亲，不仅因为她给了我们灵魂，还在于她给了我们怀抱。在你孤单寂寞的时候，她给你陪伴；当你想倾诉，她安静地倾听你吐露心声；当你心灵受伤，她用歌声给你无尽的抚慰；当你茫然，她给你指点方向；当你疯狂失去理智，她给你棒喝而让你清醒。因此，文化天然地属于善良意志的产物，是一种真正而彻底的人道主义思想的体现，如果没有文化，人类依然流浪在原始时代，饱受磨难。

文化自产生那一刻起，就必须担负对于人类的伦理义务或道德责任。我们已经基于实践经验加以考察，以理论逻辑的方式探究了文化资本为什么要承担伦理义务这个问题。现在面临的问题是，文化资本要承担什么样的伦理义务。文化资本的伦理义务由两个要素构成：一是文化资本必须遵守的伦理原则；二是文化资本应该遵守的行为规则。前者是一般原则，即道理，或公理，即文化权力主体的文化资本运作行为所必须遵循的原则或公理，这些原则和公理明确了行为高尚与否，以及正义与否的标准；后者是实施细则，即文化权力主体在文化价值关系中的行为需要遵守的规范。

一 伦理是什么：研究方法

研究文化资本的伦理义务，首先要回答"伦理是什么"这个问题，对于伦理范畴的界定，构成文化资本伦理义务研究的逻辑起点。在学术界，伦理与道德两个概念在很多语境中可以互换使用，但无论从中国和西方伦理学理论发展的历史，还是从人类伦理实践以及道德实践来看，伦理和道德不是同一个社会现象，也就是说，伦理所指与道德所指，在生活世界不是同一个对象。至于在伦理学和道德哲学领域，伦理和道德概念可以在某些语境和论题中成为可以互换的概念，是因为二者在经验世界确实具有很大的领域交叉，以二者为研究对象的各种理论观点，没有对二者做泾渭分明的界限区分。从实践主义研究方法出发，基于实践经验，结合伦理学和道德哲学理论逻辑来分析，伦理和道德二者之间存在紧密联系，也存在某些不同。伦理，指的是人与人之间各种关系中的行为应该如何而所要遵循的道理。道德，指的是两个对象，其一是指人与人之间各种关系中的行为应该遵循的道理，其二是指个人意志按照这些道理修养和调控自身的意识以及行为而达到的状态，即德行。因此，道德所指为两个存在，一个是道，即道理；另一个是德，即德行。如果将伦理所指对象为"人伦之理"，那么它相当于道德之道；如果将伦理学所指对象，不仅包括人伦之理，也包括人之德行，那么在概念上，伦理就等同于道德。本文所探究的伦理，与道德同意，这是一个研究方法的设定，但并不能完全抹去二者的不同。在实践活动中，伦理行为与道德行为的侧重点还是有所区别的，最大的区别在于，伦理行为注重于公共生活中个人行为的正当性，道德行为注重于个人内心世界的修养和精神结构中实践理性的完善。

在学术界，为什么会出现关于"伦理是什么"这个问题答案的分歧，甚至在伦理和道德两个概念之间的关系上纠缠不清，原因在于研究方法出了问题，以至一些伦理学说在研究对象不明确、研究方法不可靠的情况下进行理论演绎，其结果可想而知，初入伦理学知识领域的学人可能因此陷入混乱。任何理论都有责任将思维引向独立思考能力的提升，前提是给予思考者清晰的思维引导，而不是在应该给予思维以启蒙的地方将思维导向迷茫。综合分析伦理学理论知识，比较伦理学各思想流派，可以看出回答"伦理是什么"问题的主要方式。

一是知识考古方式，又称为文献研究法，通过分析和比较已有观点，从中选择一个自己认可的答案，或者综合前人或他人的观点，给出一个答案。二是独断论方式，基于本人的各种理论或实践立场给出答案，其特点是以"伦理应该是什么"的设定代替"伦理是什么"的回答，这是一种典型的独断论，以假设代替事实，并将个人立场当作真理。三是经验主义方式，基于个人有限的生活经验产生的直观感性认识回答"伦理是什么"，但是当思维在时间和空间超出个人经验时，答案有可能被实践所证伪。四是列举方式，通过列举生活世界各种现象或实例的方式回答"伦理是什么"的问题，其优点在于所列举的实例如果足够广泛且具有代表性，基本上能够满足大众在日常生活世界对于"伦理是什么"问题的追问，但是这不是理性思维的方式，社会存在的现象罗列局限于表象，无法代替理性思维对于事物本质的抽象概括。

伦理作为认知对象出现在思维中，作为现象出现在社会生活中，因此，首先可以确定的是，伦理是一种存在。对于同一个研究对象，由于研究方法的差异，产生了不同的思维逻辑和知识体系。一般而言，研究各种存在的本原的方法是本体论研究方法，通过研究事物的本原来研究事物存在根据，它是自然科学领域以自然物为对象的基本研究方法。所有自然科学知识都有一个"本体论的承诺"作为科学知识的起点。伦理不是自然存在物，即使将伦理看作"天理"或"天道"，也需要将理或道依附于人伦，存在于人伦之中的理才称为伦理。人伦即人与人之间的关系结构，人与人之间的关系来自哪里？全部人类历史的第一个前提是人的生命存在，人类为了维系生命存在，首先要进行物质生产，在此基础上进行人口生产，再到后来的精神生产，因此，人伦来自人类生产实践活动，实践是伦理的本体，伦理学的本体论是实践本体论。实践本体论要解决的问题，是社会存在何以发生或者如何被产生的问题。从实践开始研究伦理何以存在，所要回答的是伦理是如何产生的，这意味着伦理研究方法，从实践本体论研究方法过渡到社会存在发生论研究方法。在此基础上，通过分析伦理被创造和生产的过程，揭示伦理所包含的元素，通过分析伦理结构，揭示伦理存在的属性和本质。作为一种社会现象，伦理在社会经济基础以及上层建筑等因素的共同作用下发展变化，在不同的社会历史条件下，如何精准把握伦理存在的阶段性特征？针对这个问题的研究方法是发展论方法，研究伦理发展变化的规律。通过上述几个方法的综合运用，给予"伦理是什么"的问题以准确回答和清晰的思维指引。

二 伦理是什么：伦理的产生

伦理不是自然存在物，是人类实践活动基于满足某种生活需要而创设的，因此，伦理的要素及其结构，必然带有目的性特征。基于实践主义研究方法，我们不是从"伦理应该是什么"而是从"伦理本来是什么"或者"伦理何以产生"的问题出发，探索伦理作为社会现象的存在本体及其要素结构。

伦理是怎么产生的？人的实践活动是社会历史的起点，也是伦理的本体。实践活动是人的主体性的体现，是有意识的活动，人的本质力量的对象化方式。人的任何有意识的行动都具有某种目标或目的，或者系列目标的组合。归纳人类所有活动的目的，可以发现它们有个共性，即所有目的，无论以什么形式呈现，其本质都是追求自由：要么是实现自由，要么是生产自由，要么是扩大再生产自由，要么是交换自由。自由作为人的所有实践活动目的，这个命题并不是价值判断，也不是道德判断，而是事实判断，是基于人类生活实际经验的分析而得出的结论。

人的任何目的的实现都需要一定条件，同样，自由的兑现需要各种条件。那些作为人的目的的实现所需要的条件包括主体条件和客体条件两个部分。主体条件是指目的需要以自己和他人的自由自主的实践活动作为主体条件，没有自己和他人的自由自主的实践活动即生产活动与交往活动等，就无法创造出兑现自由所需要的各种现实条件；客体条件是指人的各种实践活动对象，如物质资料、精神资料、社会结构、制度规范、人与人之间的交往关系等。

那些成为实现目的所需要的条件的事物，会因此而被行为主体认定为具有价值的事物。这里要区分两个基本概念，即价值与使用价值。在文化哲学话语体系中的价值和使用价值概念，不同于它们在经济学知识体系中的含义。在文化哲学中，使用价值指一个自然物体、物质劳动产品、精神劳动产品、人的行为以及行为组合等存在，由于自身的自然属性、社会属性或主体属性而具有某些功能，如果这些功能能够成为人类实践活动的手段或工具，相对于人类存在与发展而言有某些作用，这些功能或作用，称为使用价值。与使用价值不同，价值以使用价值的存在为基础，如果自然物体、物质劳动产品、精神劳动产品、人的行为以及行为组合等存在所具有的使用价值，能够成为社会个体的自由得到兑现所需要的条件，此时的使用价值就转化为价值。使用价值有两个特点，一是它以事物的某些属性和功能为基础；二是相对于某类实践活动而具有某种手段作用或工具作用，而不是相对于特定个人或特定人群的需要而言。价值与使用价值的区别在于，价值不是自然物体、物质劳动产品、精神劳动产品、人的行为以及行为组合的功能和属性，而是这些功能和属性的消费状态或起作用状态，只有当存在物的功能和属性进入人的消费行为，构成人们兑现自由而消耗的条件时，相对于特定个人或特定人群而言，存在物的使用价值才会转化为价值，即相对于特定主体需要而言才具有了价值。

社会个体只有在拥有使用价值的支配权后，才能够将某种使用价值纳入自己消费行为，从而使得该使用价值转化为相对于他的需要而言的价值。个体通过两种方式获得使用价值，一是劳动实践，即物质劳动或精神劳动，人类所有劳动的直接目标都是生产某种使用价值；二是劳动产品交换，即人与人之间从各自需求出发交换彼此拥有的产品。使用价值的生产是使用价值交换的基础。

人们在生产过程中形成的关系是生产关系，生产关系包括物质生产关系和精神生产关系，生产关系结构和变化趋势，与一定社会的生产力水平密切相关。人类掌握的自然科学知识越丰富，拥有的科学技术越先进，劳动者的素质越高，社会生产力水平就越高。历史唯物主义哲学指出，广义的生产关系是指人与之间因为劳动产品的生产、分配、交换和消费而产生的相互关系。生产关系是社会关系的基础，人类社会各种关系以生产关系作为存在前提，生产关系不过是使用价值的生产、流通以及消费过程中所产生的各种关系。

人类有意识的行为必然具有明确目的，所有活动的总目的，就是自由，即兑现预期自由、生产和扩大再生产自由。兑现预期自由以及生产自由，需要各种使用价值作为条件。所有行为，都与使用价值有关：要么是使用价值的生产，要么是使用价值的分配、交换，要么是使用价值的消费从而使之转化为相对于特定个体的价值。因此，人类的所有关系，最终都归属于彼此之间因使用价值而发生的关系，简称价值关系；人类在价值关系中为获取使用价值以及消费使用价值的行为，称为价值行为。

伦理，因为价值关系中的价值行为而被创设。在人与人之间的价值关系中，每个人都有自己的目的，即个体对于自由的预期以及由此而来的生产或交往行为；每个人都希望在价值关系中通过价值行为获取实现自由所需要的条件。由此产生一个重大问题：当人在价值关系中的价值行为发生冲突时，如何化解冲突、协调个体行为从而维持价值关系的正常运转以及价值行为的正常进行，从而各得其所？精神劳动与物质劳动分工成为一个独立的生产活动，成为解决这个问题的前提条件。"分工只是从物质劳动和精神劳动分离的时候起才真正成为分工。从这时候起意识才能现实地想象：它是和现存实践的意识不同的某种东西；它不用想象某种现实的东西就能现实地想象某种东西。从这时候起，意识才能摆脱世界而去构造'纯粹的'理论、神学、哲学、道德等等。"① 精神劳动通过感性、知性、理论理性、实践理性和艺术理性活动，创造出系统化的经验、概念、理论知识、正当与善的道理或公理、行为规则以及艺术作品；实践理性所创设的道理和规则，为评判行为正当与否，为行为追求善与正义、追求崇高提供指导原则，依据这些道理制定的实施细则即行为规则，这些道理和规则称为伦理。所谓伦理，是人类精神劳动创造的各种道理和规则，它们规定人在价值关系中的价值行为应该如何才是正当的、正义的和高尚的，人的意志如何调控自己的意识和言行才能够获得善良的品质。

依据实践主义原则，从本体论研究方法和发展论研究方法出发探究伦理是什么的问题，基本可以得出较为清晰的答案。准确把握伦理概念的内涵与外延，需要关注几个核心范畴：一是实践，伦理不是自然存在物，是人的社会实践的产物，人的实践是伦理的本体；二是使用价值，使用价值生产、分配、交换和消费是有意识活动的目的；三是价值，使用价值进入特定个人消费的过程就转化为相对于特定个体需要而言的价值；四是自由，人的所有活动的最终目的是自由，即兑现预期自由或增加自由，使用价值成为兑现自由和增加自由的条件是转化为价值。从使用价值的生产到自由的实现或自由得到增加，这整个实践过程构成伦理存在的实践基础，也是伦理发挥作用的过程。伦理，是人类为了解决价值关系中主体的价值行为的正当与否或高尚与否的问题，通过实践理性创设的道理和规则，依据道理形成伦理原则，依据原则形成行为规范，伦理因此而产生。

三 伦理是什么：公理与规则

为进一步探究"伦理是什么"的问题，需要彻底阐明构成伦理的

---

① 《马克思恩格斯选集》第 1 卷，人民出版社 2012 年版，第 162 页。

两个基本要素，即公理和规则。康德在《道德形而上学奠基》一书中指出："所有的理性知识要么是质料的，即考察某一个客体（Objekt）；要么是形式的，即仅仅探究知性和理性自身的形式，以及一般思维的普遍规则，而不涉及各种客体的区别。形式的哲学就叫作逻辑学，而处理确定的对象和这些对象所遵守的规律［法则］的质料的哲学，又有两方面。因为这些规律［法则］要么是自然的规律（Gesetze der Natur），要么是自由的法则（Gesetze der Freiheit）。关于第一种规律的科学称为物理学，关于第二种规律的科学是伦理学；前者也称为自然学说，后者称为道德学说。"[1]

(一) 价值关系：伦理基础

伦理是用来治理和协调人与人之间价值关系的道理和规则，价值关系是伦理的现实基础。人与人之间所有的关系，说到底都是价值关系衍生而来的，或者说，人与人之间关系的本质是价值关系。人与人之间关系是实践活动的产物，准确认识作为社会现象的"关系"，有助于进一步理解伦理现象。

关系是什么？关系是一种特殊的社会存在。从本体而言，存在分为两类，一类是自然存在，一类是社会存在。自然存在以物质性为本质属性，社会存在以实践性为本质属性。自然存在以物质现象呈现，社会存在以人的意识、行为以及人与人之间的关系、人的实践活动创造物等现象呈现。自然存在与社会存在的状况，称为现象，现象反映在人的意识中形成的印象，称为事物的表象。现象分为四类：物质现象、意识现象、行为现象以及关系现象。

关系分为自然关系和社会关系。按照关系的发生机制，自然关系

---

[1] ［德］康德：《道德形而上学奠基》，杨云飞译，邓晓芒校，人民出版社2013年版，第1页。

和社会关系中存在的各种关系，分为必然关系、或然关系、建制关系以及交往关系。必然关系是指自然关系和社会关系中那些因为某种必然性而产生的事物之间的联系，如生产关系、经济关系等；或然关系是指社会个体活动所引发的非预料、非设计、非必然的关系，又叫偶然关系，这一类关系的特征是不在主体有意识活动目的之内；建制关系是指社会管理主体依据某种制度和规则而产生的关系，例如教育关系、政治关系等；交往关系是指主体依据各自目的与他人交往而产生的主体间的联系。在各种关系中，交往关系是人的主体性和自由意志的高度体现。交往关系不具有客观属性，离开人的实践活动以及彼此之间的交往行为，交往关系就不会存在；但并不能因此而认定交往关系为主观存在，它是主体以客观存在为基础的、以主观愿望为导向的、由于主体之间的交往活动而产生的联系，因此，对于社会现象的客观属性或主观属性而言，交往关系的属性较为特殊，属于交往属性，即第三种社会属性。交往关系是伦理存在的基础，所有交往关系的本质都是价值关系。

价值关系是如何形成的？价值关系以生产关系为基础，是在人们的物质劳动和精神劳动的基础上为了获得使用价值，并将使用价值转化为个人需求的价值的过程中形成的各种关系。价值关系的形成以及变化过程与人的价值观念密切相关。关于价值，理性活动在实践经验基础上形成以下几种观念。一是使用价值判断，使用价值指事物所具有的功能与属性，相对于人类需求而言，属于一般价值判断；二是价值判断，指物的使用价值相对于某些或某个人在特定情境下的特定需求而言是否能成为自由得以实现的条件，即能否从一般的使用价值，转化为特定情境中特定个体满足特定目的而言所需求的价值，价值判断属于特殊判断。使用价值判断被称为功能价值判断，价值判断被称为条件价值判断。

功能价值判断和条件价值判断属于事实判断，即价值事实。功能、条件、需求、都是事实，属于事实判断中的价值事实，以使用价值和价值的发现为前提。在价值事实判断基础上，个体的价值立场开始起作用，确定是否将使用价值纳入自由实现所需要的条件系列，从而将使用价值转化为价值。此时，价值关系得以形成。价值关系是指实践活动主体为兑现自由、增加自由而寻求所需要的相关条件即使用价值过程中与他人发生的交往关系。使用价值进入个体实现目的所需要的条件系列，成为相对于他而言的价值。根据价值满足主体需要状况，分为正价值与负价值两个类型。正价值是指那些使用价值能够成为主体各种目的实现条件，即成为主体兑现自由、增加自由的条件；负价值是指那些使用价值不仅不能成为主体实现目的的条件，而且阻碍主体达成目的因而损害主体利益，即成为损害主体自由的因素。同样的使用价值，对于某些主体而言具有正价值，对于某些主体而言却只具有负价值。正是由于正价值和负价值的相对存在，价值关系才需要伦理来进行调节。如果伦理的道理和具体规则调整价值关系的结果能够很好地平衡正价值与负价值之间的关系，即调整好不同主体之间的利益关系，那就是维护了公平和正义；行为符合伦理原则和规范的要求，则被视为行为正当。当个人在价值关系中面对正价值和负价值的相互冲突而能够运用意志管理自己的情感和理性，从而使得自己的行为符合公理给出的原则和规范的要求，他就是个讲道理的人，有良好修养的人，一个有德行的人。当一个人为了他人和集体利益而做出贡献甚至不惜牺牲自己的利益时，他会因此被这些利益主体视为高尚的人。正义、正当、高尚、应该，这些行为的原则和标准的绝对性，只存在于一个时代的公共精神结构中，依赖于社会个体对于伦理的共识，以及对于公理的深刻理解和尊重。而任何一个个体，在他的生活经验和理性认知能力的范围内，都有责任维护伦理共识，按照伦理原则和伦理规则而行动，这是每个社会个体的义务，他们因此而成为伦理责任主体。

(二) 道理或公理：伦理意识

伦理义务，来自实践理性创设的价值关系中各种价值行为应该遵循的道理或原则，以及价值关系具体情境中价值行为应该遵守的行为规则。从属性而言，道理或规则的本质属于意识现象，原因在于三个方面。第一，道理和规则不是客观存在物，不是自然现象，它是实践理性活动的产物，属于精神产品，是意识活动成果的表达或呈现方式；第二，道理和规则的作用对象是价值关系中的价值行为，但是作用动力来源于人的意识能动性，即人的社会意识对于道理和规则的认知，意志将道理和认知外化为个人行为；第三，道理和规则由实践理性活动的成果转化为价值关系中行为依据的原则和规则，前提在于社会公众对于这些道理和规则达成共识，无论是通过各种制度的约束还是主体遵守契约，或者是利益的博弈，只有当道理和规则成为公众的共识时，它们才具备了在价值关系中指导和规范行为的能力，因此，道理和规则始终是以意识的形式存在，虽然表达道理和规则的文本因为载体的不同，有叙述文本以及社会文本，但文本载体的属性不能代替文本内容的精神属性，即社会意识属性。

道理和规则是实践理性创造的成果，观念是道理以及规则存在于精神结构中的认知结果和思维形式。笛卡儿在《谈谈方法》一书中认为观念有三类："第一类，是通过感官获得的，不一定为真，因为我们的感官变动不居，常有幻觉。第二类，是通过理性清楚明白地见到的，这些观念一定是真的，因为其反面是不可设想的。第三类，是幻想出来的，一定不正确。"① 笛卡儿所陈述的观念，主要是关于经验和知识，

---

① [法] 笛卡儿：《谈谈方法》，王太庆译，商务印书馆 2000 年版，第 XVI 页。

即人通过感性活动、知性活动和理性活动而形成的观念,这一类观念的共性在于,它们都属于主观作用于客观而产生的观念,是意识的认知形式。笛卡儿对于观念的划分方法有明显缺陷,因为他并没有从认知主体的精神结构角度对观念进行归类;而且其观念只是关于客观存在的知识。到了德国古典哲学时期,康德在《实践理性批判》这部著作中指出,人的观念不仅有或真或假的客观知识观念,也有或善或恶的道德观念;道德观念是人的实践理性创设的伦理观念,这类观念不是关于事实真或假的认知,而是关于价值关系中人的价值行为善或恶的道理、原则以及规则等伦理意识。

从意识结构而言,关于道理的意识是伦理意识的内核,所有伦理,在客观上以价值关系为基础,在主观上以伦理意识为前提,伦理意识以道理作为核心或思想观念的逻辑起点,即道理意识=目的意识+条件意识。在理性活动中,关于道理的思维形式为"目的—条件"结构,即理性在创制道理、思考道理时,是从目的和条件两个因素展开思维;道理的文本形式,即通过语言将理性活动关于道理的思维成果进行叙述,形成关于道理的命题,命题的语言表达形式为"目的+条件",即关于行为目的的规定以及关于实现目的所需要的条件的规定。为什么关于道理的理性思维一定是从"目的+条件"两个方面创制道理?这是由道理所承担的社会使命决定的。道理的社会使命或人类之所以要创设道理,目的在于两个方面:一是为了规范人的行为,使其合理化;二是为了规范人的意识活动,引导思想观念,使其合理化。行为合理化的结果就是行为方式的正当化,是应该的行为;意识活动的合理化结果是人获得完善的德行,或者高尚的品质。但是无论是意识活动还是意识活动的外化形式,即行为,都是人的能动性活动,即人的主体性形式,人的自由自觉的活动。每个人自由自觉的活动都有自己的目的。伦理的作用,正是对人的自由自觉的活动进行规范、指导和引导,从而将人的意识和行为，导向人们所认为的理想化状态或合理化状态。因此，康德指出，伦理学是关于自由的规律的科学。一个完整的人类行为由两个基本因素构成：一是主体因素，二是客体因素。主体因素是指人对于行为目的的预设，即行为动机；客体因素是人的行为过程以及行为结果，即实现目的所需要的条件。没有目的的行为是盲目的行为，无意识活动；只有目的但没有形式和结果的行为是意识的空洞想象而没有现实可能。因此，任何行为的完整结构是"行为目的＋行为形式＋行为结果"。道理的社会使命是用来规范行为使其合理化、正当化，从化活动人们所期望的关于人和社会的某种理想状态，既然行为的完整结构是"行为目的＋行为形式＋行为结果"，那么道理必然是从行为目的、行为形式以及行为结果几个方面规范行为。关于行为目的的规定构成道理的目的预设，行为形式与行为结果的规定构成道理的条件预设。因此，所有关于道理的思维，其结构为"目的＋条件"结构；所有关于道理的语言叙述形式，是关于行为目的应该如何的叙述，以及目的实现所需要的条件的叙述。

人类社会的存在与发展，以人的社会实践活动为前提，人类历史存在的第一个前提就是物质资料的生产实践活动。任何行为的最终目的都是兑现自由或增加自由，这是关于人的行为的事实判断，不属于价值判断或道德判断。但是，价值关系中价值行为目的所属主体的差异，才是造成价值关系中价值行为发生冲突的根源，在此前提下，个体的行为才需要伦理进行治理和协调。因此，所有的道理意识，首先是从对于个体价值行为的目的的正当与否或高尚与否的标准进行设定。目的的实现需要一定的条件，没有条件支持的目的只是一个空洞的设想，道理在设定目的正当与否或高尚与否的标准后，需要进一步阐明实现这些目的的条件，条件由行为方法或行为途径或行为结果构成，任何道理，无论其语言表述方式如何，其叙述结构只能是"目的—条件"结构,这是关于道理的理性活动方式或思维结构的体现。

伦理观念,从本体而言来自人类实践活动;从形成机制而言来自人的实践理性的创造活动。伦理观念如果能够逐渐转化为社会共识则成为公理;行为规则如果被公众自觉遵守,被当作价值关系中行为正当与否的参照标准,则成为伦理规范。每个人所面临的伦理之公理和伦理规范,一部分是传统观念,一部分属于创新观念。传统伦理的公理和规范以道德教育或伦理教化的形式,通过文本输入改变个体精神结构和公共精神结构,此时的伦理对于个人和社会而言,属于发现,即基于文化记忆功能、储存功能以及传播功能,发现精神资源中的伦理观念。由于生产力的进步以及由此引起的生产关系的改变,整个社会的经济基础和上层建筑始终处于不断变化之中,尽管变化有时只是微不足道,但从量变到质变,当社会迎来生产方式的革命性变革或上层建筑的重构时,实践理性基于新的实践经验创设新的伦理观念,这些伦理观念即道理和规则,如果能够在不断变化的价值关系中得到公众认同,那么它们就转化为一个时代的伦理之公理和伦理行为规范。伦理,既是人类精神结构变化历史的化石,又是一个时代的精神结构的旗帜,代表了这个时代人们对于什么是善、什么是恶、什么是正义、什么是高尚、什么是应该等问题的共识,体现了一个时代文明的水准和人的发展水平。

(三) 伦理规则:从道理意识到行为规范

伦理意识中的道理观念,构成伦理原则。伦理之道理陈述,属于伦理形而上学领域,即"形而上者谓之道"。实践理性将价值关系和价值行为的具体经验进行抽象,只是以目的意识和条件意识的陈述,阐明行为正当与否或高尚与否的理由,为价值关系中的价值行为提供原则或法则。在生活世界,价值关系复杂多样,个体的价值行为彼此独立，抽象的道理所提供的行为原则，需要在具体的价值关系中结合个体的价值行为，转化为行为规则，作为判断行为正当与否的公共标准，以此规范个体价值行为，维护公共秩序，治理价值关系，从而形成一定社会的伦理规范体系。

并不是所有的行为规则都是伦理规则。从实践经验来看，行为规则分为三类：技术规则、制度规则、伦理规则。技术规则的基础是科学真理，是指人们为了完成某种任务或实现某个目标而采取的有效措施和科学手段，技术规则评价所依据的标准是方法有效性。制度规则的基础是社会关系的总和，即社会经济基础，是指公共权力主体为了进行社会治理或社会管理而创设的各种制度，制度规则评价注重的标准是制度的效率与公平。伦理规则的基础是价值关系，是指一个社会的公共精神结构给予价值关系中价值行为以规范，给出正当行为的标准模式，为行为正当性设定界限。伦理规则评价所寻求的标准是正当或善。

伦理规则是实践理性依据伦理之道理或原则，结合具体价值关系中的个体价值行为而制定，道理是规则的指导原则，规则是道理的实施细则。从属性而言，规则是实践理性创设的规则观念在生活世界的运用，具有精神属性和关系属性。如果说道理是抽象的伦理意识，那么规则就是具体的伦理意识。就意识结构而言，规则意识结构为"情境+行为"结构，即规则意识＝情境意识＋行为方式意识；关于伦理规则的表述是"价值关系情境＋正当的行为方式"。价值关系情境，指的是具体价值关系状况；正当的行为方式，指的是在这个具体价值关系中，人的行为应该如何才是正当的行为。与道理或原则不同，伦理规则一定是道理和原则的具体化，每一个行为规则的背后必定存在着某种道理给出的原则或法则。固执于规则而忘记了规则背后的道理，结果只能是将规则当作僵硬的教条而不知道如何按照道理去完善规则，以至出现讲规则而不讲道理的现象；固执于道理而不注重规则的完善和对于规则的遵守，结果很可能是使得道理沦为空谈。只有实施细则和规则，才是理论联系实际、观念与实践活动相结合的纽带，也只有规则才是人们在价值关系中各种观念和立场博弈的共识的体现。规则是道理在生活世界的锚定力量。

只有在具体的价值关系中，针对个体的价值行为，道理或原则才能够转化为行为规范和行为正当与否的评判标准。价值关系的复杂性，个体价值行为的多样性，不可能用某种道理的普遍性予以规范。在伦理学思想史上，始终存在一个冲动或努力，就是寻求在任何情况下适用于任何人的伦理规则，但是从实际生活以及麦金泰尔等伦理学家的理论史分析来看，这种将伦理规则普遍化的努力无一例外失败了，以至出现了伦理相对主义观念。之所以伦理规则普遍化的理论努力也无法获得成功，是因为它不具备现实基础，而且在伦理研究方法上，没有将伦理之道理或原则与实施细则即规则分开。道理具有一定限度的普遍性，但伦理规则一定是具体价值关系情境中的个体行为的规则，它体现了自由界限意识，即积极自由的规则、消极自由的规则和限制自由的规则。积极自由的规则是指在什么情境中鼓励个体努力做什么的规则；消极自由规则是指个体在什么情境中被允许做什么而不受限制的规则；限制自由规则是指个体在什么情境中不可以做什么即哪些行为被明令禁止的规则。积极自由的规则即积极规则、消极自由的规则即消极规则、限制自由的规则即限制规则，各司其职，各有其功能，组成价值关系中个体行为正当与否的评判标准以及行为指引。

（四）德行：伦理对于个人精神结构的完善状况

如果将伦理学所指对象，不仅包括人伦之理，也包括人之德行，那么在概念上，伦理就等同于道德。道德之道，即道理，同于伦理之理；道德之德，是指个体德行，是个人在价值关系中通过价值行为体现出来的伦理对于个人精神结构的化育状况。如果将伦理所指对象设定为"人伦之理"，那么它相当于道德之道。伦理之理，是关于人的行为正当与否、高尚与否的情形及其条件。道理叙述行为目的和目的实现所需条件，但道理所认为的合乎伦理的目的是一般目的，具有普遍化的属性，不是某个个体的行为目的；目的实现所需要的条件是原则性的条件，是对具体情境进行抽象后得出的一般条件。在具体生活和环境中，原则性的道理结合人的具体行为而产生的具体要求，称为规范。道理是普遍性的，规范是特殊的；道理是抽象的，规范是具体的；道理是全体的，规范是个体的；道理是指一般情况下，你如何行动才能确保正当、高尚，规范是指在千变万化的价值关系中，如何行动才是应该的，才是正当的。

人的意志按照道理和规范调控自己的情感活动、理性活动和行为，称为道德自律。道德自律后获得的精神品质，称为德行。德行是人的意识的高级状态，是伦理化育意识活动而获得的社会意识品质。德行不是指情感或理论理性的认知，也不是指实践理性以及艺术理性，德行是指人的意志按照道理和具体的规范，将自己的言行控制在正当性范围内所能达到的状态和结果。在人类实践活动中，道理属于公共精神结构，德行属于个人精神结构；道是公理，道理的具体化形态是伦理规范；德是私德，德行的高级状态是精神活动以高尚为追求目标，以伟大的生命意义作为个人精神结构的归宿；德行的外化形态是行为的正当和不逾矩。日常生活中所说的道德一词，有时指道理，有时指德行，如果伦理学或道德哲学没有注意到这些区分，没有将生活经验进行精准归纳和分析，很容易造成相关概念的混乱。伦理学或道德哲学本该给人的精神结构完善需求以明确方向，却因为各种原因而将伦理思维和道德修养引入了混沌。本文研究文化资本的伦理义务，是从道理、规范以及德行的层面，探究文化资本需要在新媒体和市场环境下承担什么样的伦理义务。

第三节　文化资本运作行为的伦理目的预设：完善精神结构

物质劳动并不能成为人与一般动物的根本区别，只有当物质劳动获得精神要素的注入，不再是自然冲动支配下的本能行动，而是在精神劳动与物质劳动开始分工后，精神劳动的产物即知识转变为技术和生产力、价值观与道德观等融入生产关系时，物质劳动才成为真正的人的劳动，成为与动物本能活动相区别的社会实践活动，成为与精神生产相互区别又彼此作用的物质生产活动。同样，人的所有行动如果只是以自然属性和欲望作为行动支配力量，而不是遵循道理指导、遵守规则指引，那么这样的人依然不能被称为文明个体，更不能成为文明的主体。知识、道理、规则、理想、信仰、艺术，是人之为人的根本标志，文化，最终将人从自然人转变为社会人，将人由物质形态的生物存在，转变为精神形态的主体存在。物质是文明之父，文化是文明之母，文化对于人类的义务，在文化资本运作过程中，成为文化权力主体所要承担的伦理义务的基础。

完善精神结构，是文化资本运作行为应该遵循的伦理原则。文化权力主体有很多种类，文化资本的运作行为在具体价值关系中复杂多样，但是任何文化权力主体运作文化资本的行为，应该以"完善精神结构"作为目的。"完善精神结构"是伦理为文化资本行为预设的目的，文化资本运作主体有可能以此为目的，有可能违背这个目的，只有那些出自这个目的而运作文化资本的行为，才是有伦理价值或道德价值的行为；那些接受这个目的指导文化资本运作的行为，才是符合伦理要求的行为。伦理要求文化资本以个人精神结构和公共精神结构的完善为目的，精神结构的完善，构成文化资本运作行为的终极目的，这是关于文化资本行为目的的伦理规定。可以进一步表述如下：所有文化主体在文化价值关系中的文化价值行为，无论出于何种目的，其最终目的应该是以个人精神结构和公共精神结构的完善，这个目的不仅构成文化资本行为动机的核心，其实现状态也成为判定文化资本行为是否遵循伦理义务的根本标准。所有人需要这样行动，当你进行文化生产、传播和消费时，应该以精神结构的完善作为行动结果而加以追求，任何其他预期的结果，都不应该凌驾于这个目标之上，更不应该将精神结构完善放置在行为目的体系外。人的精神完善体现在三个方面。一是人的精神活动能力的增长，是指人的情感表达、理性认知、艺术创造等能力的增长；二是人的精神生产能力的增长，是指人作为精神劳动者生产文化的能力不断增长；三是人自我治理能力的增长，即伦理能力的增长，以道德原则、行为规则以及德行要求调控自己的精神自由的存在方式，从天然的自由存在者转变为伦理的自由存在者。

所有的伦理学理论，必定有一个目的预设，构成伦理学终极承诺。依据目的预设分析实现目的所需要的条件，在此基础上进行概念界定和逻辑叙述，从而构成伦理学理论。由于预设目的不同以及由此而来的"伦理学方法"的差异，伦理学理论分化为各种流派，在人类思想的星空熠熠发光，人们因择其所思而成其所是。在各种伦理学理论的目的预设中，有四种目的预设影响深远，具有代表性。一是将人作为伦理目的，是否将人当作行为目的而不仅仅是手段被当作评判行为正当与否以及善恶与否的根本标准；二是将自由作为伦理目的，是否能够保护和促进人的自由被当作评判行为正当与否以及善恶与否的根本标准；三是将幸福当作伦理目的，是否能够保障和促进人的幸福被当作判断行为正当与否以及善恶与否的根本标准；四是将自由和幸福化约为个人利益，以能否促成"最大多数人的最大利益"作为评判行为正当与否以及善恶与否的根本标准。四种伦理目的预设，代表了伦理思想的伟大成就，正是因为这些预设，才能够让人类追求价值和意义，分辨善恶，走出黑暗迎来光明。但是以上四种目的预设，都不适合作为文化资本行为的伦理目的加以预设。

为什么文化资本运作行为不适合以人作为伦理目的？因为人有个体差别，在价值关系中个人利益诉求存在很大差异，以什么人或哪些人为目的，这是"以人为目的"的伦理预设没有解决的难题。人的存在方式是四种形态的统一体：自然存在、社会存在、关系存在和精神存在。"人是目的"只是笼统地指出人作为行为目的的伦理正当性，却没有指出以人的哪一种存在形态为伦理目的。"以人为目的"被认为是康德伦理学提出来的具有石破天惊意味的伦理目的预设，其后所有的伦理学理论的目的预设，要么是在"以人为目的"的原则之下进行预设，要么就是因为目的预设不及康德伦理学理论高度而显示出落后于人类文明共识和道德公理的先进性。文化资本的伦理义务理论，以个人精神结构和公共精神结构作为伦理目的，而不是直接沿用康德伦理学的目的预设，原因是多方面的。文化资本的行为目的，不仅指完善个人精神结构，而且包括了完善公共精神结构，即精神结构主体不仅包括个体，也包括集体或群体，"人是目的"预设无法涵盖文化资本伦理目的的全部主体。在康德的伦理目的设定理论中，个人被当作行为目的而不仅仅是手段，这种设定存在一个等待解决的问题，即以哪个人或哪些人为目的。也许有观点认为康德所说的"人"是指所有人，即作为类的存在物，但是"类的存在物"只是标志人类的一般属性，在现实生活中，无论是作为实践主体还是作为活动对象，人都是以个体方式参加到生活过程。康德的目的预设产生了一个没有得到彻底解决的问题：由于价值关系的复杂，实践主体如何能做到一视同仁而不是"爱有差等"？康德以另一个道德命令来解决这个问题，即"你应该这样行动，你所依据的行动法则能够成为普遍法则"以及"你应该这样行动，你愿意别人用同样的方式对待你"，这两个法则解决了很多问题，却产生了更大的困境，那就是伦理的公共性最终化约为个人主观性。伦理判断最终由个人决定，但是个人所依据的原则或标准是否具有公共性，依然是由个人做出决定，如此一来，伦理公共性被个人主体性化解。个人主观认定的个性化标准如何走向公众认同的公共标准，成为康德伦理学的目的预设悬而未决的问题之一。

为什么不能将"自由"设定为文化资本行为的伦理目的？自由是所有行为的天然目的，也是所有行为的必然目的，更是所有行为的总目的，每个人的行动都追求自由，价值关系中价值行为的目的不过是自由的兑现或增长，因此自由本身不能成为伦理的目的。对于自由的规范，以及将个人对于自由的追求转化为实现其他目的的条件，才使得自由成为伦理范畴，自由的行为因此被赋予伦理属性。自由不是伦理的目的，将自由的存在方式合理化才是伦理的目的。自由是近现代社会以来所有思想运动都要树起的启蒙旗帜，似乎争取自由具有天然的伦理合法性或合乎道德要求，自由问题因此成为各伦理学派都无法忽视的问题。但是所有的伦理学理论，都不是以追求自由为目的论核心，而是将追求自由的方式、自由在社会个体或群体之间的分配方式以及自由的生产方式作为伦理学研究的基本问题，从而将每个人的追求自由的自主行动纳入公理和规则的治理范围内。如果将自由作为伦理学的目的预设，无异于重复或重申了行为的必然目的，伦理学因此而失去存在意义。同样的逻辑推理适用于解决为什么不能将"幸福"作为伦理目的加以预设的问题。追求幸福是每个人的天然意愿，伦理学所要解决的问题，是为每个人如何才能够"配享幸福"提出正当的行为路线，为那些追求幸福的行为设定道理的路标、规范的约束以及德行的要求。

文化资本行为的伦理目的为什么不可以设置为促进"最大多数人的最大利益"？"最大多数人的最大利益"作为功利主义伦理目的，所受到的赞誉和所受到的非议几乎一样多。其实，功利主义只是将它作为一个伦理原则，即目的原则，而不是用来作为具体价值关系中约束个体行为的实施细则或规则，因此不能以这个原则在现实生活中的难以计算而否定它。一方面，作为指导原则，它可以与人类任何伦理思想所发明的那些伟大观念媲美。但是它不能作为文化资本行为的伦理目的。"最大多数人最大利益"包括各种利益，而文化行为能够实现的最大价值，在于它以文本输入的方式和个体共建的方式，完善个体精神结构和公共精神结构，因此，"最大多数人最大利益"如果成为文化资本行为的伦理目的，等于为文化资本行为设置了一个无法达到的目的。另一方面，"最大多数人"并不能涵盖文化资本行为的服务对象，文化资本行为要完善的精神结构，不仅指公共精神结构，而且是指全人类的精神结构，不因为种族、性别、阶层、贫富以及地域差异而将某个人排除在外。

伦理为文化资本行为设置的目的是，以个人精神结构和公共精神结构的完善为目的，精神结构的完善，构成文化资本运作行为的终极目的，这是关于文化资本行为目的的伦理规定。任何行为的最终目的都是兑现自由或增加自由，这是关于人的行为的事实判断，不属于价值判断或道德判断。文化权力主体的文化行动自由，不仅因为文化资本运作而得到实现，而且因为文化资本的不断投入而被扩大，在新媒体与市场环境下，文化行动的自由度能够被扩大到何种程度，很难给予准确计算。文化资本是文化权力扎根的肥沃土壤，不断喂养文化权力，以至文化权力主体始终存在的无限扩大权力边界的冲动有可能不断获得兑现条件。因此，伦理必须规范文化资本行为，以一般的道理或原则以及具体规则的形式，引导文化资本行为，规范文化资本行为建构的价值关系中的主体行为，使得文化资本行为成为促进个人精神结构和公共精神结构不断完善的力量。

第四节　文化资本运作行为遵循的伦理原则：伦理目的的实现条件

实践理性创造了人在价值关系中追求各种价值的行为"应该如何"的道理和规则。道理即伦理之理，以公理的形式为行为正当与否、善良与否以及高尚与否提供原则性依据，它以行为的目的预设以及实现目的预设所需要的条件为思维结构方式；规则即伦理规范，以积极自由的规则即积极规则、消极自由的规则即消极规则、限制自由的规则即限制规则等形式为价值关系中个体行为正当与否提供评判标准。个人精神结构与公共精神结构的完善是伦理为文化资本行为预设的目的，实现预设伦理目的需要一定的条件，这些条件设定与目的设定共同构成文化资本行为的指导原则，即文化资本运作行为需要遵循的道理，防范文化资本行为主体因为邪恶、狠毒、失当的意识和言行而损人利己或损人不利己，避免那些以文化作为手段损害他人心灵、破坏人类公共精神的行为；指导文化资本行为主体如何获得善良或高尚的品格，以建设性的发展力量存在于人类文明之中。

一　文化契约原则

文化资本运作行为所要遵循的契约原则，即文化契约原则，是指所有文化权力主体运作文化资本的行为，以尊重文化价值关系中的行为主体的自由、自主、自觉、自愿为前提，通过引诱、控制、成瘾、欺骗、胁迫等手段减弱文化关系主体独立思考的能力和分辨能力而得到某种结果的行为，都不可接受。或者说，文化资本主体应该这样行动：文化价值关系中的行为主体，必须尊重文化价值关系中其他文化主体的自由，在文化主体自主、自觉和自愿的前提下与其发生文化价值关系，绝不能通过引诱、控制、成瘾、欺骗、胁迫等手段试图减弱文化主体独立思考的能力和分辨能力从而获得一己之利，这是文化契约原则的另一种表述。

文化资本行为主体是指文化权力主体，包括文化生产主体、文化传播主体以及文化消费主体。文化价值关系主体的自由，是指其意志自由和行动自由。人的自由受到各种物质条件和精神条件的制约，但是文化资本运作行为的主体，不能有意识地、有目的地、有计划地对其他文化行为主体的自由施加限制，不能通过限制其他文化主体自由的方式将他人当作文化资本运作的工具。文化行为主体的自主，是指文化行为主体是否参与文化价值关系，是否参与文化文本生产、流通、交换以及消费的过程，是否作为消费主体或文化信息接纳主体，由文化价值关系参与者自主决定，即是否进行文化行为的决策由他本人做出相关主张，不受他人或其他任何力量的胁迫。文化行为主体的自觉，是指文化行为主体在理性思考的前提下进行文化认知，做出文化事实判断、价值事实判断、行为善恶判断、艺术与审美判断等，以理性思考的结果作为是否参与文化的生产、流通、交换以及消费的决策基础，作为是否接纳文化文本信息输入的决策前提。自愿，是指文化行为主体是否参与文化文本生产、流通、交换以及消费的过程，是否接纳文化文本的信息输入，主要是出于他的精神存在需求和精神发展需求，出自他的心灵对于文化的渴望，而不是被其他利益关系主宰，或者被外在力量所压制而成为文化资本运行的手段。

之所以被称为文化契约原则而不是文化自由原则或文化自主原则，是因为文化自由或文化自主本身不能成为伦理原则，文化自由只能作为接受伦理原则指导和约束的对象。文化参与主体的自由、自主、自觉和自愿，并不是通过文化资本运作主体的良心发现得到保证，而是通过文化主体间基于平等的价值关系，经由商谈的方式达成共识，以成文或不成文的契约形式表达共识，将其作为文化资本行为的指导原则。通过契约确定彼此在价值关系中享有的合法权利以及需要承担的伦理义务，是现代社会伦理进步的标志。契约只是形式，自由、自主、自觉和自愿得到尊重和保障，才是内容。

二 文化集体主义原则

文化集体主义原则是指文化权力主体在配置文化资本时，应该优先将文化资本运用于那些出于完善公共精神结构和个人精神结构，出于人类长远利益考虑，出于维护广大人民利益而进行的文化生产、文化传播与文化消费行为；保护那些为广大人民群众的物质利益和精神利益而进行的文化生产、文化传播与文化消费的行动主体，并为他们实现文化行动目标尽可能提供保障条件。或者说，文化资本应该这样运作：在文化资源有限以及文化资源分布不均衡情况下，拥有文化资本投入决策权的文化主体，应该将文化资本投入到那些出于完善个人精神结构和公共精神结构、维护广大人民的整体利益和长远利益而进行的文化生产、文化传播和文化消费行动；对于那些出于完善个人精神结构和公共精神结构而进行文化生产、传播和学习型消费的文化主体，如果他们无法获得足够的文化资源以支持自身的文化行动，文化资本主体应该给予他们必要的支持和保护，为他们进行文化创造、文化传播和文化学习提供保障。这是文化集体主义原则的具体阐述。文化集体主义原则并不是将文化资本归属于私人还是集体当作评判文化资本正义与否或高尚与否的标准，而是将文化资本投入方向的选择作为评判文化资本行动是否正义或高尚的标准。

为什么要将文化集体主义设置为文化资本行为所要遵循的伦理原

则？根源在于一个社会文化资源分布的不均衡状态以及文化资本投入方向的不确定性。文化资本主要由公共权力主体掌控，任何公共权力主体的行为都具有公共性，区别在于公共权力运用是代表广大人民还是代表特殊利益集团，是为哪个特殊团体服务还是为广大人民服务。因此，文化正义需要文化集体主义作为伦理原则，指导和约束文化权力主体的文化资本投入行为，使得文化资本成为个人精神结构和公共精神结构不断完善的条件保障，成为维护广大人民整体利益和长远利益的进步力量。

文化集体主义原则需要解决的基本问题，就是个人文化利益与集体文化利益的冲突问题。文化集体主义是一种集体主义原则框架内的特殊类型。一般或普遍化的集体主义原则这样表述：集体利益优先，当集体利益与个人利益发生冲突时，个人利益要为集体利益做出让步和牺牲。人类社会是一个整体，个体存在于集体当中，只有集体利益得到维护，个人利益才有可能得到根本保证。但是在理解集体主义原则时出现了观念分歧，尤其是有观点质疑"个人利益要服从集体利益"的观点。个人利益服从集体利益这个论断的成立需要一定条件，这个条件就是，此处的"集体"只能是人民，而不是哪个特殊利益集团，因此集体利益实际上就代表着广大人民利益，个人作为其中一员，个人利益在集体利益中得到保护和实现，如果个人利益需要为集体利益做出牺牲，集体需要以某种方式给予个人利益必要的补偿或保护，这是公正原则的体现。集体主义原则并不排斥平等、公正等价值观，相反，集体主义原则与其他伦理原则有机结合，才有可能得到广泛认同，才有可能在现实生活中转化为实施细则。由于抽象了具体价值关系以及具体行为，集体主义作为伦理原则与那些调整具体价值关系中的各种行为的具体规则是有区别的，一些对于集体主义原则的误读，原因就在于将集体主义原则当作具体价值关系中规范特殊行为、解决个案问题的细则，以致得出集体主义原则不切实际的错误结论。集体主义只是一个宏观原则，在价值关系中集体主义原则需要结合具体情境，转化为实施细则。

集体主义原则主要是用来调节个人与集体的价值关系，以伦理方式解决二者之间的利益冲突问题。在文化价值关系中发生的个人利益与集体利益的冲突主要有三种方式。

一是个人物质利益与集体物质利益冲突，其根源在于个人和集体的利益冲突从物质利益领域延伸到文化价值关系中，是因为行为主体只是将文化当作获取某种物质利益的工具，所关心的不是文化对于精神结构的完善，而是如何通过文化资本运作获取物质财富。这一类冲突的解决方案遵从一般集体主义原则关于个人利益与集体利益冲突的解决方式。

二是某些文化资本运作主体的物质利益与他人和集体的精神利益发生冲突，冲突发生的原因在于某些文化资本的生产目的不是个人精神结构和公共精神结构的完善，只是将文化当作商品，将个人和集体当作文化资本运作的工具，目的在于为自己获得某种形式的物质利益而运作文化资本。对于这一类冲突遵循文化集体主义伦理原则提出的解决方案分为两个层次。

第一层次是以文化资本的伦理目的约束和指导文化商业资本，从动机阶段完善文化资本进行文化生产、传播和消费的目的。第二层次是以文化契约原则引导文化商业资本的生产目的，文化商业资本在文化价值关系中获取物质利益的条件是其他文化权力主体基于契约的文化合作关系，如果其他文化权力主体没有给予文化商业资本的行为以认同和接纳，文化商业资本难以兑现物质利益预期；如果文化被当作商品以获取经济利润，就需要市场交换的成功作为条件，因此其他市场主体是否愿意与文化商业主体发生价值关系，决定了文化商业主体能否成功获得预期的物质利益。文化集体主义原则以"效果控制"的方式，倒逼文化商业主体必须将社会个体以及集体的精神利益纳入文化资本运作目标。

三是个人与集体发生精神利益冲突。个人与集体之间的精神利益冲突有两种可能方式：一是文化资源分配引发的个人利益与集体利益不一致现象；二是个人精神结构中的思想观念等内容与集体所具有的精神结构中的思想观念等内容不一致，甚至相互对立。个人精神利益与集体精神利益的第一种冲突的本质是精神利益实现条件的短缺引发，解决方案遵循文化集体主义原则，即个人服从集体，个人精神利益需要服从集体精神利益的需要。但是施行这个原则需要满足一定的条件，即集体是真正代表广大人民整体利益和长远利益的集体，以为人们服务作为集体行动的宗旨，且能够以公正的方式对待每个人，尤其是那些为集体精神利益做出牺牲的个人。集体主义原则以个人的自主、自愿以及自觉作为主体条件，在个人不知情、不情愿或不能自主的情况下，集体主义作为伦理原则无法有效起作用。任何打着集体主义旗号却实质上代表某个集团特殊利益的行为，都不能以文化集体主义作为伦理原则来要求个人精神利益服从集体精神利益。

文化集体主义的实现难度要比一般集体主义原则小很多。文化不是物理存在物，它要么以叙述文本和社会文本的方式存在，要么以文化信息输入个人意识以精神结构的方式存在，个人社会意识对于某些思想观念的认同和共建形成公共意识或公共精神结构。同样一个文化文本转化为众多社会个体与集体共享的文本所需要付出的成本，远小于物质利益在个人与集体之间的同等分配所需要的成本，因为个人与集体分享文本，不是分享文本的物理形式或文本载体，而是共享文本信息。有些集体利益只能共享，却无法转变为个人所有物；但是相同的文化文本信息，不仅可以为集体所有即成为公共精神结构或集体意识，而且可以在付出很少代价的情况下转化为个体所有，成为个体社会意识或个体精神结构，在技术条件允许情况下，文化文本的信息对外输入的空间与时间几乎没有界限，它可以无限放大受益者，能够同时为各种主体所拥有，这正是文化的神奇之处，因此文化教育，是人类之所以能够迅速走向文明的最大秘密，是成本最小、成效最好的发展机制。

三　文化公平原则

文化公平原则，是对于文化价值关系中各种文化权力主体运用文化资本权力的形式进行规定，它是指文化权力主体运用文化资本达到某种目的包括精神结构完善目的时，不能追求文化权力垄断，不能谋求文化霸权，在自身拥有比其他文化权力主体更大、更多的文化权力时，需要尊重弱文化权力主体独立思考的权力、自主选择文化文本的权力（文化权力主体选择文化文本的自由要受到什么样的伦理原则约束，是另一个问题）、自主决定是否参与文化契约关系的权力；是指文化权力主体运行文化资本进行文化资源分配或流动时，突破阶层、地域以及物质条件限制，尽量扩大文化文本信息覆盖范围，向那些文化生产能力和文化接受能力低的社会个体或群体实行文化倾斜策略；尽力扩大文化生产关系的范围，尽可能将更多的人纳入文化生产、传播与消费环节，提升文化主体的文化生产力和消费能力，提升全民受教育程度，尽力做到在社会公众中进行公平的文化资源分配，从而尽可能将更多的人纳入精神结构改善的行动。或者说，文化资本主体应该这样行动：在力所能及的范围内，尽量让更多的人从文化资本运作中得到精神利益，推进文化成果共享，不能为了某种特殊利益而加剧文化成果分配的不均衡；任何谋求文化霸权、不允许其他文化主体独立思考或自主进行文化选择的文化资本运作行为，都不能被视为正义的文化行为。

　　为什么要将文化公平设定为伦理原则？根源在于两种不平衡现象。不平衡现象之一是文化权力在不同主体之间分配的不平衡。文化权力主体分为个人主体和组织主体两大类，即文化权力个人主体和文化权力组织主体。文化权力组织主体主要有文化权力公共组织主体、文化权力商业组织主体、文化权力教育组织主体以及文化权力家庭主体等。文化权力是政治权力、经济权力、思想权力以及其他权力要素在文化领域的运用。权力在不同主体之间的分布方式并不均衡：公共权力机构拥有的文化权力一定大于个体的私人文化权力；商业组织因为其强大的经济实力而可能拥有更多的文化权力；教育组织机构因为其文化生产、传播以及消费环节受到公共权力以及商业资本的支持而具有强大的文化权力，且拥有文化权力的教育施行主体以及教育接受主体集中在教育组织之内，形成强大的文化合力。相对而言，文化权力的个人主体属于弱文化权力主体，无论是其拥有的资本数量，还是资本权力运用范围、影响力度，都不可能与文化权力组织主体相抗衡，由此造成文化价值关系中常态化存在的权力分布不均衡现象，这种现象存在一定的社会隐患，在人类历史上曾经造成了巨大文化灾难和思想悲剧，最终影响到人类文明的进程。但是这种隐患不在于文化权力组织主体对于社会总体进行文化发展规划和文化治理行为，而在于逐渐形成的垄断或控制态势对于个体的独立思考能力的削弱，对于思想解放的阻碍，对于人类精神需要不断完善的漠视，对于文化担负的思想启蒙的历史重任的遗忘。

　　不平衡现象之二是文化资源分配的不均衡。由于历史与现实因素、区域差异以及物质条件等原因，社会资源的分配存在各种不均衡现象：就全球而言，不同国家和地区之间的文明发展水平不同；就我国而言，不同区域之间的发展水平不平衡，发达地区与欠发达地区的差距较大。

在文化领域也存在类似现象。文化资本具有天然的集中机制，文化消费既是一个单纯的消费过程，也有可能转变为精神生产力的提高过程，如接受良好的教育的学习过程，虽然是消费文化产品，却是在生产人力资源。物质产品消费维持生命存在，同时为个体的体力劳动能力增长提供物质基础，但是体力劳动能力增长是有限的，真正的生产力革命来自知识和科学，文化消费者掌握的知识和科学技术越多，其具备的物质生产能力越高，整个社会的物质生产力水平会因此得到提升；同时，掌握了文化知识的个体，其文化文本学习能力、文化信息接受能力会得到提高，即文化素养的提升，由此形成文化学习能力与文化资源获取能力的正相关或良性循环现象，即个体受教育程度与其具备的接受教育或自主学习的能力之间，存在彼此支持、相互促进的关系。相反，对于那些没有多少机会接触到文化资源，或者因为各种限制而无法参与文化资本的消费环节的个体而言，由于文化水平低而限制了其进一步接受更多文化信息的能力，由此产生恶性循环或负相关关系。人类文明的进步，最终依赖于社会个体文化水平的提升和精神结构的完善，文化资本的运作，需要遵循文化公平原则，在社会公众中尽可能进行公平的文化资源分配，从而将更多的人纳入精神结构改善的行动，让文化光芒普照，给每个人的精神世界带来光明和温暖，照亮每个人脚下前行的道路。

四 文化先进原则

文化先进原则，是指文化资本进行文化生产、文化传播和文化消费行动时，应该生产、传播和消费先进文化，拒绝落后文化；任何生产、传播和消费落后文化的行为，无论出于什么目的，都属于不正当的文化行为。或者说，文化资本主体应该这样行动：所有文化资本，包括文化生产资本、文化传播资本和文化消费资本，在他已经知道文化先进与落后的评判标准的前提下，不应该允许负载落后文化信息的文化文本进入文化的生产环节、传播环节和消费环节，而是以生产、传播和消费先进文化作为自己不可推卸的社会责任；任何文化权力主体，在发现文化资本已经成为落后文化的生产主体、传播主体或消费主体时，有义务及时停止行动并设法处置不良后果。

什么样的文化才能够被评判为先进文化，或者说，区分文化先进与落后的标准是什么？先进文化不是一个空间概念，它与其他文化共存，构成文化多样性存在。但是只要承认人类文明的进步趋势，只要承认人类的物质生产力、精神生产力以及人的精神结构的完善有发展的必要和可能，就必然形成文化先进与否的观念。人类社会的发展和历史进步，建立在不断追求先进文化、不断进行文化创新并将先进文化运用于人和社会的发展的基础上，先进文化是人类进步的思想先驱。

区分文化先进与否的三个基本标准是文本标准、精神结构标准以及物质生产力标准。文化文本分为叙述文本和社会文本，文本所负载的文化信息或精神要素主要有情感；知识，包括理论理性知识和道德知识；理想、信念和信仰；艺术。评价文化文本所负载的信息是否先进的标准，在于情感元素健康与否、理论知识达到的科学水平、规则与制度体系的公正与合理性、艺术作品所达到的艺术品位。评价文化先进与否的第二个基本标准是精神结构标准，即文化的叙述文本和社会文本所负载的精神信息是否有利于个人精神结构的完善，是否能促进社会公共精神结构的完善，从而促进每个人自由而全面的发展，将人与人之间互为发展条件的观念植根在个人和公共精神结构中。评价文化先进与否的第三个标准是物质生产力标准，物质生产是人类社会存在的基础，物质条件是人类进行精神生产、兑现各种自由所必需的基本条件，生产力的落后不仅限制精神生产，而且使得文化传播和文化消费缺乏必要的条件支持。物质生产力落后导致的公众生活艰难和贫困境遇，足以刺痛每一颗善良的心，也促使无数仁人志士为改变贫穷落后而奋斗不止。先进的文化，一定是那些运用于物质生产实践中并能够提高物质生产力从而满足人类物质生活需求、远离贫穷的文化，是那些能够转化为科学技术造福大众的文化。因此，生产、传播和消费先进文化，是所有文化资本都需要遵循的伦理原则。

五　文化意愿善良原则

文化意愿善良原则，是指文化权力主体进行文化资本运作时，无论是为了什么样的目的，无论是准备采取什么样的手段或方法达到目的，都应该出自善良的意愿，首先要让那些支配自己进行目的预期和方法设计的意愿，经受善良与否的审查。所谓善良的意愿，是指在自己的经验和知识所决定的判断能力所及的范围内，只能依据那些被认为是善的道理和规则去行动，最低限度是在自己的意愿里永远不要出现恶念，将不作恶当作文化行动意愿的底线。或者说，文化资本主体应该这样行动：无论为了实现什么样的目标，采取什么样的方法，首先要通过理性的方式审查自己的意愿，这些意愿是善的意愿还是恶的意愿；如果认为是善的意愿，那么所谓的善，是出自自爱或其他情感因素得出的结论，还是依据公理给出的伦理原则以及伦理规则得出的结论；如果经过理性的审查发现支配自己文化行动的意愿是恶意，那么就要用强力意志调控自己的情感、认知、观念和行动，从而保证自己不作恶。

文化意愿的善良与善良意志有一定联系，但是二者有根本区别。什么是善良意志？"善良意志并不是因为它产生了什么作用或完成了什么事情，也不是因为它适合于用来达到某个预定的目的而是善的，而只是因为它的意愿而是善的，即它自在地是善的，并且，就其自身来看，必须被评价为比任何仅仅只是有可能用它来实现有利于某种爱好的东西，甚至可以说有利于所有爱好的总和的东西，都无可比拟地要高得多。"① 可见，在康德看来，善良意志只是因为自身意愿为善，不需要任何外在因素支撑而成为自足的无条件的善。但是文化意愿的善良与此不同。文化意愿是有条件的，即它是因为文化行动而产生的意愿；此外，文化意愿的善良是有条件的，这个条件是基于文化行动的目的、方式以及由此产生的结果而进行的判断。文化意愿的善良和善良意志一样，注重从人的动机出发设计伦理原则，希望从开端就规划好行为的善良逻辑，但是二者的根本区别在于，文化意愿的善良原则，将文化资本主体的行为目的、方式以及结果，在认知能力可及的范围内，纳入理性审查的范围，基于伦理之公理和伦理之规则来判定这些行为目的、方式以及结果是否善良，从而将文化资本主体的行动动机和行动结果，全部纳入善良范畴。

文化权力主体通过运作文化资本试图实现各种目的，这是文化权力主体的自由，但是这种文化自由必须受到伦理原则的指导和伦理规则的规范。文化资本的本质是人的文化权力和文化自由，反映不同主体之间的文化价值关系，文化资本所要遵循的伦理原则和伦理规则，实质是文化资本运作主体在文化价值关系中的相关行为需要遵循的原则和规则。伦理原则的意识结构是"目的—条件"结构。文化资本以个人精神结构和公共精神结构的完善为目的，精神结构的完善，构成文化资本运作行为的终极目的；文化契约原则、文化集体主义原则、文化公平原则、文化先进原则以及文化意志善良原则，构成伦理目的得以实现的条件。目的以及实现目的的条件的规定，构成文化资本的伦理原则总体框架。五个条件原则彼此独立又紧密联系，他们在指导文化资本运作行为时，每一条原则都不能以违背其他原则为前提，以

---

① [德] 康德：《道德形而上学奠基》，杨云飞译，邓晓芒校，人民出版社2013年版，第12—13页。

其中一个原则指导文化资本运作行动时，相关行动必须同时符合其他原则的要求，接受其他原则的指导。正义、高尚、正当，是评价文化资本行为所能达到的伦理水平的三个标准，但不是行动原则，是对于文化资本运作行为是否遵循伦理原则的行为动机和行为结果的判断与评价。

文化是人的意识之母，人的理论知识、价值观念、善恶观念、理想信念信仰、艺术修养，主要来自文化的教化。文化，在生活中扮演着批判和提醒的角色，给人自省意识以参照，给人迷茫思维以启蒙，给人非理性行为以警醒，给人的无知提供认知的知识资源和善恶观念。当一个人拒绝了文化信息的输入，就是拒绝了文明，从而为自己建筑了一个牢固的思想牢笼；当一个社会拒绝了文化创新、文化教育和外来文化的交流，就是拒绝了未来。

第四章 文本生产资本的伦理义务

在人类的文化世界，存在三个文化王国：必然的文化王国，自由的文化王国，道德的文化王国。在必然的文化王国，人们创造文化的目的不是思想启蒙和精神解放，而是将他人当作满足自己需要的手段。在这个王国里，各种合力共建而成的公共精神结构成为一个异己力量：公理成为教条，禁忌丛生，个体精神自由和独立思考被禁锢。文化成为一种类似于自然那样的存在而具有了天然支配性，部分社会个体的主体性逐渐被驯化为遵从另一部分人给定的文化必然性，即放弃独立思考的权利或能力，完全顺从文化模式的教导，文化模式因此固定化并成为某种权力统治的扩展方式。

在自由的文化王国里，文化权力主体任性应用文化权力，扩张文化权力，在言论自由和精神独立的旗帜下，不断突破文化信息流通的限制，在这里，任何对于言论的文本内容以及文本传播行为的限制和规范都有可能遭到抗拒甚至被判定为非正义或邪恶，以自由之名义行不义之事实，这是一个与必然文化王国相对立的存在，构成两种极端现象，在人类社会的某些时间和空间以某些方式存在过。

道德的文化王国是我们要追求的文化世界。在这个文化世界，文化成为兑现自由、增长自由的条件，成为精神完善的手段，文化以个人的精神结构的完善和公共精神结构的完善为目的；文化主体的权力受到伦理原则的指引，接受伦理规则的制约，在精神自由得到扩张、追求人的思想解放的同时，任何人必须接受那个时代的公理和规则的限制，将文化自由设置在伦理公理和伦理规则之下。

第一节 文化资本的文本生产

所谓文化资本，就是各种文化权力主体在运行其文化权力进行文化生产、文化传播和文化消费时所投入的人力、物力、权力、财力等资源构成的资本。文化资本的运作过程由文化生产、文化传播（即文化流通，包括文化分配和文化交换等行为）和文化消费等环节构成。在文化生产领域投入的资本称作文化生产资本；在文化传播领域投入的资本称作文化传播资本；在文化消费领域投入的资本称为文化消费资本。三种文化资本相互接力，构成文化资本的循环与周转的总过程。文化资本的循环与周转过程产生文化价值关系，在文化价值关系中的文化权力主体获取文化使用价值并将其转化为自身需要的价值的行为，是文化主体自由的体现，也是文化主体试图兑现自由、增加自由的途径，文化资本遵循的伦理原则以及伦理规则，是对文化主体在文化价值关系中的文化自由予以规范。

文化生产资本进行文本生产需要四个基本条件。一是物质条件，即物质资料、设备、技术、场地等，这是文本生产的硬件基础。物质生产不仅是人类社会历史存在的前提，也是其他生产的基础。文化生产的本质是精神生产，即精神劳动的文本化，必须以一定的物质生产资料作为生产手段。二是资金条件，即投入生产领域用来购买生产资料、支付人力资源劳动报酬等资金，这是文本生产的金融基础，是市场经济机制中必不可少的条件。资金是资本的灵魂和流动的血液，是文化生产资本的生命线。三是管理条件，即文化生产资本的投入者、管理者以及运营者组成的管理团队，负责文化文本生产的整个过程，这是文本生产的制度基础。四是人力资源条件，即从事文本信息的创作、复制、编写等工作的精神劳动者。精神劳动者，或者是知识分子，或者是文化人，或者是其他类型的受过良好教育的人，具备文化文本改造和创新能力。人力资源是文化生产资本进行文化生产的主体条件，是文化文本生产得以最终完成的保证。

在文化价值关系中，文化生产资本的运作行为主要是进行叙述文本生产，创制文化文本是文化资本所有活动的基础，是文化资本的循环与周转的开端。与物质生产的结果以物质产品形态进行呈现不同的是，精神产品以文本的形式作为基本存在形态。文化文本划分为叙述文本和社会文本。精神产品需要借助于或依托于各种载体得到叙述或呈现，这些载体包括语言、声音、符号、动作、物体等，它们对精神产品进行再现、记载和叙述，构成文化的叙述文本。文化生产资本的叙述文本分为四类：知识文本、规则文本、艺术文本以及游戏文本。

知性活动与理论理性活动的结果形成理论化的知识体系，借助于各种符号和载体，呈现认知结果，形成知识文本；实践理性活动的结果即叙述行为方式应该如何的道理和规则的文本称为规则文本；艺术理性创作的艺术作品，以符号、语言、动作、音像和物体等方式呈现人的情感、认知、再现、想象等意识活动的过程和结果而产生的文本称为艺术文本，艺术文本是唯一以全部人类心灵能力或意识能力活动为条件而产生的文本形式。社会文本是人们将文化信息融入日常生活，将精神元素与物质元素、关系元素融为一体，形成一定的生活方式，从精神元素得到表达、文化信息得到负载和叙述的角度而言，这些生活方式转化为文化的社会文本形态。叙述文本是文化文本的基本形式，社会文本不过是叙述文本与物质生活以及交往生活的结合形态。文化生产资本的任务是生产叙述文本。叙述文本主要有知识文本、规则文本、艺术文本以及操作文本四个形态。

按照文本所负载的信息内容的差异，文化资本生产文本的方式主要是复制、改造和创新。以复制方式生产的文化文本，是将已经存在的文化文本信息进行复制，但是在数量上进行扩张。复制文本的意义非常重大。文化文本具有储存、记忆以及传播功能，复制文本，就是将文化储存、记忆的精神成果再次呈现，为文化传播提供文本支持。复制文本的数量增加，是为了满足人民日益增长的文化需求，推动文化普及，为更多的人拥有文化资源提供文本支持。通过文化信息改造的方式生产文本主要有两种方式。一是改造已有的文本信息，进行加工、修订等，从而产生新的文本；二是改变文本形式。由于文本呈现方式和传播技术的不断改变，个体获得文化信息的方式或习惯随之不断改变，新媒体以及互联网时代，文本形式发生了巨大变化，所有的纸质文本都可以转化为电子文档从而成为电子媒介形式的文本。以创新方式生产的文本，是将精神劳动的最新成果进行文本化。根据内容不同，创新文本主要分为以下几类：以哲学、自然科学、社会科学等领域的新知识、新观念、新思想为内容的文本；以生产过程中创造的新方法、新技术为内容的文本；以文学艺术领域创作的各类作品为文本；以游戏内容制作的文本等。通过文化资本投入实现文本的扩大再生产，文化文本由精神劳动者个人创造的精神成果，转化为社会公共精神财富。文化资本以创新方式生产文本，是人类文化积累的重要方式，它以文本扩大再生产的方式，将精神劳动的创新成果转化为社会公共文化积累和集体精神财富。

文化资本生产的文本，随着呈现技术的发展而不断改进表达形式。从内容而言，叙述文本有知识文本、规则文本、艺术文本以及游戏文本。从表达途径而言，叙述文本有语言、符号、文字、音律、行为

（包括表演行为和游戏行为）等。从载体而言，叙述文本只能以物体和人体等物质存在作为载体，文字和符号需要借助物体得以书写和展示，行为需要人体发出的动作得到展示。古代社会，文字被刻在甲骨上而形成文本，即甲骨文；印刷术出现后，文字书写在纸张上形成纸媒；在电子技术时代，文本被制作成电子文档形成电子文本得到展示。从纸媒到电子媒介是人类文化文本形式的质变，文化生产、文化传播以及文化消费，因此发生巨大变化，对人类文明产生根本影响。以知识文本为例，在不同技术时代，知识文本表达形式有所区别。在纸媒时代，知识传播和传承的方式，不仅有纸媒，还有口述。口述方式被称为授课。在电子信息化时代，知识文本出现一个重大变化，即口述方式进行授课通过新媒体技术被创制为电子文本，以视频音像的方式通过媒介得到传播。知识文本由纸媒形态向电子形态的转变，是人类历史上具有里程碑意义的文化革命：通过技术革命，知识文本创制方式发生重大变化，由纸媒转向数字媒体，知识信息的复制、呈现、传播与交流的速度，由此得到几何级提升，不仅从根本上改变了人类知识叙述的方式，也改变了人类文化文本输入以及文化信息纳入方式，知识创新由此获得巨量低成本的文化资源而不断加速创新，人类的知识和科学技术因此走上了新的阶段。

  在艺术文本形式的发展过程中，因为电子信息技术的出现，艺术文本的创制、呈现以及传播方式，发生了两次里程碑式变革。第一次变革是艺术文本由行为呈现转变为电声影像呈现。在电子音像技术即摄影和录音技术进入文化领域前，艺术文本载体主要是物体和人体，通过文字、符号和人体动作组合，展现文学艺术作品。音乐演奏、舞蹈、戏剧、演唱、话剧以及其他各种舞台表演，是艺术作品的主要表达形式。在人类社会进入工业化时代后，随着电子信息技术的发展，影剧院播映的电影作品、广播系统播放的各种文学艺术作品的录音，成为艺术文本基本表达形式，第一次变革将艺术文本的生产、传播与消费，推进到电子化时代。第二次变革是基于互联网技术基础而兴起的新媒体成为艺术文本的主要表达和传播方式。新媒体以嵌入方式成为日常生活的一部分，互联网世界并不是虚拟世界，它以全新的方式融入物质生活、精神生活以及交往关系，在某些领域具有主宰力量，如文化传播以及文化消费，如果没有进入互联网世界成为新媒体平台的信息资源，不仅失去市场，也失去参与主体的接触、认知和选择可能。互联网技术架构基础上的新媒体世界，已经成为当代公众生活的现实内容，是一种新型的实践领域，构成个体日常生活的一部分，而且是现实生活的一部分，不能被看作是虚拟存在。

对于游戏来说，互联网技术创新了新型游戏形式，即电子游戏或网络游戏。游戏电子化并不仅仅是指将那些通过个人动作组合或多人行为配合而达到一定目标的娱乐活动进行记录转化为文字形式或声像形式在网络上传播，而且是指基于互联网技术架构，运用前沿的数字信息技术进行游戏开发，游戏通过特定程序以电子音像形式呈现，人们参与游戏的场域和技术支持条件是互联网。网络游戏文本成为一种全新的叙述文本形式，其功能和后果与传统的游戏截然不同，它是互联网技术时代个体自由的扩张，由此带来的诸多伦理问题需要解决。

第二节 文化资本生产的文本信息应当符合先进标准要求

文化价值关系中，文化权力主体运作文化资本的行为，不仅应当接受伦理原则的指导和约束，而且应当受到伦理规则的规范、评价和引导。文化资本以个人精神结构和公共精神结构的完善为目的，精神结构的完善，构成文化资本运作行为的终极目的；文化契约原则、文化集体主义原则、文化公平原则、文化先进原则以及文化意志善良原则，构成实现伦理目的的条件。个体精神结构完善体现在四个方面：精神活动能力的增长、精神生产能力的增长、意志规范意识和行动自由能力的增长、艺术素养的提升。在文化价值关系中，各种行为给个人精神结构和公共精神结构造成的后果主要体现在三个方面。一是消极后果，即精神自由没有被损害，但是也没有得到足够的尊重和重视；二是积极后果，即精神自由得到保护和尊重；三是建设后果，即精神自由得到扩张，理性认知能力、生产知识的能力、创作艺术作品的能力得到增长。更为重要的是，一个完善的精神结构，一定是主体能够基于理性运用意志调控自己的自由，从而使得精神结构成为一个伦理化的精神存在。就意识结构而言，伦理原则为"目的—条件"结构；伦理规则为"情境+行为"结构，即规则意识=情境意识+行为方式意识。文化生产资本所要遵循的伦理规则，是指文化资本运作主体在文化价值关系的各种情境中，其行为应该遵循的具体规则，这些规则是伦理原则的实施细则，即文化资本伦理原则的情境化作用机制。

一 什么是先进文化

在文化生产关系中，文化资本应该生产先进的文化产品，即文化生产资本的文化产品所负载的信息应当符合先进文化标准的要求。文化生产资本的组织主体和个人主体在运用文化资本进行文化生产活动时，应该按照"生产先进文化产品"的规则规范自己的行为，并将其当作评判自己的文化行为是否正当的标准。

判断文化产品是否属于先进文化，需要依据三个基本要素，即文本所负载的信息、文化对于精神结构的作用以及文化对于物质生产力的作用。那些负载先进文化信息的文化属于先进文化；有利于人的精神结构和公共精神结构完善的文化属于先进文化；促进物质生产力的发展、增加物质财富，为人类自由提供更好的物质条件的文化，属于先进文化；能够指导人的行为正当化，促使人们追求高尚的意义，引导人性向善的文化，属于先进文化；能够有很高的艺术品位、能够给人带来美好的精神享受和心灵陶冶的文化属于先进文化。文化文本分为叙述文本和社会文本，叙述文本所负载的文化信息或精神要素主要有情感、知识、理想、信念和信仰、艺术。评价文化文本所包含和表达的情感因素是否先进，标准是文本信息的情感因素是否健康，是否美好。那些扭曲人类心灵，出于自私、狭隘和非正义的仇恨，无论以什么形态在文本中呈现，都是属于不健康的情感因素。先进的情感因素，会因为其美好而给人的心灵带来极大的安慰，能激发人的乐观、向上的心态，对于生活的热爱，对于伟大价值的尊重，对于他人的仁义；反之，那些毁坏人的心灵安宁，破坏人们对于生活、社会和他人的仁爱、敬重，将人的心理活动引向狭隘和黑暗的情感因素，对他人和社会的仇恨等情感因素，都属于落后的情感因素，因为它将人类的情感囚禁在天然冲动之中而不是以文明的方式引导情感表达，将人的发展水平禁锢在低级阶段，因而是落后的情感因素。

评价文化所储存和叙述的知识是否先进的根本标准，是理论知识所能达到的科学水平。从认识论而言，理论知识是人类认识活动的结果，人是有限的理性存在者，在一定的时间范围内，人的实践经验的有限以及认知能力的有限，必然造成认知结果即知识的科学水平的有限，目前人类所能获得的真理认识都具有相对性。在经验和理性能力所及范围内，检验理论知识的科学水准有两个方式：一是实践验证，二是逻辑验证。实践或实验可以证实或证伪理论知识；逻辑推理也是验证理论知识科学与否的方法。另一类理性知识形式是关于规则的知识，包括道德知识或伦理知识，以及法律法规、社会制度等。评判道德知识先进与否在于道德原则和规则能否维护价值关系中人的行为的正当性，能否将人的行动导向追求正义和高尚，能否促进人性的善良。

评价法律法规的先进性标准在于它能否弃恶扬善、维护公平正义；评判社会制度设计先进与否的标准是社会制度能否促进物质生产力和精神生产力的发展，能否代表最广大人民的根本利益，能否有效治理社会、解决各种问题。

评价文化的艺术文本是否先进的标准是艺术品位，在于三个方面。一是艺术文本所表达的情感、叙述的知识是否科学，是否符合道德原则的要求；二是艺术文本自身所能达到的艺术水准，这是评价艺术文本先进性的根本标准，是内在标准而不是外在标准；三是艺术文本能否为最广大的人民群众服务，为人民创造美好的艺术享受。能够在最大范围内为人民带来美好的艺术享受、陶冶人的心灵的艺术文本，就是先进的文化艺术。

二 文化生产资本的公共权力主体遵守"生产先进文化"规则的方式

组织主体和个人主体在进行文化生产活动时，如果要保证其文化资本运作行为符合"生产先进文化"规则的要求，就需要在文化价值关系中运用"生产先进文化"规则指导解决问题的方式，并据此评判行为结果。文化生产资本的公共主体主要是指拥有公共权力的政府机构。公共主体在进行文化生产时面临的基本问题在于文化生产领导权的保持以及先进文化生产制度设计等。

第一，公共权力主体应当保持先进文化生产的领导权。文化领导权，是指社会主体拥有的对于所有文化活动的主导权力。政府机构的文化领导权是其所拥有的公共权力的一部分，与政治领导权、经济领导权一起构成公共权力机构完整的领导权体系。政府机构的文化领导权不是代表特殊利益集团或个人，而是代表人民，即政府的文化领导权本质是人民赋予的文化领导权。各种力量和各种文化权力主体，都拥有各自的文化权力，其中包括文化领导权，任何主体出于扩大自由的愿望，必然尽力为自己争取更大的文化领导权。在文化生产领域，政府机构需要设法保持自身对于文化生产资本的领导权。政府机构所要解决的问题，不是赋予或剥夺各种主体的文化权力，而是尽力扩大自身的文化生产领导权实施范围与影响力。文化生产领导权不能交给市场和商业组织，因为市场和商业组织的天然属性是为私人或利益团体追逐商业利益，而且具备强大的文化生产能力。在各种社会力量中，唯一能够在生产资本领导权领域与商业主体相抗衡的力量，就是公共权力主体。政府机构必须保持自己对于先进文化生产的资本投入，通过先进文化生产引导全社会的文化生产方式，在文化生产领域保持文化领导权，确保先进文化生产力成为全社会文化生产方式的主导。能够将市场力量纳入监管、引导市场方向的力量，只有政府机构。政府机构运用其对于文化生产资本的领导权，将文化生产资本全部投入先进文化生产，运用公共文化资本生产先进文化，这些先进文化为人民所有，为人民所用。

第二，公共权力主体应当通过制度设计保障先进文化生产活动。在文化生产关系中，政府机构通过制度设计，确保公共文化资本投入到文化生产过程所生产的文化产品是先进文化。先进文化生产制度，不仅制定出先进文化标准，而且设计公共文化资本投入方向。文化生产资本的公共权力主体在行使文化资本权力时，虽然形式上是集体决策且代表公众，但是实际运作过程还是由个体完成操作任务。确保公共文化资本投入先进文化生产的因素，不是依靠代表公权进行文化资本运作者的良心或其他什么因素，而是依靠完善的先进文化生产制度设计，这也是依法治国原则的体现。政府机构对非公共文化资本的文化生产行为进行管理和调控，合法制度是唯一依据，制度才是公共权力运作的体现和保障。

保持政府机构对于文化生产的领导权,通过制度设计管理文化生产资本的文化生产行为,这是文化资本运作行为的伦理规范的具体要求。政府机构拥有公共权力,代表人民行使权力进行先进文化生产,是公共权力代表广大人民的义务,即为人民服务的延伸和文化表现,是文化生产资本的公共权力主体的必然义务。只有始终保持先进文化生产的领导权和制度管理,才能确保政府机构成为发展先进文化的进步力量,是通过先进文化生产促进社会发展与人的进步的主导力量。只有生产先进文化,政府机构才能最大限度超越特殊利益集团的价值立场,获得最广泛的公众支持。在人类文明发展上,只有那些经过实践检验被证明真正代表最广大人民利益的行为,才有可能拥有最大的社会认同公约数。只有生产先进文化,才能代表先进文化发展方向,才能够获得强大的社会号召力,从而获得最大的政治资源,即人民的拥护。政府机构拥有合法授权,掌控巨量政治资源、经济资源和人力资源,为文化生产投入人力、物力和资金,组织力量开发文化资源,培养优秀的精神劳动者,为文化生产提供各种物质条件和制度保障,将精神劳动从个体劳动形式转化为有组织、有计划的社会生产形式。如果政府机构无法成为文化生产资本的主要投入主体而进行先进文化生产,领导各种生产资本生产先进文化,那么就没有哪一种社会力量可以承担这个责任。只有代表先进文化才能代表文明发展趋势,才能带领人民走向进步与解放。

三 文化生产资本的商业主体遵守"生产先进文化"规则的方式

文化生产资本的商业主体是否进行先进文化生产,并不具有必然性,如果生产先进文化产品能够为商业主体带来预期的商业利益,生产先进文化就因此成为商业主体运作资本目标的选项之一。商业资本的属性是追逐商业利润或经济利益，之所以成立商业组织，商业组织之所以运作文化资本，根本目的或者说首要目的在于通过文化生产而参与文化价值关系并获得经济利益。追逐经济利益是商业组织与生俱来的社会本质，它为了商业利益而产生，否则就不会被称为商业组织。商业组织运作文化资本进行文化生产的目标是获利，如果生产先进文化产品能够给其带来预期收益，商业组织会投资先进文化产品的生产；反之，如果生产先进文化产品不能给商业组织带来预期收益，则商业组织出于逐利本性，必然转而生产那些能带来预期收益的文化产品。

第一，商业组织以生产先进文化作为自己的目标是高尚行为。如果商业组织出于发展先进文化的目的而进行先进文化生产，将生产先进文化获得的经济利益只是作为先进文化再生产的资本，则说明商业组织运作文化资本的行为不仅符合"生产先进文化"的伦理规则要求，而且称得上是高尚的行为。商业组织以生产先进文化作为组织目标，以商业利益作为实现目标的手段，以此方式确证自身是一个高尚的商业组织，有良好社会责任感、担当文化使命的商业组织。如果商业组织因为生产先进文化而无法获利导致自身利益受损甚至无法运行，那么它为了生存而放弃先进文化生产行为可以被接受，尽管出现这种现象的可能性很小，但是各种原因综合作用有可能造成商业组织无法延续只是生产先进文化的商业模式，在此情况下商业组织有权力改变文化生产方式，因为商业组织的商业利益具有合法性，在法律和伦理层面，正当商业利益都应该得到认可和宽容，获取商业利益是商业组织发展的基础和动力。一个商业组织，只要它以先进文化生产作为目标的文化生产方式或商业运营模式存在过一段时间，无论时间长短，无论能否延续，无论作为一种商业模式是否成功，都无损于它的高尚品质，商业组织因此获得了高品质的文化属性而不同于一般的商业组织，它因此而成为一个文明时代的商业组织，而不是在一个号称文明的时代赋予自己野蛮属性。

第二，商业组织为获利而进行先进文化生产是合规行为。如果商业组织只是出于获取商业利润而进行先进文化产品的生产，将先进文化当作获利的商品，将先进文化生产当作商业手段，将获取经济利益作为文化生产的目标，其行为依然可以被看作符合"生产先进文化"的伦理规则要求。虽然为逐利而进行先进文化生产不具备文化善良意志基础，无法给予其高尚评价，但是商业主体的合法经济利益应该得到保护，文化资本所要遵守的伦理规则，与社会公共生活各个领域的伦理规则并不冲突。在市场经济社会，为逐利而进行先进文化生产，在商业组织获利的同时，文化市场得到繁荣，社会精神资源不断丰富，人民的精神生活获得更多的文化供给。这是一个通过市场机制和商业活动而推动社会物质生产力和精神生产力不断进步的实践活动，这样的商业行为是值得称道的，合法且合乎伦理原则，也符合伦理规则的要求，它给人民带来了实际利益，扩展了人的自由。

第三，商业组织生产落后腐朽文化是严重违背伦理规则的行为。如果商业组织为逐利而生产落后、腐朽文化，则被视为违背"生产先进文化"的伦理规则的行为。在市场经济体制下，商业资本投资文化生产而获得经济利益的目的，是正当的；但是，目的正当性不能证明手段的正当性。任何生产落后或腐朽文化而获取利益的行为，其手段和后果都是不正当的。因为商业组织的此类行为，本质上还是将他人当作自己实现目的的手段或工具，而且是以损害人的精神结构、损害公共精神结构、损害社会文化生态来实现自己所谓的正当商业目的。商业组织通过生产落后文化获利却损害了社会文化环境的行为，在本质上与任何其他生产方式对物质环境和制度体系造成损害的行为没有任何区别，只是形式不同而已，是严重违背伦理规则的行为。由于文化先进与否，不仅有公共权力给出的标准，也有学术标准和日常生活标准，即使社会各方对某些文化产品是否先进的判断不一致，或者这些文化产品的生产因为法治的滞后而暂时获得合法性，也不能因此证明其在伦理上是正当的。如某些网络游戏产品，尽管其生产与销售获得法律允许，但是给消费者造成各种损害，那么这些文化产品的生产行为依然被判定为违背伦理规则。只有通过生产先进文化而赚取商业利润的文化资本运作行为才是正当的行为；商业组织只有通过生产先进文化才能够确认自身的先进性以及合法性，生产落后文化赚取经济利益只能是在文化价值关系中不断证明自身的落后、腐朽、反社会属性。

对于商业主体而言无论为了什么目的而投资文化生产，生产的文化产品所负载的信息都应该符合先进文化标准，从而符合伦理规则要求，获得伦理正当性。

四　文化生产资本的教育主体遵守"生产先进文化"规则的方式

教育组织有多种类型：高等学校、基础教育类学校、各种研究机构等。进入文化生产关系的教育组织主要指各类高等学校和研究机构，但不包括以商业利润为活动目的的教育机构，如各种校外培训机构、各种非建制类以营利为目的的学校，这些组织的本质属于商业组织，在文化价值关系中属于商业主体，与教育组织有根本差别。它履行"生产先进文化"伦理义务或遵守"生产先进文化"伦理规则的方式与其他生产资本主体有所不同。教育组织拥有的文化生产资本主要由以下几个元素构成：资金；物质资料；各种文化资源；人力资本即知识分子群体。人力资本是教育组织拥有的文化生产资本的主体要素，也是具有决定作用的资本元素。任何教育组织机构，无论拥有多少资金、物质资料或文化资源，如果它不具备足够数量的高水平专家学者队伍构成的人力资源，就不可能成为一个优秀的教育组织。商业组织可以通过购买的方式将已有的文化产品纳入生产体系进行复制或改造，在此基础上进行文化产品的扩大再生产。但是教育组织不能通过购买文化资源的方式进行文化复制，它必须是基于探索和创新精神的文化创造主体。

第一，通过生产先进文化不断再生产教育组织的社会本质。作为文化生产资本的教育主体，教育组织具有与其他组织完全不同的社会本质，即文化本质。教育主体的文化本质在不同的社会历史条件下，有可能发生各种变化，即文化属性的演变，决定其演变趋势的根本因素，就在于教育组织的文化生产方式。在《德意志意识形态》一文中，马克思和恩格斯指出，人类在进行物质生产的过程中生产了自身存在方式，同样，精神生产方式决定了人类精神属性和精神存在方式。教育组织的社会本质由各种属性构成，文化属性是核心属性或本质属性，因为教育组织是为了文化生产和文化传播而存在的组织主体，空间和物质基础不过是教育组织存在的物质条件，文化资源是教育组织存在的精神条件，精神劳动者则是教育组织的主体存在方式，文化生产活动是教育组织作为一个组织主体的行动方式，它在进行文化生产的过程中，不断重新设定自身的文化属性。教育组织只有通过不断生产先进文化，才能够不断再生产自己作为教育主体的先进文化属性，从而获得先进文化本质。在市场经济时代，教育组织必然面临多种价值观的冲突以及各种利益立场的博弈，但无论如何，都要始终坚守"生产先进文化"这一基本价值观念，哪怕陷入困境，也不可以放弃基本价值立场。生产先进文化是教育组织的价值基础，与商业组织不同的是，生产先进文化是教育组织与生俱来的义务，或者说，文化生产资本的教育主体生产先进文化具有必然性。教育组织得以产生的唯一原因就是为了先进文化的生产与传播、传承，通过不断培养文化人才，实现文化的不断创新，扩大文化传播范围，延续文化代际传承，教育是人类伟大的实践活动，教育实践活动的规模化、组织化和建制化，促成教育组织的产生，教育组织是天生的文化主体，生产先进文化是文化生产资本的教育主体与生俱来的历史使命。无论其资源支持来自哪里，是来自公共权力机构还是来自商业组织，教育组织都应该始终以"生产先进文化"作为自己的核心文化价值观，在思想观念的源头葆有善良的文化意志。

第二，文化生产资本优先投入精神劳动所需要的人力资源。教育组织生产先进文化的方式与商业组织或其他组织不同，它是精神劳动者成长的摇篮，它以培养高质量的精神劳动者为己任，它不是如其他组织主体那样可以通过公共权力或市场的方式获得精神劳动人力资源，只能通过不断精心培育精神劳动者，不断壮大专家学者队伍，不断扩张知识分子群体的方式，获得精神劳动人力资源，在此基础上进行文化生产尤其是先进文化的生产。精神劳动者培养的过程非常缓慢，投入巨大，却是精神生产的动力源泉，是精神生产以及精神再生产得以延续的根本举措，任何社会的精神生产以精神劳动者为前提条件，精神劳动的人力资源状况直接决定了一个国家或地区的文化生产水平，从而直接影响到整个社会发展水平，没有发达文化的支撑，一个社会或一种文明的发展是不可想象的。教育组织生产先进文化的方式的独特性在于，它从生产或培育精神劳动人力资源开始，创设文化生产的人力资源条件，在此基础上进行文化生产活动。任何教育组织，如果不是以培育的方式而只是以公共权力强行获取或者以市场机制购买精神劳动者以充实自己的人力资源，都不可能增加整个社会精神劳动力总量，只是改变人力资源的空间分布状况而已，它因此而成为一个不合格的或急功近利的教育组织，有可能对良好的人力资源培育机制造成破坏。教育组织是一个国家和社会公众对于精神劳动者培育的规模化、组织化、体制化方式，是一个社会文化生产者队伍的最后庇护所。教育组织要履行生产先进文化的伦理义务，就必须注重文化生产者队伍建设，将文化生产资本，首先投入精神劳动者的生活和生产活动所需要的领域，资源分配方式优先满足精神劳动者的需求。人力资源即专家学者队伍，是教育组织的软实力，是决定一个教育组织文化层级的根本因素，人力资源队伍建设是教育组织各种发展措施的关键。教育组织在进行资源分配时，优先满足专家、学者、教师即承担精神生产任务的知识分子群体的生活需要和文化生产需要。文化创造活动是艰苦的精神劳动，也是文明时代的伟大劳动方式。不能让这些从事高端文化生产的精神劳动者，受困于物质生活水平的寒酸，不能因为物质条件而将精神劳动者的物质生活自由限制在一个很低的水平而成为一个物质贫困的精神贵族。鲜衣怒马的生活，也应该属于象牙塔中的学者。乐道不可安贫，文化不可穷酸。善待精神劳动者就是善待文化，为先进文化生产创造人力资源条件，从而造福每个人。

第三，将精神生产关系设置为教育组织与精神劳动者之间各种关系的基础。教育组织与供职于其内的精神劳动者之间的关系存在多重属性：政治关系，管理关系，经济关系或职业关系等，这些关系是客观存在的，也是维系教育组织正常运转的必备条件，但是它们都不是教育组织与精神劳动者之间关系的本质属性。教育组织和精神劳动者之间的文化价值关系的本质是精神生产关系，不是基于公共权力管理的从属关系，而是文化创造与教育合作关系；不是基于资本主义制度的雇用劳动关系，而是教育组织与个人主体的平等合作关系；不是基于市场机制的商品买卖关系，而是为文化创造和立德树人而共同劳动的关系。精神生产关系与公共权力领导关系不同，精神劳动者需要服从管理，但是教育组织以制度方式为精神劳动者生产先进文化提供各种支持，鼓励创新，宽容创新的失败，允许创造先进文化速率的缓慢，能够静待花开，服务措施优先于管控措施；精神劳动者供职于教育组织，但是二者之间关系不是劳动力与资本之间的雇佣关系，而是教育组织与精神劳动者协同合作进行文化创造、立德树人；精神劳动者不需要向教育组织售卖某种商品而获取经济利益或其他利益，而是以文化创造与教育学生的成果，兑现其对于教育组织的工作承诺，因此，精神劳动者在服从教育制度管理和合法依规前提下，享有充分的文化创造自主权。只有坚持将精神生产关系作为教育组织与精神劳动者之间关系的核心要素，才能够以制度方式鼓励文化创造，宽容创新，尊重创造者的自主和自由。教育组织不能以名声、荣誉、资历、行政权力、学术地位等因素作为文化生产资本投入的决定因素，而是将文化生产资本投向那些真正有能力、有潜力从事先进文化生产的人。不应该浪费资源，重复投入，收获低层次文化产品。生产资本的教育主体，不能以文化生产资本的商业主体或公共权力主体运营文化生产资本的模式来运营文化生产资本，将精神生产关系设置为教育组织与精神劳动者之间各种关系的基础。在各种管理措施和教育活动安排中，尽量不去干预先进文化创造者的自由，给他们足够的自由空间驰骋思想，能够容纳百花齐放。总要有安静的时间和空间，陪伴孤独散步者遐思。

五 文化生产资本的个人主体遵守"生产先进文化"规则的方式

作为文化生产资本的个人主体，具有多重精神劳动者身份，从而在文化价值关系中，遵守"生产先进文化"规则的方式和原因各不相同。个人作为文化生产资本主体进入文化价值关系时一般具有以下几个身份。一是个人供职于公共权力组织并承担文化生产任务；二是个人以自己拥有的文化资本与商业组织合作进行文化生产；三是个人以自己拥有的文化资本供职于教育组织；四是个人没有供职于公共权力组织或教育组织，也没有与商业组织合作，而是独立运作文化生产资本进行文化生产，或者虽然与各种文化生产资本的组织主体合作，但同时以独立的个人身份运作文化资本进行文化生产。

（一）公职人员遵守"生产先进文化"伦理规则的方式

第一，当个人代表公共权力运作文化生产资本时，需要以政府机构等公共权力机构所要承担的伦理义务和应该遵守的伦理规则要求自己，将"生产先进文化"当作自己的职责。作为公职人员，个人主体履行公职有两种方式，一种是文化管理，另一种是文化生产。作为公共权力机构，通过文化生产和文化管理进行文化建设是其公共职责的一部分。个人作为公职人员代表公共权力履职，将公共权力的文化领导权以及对于先进文化生产的领导权，转化为具体行动，执行公共权力的各种生产先进文化的决策，将那些支持先进文化生产的公共制度转化为先进文化生产活动。公共权力的每一项措施，最终是通过公职人员的个体行为完成工作程序和工作目标，个人遵守公共权力应该遵守的伦理规则，就是公共权力遵守伦理规则的具体方式。

第二，公职人员应该及时发现并采取措施纠正文化生产中的错误或失误。个人履行公职过程中有可能存在一个较为困难的情境：由于各种原因，公共权力机构关于文化先进与否的判断标准可能出现失误，如果个人已经发现自己所要履行的文化生产职责所生产的文化，明显不符合社会共识，在经过严格的个人理性审核后依然认为即将生产的文化不是先进文化，那么个人作为公职人员，有义务向公共权力机构提出警示和参考意见，促进文化生产管理制度和文化理念的完善。如果个人提出的意见没有被采纳，依然要代表公共权力机构履职，个人有义务采取各种办法，在文化价值关系中最大限度地减少非先进文化生产的消极后果。如果明确认识到文化生产结果为非先进文化而没有采取任何纠正错误的措施，意味着公职人员的失职，从而违背了"生产先进文化"的伦理规则。

第三，在公共权力组织机构中，如果个人履行公职的方式不是文化管理而是直接进行文化生产，则必须通过理论理性和实践理性严格审查自己的文化生产过程，确保生产的文化产品所负载的信息符合先进文化要求。即使是以公职人员身份进行文化生产，其所生产的文化产品在价值关系中产生的文化责任，全部由个人承担，不能因为自己的公职身份而将自己生产非先进文化的过错归结于公共权力机构。

（二）商业组织成员遵守"生产先进文化"伦理规则的方式

第一，当个人作为商业组织成员以自己拥有的文化资本与商业组织合作进行文化生产，无论他是投资人还是作为雇佣劳动者，他运作文化生产资本的行为都应该遵循那些商业主体应该遵循的伦理规则。

第二，作为文化生产资本的个人主体，依托商业组织为生产先进文化而进行资本运作的行为，是值得称道的行为。作为商业组织的合作者或雇佣劳动者，进入商业组织的目的是获取经济利益，如果将生产先进文化的目的放在首位，则这种行为是值得肯定的行为；如果因为生产先进文化而导致经济利益受到一定损失，但依然坚持以生产先进文化为首要目的，则这样的行为是高尚的、值得称赞的行为。

第三，为获取商业利益而生产先进文化，虽然在行为动机上没有很大的道德价值，但是行为结果具有道德价值，因此符合伦理规则的要求。无论为了什么样的目的而生产落后或腐朽文化的个体行为，都是违背伦理规则的行为，合乎伦理要求的目的不能证明手段的必然正当性。当理性发现或实践证明个体所生产的文化产品是落后或腐朽文化，应该履行不良文化产品召回责任。商业组织中的个人运作文化资本进行文化生产，无论是作为投资者还是作为被雇佣的精神劳动者，对于文化生产的结果都没有理由逃避责任，作为共同行动人，他与商业组织共担文化责任。

（三）作为教育组织的文化资本个人主体遵守"生产先进文化"伦理规则的方式

在现代社会，教育组织是个较为复杂的组织机构，其人员组成状况呈现多样化、多层级结构样态，既有专家学者，也有行政岗位工作人员，还有从事教辅工作以及后勤工作的人员，依据分工各司其职，从而保障教育组织的日常运转。有部分人，主要是指受过良好教育和专业训练的专家学者，以及那些有可能成为专家学者的人，他们得以进入教育组织的条件，是其所拥有的文化资本，如学历、专业知识、研究能力等。教育组织的内部分工方式是"因事设岗、因岗聘用"，每一个工作岗位对于供职者所拥有的文化资本有明确要求。对于专门从事精神劳动、承担精神生产任务的人员而言，其必须具备的资本就是文化生产能力以及文化教育能力。因此，对于那些专门承担文化生产与文化教育的人员而言，生产先进文化是他们的"天职"。

第一，任何人，只要是以精神劳动者身份进入教育组织并承担文化生产与文化教育任务，就必须以生产先进文化作为自己的职业的根本要求。一个自然人成长为一个可以进入教育组织承担文化生产与文化教育重任的人，需要经历漫长的专业培养与能力训练过程，"生产先进文化"是专业培养和能力训练的核心目标，任何正常的教育或培养活动，都不可能以生产落后或腐朽文化作为人的发展目标，人类的教育行动之所以存在并成为决定文明发展的力量，原因就在于它以先进文化生产和传播作为根本目的。因此，个体接受专业教育、训练文化创造能力的目的是生产先进文化。任何受过专门训练而进入教育组织承担精神劳动任务的人，都应该以生产先进文化作为其文化创造活动的根本要求，这是善良文化意志的体现，是否具有善良文化意志是评判教育组织中精神劳动者是否遵循生产先进文化的伦理规则的根本依据。

第二，教育组织中的精神劳动者从事先进文化生产是其应有的职责，但是在两种情况下，精神劳动者的行为可以被认为是高尚行为。一是他生产先进文化的行为的高尚程度，与他的精神劳动成果的实际应用所产生的收益成正相关，贡献越大，越能够显示文化生产主体的高尚；二是精神劳动者不是出于个人利益或某个特殊群体利益，而是以追求先进文化为目标进行精神生产，这样的行为是高尚的行为，如只为追求真理、发展科学、创作伟大的艺术作品而进行文化生产，而不是为了个人经济利益、荣誉或资历等目标而进行文化生产的行为，都属于高尚的行为，生产者因此而成为一个高尚的人。

第三，教育组织中所有文化生产资本的个人主体，为了个人或团体经济利益、荣誉或社会资历等目的而运用文化资本进行先进文化生产的行为，属于符合伦理规范要求的消极行为，而不能被看作是高尚的行为。因为这些行为只是将先进文化生产当作文化生产资本运作的载体或工具，他人也只是文化资本运作环节的条件或手段而不是目的，行为没有违背伦理规则而已，但无法被看作高尚的行为。

第四，无论为了实现什么目的，教育组织的文化生产资本个人主体生产落后文化或腐朽文化的行为，都是违背伦理规则的行为，在行为动机和行为后果上都可以被看作主观恶意与客观后果皆为恶的行为。每个人追求自己的正当利益都应该被认可，但是目的正当不能代替手段正当，任何正当目的都不能通过不正当手段去实现。

第五，教育组织中任何运作文化生产资本的主体都需要接受教育组织的管理，对于文化先进与否的判断不能以本人意见为终极标准，实践效果是检验文化是否先进的最终标准。但是精神劳动者有保持自己独立思考的权力，即服从管理不能以放弃独立思考的权力为代价，精神劳动者是先进文化生产方式得以延续的最后的保障条件。掌握了文化资本的运作权力以及对于精神劳动者职业管理权力的组织或个人，在任何情况下都不能以任何理由要求精神劳动者放弃自己独立思考的权力，所有为了达到精神劳动者放弃自己独立思考权力而对其进行打击或迫害的行为，不仅是违背文化生产必须遵循的伦理规则的行为，也是对于文化的犯罪，也因此是对人类文明犯下罪行。但是精神劳动者独立思考的权力是社会权力，具有公共属性而不仅仅是个体属性，即任何保持理性独立思考权力的精神劳动者，都应该在接受一定社会关于先进文化标准共识的前提下进行独立思考，而不是固执己见或自以为是，实践是检验真理的最终标准。

（四）文化生产资本的个人主体遵守"生产先进文化"伦理规则的方式

文化生产资本的自主个体是指那些独立运作文化生产资本的个体，其特点是，不具有公职身份；不是商业组织投资人；没有受雇于商业组织；非教育组织内精神劳动者。他们独立自主运作文化生产资本，运用其个人精神生产能力进行文化生产。

第一，任何独立运作文化生产资本的个体以精神劳动者身份进行文化生产时，无论其文化产品是否进入文化价值关系，都需要按照先进文化标准生产文化产品。个体对于文化产品是否进入文化价值关系要有充分预计，如果预计其精神劳动的产品会进入文化传播和文化消费环节，无论其传播范围的大小以及消费主体人数的多少，他都需要对自己提出生产先进文化的要求，在伦理规则范围内生产文化产品。即使是个体运作文化生产资本进行文化创造的行为只是为了自娱自乐，依然不能放弃生产先进文化的责任，个体是本人生产的文化产品的第一个消费者，他对于自己的精神结构是否完善负有伦理责任。

第二，文化生产资本的个人主体出于生产先进文化而进行文化资本运作的行为是高尚的、值得称颂的行为。对于文化生产资本的自主个体而言，生产先进文化并不是其必须承担的义务，他拥有运作文化资本的权力，可以自主决定文化资本的使用方式，如果个人将自己能够主导的文化资本，如资金、文化资源、个人拥有的专业知识等文化素养构成的精神生产能力等，运用于先进文化生产活动，因为其动机属于善良文化意志，其结果有利于公众，因而是高尚的行为。其高尚程度与他的文化贡献成正相关。在历史上出现的那些伟大的科学家、思想家、艺术家等文化巨人，如老子、庄子、老子、司马迁、祖冲之、毕昇、孙思邈、汤显祖、李渔、关汉卿、罗贯中、施耐庵、曹雪芹等，运用个人拥有的文化生产资本进行文化生产，他们的文化成果不仅成为中华民族的精神路标，而且滋养了无数国人的灵魂，构筑了国人的精神家园，为后人提供了无比珍贵的精神宝库。

第三，文化生产资本个人主体生产先进文化是为了商业利益或其他目的的行为是合乎伦理规则的行为，也是值得鼓励的行为。为追求正当利益而进行先进文化生产，是先进文化生产的良性循环机制的体现，任何文化生产的可持续性都需要物质资料等条件的支持，不能要求个体放弃个人正当利益诉求而生产先进文化，先进文化生产与个人利益之间并不矛盾，可以共生。

第四，文化生产资本的自主个体无论出于什么原因而进行落后或腐朽文化生产的行为，都是违背伦理规则的行为，在道德上都可以被判定为文化恶行。对于个体而言，不存在使之生产落后与腐朽文化的必然原因；任何目的的正当性也不能证明其手段的正当性，任何反先进文化的文化生产行为，都是违背伦理规则的行为。

　　精神劳动与物质劳动有一个根本差异是劳动过程对于劳动者的影响后果。在《德意志意识形态》一文中马克思和恩格斯指出，人们在进行物质生产时也生产了自身的物质生活方式。对于个人而言，物质生活方式是一种可以选择的存在方式。在一定生产力水平基础上，人们有可能选择不同的物质生产方式，因此也有可能选择不同的生活方式。但是精神生产与此不同。任何从事精神生产的精神劳动者，在进行精神生产的过程中，不仅生产了文化，同时也生产了自身的精神结构，也就是说，个人生产文化的过程就是生产自己精神结构的过程，他是生产者也是消费者。精神劳动者可以选择生产什么样的文化，但是在生产出某种文化后他却无法避免这种文化对于自己精神结构的影响。生产落后或腐朽文化的精神劳动者，文化动机不属于善良文化意志，因此确证其精神结构的缺陷，在文化产品没有得到生产前，生产动机已经对于生产者个人精神结构的完善产生了不良影响。因此，文化生产资本的个人主体生产先进文化的行为，对于他人和社会，对于他本人而言，都是善行，这也是精神劳动者接受生产先进文化的伦理规则的原因。

　　文化生产资本遵守生产先进文化的伦理规则，是在伦理原则指导下，文化资本主体在文化价值关系中的文化生产行为应该遵循的规则。人从自然存在到社会存在，再到社会存在方式的不断完善，依赖于精神生产的文化产品不断给人类精神发展提供条件，用文化滋养意识，用文化属性改造自然属性，重建社会属性。精神生产力与物质生产力共同作用，推动社会进步，扩张人的自由，并将个体自由置放在伦理框架内，使得文明成为思想觉醒后的自觉的文明，而不是蒙昧状态下被自然属性主宰的文明。

第三节 文化资本生产的文本信息应该维护和完善社会共同体

人类文明有两个显性标志,一是个人的发展水平,二是社会总体即社会共同体的发展水平。社会共同体是人类存在与发展的必然产物,但是社会共同体的存在方式与发展水平、完善程度,是文化的产物。在文化生产关系中,文化资本生产的文本信息,应该有利于建构社会共同体,维护社会共同体的正常运行。任何文化生产行为都是有意识的文化行为,任何有意识的文化产品所负载的文化信息,都应该有利于建构和维护社会共同体,那些出于不公正的政治目的、为了特殊团体或个人利益、具有主观故意而生产负载不良精神信息的文本的行为,都属于出于恶意、产生恶果、违背文化伦理规则的行为。

一 社会共同体

什么是社会共同体?社会共同体是如何产生的?马克思在《政治经济学批判序言》一文中对历史唯物主义思想成果的概述,完整解释了社会共同体的产生机制。"我所得到的,并且一经得到就用于指导我的研究工作的总的结果,可以简要地表述如下:人们在自己生活的社会生产中发生一定的、必然的、不以他们的意志为转移的关系,即同他们的物质生产力的一定发展阶段相适合的生产关系。这些生产关系的总和构成社会的经济结构,即有法律的和政治的上层建筑竖立其上并有一定的社会意识形态与之相适应的现实基础。物质生活的生产方式制约着整个社会生活、政治生活和精神生活的过程。不是人们的意识决定人们的存在,相反,是人们的社会存在决定人们的意识。社会的物质生产力发展到一定阶段,便同它们一直在其中运动的现存生产关系或财产关系（这只是生产关系的法律用语）发生矛盾。于是这些关系便由生产力的发展形式变成生产力的桎梏。那时社会革命的时代就到来了。随着经济基础的变更，全部庞大的上层建筑也或慢或快地发生变革。在考察这些变革时，必须时刻把下面两者区别开来：一种是生产的经济条件方面所发生的物质的、可以用自然科学的精确性指明的变革，一种是人们借以意识到这个冲突并力求把它克服的那些法律的、政治的、宗教的、艺术的或哲学的，简言之，意识形态的形式。"① 这一段经典论述阐明人类发展的基本规律，也给出了几个重大历史发现。一是社会共同体是如何产生的。人类社会以生产为基础，即物质生产、人口生产与精神生产，生产过程产生了人与自然的关系、人与人的关系。生产关系总体构成社会的经济结构，在此现实基础之上，逐渐形成了与之相适应的"法律的和政治的上层建筑"以及"一定的社会意识形态"。经济结构、上层建筑以及社会意识形态，正是社会共同体的三个基本形式。经济结构是社会共同体的物质形式，上层建筑是社会共同体的制度形式，社会意识形态是社会共同体的公共精神形式，即公共精神结构。社会意识属于上层建筑的精神部分，但是从功能而言，它与上层建筑的制度体系以及维系制度的物质力量即军队、法庭、政府机构等，有很大不同。从本体而言，上层建筑来源于人类社会生产实践活动，以经济结构为基础，制度体系和社会意识作为上层建筑的核心要素，以实践为本体，以经济结构为现实基础；从存在形态、功能以及发展演变方式而言，制度体系与社会意识具有各自的相对独立性，有各自的社会属性，因此从存在形式以及运行机制而言，社会意识构成的公共精神结构与制度体系构成的政治共同体，是两个相互联系又彼此独立的社会共同体形式。

---

① 《马克思恩格斯选集》第 2 卷，人民出版社 2012 年版，第 2—3 页。

所谓社会共同体，是指基于一定的经济基础和稳定的上层建筑而形成的集体组织，它以物质条件为基础，以制度体系为调控手段，以思想观念、理想信念和信仰为共同意识，形成一个联合机制，通过这个联合机制，社会个体联合成为一个集体，一个具有特定经济基础、管理制度、共同观念的社会总体，共同的经济利益、共建的运行制度、共有的思想观念，是社会共同体的存在条件。社会共同体有三种基本形式即经济共同体、政治共同体以及社会意识共同体即精神共同体，三种共同体可以独自存在，也有可能以某种关联而组合成新的共同体。经济共同体与政治共同体以及精神共同体三者所组成的最经典的社会共同体形式，就是现代国家形式。各种社会共同体以各种名称命名，但其社会本质无外乎经济共同体、政治共同体以及精神共同体当中的一种或几种共同体的组合。社会共同体是具体的经验存在物而不是抽象的观念存在，在经济、政治和文化环境的共同作用下逐渐形成。由于政治、经济以及思想观念的变化，社会共同体的存在方式因为时间和空间差异而彼此不同。从时间而言，目前还没有哪一个社会共同体能够穿越时间界限而自古以来一直存在；从空间而言，没有哪一个共同体可以跨越地区和国家界限而成为一个覆盖全球的共同体。但是，人类面临很多全球性问题，需要共同协作，而不是相互对抗，因此，有义务共建人类命运共同体，而不是为一国之利益给其他国家甚至全人类带来灾难。尽管存在联合国这样的社会共同体，但它并不是一个严格意义上的社会共同体，不过是主权国家因为某些国际事务合作需要而产生的国际协同机构。国家是当代人类社会最为经典的社会共同体，也是最具有实质意义的社会共同体，一个具有特定经济基础、特定政治制度、特定意识形态、结构完整、组织严密、连续运行的集体。社会共同体分为经济共同体、政治共同体和精神共同体，文化生产资本生产文化文本时所要承担的责任或应该遵守的伦理规则，只是相对于以国家形式存在的经济共同体、政治共同体和精神共同体而言。以国家形式存的经济共同体、政治共同体、精神共同体,分别称为元经济共同体、元政治共同体、元精神共同体,其他各种非国家形式的经济共同体、政治共同体、精神共同体,称为子经济共同体、子政治共同体、子精神共同体,它们是以"子集"方式存在的共同体,在元共同体的领导和治理下存在和发展。

二 文化生产资本应该维护和完善元经济共同体

(一)文化生产资本的公共权力主体生产的文本信息需要符合"维护和完善元经济共同体"的要求

公共权力主体运作资本进行文化文本的生产,应该遵守"维护和完善元经济共同体"的伦理规则,体现在两个方面:一是保持对于先进文化文本生产的领导权和管理权;二是在投入资本进行文化文本生产的过程中,所生产的文化文本负载的信息,需要符合"维护和完善元经济共同体"所产生的各种要求。

第一,公共权力主体运作资本进行文化生产时,以科学的方式审慎解读写入文本的文化信息;进入生产环节的文化文本所负载的信息,需要对元经济共同体负责,能够维护元经济共同体正常运转。如何评价一个元经济共同体是否优秀?经济共同体的基本构成要素是生产力和生产关系,以一定生产力水平为基础而形成的生产关系总和,构成一定社会存在的经济基础,元经济共同体是基于经济基础而形成的,因此,判断或评价元经济共同体是否优秀的根本标准,就是生产力标准和生产关系标准,合称为生产方式标准。能够不断推动生产力发展的元经济共同体属于优秀的元经济共同体,能够代表最广大人民最大利益的元经济共同体属于优秀的元经济共同体,能够为国家走向富强和文明提供强大物质基础的经济共同体属于优秀的元经济共同体。

第二,公共权力主体运作资本生产的文化文本所负载的信息,应该容纳所有对于元经济共同体发展或完善等问题的独立思考、独特见解以及善意批评。生产力水平有落后与先进的区别,需要不断得到发展;生产关系随着生产力水平的变化而发生变化,它与生产力之间的矛盾始终存在,也是生产关系不断变革从而适应或推动生产力发展的原因。公共权力主体运作文化资本生产的文化文本所负载的信息,在通过文化消费环节转化为个体社会意识和社会公共意识后,其效果应该是能够维护优秀的元经济共同体的先进性,促进其不断发展与完善;对于那些因为探索元经济共同体发展与完善问题而提出的各种见解,要在文化文本中保留足够的叙述空间予以保存和记忆。此外,公共权力主体运作生产资本生产的文化文本所负载的信息,不能成为损害优秀元经济共同体的精神资源,因而有必要进行文本信息的优胜劣汰,损害元经济共同体的文化文本信息,最终体现为损害广大人民群众的经济利益,最终损害整个社会存在与发展的经济基础。子经济共同体只是在国家形式的共同体的管辖范围内存在的各种形式的经济组织机构或团体,各种以生产资料公有制或私有制或混合所有制为基础的、具有合法经济权力的经济人联合体。元经济共同体遵循的伦理规则自然成为经济共同体行为规范。

(二)商业组织生产的文化文本信息需要符合"维护和完善元经济共同体"的要求

从生产资料所有制而言,商业组织所拥有的生产资料,其所有制形式分为三类。公有制、私有制和混合所有制,尽管所有制不同,但是三种所有制基础上成立的商业组织都属于元经济共同体的一部分,其经济活动产生的经济关系以及生产力,构成元经济共同体的生产关系总和的一部分，成为社会生产力的一部分。它们所生产的文化产品信息能够维护和完善元经济共同体，也就是在维护和完善它们自身。对于公有制商业组织而言，维护和完善元经济共同体是它的本分职责；对于私有制商业组织而言，虽然追求经济利益是其本质属性，但是遵守伦理规则是遵守社会总体规则的一个方面，只有在规则框架内运行的生产资本才有可能在文化价值关系中与其他主体发生正常的、可持续的价值关系。在混合所有制商业组织中，公有制资本的代表力量需要保持对于文化生产的领导权，这是它不可推卸的责任。

第一，当商业组织运作文化资本进行文化生产而获取的经济利益与元经济共同体的整体利益发生冲突时，商业组织的文化生产行为需要接受元经济共同体的领导、管理和治理，商业组织的文化利益服从元经济共同体的整体利益。商业组织是经济共同体的一种形式，其社会属性决定了它是子经济共同体。当商业组织的经济利益与元经济共同体的总体利益发生冲突时，商业组织只能服从大局，在维护和发展元经济共同体利益的前提下获取自己的正当利益。子经济共同体服从国家领导，在国家法规和政策框架内进行商业活动，这是一个社会经济运转的必需条件。

第二，所有商业组织运作文化生产资本时，无论是出于政治目的、经济目的或是思想目的，都不应该生产那些负载损害元经济共同体存在与运转的信息。如果生产的文本信息产生的后果损害元经济共同体属于主观故意或预谋行动，属于严重违背伦理规则的行为；商业组织生产的文化文本所负载的信息产生的后果损害了元经济共同体属于无意行为或失误，属于不负责任的行为，依然属于违背伦理规则的行为；如果商业主体生产的文化文本容纳了对于元经济体发展与完善等问题的探索成果，首先要对文本信息进行理性审查和审慎选择，将文化生产资本主要投向那些能够促进元经济共同体发展与完善的文化文本的生产，即促进生产力水平的提高，促进生产关系的完善。

（三）教育组织生产的文化文本信息需要符合"维护和完善元经济共同体"的要求

教育组织是社会共同体的一种综合形式，是经济共同体、政治共同体与精神共同体的综合，但是精神共同体是教育组织共同体的本质属性。教育组织的本职工作是生产先进文化和传播先进文化，通过文化传播培养人才。教育组织运作文化资本进行文化生产，其产品即文化文本负载的信息，应该符合生产力发展和生产关系完善的要求。

第一，教育组织生产的文化文本，需要回应元经济共同体发展与完善提出的各种问题，以科学理论的方式回应一个时代的生产力发展与生产关系完善提出的各种问题，为元经济共同体的发展提供科学方法指导。任何时代都会面临生产力与生产关系的矛盾问题。生产力水平如何提高，生产关系如何完善，不仅是技术方法问题，而且是思想观念问题。在近现代中国发展历程中，科学技术的进步，生产力的发展，生产关系的变革，因为受制于落后、保守、封闭的思想观念而举步维艰，停滞不前，所以在中国近现代社会发展进程中，社会变革往往从思想解放和观念革新开始。冲破思想禁地，以探索真理为己任，以发展生产力、改革生产关系为导向，而不是固执于叙述和解释原有的文化文本，重复既有的思想观念，这是教育组织生产的文化文本必须承担的伦理义务。

第二，教育组织通过运作文化生产资本，推进文化文本在生产领域的应用，即理论成果与实际应用相结合，产学研相结合，及时将理论研究成果尤其是那些重大科技成果转化为物质生产力，从而提高生产力的科学技术水平，推动社会生产力水平的提升。科学技术是第一生产力，教育组织是当代科学技术的发展最重要的推动力量。以技术应用为导向，将知识生产转化为技术发明，将文化创造转化为生产力水平的提高，推动社会生产方式的科学化，将民生改善作为文化创造的目标，这是教育组织运作资本进行文化文本生产遵循了伦理规则的体现。

（四）文化资本个人主体生产的文化文本信息需要符合"维护和完善元经济共同体"的要求

文化资本的个人主体，因为其活动领域的不同而具有不同的身份，因而其文化生产行为遵循伦理规则的方式具有多样性。

第一，当个人以公职人员身份行使公共权力运作文化资本进行文化生产，应该忠于职守，代表公共权力机构审慎审验进入生产环节的文化文本所包含的信息。如果个体在公共权力机构中履行文化职责的方式是进行精神劳动即进行文化文本的生产，其所生产的文化文本并不是代表他个人，而是代表公共权力机构的立场、观点和方法论，有可能会转化为元经济共同体的施政策略，对整个社会的生产方式产生重大影响，因此在其精神劳动能力力所能及的范围内，不管出于什么原因，只能生产那些经过他的个人理性与社会公共理性审验后能够真正符合科学真理标准要求的文本。如果经过实践检验证明他的理论成果的应用对于元经济共同体产生损害，他有义务及时纠正错误，改正观点，避免更大损害的出现。

第二，当个人以商业组织投资人身份与商业组织合作，即使他本人没有直接从事文化生产，只要他试图通过文化生产获取利益，无论他是否获得了利益，他都需要对文化资本运作的行为负责。个人以被雇佣劳动者身份在商业组织中运作文化资本进行文化生产时，无论出于什么目的，都不能为了获取商业利益而生产有害文本，即那些文本所负载的信息有可能损害生产力的发展和生产关系的完善。如果因为生产有损元经济共同体的文化文本而出现法律责任，依据法律规定，个人与商业主体分别承担各自的法律责任；但是个人与组织主体的道德责任却无法像法律责任那样被分担，每个主体担负的道德责任是一样的，组织主体承担的道德责任并不能减少个人主体承担的道德责任，如果违背伦理规则，个人主体与组织主体将因此受到同等的道德责难。

第三，当个人以精神劳动者身份供职于教育组织，他以个人拥有的文化资本所生产的文化文本，如果与元经济共同体的存在与发展有关联，那么无论出于什么目的，在其精神能力所能及的范围内，只能生产那些能够促进生产力进步和生产关系完善的文化文本。其所生产的文本能否为解决元经济共同体面临的各种问题提供科学理论参照，还需要接受社会公共理性的审验，接受实践的检验，而不能固执己见，自以为是，甚至以一己之见而排斥科学和真理。

对于文化生产资本主体而言，无论是公共权力组织、商业组织，还是教育组织、社会个体，他们在文化价值关系中运作文化资本生产的文化文本，所负载的信息，能够记忆和储存那些维护和完善元经济共同体的思想成果，能够推动生产力的进步和生产关系的完善，最终的受益者是这些文化权力主体自身。一个优秀的元经济共同体的发展和完善的目的，在于为广大人民谋福利，无论是什么样的所有制为基础的文化生产资本，以什么形式进行的文化资本生产行为，都应该维护优秀的元经济共同体的运行，推动其发展与完善。

三 文化生产资本应该维护元政治共同体的稳定和发展

文化权力主体运作文化资本生产的文化文本所负载的信息，需要维护先进的元政治共同体正常运转，促进元政治共同体的不断完善。

元政治共同体，是基于政治领导权而建立的政治共同体，由三个基本要素构成：一是政治组织即现代社会的政党组织对于国家的政治领导权，在我国，就是指中国共产党对于人民的领导；二是社会公众以各种方式参与政治活动，在我国就是指社会公众通过人民民主制度的参政议政活动，构成元政治共同体的正常运转状态；三是基于一定的经济基础和意识形态而建立的政治制度体系，包括社会管理制度体系以及社会发展制度体系等。

(一) 文化资本的公共权力主体生产的文本信息需要符合"维护元政治共同体稳定和发展"的要求

公共权力主体运作资本进行文化文本的生产，应该遵守"维护和完善元政治共同体"的伦理规则，体现在两个方面：一是保持对于文化文本生产的领导权和管理权；二是在文化文本生产的过程中，所生产的文化文本负载的信息，需要符合"维护和完善元政治共同体"的要求。

第一，公共权力主体运作生产资本进行文化生产时，以高度政治责任感审慎解读写入文本的文化信息，应对各种文化挑战以维护元政治共同体的稳定和顺利运行。进入生产环节的文化文本所负载的信息，需要对元政治共同体负责，能够维护优秀的元政治共同体正常运转。一个先进的元政治共同体，能够代表最广大人民根本利益，带领人民不断取得各种发展成就，在物质文明、制度文明和精神文明建设方面取得良好成就，得到人民拥护。但是存在一种可能就是，一个优秀而先进的元政治共同体，其带领人民取得的各种成就被无视，却遭遇来自各种势力支持的叙述文本的损害，公共权力主体需要通过文化文本增强自身的文化软实力，维护元政治共同体的稳定与发展，这是公共权力主体的本分，没有按照这个规则行为，即为失职或背叛。元政治共同体与公共权力主体是同一主体，它是维护和发展自身的第一责任人。

第二，公共权力主体运作文化资本生产的文化文本所负载的信息，应该容纳所有对于元政治共同体发展或完善等问题的独立思考、独特见解以及善意批评。对于那些因为探索元政治共同体发展与完善而提出的各种见解，要在文化文本中保留足够的叙述空间予以保存和记忆，在规范的政治管理和严格的政治要求前提下，给予足够的政治宽容。另一方面，公共权力主体运作生产资本生产的文化文本所负载的信息，不能成为损害优秀元政治共同体的精神资源，因而有必要进行文本信息的优胜劣汰，损害元政治共同体的文化文本信息，最终体现为损害广大人民群众的根本利益，损害整个社会的发展和稳定。

在元政治共同体内部，存在各种规模不一、拥有各自行动纲领的子政治共同体，他们只是在国家形式的共同体的管辖范围内存在的各种形式的政治团体，元政治共同体遵循的伦理规则自然成为政治共同体行为规范。

(二) 商业组织生产的文化文本信息需要符合"维护元政治共同体稳定和发展"的要求

对于公有制商业组织而言，维护和完善元经济共同体是它的本分职责；对于私有制商业组织而言，只有在规则框架内运行的生产资本才有可能在文化价值关系中与其他主体发生正常的、可持续的价值关系；在混合所有制商业组织中，公有制资本的代表力量需要保持对于文化生产的领导权。

第一，任何商业组织通过投入资本进行文化生产而获取商业利益，是正当行为；但是任何商业组织都不应该背离商业属性而谋求自身的政治化。商业组织所拥有的文化生产资本极有可能产生的社会影响力，在新媒体与市场经济条件下有可能得到几何级的放大。凭借强大的资本力量和舆论掌控力量，通过文化生产来宣扬那些基于自身商业利益而形成的思想观念，或者试图将维护商业利益的思想观念意识形态化，与元政治共同体意识系形态相抗衡，损害社会稳定与团结，对抗社会管理，这些行为都严重违背文化资本商业主体应该遵循的文化生产伦理规则。

第二，所有商业组织运作文化生产资本所生产的文化产品，对于文本信息的政治影响后果要有充分预计；将那些有可能产生政治损害的信息写入文本并扩大再生产，以此作为文化商品的附加值而获取利润的行为，无论是无意识还是主观故意，都属于严重违背伦理规则的行为。当商业组织运作资本生产的文化文本所负载的信息不是为了获取经济利益而是为了实现某种政治目标，那么这种行为的社会属性不再是经济属性，也不是文化属性，而是政治属性，经济活动和文化活动已经成为政治活动的载体和形式，商业组织因此而成为政治组织，社会管理对它的管理方式，不能再局限于经济管理方式，而是需要运用政治管理方式。当商业组织的社会属性发生变化，它以政治诉求和政治利益作为活动目标时，它所生产的文本就不再是一般的文化商品，而是政治意识形态。所有的政治意识形态需要遵循的伦理规则，不再是商业伦理规则，而是政治伦理规则。所有商业组织，无论它的经济实力多么强大，如果它运作文化资本生产的文化文本所负载的政治信息，代表的是自我利益或特殊利益集团的利益，希望通过政治意识形态的方式为自己的特殊利益进行合法性论证，并将自己的行为解读为代表广大人民的利益，这些行为违背了公平和正义原则，违背了文化伦理的集体主义原则，已经丧失了文化善良意志，不符合平等精神和契约精神的要求。

(三) 教育组织生产的文化文本信息需要符合"维护元政治共同体稳定和发展"的要求

教育组织是社会共同体的一种综合形式，是经济共同体、政治共同体与精神共同体的综合，但是精神共同体是教育组织共同体的本质属性。教育组织是一个社会最大的政治思想、政治意识形态生产机构，负有维护和完善元政治共同体的重大责任。

第一，教育组织应该运用强大的精神生产力生产各种叙述文本，记忆和储存那些探究维护和完善元政治共同体而提出的各种思想。在各种主体中，教育组织的精神生产力最为强大，它不仅是多种资本的结合体，而且拥有强大的精神劳动者队伍，拥有其他组织主体以及个人无法企及的文化力量，有能力担负探索维护和完善元政治共同体的理论任务。投入文化资本为维护和完善元政治共同体而进行文化生产的行为值得赞赏，但是要避免无效投入，不能以维护和完善元政治共同体的名义生产无效文化产品，那些正确而无用的文化信息属于重复建设，浪费资源。教育组织所生产的文化产品，以追求真理、崇尚科学、关怀民生为职责，但不能以精神生产的名义获取不当利益，浪费人民辛勤劳动创造的财富。所有生产精神垃圾和文化残次品的精神劳动，即使是以维护元政治共同体的名义进行，其行为仍然属于违背文化资本的伦理规则的行为。只有坚持真理、创新思想、解决实际问题，才是真正维护和完善元政治共同体的行为。

第二，教育组织不应该以思想自由、独立思考的名义，任意扩大文化资本投入边界，以至生产的文化文本所负载的信息对元政治共同体造成损害。追求真理，崇尚科学，实事求是，是精神劳动者应该具有的基本品质，也是教育组织应该具有的社会属性。人们在任何时候都应该保护和支持那些为追求真理、发展科学而奋斗的人，他们代表文化良心，是人类的希望。但是教育组织要警惕"思想自由""追求真理""崇尚科学"等价值观被滥用。思想有自由，是指思考的自由、探索的自由，并不是放任精神劳动产品在各种价值关系中的任意传播。教育组织不可能也无法限制人的理性的自由探索，但是运作文化资本生产文化产品时，就需要遵守对于思想表达内容和方式的各种规范。在追求真理和科学的过程中，必然出现伪真理、伪科学，尤其要警惕那些以高端价值观的名义掩盖的反科学、反真理的思想观念。人民群众的实践活动是检验叙述文本所包含的思想观念是否正确、是否切合实际需要的试金石，教育组织应该警惕那些以高端文字叙述高端思想却有可能产生重大政治隐患、损害元政治共同体的稳定与发展的文化文本。任何文化文本所包含的政治思想观念，最终都要符合最广大人民的根本利益，而不是空谈误国。

（四）文化资本个人主体生产的文化文本信息需要符合"维护元政治共同体稳定和发展"的要求

文化资本的个人主体，因为其活动领域的不同而具有不同的身份，因而其文化生产行为遵循伦理规则的方式具有多样性。

第一，个人以公职人员身份行使公共权力运作文化资本进行文化生产，应该忠于职守，代表公共权力机构审验进入生产环节的文化文本所包含的信息。个体在公共权力机构中履行文化职责的方式是进行精神劳动即进行文化文本的生产，其所生产的文化文本并不是代表他个人，而是代表公共权力机构的立场、观点和方法论，从而被公众解读为元政治共同体的行动纲领或施政策略，有可能产生重大政治影响，因此在其精神劳动力所能及的范围内，他只能创造那些符合元政治共同体意识形态要求的文化文本。

第二，当个人以商业组织投资人身份与商业组织合作，有责任对商业组织运作文化资本生产的文化产品进行充分了解；如果商业组织生产的文化文本损害了元政治共同体的稳定和发展，则意味着投资人资助了损害元政治共同体的行为。如果个人以被雇佣劳动者身份在商业组织中承担精神劳动的任务，无论出于什么目的，都不能为了获取商业利益而生产有可能损害元政治共同体的文本。

第三，当个人以精神劳动者身份供职于教育组织进行精神生产，如果其精神劳动产品与元政治共同体有关联，那么无论出于什么目的，在其精神生产力所能及的范围内，只能生产那些能够维护元政治共同体稳定、促进元政治共同体不断发展和完善的文化文本。元政治共同体在领导公众追求社会发展和文明进步的过程中，必然会产生各种问题需要精神劳动者做出理论回答。个人需要以实事求是的精神，追求真理，尊重科学，创新思想，而不是墨守成规，不应该满足于对已有见解的简单解读或思想复制，这才是一个教育组织内的精神劳动者应有的文化气节。

第四，当个人以独立个体身份自主运作文化资本进行文化生产时，如果是领导元政治共同体的政党的成员，他所生产的文化文本信息需要符合特定意识形态的本体论、认识论、价值论以及方法论的要求，这是他应该具有的政治忠诚行为方式。但是这并不意味着他不能突破既有的理论观点，从实际出发，与时俱进，理论联系实际，探索科学真理以推动元政治共同体的完善，推动意识形态理论的发展，是一个精神劳动者的高尚品德。如果个人不属于政党组织的成员而是一个非党派的精神劳动者，那么他还具有公民身份。任何公民，如果进行精神劳动以生产文化文本，则应该遵循"维护元政治共同体稳定和发展"的伦理义务。

四 文化生产资本应该推动元精神共同体的发展与完善

（一）精神共同体及其结构

什么是精神共同体？精神共同体的本质就是公共精神结构，公共精神结构是个体的社会意识经过各种方式而达到的共同化状态。社会共同体是一个具有特定经济基础、管理制度、共同观念的社会总体。社会共同体有三种基本形式，即经济共同体、政治共同体以及精神共同体。经济共同体与政治共同体，必然包含一定的思想观念，拥有特定的社会意识共同性或一定群体所共有的公共精神结构，但是它们为什么还是被称作经济共同体或政治共同体而不是精神共同体？原因之一是社会属性决定了共同体的类型。经济共同体的社会属性是经济本质，政治共同体的社会属性是政治本质，二者所具有的精神属性不过是附属于经济本质或政治本质的精神元素，但不是核心元素，更不是本质属性，因此它们的本质是经济共同体或政治共同体。所谓精神共同体，其社会属性是精神本质，存在形式不是像经济共同体那样以生产方式为基础，也不是像政治共同体那样以政治制度为基础，而是以社会意识为基础，以思想观念为内容，以共同的思想观念为存在形式。精神共同体属于公共精神结构，公共精神结构分为元精神共同体和子精神共同体。从国家层面而言，元精神共同体是针对一个国家所有国民或公民而言的社会意识共同体，即那些试图将所有国民的个体意识都纳入其中、所有国民都可以作为成员的公共精神结构；子精神共同体是指以某个团体或组织为单位，以部分公众作为成员基础而存在的局域性的精神共同体。在一个国家内，部分公众是指国家内部的某些国民；某些以国际组织形式存在的精神共同体，其成员可能是部分国家，或所有国家，或分属于不同国家的个体组成的某种团体。无论是元精神共同体还是子精神共同体，作为个体意识的高级阶段即社会意识的共同结构是各种文化权力主体有意识、有目的进行的公共精神结构的建设和发展的结果。因此，元精神共同体与子精神共同体根本区别在于，元精神共同体是以国家为单位、以全体国民为精神成员的精神共同体；子精神共同体是以某个团体或组织为单位、以某些个体为成员的精神共同体。如果有部分国民对于元精神共同体的精神元素没有充分认知或没有全部认同，并不能消解元精神共同体的存在，原因在于两个方面。一是元精神共同体以国家作为公共权力主体或精神结构的主体，至于是否能够将每一个国民的社会意识纳入其中，并不影响元精神共同体的主体身份；二是将每一个国民的社会意识纳入其中，只是元精神共同体的发展与完善目标，这个目标与主体一起，构成元精神共同体的身份特征，但并不是说只有当每一个国民的意识都认知和认同元精神共同体的精神内容它才能成为元精神共同体。

元精神共同体包括以下几个基本元素：情感，知识，价值观念，道德观念，理想、信念和信仰。

情感元素，是指公众对国家以及代表国家而存在的各种物质存在、制度存在以及精神存在的敬重、爱护和亲近的感情，如热爱祖国的河山，热爱社会主义制度，热爱中华传统文化等。

知识元素，并不是指国民在同等程度或同等范围内所掌握的哲学、自然科学和社会科学知识，这是不可能出现的现象。元精神共同体内的知识元素，是指那些构成社会公众认知能力和认知基础的知识，每个人掌握的知识多少以及所达到的理性深度并不相同，但是任何精神活动都离不开一定的理性知识作为基础，知识是主体做出各种事实判断、价值判断和道德判断的前提，并因此而影响主体的情感立场。

价值观念元素，是指公众的共同体价值观念。价值观念由三个部分构成。一是关于存在物的使用价值判断，即个体关于存在物因为某种自然属性或社会属性而对于人类有什么作用，能发挥什么功能。使用价值判断属于事实判断，因为是基于存在物的自然或社会属性进行判断，也是基于客观的关系即存在物与人类之间的运用关系进行的判断。二是关于存在物对于特定主体而言进入主体消费环节而具有的何种价值的判断。当存在物的使用价值能够满足特定主体的某种需要，成为其兑现自由或增加自由的条件时，使用价值转变为相对于消费主体而言的价值。价值判断属于事实判断，因为主体的需要、存在物作为消费客体所具有的属性都是既成事实，消费主体与消费客体之间的关系是现实的关系而不是存在于想象中的关系。三是价值立场，即个人对于使用价值和价值的态度，即对于本人而言，存在物的使用价值是否重要，是否有必要将其纳入个人消费环节而成为为己所用的价值，本人将如何获取使用价值，如何将使用价值转变为价值等。价值观由使用价值与价值的发现以及影响获取价值方式的态度构成。所谓的价值观引导，无外乎是启发主体认知进行使用价值和价值发现，即发现那些自然存在和社会存在具有什么样的使用价值，对于某些人或某个人而言具有什么样的价值，以及价值态度提醒，即警示教育接受主体或教育对象，以什么样的态度对待这些使用价值或价值才是正当的，以什么样的方式获取使用价值并将其转化为满足个人需要的消费价值才是应该的。价值立场是个体价值观念转向道德观念的桥梁。

  道德观念元素，一是指个体关于道德知识的认知。关于正当、善恶、高尚的道理，具体价值关系中何种行为方式为正当的规则，人的何种德行为善良的标准等属于道德知识，二是指道德立场，即个人对于一般道德原则、原则指导下产生的具体价值关系中的行为规则以及个人德行或道德品质的态度，表现为对于道德原则、道德规则、道德品质即德行的赞成或否定态度。三是指道德意志，即按照道德原则和道德规则而行动的意愿。道德观念的外化是道德行为。一个道德知识丰富的人，只能说明他对于道德问题的理解和认知水平很高，并不意味着他对于道德原则和规则的认同；一个人具有丰富的道德知识、认同相关道德原则和道德规则，依然不能被认为是具有良好的道德品质或道德行为，因为只有道德意志才能够将道德观念落实于个人行为。只有在具体价值关系中个人强大意志调控自己的观念和行为，使之符合道德原则和道德规则的要求，才算是具有了良好的道德行为和善的道德品质。

理想、信念和信仰元素，三者有差异，但在观念内容上具有同质性。理想是指个体或组织基于实际对于个人或社会发展目标的预期，对于个人或社会未来存在状态的希望，但不是空想和幻想，是基于现实而可以规划的、有实现可能性的愿望。信念，是指个人或组织对于实现某种行为目标、达到某种存在与发展状态的行动决心，有明确目标指向的坚定的行为意志。信仰是个人或组织对于某种思想体系或意识形态的最高信任与认同，最后的精神皈依对象。信仰包括本体论、价值论、方法论以及道德论、意义论等内容。信仰是理想和信念的最高级形式。

元精神共同体并不是客观存在物，也不是在人类历史进程中自然而然形成的。在社会发展过程中，各种因素共同作用，逐渐形成元精神共同体，但是这并不意味着元精神共同体的形成机制是集体无意识的结果，相反，任何元精神共同体是实践活动努力建设的结果。文化权力主体通过各种方式进行公共精神结构建设，在公众社会意识中取最大公约数，再通过某些方式将有可能共同化的社会意识加以确定和推广，尤其是通过教育制度、人才选拔制度、官员任命制度等社会治理或管理制度，将某些社会意识标准化、制度化、权威化、稳定化，从而逐渐创设一定历史时期的元精神共同体。任何元精神共同体形成后，都有一定时期的稳定存续状态，但只是相对稳定，元精神共同体因为两个原因而发生改变。原因之一是公共权力主体的更替。公共权力主体的更替产生新的需要，新的公共权力主体需要新的元精神共同体作为社会公共精神结构，需要新的意识形态或新的思想观念体系作为施政纲领的思想原则，因而必须重构元精神共同体；原因之二是元精神共同体形成后，随着生产力的发展和生产关系的变化，上层建筑各种因素随之发生变化，元精神共同体的内在元素发生变化，必然导致整个元精神共同体发生改变。在中国历史上，汉朝政权取代秦朝政权后，一开始以道家思想为核心构筑元精神共同体，随着形势的变化，逐渐独尊儒术，用儒家学说作为核心构筑新的元精神共同体。中华人民共和国成立后，中国共产党开始以马克思主义为指导构筑新时代的元精神共同体。元精神共同体的形成与变化规律，导致不同的文化资本主体在进行文化文本生产时遵循伦理规则的方式存在差异。

（二）文化资本的公共权力主体生产的文本信息如何发展和完善元精神共同体

第一，文化生产资本的公共权力主体是元精神共同体的第一责任主体，即元精神共同体的领导者和创制者，需要承担为全社会创制元精神共同体的责任，不仅需要投入文化资本推动以元精神共同体建设为目标的文化生产，而且需要领导各种文化权力主体的文化生产行为。任何公共权力主体为了维护其领导权和社会运行秩序，必然需要建构元精神共同体；元精神共同体是凝聚社会共识、形成公众社会意识最大公约数的根本力量，是一个社会正常运转的精神保障，是"社会意识之砼"。没有共识的社会，只能是充满分歧与冲突、动荡不安的社会，因此发展与完善元精神共同体，是公共权力主体不可推卸的社会责任。公共权力主体运作文化资本进行文化生产，首要任务就是以元精神共同体建构为核心任务。公共权力主体需要以创制元精神共同体作为任务导向，选取文化资源创制叙述文本或组织精神劳动者进行叙述文本创作，并将叙述文本投入文化扩大再生产环节从而为元精神共同体的形成提供精神资源。一个没有元精神共同体的国家政权是一个没有意识形态、没有思想和灵魂的政权，也是一个无法团结人民大众的政权。任何公共权力主体都需要投入文化资本生产那些可以促进元精神共同体形成的叙述文本。

第二，文化生产资本的公共权力主体运作文化资本所生产的文本信息，应该能够维护元精神共同体。元精神共同体包括情感元素、知识元素、价值观念元素、道德观念元素、理想元素、信念元素和信仰元素等内容，这些元素的稳定结构是元精神共同体的存在形态。公共权力主体运作文化资本生产的文化文本，所负载的信息应该能够起到维护元精神共同体构成元素的作用。如何维护？一是情感维护，即叙述文本所表达和传递的情感信息与元精神共同体的情感元素一致，对元精神共同体的情感元素表达认同和敬重，而不是消解元精神共同体的情感元素；二是立场维护，即叙述文本所呈现的立场，是对于元精神共同体所包含的价值立场、理想、信念和信仰的认可与支持，而不是怀疑或解构；三是理性维护，即叙述文本所负载的信息，能够对于元精神共同体的知识元素以及其他元素，做出准确而深刻的解读，从而为元精神共同体各种元素在更大范围内的大众化提供条件。

第三，文化资本的公共权力主体运作文化资本所生产的文本信息，应该能够促进元精神共同体的发展与完善。相对于经济基础而言，元精神共同体属于上层建筑的顶级存在即精神存在。经济基础的变化，人类理性能力的提升，导致元精神共同体构成元素不断发生变化，公共权力主体生产的文化文本需要及时吸纳新的精神劳动成果，海纳百川，宽容百家争鸣，将最优秀的思想成果写入叙述文本并投入文化的扩大再生产，抱残守缺、故步自封的后果，必然是断绝了元精神共同体可持续发展的可能。

(三) 文化资本的商业主体生产的文本信息如何发展和完善元精神共同体

第一,任何文化资本的商业主体为谋取经济利益而进行合法的文化生产行为,是合乎伦理规则的,但是要接受元精神共同体的指导,所生产的叙述文本负载的信息,应该再现元精神共同体包含的情感、知识、价值观、道德观、理想、信念、信仰等元素,各种文化产品只是以不同的方式呈现和解读这些元素,而不是故意忽略或误读元精神共同体内在精神元素。

第二,文化资本的商业主体所生产的叙述文本负载的信息,应该尊重和宽容那些与元精神共同体所包含的精神元素不一致的信息。元精神共同体只是各种社会意识的共同形式,体现个体精神结构的最大公约数,但并不是一个社会所有公众的精神结构的所有元素必须与它同质化。元精神共同体的主导性与个体社会意识的多样性并存,才是元精神共同体存在的最佳状态,是元精神共同体的良性生态环境。没有了个性化和多元化的精神结构为基础,也就不存制度化、标准化和共同体化的元精神共同体。

第三,文化资本的商业主体所生产的叙述文本负载的信息应该能够不断促进元精神共同体的发展与完善,而不是破坏元精神共同体的稳定和可持续发展。对于人类社会而言,政权领导者以及政权形式不断发生变化,但是元精神共同体在不同历史时期,具有内在的一致性和关联性,是辩证的发展过程,是扬弃的进步方式。元精神共同体不仅属于某个政权,而且属于人民全体;不仅属于某个历史时期,而且是社会历史发展精神劳动成果的积淀。元精神共同体的存在与发展不能接受历史虚无主义的指导,在不同历史时代之间,元精神共同体最佳发展方式是将继承与创新有机结合，而不是撕裂社会精神传统，在公众的社会意识结构中产生元精神共同体断层，从而造成大范围的精神伤害。

（四）文化资本的教育主体生产的文本信息如何发展和完善元精神共同体

第一，教育组织生产的文化文本所负载的信息，应该为元精神共同体提供理性基础和理论知识资源。一个优秀而先进的元精神共同体所包含的精神元素，必然是美好的、理性的、善意的、崇高的，不仅能够凝聚社会意识产生共识，构筑共同的精神家园，而且能够为人的自由而全面发展提供精神条件。在各种精神品质中，元精神共同体最重要的品质就是理性。任何元精神共同体，如果不是建立在理性的基础上，其热烈的情感可能演变为狂热和冲动，其坚定的观念可能演变为教条，其崇高的信仰有可能演变为迷信。没有经过理性深刻审验的元精神共同体，有可能演变为阻碍思想解放或社会意识启蒙的力量。在现代社会，教育组织是元精神共同体理性基础的保障，是精神劳动者聚集的文化阵地，是最大的精神生产车间，也是人类文化的精神摇篮。灿烂文化和伟大文明的种子，都将因为这片沃土而开花结果。教育组织内的精神劳动者队伍即知识分子群体，将元精神共同体存在与发展所需要解决的理论问题作为精神劳动的重大任务，给予元精神共同体中的共同情感、理论知识、共同价值观、共同道德观、共同理想、共同信念以及共同信仰等元素以深刻而科学的理论解读，确保元精神共同体存在于理性基础之上，在理性指导下演进。教育组织应该将文化资本投入于那些为元精神共同体提供理论支持的叙述文本的生产，支持和保护元精神共同体的思想者，维护元精神共同体的稳定和革新。

第二，教育组织运作文化资本生产文化，应该在接受元精神共同体的指导、尊重元精神共同体文化地位的前提下进行文化生产资本运作行为。思想自由、独立思考，是精神劳动的基本条件，受到禁锢的思考活动，只能产生文化恐惧和精神禁锢。思想自由与独立思考，不同于思想成果的公开表达，即所谓"思想无禁区，表达有规矩"，因为如何思考是个体精神存在方式，与他人无关，但是当个人将精神劳动的结果表达出来成为叙述文本，就进入了文化价值关系，他所创制的文本有可能经由传播环节而成为其他人的文化消费资料。人是有限的理性存在者，也是自由的思想者，但是必须是一个负责任的文化创造者，一个在规范框架内进行叙述文本创制的精神劳动者。教育组织投入文化资本生产文化，培育精神劳动者队伍，应该在接受元精神共同体的指导以及尊重元精神共同体的前提下，推进文化创造或思想创新行动。

（五）文化资本的个人主体生产的文本信息如何发展和完善元精神共同体

第一，每个人，在客观条件和自己学习能力允许的前提下，应该尽可能对自己投入文化生产资本，为自己的文化学习提供精神资源和物质条件，使自己成为一个理性不断完善的"有限的理性存在者"，从而成为元精神共同体的存在与发展的理性主体基础。元精神共同体有三种存在形式即叙述文本形式、社会文本形式以及个体意识形式。叙述文本只是以语言、文字或其他符号呈现元精神共同体元素；社会文本是在日常生活世界以各种生活方式体现元精神共同体元素；个体意识是以个人所具有的社会意识内容以及意识活动，体现元精神共同体的内化结果。三种存在形式中，社会意识是根本形式，叙述文本和社会文本呈现的元精神共同体元素，最终不过是个人社会意识内容的文本化形式。元精神共同体依赖于个体意识而存在，它的社会影响力以及对于公共生活的作用结果，最终都是通过个体意识活动外化为实际行动而体现出来。因此，个体社会意识的内容是丰富还是贫乏，是先进还是落后，是理性还是感性，是科学还是迷信，直接决定了元精神共同体在个体意识中的存在方式，以及它对于个体意识产生何种影响。每个人维护和完善元精神共同体的主要方式，在于投入资本对自己的精神结构或社会意识进行再生产，通过不断学习文化知识，丰富知识储备，改善知识结构，提升理性思考能力，对于元精神共同体各种元素深刻认知和理解，从而使自己成为维护元精神共同体、推动元精神共同体发展的理性主体。

第二，每个人，应该随着社会存在的发展变化而不断完善个人社会意识，在情感、知识、价值观、道德观、理想、信念以及信仰方面，保持自己的认知权利和选择权利，是元精神共同体不断完善所需要的良性精神生态。对于一个元精神共同体而言，最好的存在环境，不是只有元精神共同体所包含的各种精神元素主宰社会运行，而是以元精神共同体为核心或压舱石、以尊重个体社会意识内容多样化存在而构成的社会意识总体环境。没有个体意识的丰富，元精神共同体将逐渐失去精神资源的供给。元精神共同体的变化与发展，是建立在社会个体的独立思考以及精神劳动的基础之上，元精神共同体对于个体社会意识的完善与发展而言，提供了外在精神资源支持和社会文化条件，但是不能将个体社会意识的发展进步局限在元精神共同体，无论是元精神共同体还是个体社会意识，最终发展变化的根源在于社会存在的发展与变化。元精神共同体的发展完善，首先是从个体精神结构的发展变化开始的。

第三，每个人，无论是作为精神劳动者，还是作为非精神劳动者的社会个体，其意识活动和精神劳动，都应该以了解、认知、接受元精神共同体为前提。马克思在《关于费尔巴哈的提纲》一文中指出：

"人的本质不是单个人所固有的抽象物，在其现实性上，它是一切社会关系的总和。"① 这段经典话语，并不是给出人的本质是什么的定义，而是指出人的本质属性是社会属性，社会属性产生于各种社会关系之中，而不是产生于幻想或自我设定之中。具备社会属性、完成社会化，是个人能够获得社会主体资格的基本条件，他在得到社会接纳后才可以加入社会生活世界。因此，个人需要接受元精神共同体，以元精神共同体各种元素的公共性改造和完善个人社会意识，从而借此获得社会属性和公共属性。个人在认知、接受元精神共同体并以其为指导改造自己的个人意识的过程，正是元精神共同体获得存在依托、发挥社会影响的方式，个体意识与元精神共同体因此互相连接而成为一个整体。

文化是人类的精神食粮，滋养我们的意识，使之从自然意识进化为社会意识，从个体意识发展为共同体意识，文化是个人与社会连接的文明纽带。如同一个人在黑夜里奔走于茫茫荒野，文化给他陪伴、温暖和方向。人类生活的正常化需要两个基本精神资源作为保障条件。一是自然科学知识，康德称之为"物理学"知识，它的实践运用成为人类物质生产力，为人类在物质世界获得越来越多的自由提供条件；二是人文科学知识，包括哲学和社会科学知识，它的实践运用成为人类精神生产力，为人类在精神世界获得越来越多的自由提供条件。文化创造是精神自由的体现，精神的自由劳动为人类创造了精神食粮，因此精神劳动及其成果对于人类的个体精神结构和公共精神结构担负伦理责任。文化资本对于人类所担负的伦理责任，从文化文本的生产开始，文化生产资本生产的文化文所负载的信息，不仅要符合先进文化的要求，还要能够维护和发展社会共同体，从而推动人和社会的全

---

① 《马克思恩格斯选集》第 1 卷，人民出版社 2012 年版，第 139 页。

面发展。文化权力主体运作文化资本进行文化生产的行为，都不能是自私自利、肆意妄为的行为，它需要精心准备，运用理性反复审验，为人类创造文化精品，这是对文明的尊重，对人性的善意，因自由而生的责任，是每一个文化权力主体的义务。也许遭遇过失败，也许有过失望，但是人类社会能走到今天绝不是偶然的，而是那些伟大的思想家、仁人志士，以自己的艰辛劳动为社会大众生产了宝贵的精神财富，用精神劳动的成果为人类的每一步跨越垒砌台阶。

第五章　文化传播资本的伦理义务

　　基于数字技术与互联网平台形成的新媒体传播方式，正在以前所未有的力量改变人类的精神生活方式，重构精神生产方式和精神消费方式。文化传播作为文化价值关系的中间环节，即介于文化生产与文化消费的中间关节，已经获得了"双向反制权力"。一方面，文化传播直接决定了文化生产资本的投入数量与投入方向；另一方面，文化传播直接决定了文化消费资本所能获得的文化产品，构筑文化消费方式。文化传播的双向反制权力，因为市场经济机制而获得巨大能量，市场是一个能量场，它将各种力量吸引到其中，形成巨大的文化旋涡，将各种文化权力主体整合为新时代的文化行动共同体，形成了新媒体与市场环境下文化生产、文化传播以及文化消费的独特逻辑。如果将文化生产比喻为精神种子的生产，文化传播则是辛勤的劳动者向心灵大地和精神田野播撒种子，文化种子得到辛勤栽培，开花，结果，春华秋实。有的人收获了实实在在的文化果实，有的人收获了烟云般快乐，有的人收获了荒凉。新媒体与市场，作为技术和资本，已经彻底改变了信息沟通方式、人与人之间的信息交流方式、人与人之间的交往方式。面对文化传播资本获得的前所未有的权力和自由，我们必须思考的问题是，文化传播资本需要遵守什么样的伦理规则，从而成为人类精神结构完善的力量，而不是成为"利维坦"，将人变成传播的客体，最终将思想自由消散在传播权力中，如果出现这种情形，则所有人都是受害者，所有人都是共谋者，这是人类文化的悲剧，精神的灾难。所以，我们必须给文化传播装上道德指南针，以伦理原则和伦理规则规范文化传播资本的运作。

第一节　新媒体与市场环境下文化传播方式革命以及网络文化市场的形成

马克·波斯特在2005年的一篇文章中指出，文化资本与新媒体结合而形成的资讯帝国，运用自己的权力机制规训社会，正在改变人类的精神版图。迅猛发展的传播技术、新媒体以及市场，三者融合在一起形成一股极为强大的社会力量，引发文化传播方式的革命。

文化叙述文本的传播手段出现颠覆性技术革命。在人类文化传播历史上，技术对于文化传播方式具有重要影响，但是在工业革命前，科学技术的影响主要体现为文化载体和呈现方式的改进，如纸和活字印刷术的发明，在农业社会掀起一场文化传播革命，文化传播由竹简文本时代走向印刷文本时代。近代工业革命升级印刷技术，报刊作为文化叙述文本载体，进入工业化生产时代，生产成本和效率大幅度降低，文化传播成本随之降低。但是近代印刷技术革命并没有解决文化传播速度的问题，这个问题通过现代电子技术得以解决。在无线电时代，广播、电视等成为新一代高技术文化传播方式，文化电波时代（收音机）、文化电视时代依次到来，人们的精神生活分别经历了广播时代和电视时代。那时，随身携带的收音机，树顶和墙头的大喇叭，黑白电视机，彩色电视机，液晶电视等，成为技术进步的时代化石。当代信息技术革命，以数字技术、互联网技术、人工智能技术为前沿标志，开启文化传播的新媒体时代。新媒体时代文化传播方式发生根本变化，并不在于文化呈现载体的改变，而在于文化传播速率的革命，文本信息传播速度得到几何级数增长。文化传播速度体现在两个线路，即纵向传播速度与横向传播速度。纵向传播速度是一对多的群体传播速度和一对一的点对点传播速度，或者叫根源传播，即从一个源头向其他对象的传播，信息技术实现了文化的瞬间传播或文本即刻转移的传播，叙述文本的电子化使之可以在传播者和传播对象之间实现即刻转移。横向传播速度，即那些非技术根源的掌控者以及非文化文本首次传播者，接力进行文化传播。技术根源掌控者是指掌控了传播技术的那些人，他们成为传播起点，是纵向传播的源头；文化文本首次传播者是指那些首先传播文化文本的人，可能是文本创制人员，也可能是获得文本首播授权的人，他们因为文本创制而成为文化传播的起点。文化横向传播是指非技术根源掌控者以及非文化文本首次传播者以各种方式参与到新媒体传播平台传播文化文本的行为。QQ、微信等传播方式，是横向传播公众的信息狂欢，一个传播者将某个文本传入 QQ 群或微信群，QQ 群或微信群中的其他人继续传播到其他群，文化文本因此获得无可限量的传播速度和传播范围。信息技术对于文化传播方式的改变，不是原有技术框架内的改良，不是黑白电视机升级为彩色电视机那样的改良，而是新技术推动的传播技术革命，它属于新的技术时代。

　　文化叙述文本载体的数字化形式，导致文化文本的储存、记忆以及呈现方式发生根本改变。文化载体因为技术不同而存在两个类型，代表两个文化载体时代。一是物质载体时代，即文化的储存、记忆、呈现，以某种物质承载文化信息，文化与书写文化信息的物质载体合为一体。从竹简到纸张，文化信息书写到载体上即竹简或纸张，竹简或纸张储存、记忆文化信息，同时也是呈现方式，打开竹简或书籍，不仅是文化得到呈现，也是文化信息记忆与储存空间被打开。在一体化载体时代，文化传播的方式主要有两种，一种是口授，将文本信息转化为交谈话语方式，通过"说话"传播文化；另一种是通过叙述文本物质载体在不同主体之间的流动实现文化传播，文化得以跨越时间与空间限制实现信息流通。在信息时代，文化载体因为信息技术而产生新的形态，即电子载体。电子载体是将文化的储存、记忆载体与呈现方式分开，文化文本转化为电子文本，储存在硬盘等电子空间；再通过显示器等方式呈现文化信息。文化文本电子载体与物质载体最大的区别在于，文化储存和文化呈现是一体化还是分体化。物质载体时代，文化文本的储存与呈现是一体化形式，阅读文本的前提是获取文本载体；电子载体时代，文化文本的储存与呈现是分体化形式，一个储存文化的电子载体可以对应无数个文本显示方式，阅读文本不需要获取文本载体，只要拥有呈现信息的工具即显示终端即可。文化电子载体为文化传播方式的新技术革命提供了条件，或者说，文化电子载体是文化数字化传播、借助于互联网和新媒体平台传播方式的组成部分。阅读者打开电子文本读取信息，并不需要将电子文本的存储与记忆空间彻底打开，而只是选取自己需要的内容；当阅读者需要读取新的信息，只需要关闭原来的电子文档从电子储存系统调取新的文档即可，而不是像纸媒时代那样需要更换文本载体即书籍。如此一来，叙述文本载体发生根本变化，叙述文本进入流通环节的渠道以及流通形式因此发生改变。文本载体与文本呈现方式的分离，即分体化载体模式的出现，为文本高速流通和低成本复制创造了条件，叙述文本可以脱离载体而进入传播领域，以不同的方式呈现，从而能够在传播渠道中获得高速传播。电子载体的信息容量也不是物质载体信息容量可以比拟，相对于电子载体的文化信息存储和记忆容量而言，物质载体的信息容量相当于"石器时代"，尽管如此，物质载体流通对于现代人而言，依然是不可或缺的文化传播方式，阅读纸媒负载的信息即读"书"，依然是个体最基本的获取文化信息的方式。

互联网平台创建叙述文本"对话式传播"方式。所谓对话式传播，是基于互联网技术构筑的文化传播平台传播叙述文本的方式，不再是线性传播，而是多方参与的对话式传播。在互联网时代之前，叙述文本传播方式基本是单向线性传播，文本信息能够完整地在传播者和阅读者之间传输，传播过程没有参与者加入或其他信息载入。在新媒体时代，依据互联网传播体系创制全新的叙述文本传播方式即对话式传播。对话式传播的特点是，第一，叙述文本进入传播平台，可以在瞬间转化为无数电子文本，理论上说，有多少人持有联网终端打开叙述文本读取信息，就有多少同质文本被产生。所有读取信息的人可以在文本下方留言，传播者和文本创制者可以及时或不及时回复，从而形成对话机制，文本传播平台成为对话平台，文化传播过程成为讨论和对话过程。第二，叙述文本在传播过程中逐渐形成信息集群，且随着叙述文本的接力传播，信息集群的内容逐渐丰富，影响范围逐渐扩大，这种变化一直持续到叙述文本不再被传播或者无人再参与文本对话活动时才停止。对话式传播又称为互动式传播，它对于叙述文本传播主体结构以及叙述文本传播后果都产生了巨大影响。

新型文化传播方式产生了一个全新的精神生活方式，即基于网络文化社区的文化生活。基于网络社区的文化生活，并不是指基于互联网平台开设的讨论区和发言区，而是指叙述文本的网络传播过程中，不断有文本阅读者加入，不断有对话产生，以至文本传播平台逐渐聚集了众多文本阅读者和对话信息。文本阅读者是潜在的文化文本传播者，随时可能"随手转发"自己阅读的文本而成为接力传播者。对话信息是基于文本信息的解读而引发的讨论，或促使读者将其他信息或文本链接写入文本传播平台。对于随后而来的阅读者而言，对话、增加的信息或文本链接与原文本一起，构成一个小型网络平台上的文化社区，个人在文化社区读取信息，满足自己的精神生活需要；参与讨论或对话，成为本人精神生活内容的一部分。网络文化社区，已经成为当代社会公众精神存在与发展的文化环境，即网络文化社区的本质，是对话式文化传播方式创造的新型精神生活环境。

市场机制与新媒体的深度融合，产生了一个新型市场空间，即网络市场。网络市场交易的商品主要有两类：一类是物质商品，网络平台不过是商品选购与交易平台，物质商品在线下完成所属主体的转移或商品交换；另一类是文化商品，网络平台不仅是文化商品选购与交易平台，也是文化商品在不同主体间完成交换程序的平台，这得益于叙述文本的电子化。文化的网络市场并不是指通过网络进行文化商品交易、线下完成商品易主而形成的市场，而是指一种新型的文化市场，在这个市场里，文化商品的选取、费用的支付以及文本传播、文化信息读取或文化消费，是一个整体，其根本特征有三个：一是基于网络平台；二是付费传播；三是付费阅读。付费传播指的是文本创造者或文本传播者为传播文本，向网络平台支付费用；付费阅读是指文本读取者即文化消费者向网络平台或文本传播者或文本创制者支付费用，获得文化文本信息读取权利。网络文化市场是文化权力主体运作文化传播资本的媒体空间。

第二节　文化传播资本及其运作主体

新媒体与市场环境下，文化传播方式在数字技术、互联网技术以及人工智能等技术因素的共同作用下发生颠覆性改变。我们已经生活在一个与以往任何时代都不同的文化传播环境中，精神生活方式随之发生巨变，精神结构的存在形式与发展方式也会因此发生变化，新媒体与市场环境正在构造一种新的精神结构发展逻辑。

　　什么是文化传播资本？文化资本，是指各种文化权力主体在运行其文化权力进行文化生产、文化传播和文化消费时所投入的人力、物力、权力、财力等资源构成的资本。文化传播资本，是指文化权力主体投入文化文本流通环节的资本，包括人力、物力、权力、财力以及文化产品、技术等资源。文化传播资本的人力因素，是指在文化传播过程中，个体以组织主体成员的身份或者以独立身份，运用自己所具有的文化能力参与文化传播过程。文化传播资本的文化能力元素是指个体所具有的文化学习、文化运用、文化表达以及文化生产能力。文化能力属于智力，属于精神能动性，而不是体力，体力不过是参与文化传播过程的身体条件，但文化传播过程是精神运动过程，所依赖的核心力量是人的精神能动性。个体的文化能力彼此之间存在很大差异，每个人天赋不同，兴趣爱好不同，但是良好的文化能力不是人的天然能力，而是以人的各种资质为基础，经过很长时间的训练和学习而逐渐增长的能力，是人的文化主体性和文化自由得到完善与增长的尺度。文化传播资本的物力元素，是指文化传播过程中所需要的各种物质资料，它们构成文化传播资本的物质元素。文化传播资本中的权力元素，不是指文化传播过程中活动主体运作文化资本的权力，而是文化权力主体运用某种权力作为文化传播的支持条件，例如文化传播制度设立的权力，文化传播管理的权力，文化资源调度和分配的权力等，当权力成为文化传播的支持条件时，就成为文化传播资本的权力元素。文化传播资本的财力元素，是指投入于文化传播过程中货币资金。资金投入、资金循环与周转以及再投入，是文化传播以及文化再传播、文化扩大再传播的必需条件，是文化传播资本中的金融资本。在市场经济机制中，金融资本是文化价值关系得以存活的血液，文化价值关系中各种主体都离不开文化传播金融资本运用。文化传播资本与文化生产资本有个重大区别。在文化生产资本构成元素中需要足够的文化资源，文化传播资本也需要文化资源，但是在文化生产资本中，文化资源只是作为生产资料的精神元素，为文化文本生产提供精神材料，是等待加工的精神元素；在文化传播过程中，文化资源的核心要素是文化生产的产品，即那些经由文化生产环节而被生产出来的文化成果，是已经成型的文化文本，它们是文化传播资本的核心元素，任何文化传播资本，如果缺少了文化文本，所有的传播只能是其他技术行为而不可能是文化传播行动。文化的叙述文本或文化产品，或文化商品，是文化传播得以成立的精神资源条件。在文化传播资本构成元素中，技术元素比较特别。在文化生产环节，文本生产技术无法以独立的资本元素进入生产环节，它必须结合文本生产才有存在价值。在文化传播环节，传播技术可以独立存在，以数字技术、互联网技术等构筑新媒体平台，技术主体可以凭借技术创建网络平台而成为一个独立的资本主体，当传播技术成为文化文本传播的平台时，传播技术获得了资本属性，成为文化传播资本的一个形态。当传播技术被用来创设文化传播平台、联通文化传播网络，为文化传播提供技术条件时，传播技术主体成为文化价值关系中运作文化传播资本的技术主体。

　　文化传播资本的运作主体与文化生产资本的运作主体有所不同。从文化传播资本所有权角度而言，文化传播资本主体分为文化传播资本所属主体和文化传播资本运作主体，所属主体有可能是运作主体，也可能不是运作主体，所有权和运作权是分开的，只要所有权主体给予其他主体以文化资本运作权力，其他主体便因此成为文化传播资本运作主体。从文化传播过程中的参与者活动形式而言，文化传播资本主体主要有组织主体和个人主体，组织主体分为公共权力主体、商业组织主体以及教育组织主体等，个人主体是指以个人身份独立运作文化资本参与文化传播过程的个人。依据文化传播资本主体拥有的资本类别而言，可以将文化传播资本主体分为两类：文本主体，即文化产品的产权所有人；技术主体，即拥有技术并运作技术参与文化传播的主体。依据文化传播过程中主体发挥的作用，可以将文化传播资本主体分为生产主体和传播主体，生产主体不仅是指那些拥有文化文本产权的人，而且是指在文化传播过程中进行文化生产的人，包括文本的改写、加工与制作。上述各类文化传播资本有身份交叉，如果仅仅从文化传播资本运作行为方式来看，文化传播资本主体主要是指公共权力主体、商业主体、教育主体、个人主体。文化传播资本的公共权力主体是指代表公共权力机构运作资本进行文化传播的组织；文化传播资本的商业主体是指投入文化传播领域的商业资本主体；文化传播资本的教育主体是指各级教育组织和机构；文化传播资本的个人主体是指以个人身份独立运作文化资本参与文化传播过程的主体。每一类文化传播资本主体，在文化价值关系中，其行为都要遵循文化资本伦理原则的指导，在特定价值关系中的特定行为，都应该遵守一定的伦理规则。

第三节　文化传播资本运作应该遵守的伦理规则

依据所有权、行动方式以及资本内容等标准，文化传播资本被划分为不同类别；但是行为方式是文化传播资本运作主体类别划分的根本标准，因为文化传播过程中的主体行为才是我们要考察的对象，才是需要伦理原则进行指导、需要伦理规则加以规范的文化自由。

一　公共权力主体的文化传播行为应该遵守的规则

公共权力主体代表公共权力运作文化资本进行文化传播活动，它能够运作的传播资本元素主要有，以文化叙述文本为核心的文化资源；

资金；物质资料；人力资源；公共权力。

(一) 目标选择：公共权力主体运作文化资本进行文化传播，应该选择那些有利于完善和发展精神结构的工作目标

在文化价值关系中，公共权力机构传播文化面临多种目标的抉择。一是政治目标，任何公共权力的本质都是政治权力主导的权力，因此任何文化传播行为的背后必定存在政治因素的作用，实现政治目标成为公共权力传播文化的核心目标。对于一个优秀而先进的、代表广大人民利益的政治共同体而言，以各种时局需要和长远政治纲领而进行文化传播，是正当的。但是这种正当性有一个前提，那就是这些政治目标与广大人民的根本利益是一致的，或者说正是广大人民利益的体现。人民是历史的创造者，社会发展的主体，对于文化传播而言，以个人精神结构和公共精神结构的完善作为核心目标，才是将政治目标或政治任务与最广大人民利益融合在一起的科学方法。只有人的自由而全面的发展，才能成为高素质的社会历史主体，才能够创造出更加灿烂的文明。

公共权力机构选择经济利益作为文化传播目标，或者说运作文化资本是为了获取商业利益，是正当的行为。但是这种传播行为的正当性需要一个前提条件：通过文化传播获得的经济利益不属于哪个特殊利益集团，而是属于全体人民；同时，因文化传播获得的资金应该继续投入文化生产和文化传播，实现文化的扩大再生产。如果仅仅是利用公共权力优势进行文化传播而获得经济利益，不是促进整个社会的文化发展和经济进步，而只是与民争利，在价值关系的经济利益分配中进行"零和博弈"，则这种行为不正当。公共权力运作文化资本获取经济利益，只能是在全社会文化产业的经济利益得到增长的前提下，这种逐利行为才具有伦理正当性。

公共权力主体运作文化资本进行文化传播,应该以个人和公共精神结构作为根本目标,以促进文化传播的形式促进文化发展,将更多的优质文化资源输入文化价值关系,为个人精神结构和公共精神结构的完善提供精神条件,只有如此,公共权力机构运作文化资本的行为才具有正当性。

(二) 文本审验:公共权力主体应该选择先进文化文本进入传播领域

文化先进与否,不仅是主观评价的结果,也是实践检验的结果。公共权力机构,不仅是先进文化标准的制定者,也是先进文化标准的维护和推广者。生产先进文化,传播先进文化,是公共权力机构义不容辞的责任。所谓先进文化,是指文化文本所负载的精神元素,有利于人的精神结构和公共精神结构的完善,能够促进物质生产力的发展,能够指导人的行为使其正当化,促使人们追求高尚的意义,引导人性向善,具有很高的艺术品位且能够给人带来美好的精神享受,能够陶冶人的心灵。评价文化文本所包含和表达的情感因素是否先进,标准是文本信息的情感因素是否健康,是否美好;评价文化所储存和叙述的知识是否先进的根本标准,是理论知识所能达到的科学水平,是否为真理;评判道德知识先进与否在于道德原则和规则能否保证价值关系中人的行为的正当性,能否将人的行动导向追求正义和高尚,能否促进人性的善良;评价法律法规的先进性标准在于它能否弃恶扬善、维护公平正义;评判社会制度设计先进与否的标准是社会制度能否促进物质生产力和精神生产力的发展,能否代表最广大人民的根本利益,能否有效治理社会、解决各种问题;评价文化的艺术文本是否先进的标准是文学艺术作品的艺术品位,艺术文本能否为最广大的人民群众服务,能否为人民带来美好的艺术享受,能否陶冶人的心灵。

新媒体与网络平台构筑的文化传播领域的社会属性属于公共活动空间，是当代人类社会最大的文化交流空间，形成跨越时间和空间的精神生活公共空间。人们在精神生活公共空间通过各种方式交换精神产品，这些精神产品有可能是先进文化，有可能是非先进文化。公共空间的精神自由度很大，法无禁止则自由，但它不是法外之地。在各种法律规定的底线之上，公共权力机构对于先进文化标准的认定，对于先进文化文本的选择，不仅对于文化传播领域具有权威示范作用，而且以先进文化文本占据文化传播领域的主导地位，从而确保文化传播领域的精神元素的主流是先进文化而不是落后文化或腐朽文化。对于公共权力主体而言，运作文化资本传播的文化必须是先进文化，没有其他选项，这是公共权力主体运作文化资本行为必须遵守的伦理规则。

（三）环境治理：公共权力主体应该投入资本为文化传播创造一个优良环境

公共权力主体代表社会公众进行社会管理，文化传播管理和文化环境治理是公共权力主体的责任。公共权力主体运作文化资本进行文化环境治理或者进行文化传播行为管理，虽然不是直接进行文化传播活动，却是在创设良好的文化传播环境，建设符合法制和伦理要求的文化传播机制。在各种文化权力主体中，只有公共权力主体具有文化传播环境治理和文化传播行为管理的能力。无论文化资本的商业主体、教育主体，还是文化资本个人主体，都不可能承担这样的责任，因为他们不具备相应的资本投入能力，也不具备行为合法性，他们没有权力代表公众进行文化传播环境治理和文化传播行为管理。治理文化传播环境，管理文化传播行为，属于社会公共管理，只能由公共权力机构承担相应责任。

公共权力主体主要通过三个方式进行文化环境治理和文化传播管理：文化传播立法；惩戒不合法或违背伦理规则的文化传播行为；通过舆论宣传明确文化传播行为的正当标准。向文化传播管理和文化传播环境治理等事务投入文化资本，这是只有公共权力主体才有可能完成的文化传播资本运作方式。在文化价值关系中，相关法律主要调整文化权力主体传播文化过程中发生的各种权利与义务关系，对于传播文化的内容，法律只会依据底线原则设定违法行为的构成条件，但不会设定优秀文化传播环境和良好文化传播行为的构成条件。因此，通过投入文化资本进行文化环境治理和文化传播行为管理，是文化资本的公共权力主体才可能完成的文化传播资本运作方式，是高于法律规范要求的伦理要求。

二 文化传播资本商业主体的文化传播行为应该遵循的伦理规则

当商业主体将其所拥有的资本投入传播领域，通过文化传播行为获利时，所投入的资本成为文化传播资本，商业组织因此成为运作文化传播资本进行文化传播的文化权力主体。

（一）商业组织传播的文化商品应该具有合理层级结构

商业组织投入资本进行文化传播，目的是获得经济利益，通过资本运作获得商业利润，这是由商业组织的社会属性和经济本质决定的。之所以被称为商业组织，是因为这一类组织主体是因为商业而产生，为了商业而运转，凭借商业而生存，不能要求商业组织不顾经济利益，甚至在危及自身生存境遇下进行文化传播。但是任何商业主体以文化传播作为产业形式，都应该精心选择进入传播环节的文化商品。商业性质的文化传播，经营方式是以市场引导企业行动。由于社会大众的文化水平、文化消费习惯各不相同，不同的个体、不同的人群，对于文化文本的接受内容和接受方式，存在很大差异，因此一个正常的商业组织，必须针对市场消费需求而进行文化传播，由此产生了文化传播的"层级传播"现象。所谓层级传播，是指对应社会个体的文化水平和文化消费习惯，传播相应层级的文化商品，以确保文化商品交易行为的成功并获取商业利益的传播方式。文化因为其内容的科学水平或艺术水平的不同，呈现不同层级。一是文化的知识层级，分为感性经验层次的知识、一般理论知识、科学理论知识以及形而上学层次的知识。不同层级的知识对于个体的理性能力要求截然不同，高端科学理论知识属于专家级别的知识，需要经过多年的专业训练和理论研究才有可能理解和掌握的知识，因此一般公众在没有投入很多学习时间的前提下无法获得高端科学理论知识。二是文学艺术作品的品位层级，分为高雅文化和通俗文化两个层级。高雅文化是指那些创作和表达都需要高端技能的文化作品，如文学作品《红楼梦》、李白的诗作、芭蕾舞等；通俗文化是那些创作和表达形式不需要受过专门训练的人就有可能创制和演绎的文化形式，如广场舞、流行歌曲等。三是文化个体的消费分级，分为感性层级消费的文化、知性层级消费的文化和理性层级消费的文化。感性层级消费的文化是指那些消费效果带来感官愉悦、能够宣泄情感、表达情绪的文化产品，例如一首流行歌曲，一段二人转表演等；知性层级消费的文化是指需要一定的教育水平和艺术素养才能够欣赏和消费的文化作品，例如传记和小说、诗歌等；理性层级消费的文化是指那些受过专门训练、具有相应的专业素养和艺术素养的人士才能够充分消费的知识文本和文化艺术作品，如《红楼梦》《道德经》《纯粹理性批判》《道德形而上学原理》以及交响乐作品等。

一般而言，层级越高，消费群体越少，商业组织针对高端层级消费者进行的文化传播行为获得的商业利润就越少；但另一方面，对于高端层级文化文本和作品的创制以及传播，需要投入更多的文化资本。不仅对于文化传播存在这种显现，对于文化生产与文化消费，同样存在这种现象，这种现象被称为"文化产业背反"。文化产业背反现象，是指文化生产、文化传播与文化消费行为，高端层级的文化产品，所需要投入的文化资本更多，消费个体数量却较少，所获得的利润率趋小。由于文化产业背反现象的存在，商业组织运作文化资本进行文化传播，必然首先选择层级较低、受众较多、市场更大、利润率更高的文化商品进入传播领域，以期望获得更多经济利益。对于商业主体而言，在合法范围内，有权力自主决定选择何种文化商品进行传播，但是从伦理规则而言，商业组织传播的文化商品，其所负载的精神元素，不应该是腐朽、落后文化；不能只是为了获取更大经济利益而迎合更多受众消费习惯，传播低层级的文化商品。在文化欣赏领域，存在正向兼容规律：文化素养和艺术素养越高的主体，能够消费的文化产品的层级越丰富。一个较低层级的文化产品，不仅适合文化水平较低的消费主体，也适合文化层级较高的消费主体；但是，较高层级的文化产品，比较适合文化层级较高的消费主体，文化水平较低的主体难以具备消费较高层级文化产品的精神素养。因此，较低层级文化产品比高端文化产品具有更广泛的兼容性。对于商业组织而言，传播具有更广泛兼容性的文化商品，具有必然性。虽然无法要求商业组织对抗这种必然性，但是商业组织可以做到的是，随着整个社会公共文化水平和艺术素养的提升而逐渐改变传播的文化作品结构，提高文化作品层级，引导公众文化学习和文化消费层级的提升，这是商业组织运作文化资本进行文化传播应该遵循的伦理规则。

(二) 商业组织的文化传播行为应该尊重参与主体知情权、讨论权以及选择权

就文化传播权力而言，无论商业组织的经济实力有多么强大，都不具有比其他文化传播参与主体更多的权力，文化传播参与者彼此平等。商业组织作为文化传播资本主体，运作资本进行文化传播，其经济属性是文化商品交易行为，交易目的是获得经济利益。为了实现商业目的，商业组织必然通过各种手段扩大文化传播的受众范围，促进文化商品进入更多个体的消费环节。如何扩大文化消费市场？核心手段无外乎是文化商品的使用价值能够顺利转化为文化消费主体所需要的价值，即兑现或增加其自由所需要的条件。每个文化消费者都是有限的理性存在者，他们对于文化商品的使用价值能否成为自己所需要的价值，有自己的判断，但并不是每个人都能够对实际情况做出准确判断。对于文化商品的了解程度，直接影响文化消费主体的价值决策。商业组织通过各种方法影响文化消费主体的价值判断。一种是尽可能提供完整的文化商品信息，为文化消费主体做出理性判断提供条件；一种是语焉不详，但这种语焉不详不是疏忽，而是故意设计的情境，模糊文化商品使用价值界限，有可能导致文化消费主体误判；最具有恶意的文化商品营销行为，如"标题党"、文案等，是以各种诱导甚至欺骗手段致使文化消费主体对于文化价值做出误判而付出代价，文化消费主体付出的代价成为文化商业主体的利润。对于文化商品的使用价值信息，文化消费主体具有知情权，商业组织不能为了获利而以各种方式剥夺文化消费主体知情权。

商业组织的文化传播行为应该尊重参与主体的讨论权，即文化传播过程中的话语权。商业组织不是公共权力主体，因此商业组织不具有合法的舆论或商品评价言论的管控权。商业性质的文化传播的本质

只是文化商品交易，但是与物质商品交易不同的是，物质商品交易后消费者会基于自身的消费感知而发出各种评价，即好评或差评；但是文化商品进入文化消费后，所获得的评价不仅是类似于物质商品那样的好评与差评，而是一个基于文化文本内容的讨论、质疑、批评或阐释，即对话式传播或互动式传播。在线传播与在线消费以及在线交易，在新媒体与市场环境下形成一个统一体，由此产生了一个全新的精神生活方式，即基于网络文化社区的文化生活。文化商业主体应该尊重文化传播各参与主体尤其是文化消费主体的讨论权与话语权，不能运作资本以控制传播手段，从而剥夺了文化消费主体参与网络文化社区精神生活的权利。至于文化消费主体言论的管控以及消极言论的治理责任，不能成为商业组织剥夺文化消费主体言论权利的理由，文化消费者的言论责任，有相关的法规和伦理规则加以制约，由公共权力部门依法治理。

（三）商业组织运作文化资本应该依据后果调节传播行为方式

所有理性主导的行为，存在两种行为调节机制：一是目标导向调节机制，二是后果导向调节机制。目标导向调节机制，是指主体在行为启动前，以预设的行为目标作为导向，制定行动方案，设计行动方法，选择行为方式。后果导向调节机制，是指主体在行为发生后，对已经出现的行为后果进行效果评估，根据后果评估结果即效果，调整行为目标与行为方法、行为方式。目标导向调节机制是正向调节，任何行为都是按照正向逻辑设计行为路线；后果导向调节机制属于反向调节，反向调节并不是必然出现的调节机制，由行动主体自主决定是否运用反向调节机制。对于一个完整的理性行为而言，必须经过正向与反向两种调节机制的作用，即通过双向调节机制进行行为预设与行为调整，以获得行为效果最大化。行为效果与行为后果不同。行为后果是指行为发生后实际发生的现象；行为效果是行为后果与行为预设目标相比较而言二者的吻合程度。反向调节机制的价值在于，它是行为主体以实事求是的方式，经过理性思考，不断纠正自身的行动目标、行为方法以及行为方式，从而实现行为利益最大化。缺少后果导向调节机制的行为，缺乏反思，失去信息反馈环节，不是一个成熟而完整的理性行为。

商业主体运作文化资本，在文化价值关系中以文化传播的方式交易文化商品，在此过程中，传播后果与传播效果之间存在两种关系，即一致和不一致关系。二者的一致关系体现为商业组织取得经济利益，文化消费主体获得所需要的价值；二者的不一致关系体现为商业组织获得经济利益但是文化消费者却因为商业组织传播文化的行为受到损害。商业组织传播文化的行为是否有可能对文化消费者造成损害？完全有可能，而且可能性很大。因为商业组织传播文化是将文化当作商品进行交易，经济效益是其首要考虑因素，为了扩大市场，增加受众，需要采取各种手段推销文化商品，至于文化消费者消费其推销的文化商品的结果如何，不在其重点考虑范围内。法律是依据行为后果进行规范，即以事实为准绳，对于商业主体而言，仅仅遵守法律、依据法律对行为后果负责远远不够，而要以道德的方式对自己的行为后果负责。所谓道德的方式，体现为商业主体在以经济利益最大化为行动目标的同时，对行为后果进行效果评价，即以精神结构的发展与完善与行为后果相比较而进行效果评价，那些有损于精神结构完善并因此导致不良个人行为后果和社会后果的文化传播行为，需要立即得到纠正。商业组织的文化传播行为，不仅需要目标导向机制推动的正向调节，更需要后果导向机制推动的反向调节。此处的后果不是指商业组织的商业利益，以商业利益后果为依据进行反向调节行为属于商业组织的自主利己行为，不在伦理范围内，只有依据文化传播行为对于他人和社会的精神结构造成的后果进行评估，以促进精神结构的发展与完善为目标调节文化传播行为，才是符合伦理规范的行为，才具有道德价值。

三 文化传播资本教育主体的文化传播行为应该遵循的伦理规则

（一）目标选择：以立德树人作为文化传播的总目标

教育组织传播文化的目标有很多种，如传授专业知识、训练专业技能、帮助学生完成学业以获得文化资本、学科建设等，这些阶段性目标，构成教育组织的日常工作任务。教育组织的各种行动只能以"立德树人"作为所有目标的总目标，统辖教育组织的各种文化传播行为。目标与目的不同。目标较为具体，体现为物质创造、行为引导以及文化文本创制等任务的完成状态；目的较为抽象，体现为行动主体对于兑现自由和扩大再生产自由的预期，因此目标可以被看作目的赖以实现的手段。目标意在当下任务预设，目的志在长远的存在与发展状态预期。教育组织的总目标是立德树人，但是立德树人归属于完善个人精神结构和公共精神结构的总目的。

在文化价值关系中，由于教育组织、教育对象所在家庭、社会公众以及教育对象等主体对于教育目标的期待存在差异，教育组织之间以及教育组织内部成员的核心教育理念存在差异甚至彼此冲突。一般而言，职业目标、经济目标、政治目标、技能目标、学科目标以及教育组织发展层级目标（如高校排名）等，构成教育实践活动各种参与主体的目标元素，各种主体依据各自的目标参与教育活动，期望各得其所。行为目标的一致能够产生教育合力，促进教育组织取得更大的教育效益；行为目标的冲突可能产生广泛的内耗现象，浪费教育资源，减弱教育效果。在此情况下，教育组织如何确定教育目标，成为重大伦理问题。

作为文化传播资本的运作主体，教育组织在运作文化资本时，必须充分考虑不同教育参与主体或权力主体的目标期待，将合理目标纳入文化传播资本的目标体系，体现了教育组织从实际出发的务实作风，也是人民立场的体现。无论教育组织追求什么样的高尚目标和长远目标，都离不开教育活动参与主体的支持，教育组织不是脱离大众孤独前行，而是一个带领大众共同进步、引领社会思想观念变革的文化主体。

教育组织应该以立德树人作为总目标，而不能因为被某些分支目标的影响走上教育歧途，更不能将某一类主体的利益诉求当作整个教育组织的行动目标。教育组织只能将立德树人作为文化传播的总目标，并以此作为伦理规则引导目标选择行为。

(二) 文本选择：教育组织应该依据教育目标和教育效果的双向调节机制选择传播文本

行为主体接受两种调节机制的指导而调整行为方式：一是目标导向调节机制，二是后果导向调节机制。目标导向调节机制是正向调节，后果导向调节机制属于反向调节，对于一个完整的理性行为而言，必须经过正向与反向两种调节机制的作用，即通过双向调节机制，完善行为目标预设并调整行为方式，以获得行为效果最大化。但并不是任何行为主体都会自觉运用反向调节机制完善行为方式，如果行为缺少后果导向调节机制的作用，必然失去经由实践检验而丰富经验知识、完善理论知识从而纠偏行为的机会。

与文化传播资本的商业主体不同，文化传播资本的教育主体预设的行为目标与预期的行为后果具有高度一致性。商业主体预设的行为目标是获取经济利益或商业利润,文化消费主体并不会必然成为商业主体传播文化的目的,首先是作为确保文化商品交易成功而获取商业利润的手段。教育主体预设的行为目标不是本身获得什么利益,而是以文化消费主体或教育对象,也就是以教育接受主体的发展与完善为目标,这个目标与文化传播对象的目标具有天然的一致性,因此在教育主体主导的文化传播行为过程中,后果与效果是一致的,文化传播后果即为文化传播效果,即教育效果。对于教育主体而言,运用后果导向调节机制,与运用目标导向调节机制,二者之间不存在矛盾,而是一个过程的两个方面,他们的总目标都是立德树人,依据立德树人的总目标设计文化传播方式,依据教育实际后果与立德树人总目标之间的契合程度即教育效果完善文化传播方式。

依据教育目标的正向调节机制和教育效果的反向调节机制选择传播文本,是教育组织义不容辞的责任。教育领域的传播文本主要由三类主体确定。一是公共权力主体,代表国家教育制度、教育政策,行使教育公共权力,对教育组织依法依规进行管理,其中就包括管理教育领域传播的文本内容;二是教育主体,即教育组织依据国家教育政策和实际教育需求,确定哪些文本可以进入教育传播领域;三是教育对象即教育接受主体,他们在教育体系中有较大的文本选择权利,在教育体系外的自主学习活动,完全自主决定选择哪些文本为己所用。在三种主体中,教育主体拥有的文本决定权力最为广泛。国家教育制度以及公共权力机构对于教育组织使用的文化文本有原则规定,但不会规定得过于详细或具体。教育组织的教育活动使用的文化文本主要是指教材,即教学过程中使用的教科书。无论如何评价教科书的重要性都不为过,教科书作为教育组织所使用的最为重要的叙述文本,承载的知识、价值观、理想、信念、信仰、文学艺术等信息,直接用来生产教育对象的个体精神结构,并由此成为一个社会所具有的公共精神结构的重要维护和发展力量。一个国家的教育组织能够创造什么样的文化，传播什么样的文化，不仅决定了教育接受主体的精神结构状况，而且为公共精神结构提供理性基础和精神资源。教育主体运作文化资本进行文化传播的行为，即教育实践活动，具有几个基本特征。第一，教育主体即教育组织基本稳定，存续状态与存续时间不同于商业主体，具有较高的稳定性；第二，教育接受主体即教育对象具有很高的流动性，因为学制的原因，教育对象每隔几年更新一次，因此教育文化传播受众数量庞大；第三，传播文本数量庞大、种类繁多且具有很高的稳定性，因为专业设置、学科设置、人才培养目标等原因，需要大量的多种类叙述文本作为教科书；第四，教育主体的工作对象、工作任务、工作目标明确而稳定；第五，担负的文化传播任务具有极为重大的社会价值，无论是对于当下社会发展以及一个国家的未来，教育主体通过文化传播所培养的个体，必将成为社会发展的主体。

依据教育目标的正向调节机制，教育组织应该选择那些负载先进精神元素的叙述文本进入传播领域，阻挡那些负载落后、腐朽精神元素的叙述文本进入传播领域。文化因为其内容的科学水平或艺术水平的不同，呈现不同层级，即文化的知识层级以及文学艺术作品的品位，教育组织是一个引领社会文明前进的理性主体，首先应该选择高层级的文化文本进入传播领域，如此才能培养高层级的人才。

依据教育效果的反向调节机制，教育主体应该完整而准确评价教育效果，及时调整文化传播行为。教育效果主要体现为有没有取得立德树人的成效，有没有推动个人精神结构和公共精神结构的完善。以下几个方面，可以作为教育主体评价教育效果的依据。第一，教育接受主体掌握的科学知识状况，是否掌握了世界前沿科学知识，是否具有追求真理、坚持科学的精神；第二，教育接受主体是否接受和认同社会主义核心价值观，是否以社会主义核心价值观指导自己的实践活动；第三，是否具有社会公德，是否具有良好的职业道德以及其他生活领域的道德意识和道德意志，是否具有爱国、敬业、友善、勤劳、求真、务实、勇敢、诚信、正直、善良、仁义、慈爱等道德品质；第四，教育接受主体是否能够维护社会共同体，是否具有爱国主义情感和行动，是否能够维护民族团结和建设国家；是否弘扬爱国主义精神和观念、情感，维护中华民族共同体即政治共同体、经济共同体和文化共同体；第五，教育接受主体是否具有完善的人生观、远大理想、坚定信念与崇高信仰，脚踏实地，言行一致，求实创新，而不是高级精致利己主义者；第六，教育接受主体有没有良好的艺术素养等。

(三) 方式选择：教育主体运作资本进行文化传播的方式应该采取"双重主体"模式

文化传播资本的公共权力主体代表公共权力进行文化传播，因此传播对象的文化价值关系身份首先被设定为管理对象，其次才是教育对象，教育是为了更好地实施社会管理。文化传播资本的商业主体为获取经济利益而进行文化传播，因此传播对象的文化价值关系身份首先被设定为交易对象，其次才是服务对象；文化传播资本的教育主体是为了立德树人总目标而进行文化传播，教育对象的成长与精神结构完善是其根本目的，因此在教育主体主导的文化传播关系中，文化传播主体与文化传播对象之间的关系结构是双主体结构，即"主体—主体"结构。所谓双主体结构，一方面是指教育组织主导的文化传播活动中，教育组织始终保持自己的主体地位，体现为文化传播目标设定、传播文本选择、传播方式设计等；另一方面是指教育组织不能将教育对象当作活动客体，更不能将教育对象当作实现立德树人目标之外的其他目标的手段，而是将教育对象当作主体，从而形成教育领域的文化传播关系中的双主体结构。教育组织承担教育主导任务，教育对象承担教育接受任务，但这种接受不是被动接受，而是基于思想解放和知识启蒙的主动接受，不是教育客体，而是教育接受主体，由此，教育领域的文化传播关系形成了"教育实施主体—教育接受主体"的双主体关系。双主体关系结构不是自然结构或必然结构，是一种教育伦理结构，是教育领域文化传播行为应该遵循的伦理规则而形成的价值关系结构，它将文化传播对象即教育对象的社会地位，放置在主体位置，形成教育领域文化传播的"双主体"关系。在文化传播资本的商业主体发起的文化价值关系中，文化传播主体与文化传播对象，也是"双主体关系"，这是文化契约原则的体现，但是在教育主体发起的文化传播关系中，特别强调文化传播双重主体模式，是因为在教育领域始终存在教育实施主体与教育接受主体之间的文化水平落差，教育权力与受教育者权力有可能出现不平衡。在尊重教育规律的前提下，在文化传播过程中以"双重主体"作为文化传播价值关系的基础，能够确保教育目标即立德树人总目标的顺利实现。

四 文化传播资本技术主体的文化传播行为应该遵循的伦理规则

当代前沿科学技术与市场的结合，为传播技术发展提供了前所未有的动力。科学技术是传播手段革命的技术基础，市场化运作为传播技术升级提供源源不断的资金支持。依托市场机制和互联网技术，新媒体应运而生，三者组合成一种新的商业模式，即多种资本主体合作，以文化传播为手段，打造新的文化商业模式。在文化价值关系中，传播技术作为文化传播资本主体具有以下几个特征。第一，文化传播技术不是为文化传播而发明，而是信息技术运用于文化传播活动而成为文化传播技术手段；第二，文化传播技术的存在方式不是文本，不是物质，而是基于物质载体和信息技术而创造的信息传输操作程序，它的传播空间是互联网,传输平台是新媒体,传播机制是市场经济规律;第三,文化传播技术以技术入股,通过技术合作获得文化传播机会以及因此获得经济利益;第四,文化传播技术逐渐成为文化商业的命脉,一旦掐断传播线路,新媒体必将瘫痪,相关商业行为将被迫中断,因此,文化传播资本的技术主体在文化价值关系中拥有的话语权越来越大。文化传播技术主体的文化传播行为,需要在法制和伦理的框架内得到规范,使之合理化和无害化。

(一) 文化传播资本的技术主体应该严格控制技术运用范围与方式,永远不能寻求文化传播中的技术垄断

在新媒体与市场环境中,商业属性的文化传播需要借助于传播技术,非商业属性的文化传播行为,对于传播技术具有极大依赖性,传播技术成为当代社会文化传播的命脉,各种文化主体依据传播技术打造的新媒体平台,不仅成为文化大市场,而且成为社会公众精神生活的大家庭。无论是个人还是政府机构、商业组织,对于传播技术的运用已经成为日常生活和常规工作的基本手段,技术依赖成为新时代文明发展的显性特征。在此情境下,传播技术完全有可能形成"技术任性"。所谓技术任性,是指科学技术利用自己所具有的能力任意扩大自由边界,导致技术垄断,从而以不合理的方式干预社会生活。人工智能技术引发的社会焦虑,原因在于担忧技术任性。任性的不是技术,而是掌握了技术的主体。第一,在文化传播领域,只是以技术方式参与合作,提供平台建设的手段和方法,而不是以技术作为条件,要求文化传播参与主体接受自己未经授权的管理和控制。第二,文化传播资本技术主体通过技术控制而管控文化传播过程,必须具有合法性,必须接受公共权力机构的授权,必须将文化传播管控作为接受国家管理的义务,而不是当作自身的权利去任意干涉文化传播行为。第三,

文化传播资本的技术主体，永远不能利用自己拥有的技术优势获取文化霸权，在公共精神结构外试图建立自己的意识形态，不能利用信息流通渠道的管控优势主宰社会文化环境从而建立对自己有利的观念体系。如果文化传播技术主体试图建立自己的意识形态，那么它就不再是技术组织，也不是商业组织，更不是文化和教育组织，而是政治组织，对此，无论是公共权力机构还是技术主体自身，对此都要有清醒认识，权力越大，越需要明确责任边界。

（二）文化传播资本的技术主体应该运用后果导向调节机制确定文化传播过程的技术参与方式

文化传播资本的技术主体，无论是属于什么样的组织或者只是以个人身份参与文化传播，只要其参与文化传播的行为是为了获取商业利益，它的社会属性必然是经济属性或商业属性。文化传播资本的技术主体通过参与文化传播行为，成为文化价值关系的市场主体，通过技术合作的方式获取利益，在社会主义市场经济条件下并没有原罪，在法律规定的范围内，具有道德合理性，但是这种合理性需要满足一个基本条件，即不作恶，不能以技术手段作恶。以技术手段作恶，又称为技术犯规，是指技术主体为那些落后或腐朽文化的传播，以及那些恶意危害个人精神结构和公共精神结构，损伤共同体的文化传播提供技术支持的行为。任何文化传播资本的技术主体都需要运用后果导向调节机制，审慎决定参与文化传播过程的方式，对文化传播的后果进行全面评估，但这种后果评估不是经济效益评估，而是道德评估或伦理评估、责任评估，即文化传播的后果有没有损害他人合法自由，有没有损害公共精神结构，有没有阻碍社会共同体的完善和发展，有没有维护优秀社会共同体的稳定存在。如果发现存在不良后果，文化传播资本的技术主体需要依据国家法律规定和方针政策，通过技术手段管控文化传播过程。存在三种技术作恶或技术违规现象。一是故意违规，在已经明确知晓文化传播的内容会造成个人或社会损害的前提下，依然以技术方式参与传播，属于故意违规；二是放任违规，只提供传播技术支持，不关注文化传播内容及其结果，只顾自己赚钱而不管那些利用技术平台赚钱的方式是否合理、合法，属于任意违规；三是随意违规，在明确知晓文化传播行为已经造成各种损害的情况下，没有依据国家法律或政策规定进行技术管控或文化传播行为治理，没有运用后果导向调节机制调整文化传播方式，属于随意违规。三种技术违规方式都违背了文化传播资本的技术主体应该遵循的伦理规则。

五　文化传播资本个人主体的文化传播行为应该遵循的伦理规则

在文化传播领域，个人以不同身份参与文化传播。一是以公职人员身份参与文化传播，二是以独立个体身份参与文化传播。当个人以公职身份参与文化传播时，他所运作的文化传播资本的所有权或运行权属于组织主体而不属于他个人，他运作文化资本进行文化传播的行为需要遵守的伦理规则与其所在组织需要遵守的伦理规则一致。这里有一个较为独特的文化传播行为，就是个人以教育组织供职者身份进行文化传播互动，享有很大的自主权，因此需要特别予以规范。

（一）供职于教育组织的个体进行文化传播，应该以立德树人作为文化传播目标

作为文化传播资本主体的教育组织，其文化传播行为主要由专家学者组成的教师队伍作为主体。任何行为主体都有自己的行为目标，如政治目标、经济目标、学术目标、职业目标等，通过文化传播实现自己的目标，是合理的，但是在教育组织内部，教师群体从事文化传

播行为的目标，有主次之分。教育接受主体的成长成才，是主要目标；教师作为教育实施主体的个人目标，只是实现立德树人目标的手段，而不是相反，不能将立德树人作为实现教育实施主体个人目标的手段。之所以做出这样的规定，是因为目标与手段之间存在一个支配逻辑，即目标支配手段。如果教育接受主体的成长被教育实施主体作为实现其个人目标的手段，教育接受主体可能因此被工具化，在此情形之下，教育实施主体重点关注的内容将不再是教育接受主体的成长成才，而是如何利用文化传播手段实现本人的目标或目的，由此导致教育领域内的文化传播行为的意义和价值，脱离了教育初衷。教育实施主体通过文化传播活动获得个人利益是合理的，也是可持续发展的条件，而且这些合理利益应该得到保护，且有不断增大的可能，只有如此，教育活动才能够进入良性循环，才有可能储备更多的人才从事文化教育传播活动。但是从文化传播目的而言，任何教育实施主体，都应该将立德树人作为文化传播的主要目标，以此目标作为文化传播行为的指挥棒，统辖个人其他目标。

（二）供职于教育组织的个体进行文化传播，应该尽到把关人责任，确保文化传播文本所负载信息属于先进文化

在教育领域传播的文化文本，主要是教材或教科书。使用什么样的教科书，一般是由国家教育管理机构规定。在符合国家规定的前提下，教育组织拥有很大的教材选择权力。只有很少的科目教材由任课教师自己决定，但依然要履行审核备案程序。对于由管理部门或教育组织机构规定的教科书，任课教师作为文本传播人，应该尽到把关人责任，确保教科书负载的精神元素属于先进文化。实践经验的积累，科学技术的进步，知识创新，精神生产力的不断提升以及全球化时代文化国际交流等原因，促使文化不断进步，在互联网时代，文化信息

更替、文化创新速率前所未有。教科书内容具有一定的稳定性，所负载的知识、价值观、道德观以及文学艺术等信息，一般是获得广泛认同、具有公共权威和良好的公共影响力的精神元素，但人类文化创新的过程不会停止，文化创新与教科书内容之间存在一定落差，此时，需要文化传播主体即教师承担传播文本把关人责任。第一，审验文本，确保每一个进入教育传播领域、进入课堂、进入教育接受主体学习领域的文本所负载的信息属于先进文化，在自己智力所及范围内进行文本审验，如果个人智力不能及，则需要以公共标准审验文化文本内容先进与否，阻止落后与腐朽文化信息进入教育传播领域。第二，解读文本，确保对于文本内容准确、科学地解读，并将解读信息经过加工整理为授课内容，传播给教育接受主体，实现教科书文本向授课文本的转变。第三，纠错文本，不断将新知识、合理的新观念注入授课文本，及时纠错，不能因为害怕触动权威或担心个人利益受损而不敢纠错，但前提是，必须是在确认文本信息为错误的前提下才有纠错行为，不能以纠错为理由固执己见，将教育文化传播变成私有观念的传播。第四，文本补充，任何教科书都不可能涵盖某一类知识的全部内容，教育实施主体不能满足于简单展示教科书内容，不能做教科书的复读机或显示器，而是依据教科书进行信息补充，将那些教科书没有写入但是与课程相关的内容，与教科书内容进行整合，形成新的传播文本，即教学文本。通过以上几个方式，教育实施主体或任课教师或教育领域的文化传播主体，尽到了责任，其文化传播行为符合伦理规则的要求。

(三) 供职于教育组织的个体进行文化传播，应该尊重文化传播对象的理性权力

每个人都是有限的理性存在者，只不过每个人理性能力的发展水

平、理性得到启蒙的时间顺序存在差异，这是在教育领域出现文化传播主体与文化传播对象之间文化水平落差的原因。但是文化传播者即教育实施主体应该尊重文化传播对象即文化接受主体的理性权力。所谓理性权力，是指一个人所具有的运用自己的理性独立思考、独立学习、独立选择文化信息、自主决定文化运用方式的权力。在学生和教师之间存在"闻道有先后、术业有专攻"的差别，但是不能因此产生教育实施主体与教育接受主体之间的理性权力不平等现象。教育领域文化传播的目的在于立德树人，通过理性启蒙和增强理性能力的方式，不断完善个体精神结构，因此文化传播对象不仅是客体，首先是文化权力主体，而且是文化传播服务对象，因此，教育实施主体在调整自身与教育接受主体之间关系时，需要具有尊重意识、平等意识、服务意识、培育意识、成长意识，从而将文化传播对象由自由自在的个体，培养为社会历史的责任主体。文化传播的尊重意识是指教育实施主体在尊重教育接受主体的权利、人格、思想观念的自主选择和意志自由的前提下传播文化；文化传播的平等意识是指教育实施主体与教育接受主体在文化价值关系中以平等身份进行文化传播与接受，不会因为知识落差或师生身份差异而导致传播关系的等级，存在等级落差的文化传播关系有可能忽略教育接受主体的感受而导致一厢情愿的文化传播；服务意识是指教育实施主体的文化传播行为的目标是服务于教育接受主体成长需要，而不是服务于传播者的需要，不能将教育接受主体当作传播手段，而是当作传播目的；培育意识是指教育实施主体传播文化目的在于培育教育接受主体的精神结构；成长意识是指教育实施主体与教育接受主体，都具有促进对方和自我成长的意识，通过文化传播实现所有文化参与者的理性成长和精神结构完善，并由此推动社会公共精神结构的完善。

（四）文化传播资本的个人主体应该传播非损害叙述文本

个人所拥有的文化传播资本，主要由主体元素与物质元素以及通货元素等构成。文化传播资本的主体元素是指个人所具有的文化生产能力、文化学习能力、文化再现或表达能力等；文化传播资本的物质元素是指个人参与文化传播将所必需的基础设施等物质资料，如移动终端、网络设备等；文化传播资本的通货元素是指个人参与文化传播所必需的可以合法支配的资金。个人在文化传播关系中传播的叙述文本主要有以下几个类型。一是原创文本，即个人原创的叙述文本首次进入传播领域，文本可能是传播者本人创制，也可能是他人创制，但进入传播领域属于首次；二是转发文本，即个人接力传播已经进入传播环节的文化文本，属转发行为；三是附加文本，即个人参与传播文本的讨论交流等互动产生的信息，附加在原文本后面继续传播，形成附加文本。

个人运用文化资本传播原创文本，应该充分运用理性，审验即将进入传播领域的文化文本所负载的信息，以先进文化标准对文本进行信息评价，那些不符合先进文化标准要求的文本，无论出于何种目的，都不能进入文化传播领域。如果个人没有审验文本而任其传播，是不负责任的行为；如果个人审验文本发现其不符合先进文化标准的要求，但是为了追求个人利益或实现其他目标而继续传播行为，无异于"精神投毒"，严重违背文化传播伦理规则的要求。

个人运用文化资本转发文本，应该充分运用理性，审验自己有可能转发的文本信息，对其传播后果做充分估计。在新媒体环境下，个人转发行为是文化传播的重要力量，微信朋友圈、微信群、微博、QQ等，是转发文本的重要平台，这几个平台拥有数以亿计的网民，他们因为各种原因而发生网络关联，能够在瞬间形成一个极为庞大的资讯传播链条，所谓文本转发"10万＋"现象就是由此产生，个人传播力量在互联网世界被几何倍数放大。个人应该充分意识到本人作为文化传播资本主体，是文化传播链条得以延续的一个环节，文化传播产生的任何后果，传播者都需要对违背伦理规则的行为负责。

个人作为网络文化社区的参与者，是附加文本创制主体之一，基于文本交流而形成的信息群，与已经进入传播状态的文本融合为附加文本，继续在新媒体平台传播，个人需要对自己参与创制附加文本的行为负责，避免将任何对他人或社会可能产生危害的信息输入附加文本。只是出于情绪冲动而将没有经过理性审查的信息输入附加文本，或者明知输入附加文本的信息有可能产生不良后果而依然进行不良信息输入，此类行为属于严重违背文化传播伦理规则的行为。

文化传播，是一条流动的精神河流，在新媒体与市场环境下，这条河流波涛汹涌，水流湍急，既有"两岸猿声啼不住，轻舟已过万重山"的美丽风景，也有"惶恐滩前说惶恐，零丁洋里叹零丁"的悲壮，还有"乱石穿空，惊涛拍岸，卷起千堆雪"的凶险。文化传播所要遵循的伦理规则，是这条精神河流的两岸，不仅规训河流的方向，让它成为"一条大河波浪宽"的灌溉清流，带来"风吹稻花香两岸"，而且这条河流的航标，给那些等待解放和启蒙的精神指引迷津，于是才有"踏遍青山人未老，风景这边独好"。

第六章　文化消费资本的伦理义务

　　人有三种存在方式：自然存在、社会存在、精神存在。自然存在方式是指人类因为所具有的自然属性而形成的存在方式，是人的生命得以存续的基础；社会存在方式是指人类获得社会属性及其后形成的存在方式，是在自然存在基础上的进化形式，人在各种交往关系中获得社会属性，社会属性是个体联合为社会共同体的基础；精神存在方式是指人类所具有的精神结构，精神结构的基础是人的意识，意识以自然意识为起点，社会意识是意识高级阶段，意识具有能动性，体现为人所具有的经验感知能力、知性学习能力、理性思考能力与创造能力，以及意志将人的思想观念转化为行动的控制能力。精神结构是指人的社会意识内容及其活动方式，在实践中逐渐丰富和完善，同时引导和调控实践活动。一方面，精神结构在人的实践活动中得到建构与发展；另一方面，人的实践活动，以及实践活动创造的社会、历史以及物质世界，是人的精神结构的投射，是人的思想观念和文化的实践形式。人的自然存在、社会存在与精神存在方式构成人的完整存在方式，精神存在对于人的自然存在方式以及社会存在方式的改造或创造，形成人的生活方式，生活方式所呈现的人的精神结构，就是文化的社会文本。人的精神存在以物质资料生产和社会交往活动为基础，精神结构的内容来自经验世界。但是人类精神结构的发展与完善，需要两种经验资料：一是直接经验，二是间接经验。间接经验即人类精神劳动创造的各种精神成果，即文化。正是基于直接经验而不断学习、吸收间接经验，人类的意识内容和意识能动性才有可能得到发展，而且是以加速度的方式发展，人的精神结构因为文化的不断输入而不断改变内容和生产能力。每个文化权力主体，对于个人精神结构以及公共精神结构的生产、发展和完善，都负有责任，为了完善精神结构，文化权力主体在输入文化、获取文化信息时，需要遵循各种伦理规则，这是文化消费资本应当承担的伦理义务。

第一节　文化消费资本的构成

文化资本是各种文化权力主体在运行其文化权力进行文化生产、文化传播和文化消费时所投入的人力、物力、权力、财力等资源构成的资本。文化资本的循环与周转过程由不同环节构成，即文化生产环节、文化传播环节（即文化流通，包括文化分配和文化交换等行为）和文化消费环节。文化权力主体在文化消费环节投入的资本称为文化消费资本。文化消费资本与文化生产资本、文化传播资本构成文化资本的总体。

文化消费资本，是指文化权力主体在消费文化资料时所投入的人力、物力、权力、财力、技术等资源。这里需要解决两个认识问题。第一个问题是文化消费是否需要资本，答案是肯定的，原因在于以下几个方面。

一是文化消费需要精神能力。文化不是自然产物，是人的精神劳动的产物，是为了满足人的精神生活需要、完善人的精神结构而被创造出来的劳动产品，因此，消费文化产品的主体，需要具备一定的精神能力，才有可能掌握文化消费方式，获取文化信息，从文化消费中得到满足。在生活中存在这样一种现象：一个从来没有受过任何文化教育和艺术训练的人，他能够因为听一段说书人的精彩叙述而获得享受，能够被一段好听的歌曲打动，这种现象是否意味着个体消费文化不需要一定的精神能力？恰恰相反，这正是文化消费需要精神能力的体现。即使那些从来没受过文化教育的人，他能听懂说书内容，能接受这种艺术形式，说明他具备相应的精神能力，只不过精神能力比较初级，没有接受过正规化、专业化训练而已，但是在日常生活中，在社会交往中，他的精神能力已经得到训练和初步提升，他具备了语言能力和思维能力，文化的社会文本已经构成个人接受文化教育的外在环境。被一段美好的乐曲打动，并不是说他没有受过专门的音乐欣赏训练就不具备消费音乐的能力，在一个人的成长过程中，他必然生活在文化的社会文本环境中，自然而然受到一定的艺术启蒙。文化消费具有层级分化特征。文化消费分为感性层级的文化消费、知性层级的文化消费和理性层级的文化消费。感性层级的文化消费是指为了感官愉悦、宣泄情感、表达情绪而消费文化产品，例如听一段轻音乐，看一段动画片等；知性层级的文化消费是指需要一定的教育水平和艺术素养条件才能够完成的消费方式，例如阅读《史记》《论语》等；理性层级的文化消费是指受过专门训练、具有相应的专业素养和艺术素养才能够充分完成的消费方式，如深度阅读《红楼梦》《道德经》《纯粹理性批判》《道德形而上学原理》以及欣赏交响乐作品等。可见，由于文化消费层级不同，文化消费对于消费主体精神能力具有相应要求。

　　二是文化消费需要一定的物力和财力支持。文化消费的产品是精神劳动的产物，是人类共同创造的精神资源。无论是物质生活资料的消费还是精神生活资料的消费，所消费的资料如果只是停留在自给自足阶段，只能是低水平的简单重复的消费方式。人类对于自由的渴望，对于物质生活自由与精神自由的需求，必然扩大人类对于消费资料的需求，需要更多的物质资料或精神资料进入消费环节成为兑现自由和扩大再生产自由的条件。商品经济、市场经济是人类生产力发展到一定程度必然出现的经济形式，原因就在于此。文化传播的本质是文化产品交易，无论是物物交换还是以货币为中介的交换，需要文化消费资料的个体必须拥有可以用来换取文化消费资料的物或货币，因此他必须具备一定的物力与财力才有可能顺利进行文化消费行为。

三是文化消费需要一定的技术与设备支持。文化产品的呈现形式或再现方式是叙述文本。叙述文本需要借助于或依托于各种载体得到叙述或呈现，这些载体包括语言、声音、符号、动作、物体等，按照内容元素，叙述文本分为知识文本、规则文本、艺术文本以及游戏文本。知识文本借助于各种符号和载体，将认知结果呈现；艺术文本通过符号、语言、动作、音像等载体进行完整的单元呈现；游戏文本的载体经过三个变种：第一代载体是行为组合；第二代载体是文字表达的游戏程序或相关规则；第三代是电子游戏，以电子产品作为终端展现游戏文本。个人消费文化产品，需要借助于各种呈现文本的设备和技术才能完成文化消费行为。

第二个问题是文化消费资本的构成元素，包括人力、物力、权力、财力、技术等资源。文化消费资本的人力资源，是指个人所具有的消费文化产品所需要的体力和精神能力，越是复杂的文化消费行为，越是高层级的文化文本，需要的人力资源更多，也有更高要求。文化消费资本的物力元素，是指文化消费主体消费文化产品所必需的物质资料条件。此处的物质资料包括两部分，首先是指物质生活资料。文化消费属于精神需求，在人的需求结构中属于高层级需要，但是人的物质生活需要得到满足的基础上，精神需求才有可能上升为第一需求，物质生活水平低下甚至温饱问题都没有解决，文化消费必然受到极大限制。文化消费资本的物力元素也包括文化消费本身所需要的物质资料作为载体或依托,如场地、设备等。文化消费资本的权力元素,是指文化消费主体由于不同社会身份而具有不同权力,不同权力对应不同的文化消费可能。公共权力主体与个人权力主体以及商业主体,他们各自拥有的文化权力并不相同,获取文化资源的渠道存在差异,可能得到的文化资源的丰富程度也有很大不同。文化消费资本的财力元素是指文化权力主体所拥有或能够支配的资金,用来购买文化产品供消费使用。文化消费资本的技术元素是指文化消费主体消费文化的行为必需的技术支持,操纵相关技术完成文化消费,如电子技术、信息技术等。

第二节 文化生产与文化消费的相互转化

从精神劳动产品到消费品,文化自身所具有的使用价值转化为相对于消费主体需要的价值。文化,作为人类精神劳动产品所具有的使用价值,在于文化文本负载的精神元素可以用来满足人类精神生活的需要,可以作为精神结构的改变、发展以及完善的手段。使用价值是自然物或人造物因为自身的某些属性而使其具有某些功能,但是这些功能并不是任何人都需要的,当存在物的使用价值符合个体某个方面的需要,可以成为其达成某个目标的手段或条件时,存在物的使用价值因此得以进入个体的消费行动,转变为相对于消费主体而言的价值。人的所有目标具有共同的本质,即获取自由。所有的行动目标或最终目的,都是为了兑现某种自由或扩大再生产某种自由。所谓价值,就是物的使用价值能够成为主体兑现自由或扩大再生产自由所需要的条件。相对于政治组织而言,文化具有政治价值,它是政治意识形态建构的条件;相对于商业组织而言,文化具有经济价值,它可以成为商品进入市场，作为商业组织获得经济利益的条件；对于教育组织而言，文化具有教育价值，它可以为教育活动提供知识和观念，为教育活动提供教科书和教材等文献资料；对于个人而言，文化具有精神价值，它可以为人的精神生活需求提供精神资料，兑现人的情感表达自由和理性活动自由，发展和完善人的精神结构，从而扩大再生产人的精神自由。人类通过精神劳动创造文化，最终目的是自由，一是将知识转化为科学技术，发展物质生产力，兑现或扩大再生产人类在物质生活领域的自由；二是通过文化输入的途径，完善和发展人的精神结构，提高精神生产力，实现精神自由，扩大精神自由。一个人拥有的文化水平越高，其实现精神自由的条件就越丰富，其精神生产力越高。精神生产力水平是人的精神自由的根本体现。

文化从使用价值载体转变为价值形式，前提条件是文化进入消费环节，成为满足消费目标的条件。文化消费并不是一个孤立存在的行为，它不过是文化存在方式的一个环节，文化生产是为了文化消费，从文化生产到文化消费，中间环节是文化传播。文化传播即文化流通，在市场机制中文化传播主要体现为文化商品交换。一个文化产品的存在方式，从文化生产开始，经过文化传播，到文化消费结束，这只是对于某个特定的文化产品而言，但是对于文化总体而言，文化消费并不是文化存在方式的结束，而是新的开始，在文化生产与文化消费之间，存在一个闭环，即文化生产—文化传播—文化消费—文化生产，接下来是文化传播与文化消费，再是文化生产等，形成一个循环往复。文化存在的闭环形态是从生产到消费的循环往复，这种循环往复有两种存在方式，一种是简单重复，一种是扩大再生产循环往复，即循环往复不是文化信息从生产到流通到消费再到生产的重复，而是作为文化扩大再生产的形式，因此存在两种文化闭环：一种是文化信息简单重复的闭环。一种是文化扩大再生产的闭环，二者产生差别的节点，就在于文化消费。

文化消费的特殊性在于，文化消费过程也是生产过程，只不过文化消费环节的生产，其"产品"是文化消费主体的精神结构。文化消费分为感性层级的文化消费、知性层级的文化消费和理性层级的文化消费。感性层级的文化消费是指为了感官愉悦、宣泄情感、表达情绪而消费文化产品；知性层级的文化消费是指为了学习某一方面的经验知识而消费文化产品；理性层级的文化消费，是指个体学习高端理论知识消费文化产品，或者是为了提升理性思考能力以及理性创造能力而消费文化产品。感性层级的文化消费，只是单纯的文化消费，不具有生产功能，个体的感官得到愉悦、情感得到宣泄、情绪得到表达等，是感性层级文化消费的效果。知性层级的文化消费，本质是个体知性结构的生产过程，通过文化消费，个体掌握的知识数量得到增加，知识结构发生改变。理性层级的文化消费，本质是理性结构的生产过程，通过文化消费，个体理性结构发生改变，理性能力得到提升。通过知性层级和理性层级的文化消费，人的精神结构发生变化，精神生产力有可能因此得到提升。

一个文化单元，或者说某个文化产品，如果只是为了满足感性层级的消费需求，在经过文化生产—文化传播—文化消费三个环节后，完成了它的精神旅途。如果文化产品是为了满足个体知性层级或理性层级的消费需求，那么它的精神之旅不仅是一个闭环，而且是文化扩大再生产的闭环：精神劳动进行文化生产—文化传播—文化知性层级消费或理性层级消费—个体精神结构改变或完善—精神劳动进行文化生产等，如此往复。但是，文化能否得到扩大再生产，有一个前提条件。那些消费了文化产品而改变了精神结构、提升了精神生产力水平的个体，具备了进行文化生产的主体条件，如果他只是进行重复劳动，生产的文化不过是原有文化的简单复制；只有当他通过创造性精神劳动,不断创新,生产出更高层级的文化产品,文化扩大再生产才有可能成为现实。因此,文化扩大再生产的闭环这样表述:精神劳动进行文化生产—文化传播—文化知性层级消费或理性层级消费—个体精神结构改变或完善—精神劳动进行文化创造或文化创新—文化扩大再生产。

第三节 新媒体与市场环境下的文化消费方式

互联网技术、数字技术、人工智能等科学技术,正在给人类生活带来颠覆式改变,生产方式、交往方式以及生活方式,不同于以往任何时代。人的物质存在、社会存在以及精神存在方式随之发生改变。人的社会本质和精神本质形成机制、稳定性以及变化趋势,随着生产方式与生活方式的巨变而发生变化。我们已经在一个新时代之中,面临一个变化更加剧烈的社会发展方式和人的存在方式。新媒体与市场环境中的文化消费方式随着生产方式的改变而改变,正在改写人们的生活方式。马克思和恩格斯在《共产党宣言》里表述资本主义生产方式重构社会存在的逻辑时这样描述当时的历史情景:"一切固定的僵化的关系以及与之相适应的素被尊崇的观念和见解都被消除了,一切新形成的关系等不到固定下来就陈旧了。一切等级的和固定的东西都烟消云散了,一切神圣的东西都被亵渎了,人们终于不得不用冷静的眼光来看他们的生活地位、他们的相互关系。"① 当前的时代状况与资本主义社会发展初期的状况,无论是社会性质还是思想观念都有根本差异,但是科学技术的应用、生产力水平的迅速提高以及社会关系的变化,以及这些变化引发的思想观念和生活方式的变化,让我们终于不

---

① 《马克思恩格斯选集》第 1 卷,人民出版社 2012 年版,第 403—404 页。

得不用冷静的眼光看待正在发生的或即将到来的一切。尤其是对于新媒体与市场环境下文化消费方式的改变对于精神结构的影响，需要我们实事求是地做出深度分析和准确判断。

一 高速率文化消费方式

新媒体与市场环境下，文化消费的速率上升，成为"高速率消费"。高速率消费方式产生的根本原因在于三个方面，一是物质生产力水平的提升；二是文化传播技术改变信息流动方式；三是文化呈现与表达方式的改变重构文化输入方式或文化信息获取方式。前沿科学技术不断发生颠覆式革命，不断推动物质生产力水平跃升。物质生产水平提升对于精神生产的意义不仅在于为精神劳动者提供更为丰富而可靠的物质生活资料保障，而且在于技术改造了生产工具，精神生产工具得到技术改造，精神劳动方式因此不断高技术化，精神生产力水平急速提升，文化生产方式由此发生变化。在前互联网时代，一个研究者撰写一篇学术论文需要查找文献资料，必须在不同图书馆、不同地域的藏书之间奔走，记录所需要的资料；在互联网时代，一台联网的电脑设备或者一部手机就是一个移动图书馆，在理论上而言，借助移动互联终端获取文献的可能是无限的，极大缩短了文化生产资本调用精神资源的时间。在文本创制过程中，文字输入技术、文本修改技术、文本输出技术彻底改变了文化文本创制方式。文化生产力提升的幅度，不是量变，而是质变，是从工业时代跨越到信息时代，甚至是从手工劳动提升为工具操纵、人机对话的方式。文化传播技术革命改变文本流动方式。文本流动的主要方式，不再是载体流动。传统的文本流动方式是以纸媒为载体，通过纸媒即书籍的流动而带动文本流动，实现信息传播。在互联网时代，文本电子化契合了信息技术传输方式，文本流动的主要方式不再是通过书籍等载体在不同主体之间的转场而进行流动，而是通过互联网平台，以电子文本形式流动到不同主体的移动互联终端设备，流动的是文本，不动的是载体，人们只要打开互联终端设备，就可以即刻实现文本流动，无论是远在千里之外，还是跨越不同时代，互联网世界的信息海洋犹如储存量无限的水库，只要打开连接设备就可以实现信息传播，且信息在传播过程中不会损耗内容，是一种无限分众的传播。在信息技术时代，文化文本表达或呈现方式发生了根本变化。在纸媒时代，文本呈现方式是基于纸媒的文字与符号化的呈现，但是在新媒体时代，文本呈现方式是基于电子设备的影像呈现。影像呈现最大的特点是"轻呈现"或无重量呈现，即文本载体只是一个互联移动终端，文本以影像方式呈现在设备显示器屏幕上，随时开启和关闭，随时读取或储存，而不是像纸媒时代那样阅读一本书就要携带或打开一本书，所谓学富五车，意思是读的书（竹简）需要用五辆牛车装载，"五车"分量很重，但是装载的文本所蕴含的信息，在现代电子设备上以电子文本的形式显现，除了几乎恒定地显示设备的重量，无论增加多少文本，文本载体重量不再随之增加了。文本呈现技术的改变极大方便了文化消费者，他是一个轻快的文化消费者，而不是消费一个文化就需要移动一个文本载体的"重量级消费者"。物质生产力水平的提升、文化传播方式的高技术化以及文化文本呈现方式的变化，从根本上改变了文化消费条件，人们可以在花费很少时间的情况下，获得更多的文本，可以浏览更多的文本，可以接受更多的信息输入，高速率文化消费方式由此形成。在互联网时代的高速率文化消费方式，催生了文化信息的"浏览式读取"，文化信息犹如漫过水流，源源不断滋润大地却不会停下流动的脚步，信息洪流催生了文化文本的"存在感危机"。

二 市场化文化消费方式

在新媒体与市场环境下，高速膨胀的文化产业，推动"市场化文化消费"方式的形成。强大的物质生产力和精神生产力为文化文本创制的高效率提供保障条件；文化传播技术构筑了一个线上与线下同时存在的无边界的文化商品交易市场；基本物质生活需求得到满足后，人们的精神生活需求打开了巨大的消费空间。文化生产力、文化商品交易基础设施的高技术化、文化消费群体规模的迅速扩张，三个因素共同作用，推进文化市场和文化产业越过"奇点"，正在以全新的方式和让人难以预料的速度扩大规模，按照产业模式和市场逻辑重构社会公众的文化消费方式，市场化文化消费方式由此形成。所谓市场化文化消费方式，是指人们消费文化产品的行为与市场紧密关联，通过市场交易获得文化产品，为获得文化商品而付费，按照市场规律调整自己的消费层级和消费数量，并最终形成文化消费与文化生产、文化传播一体化的消费方式，市场是三者的连接机制。市场化文化消费产生很多社会后果，对于文化消费主体而言，最显著的社会后果就是文化消费者不再是单一消费者角色，他是文化商品的选择者、文化信息输入的决策者以及自我精神结构的责任人等角色。市场机制的根本规则是效率、公平与平等，作为文化市场参与主体，文化消费者在获得消费效率的提升、公平参与文化价值关系、受到平等对待的同时，也形成了自身对于文化的责任，对于自己精神结构以及对于社会精神结构的责任，因为你有选择的自主权，所以你必须为你的选择负责任，这是市场化文化消费方式给社会个体带来的变化。

三 参与式文化消费方式

新媒体与市场环境下形成"参与式文化消费"方式。所谓参与式文化消费，是指主体在消费文化的过程中，参与文化文本的研究、解读、讨论与交流，并将自己的思想观点附加在原文本后面，形成"后消费文本"，后消费文本继续传播，成为其他消费者读取的文本。在互联网和新媒体时代，由于信息交流与传播技术提供的便利，原文本在互联网文化社区被消费的同时，附加信息不断增长，形成"滚雪球"效应。附加信息成为后续消费者浏览对象，并成为后续消费者解读原文本的借鉴，由此，文本一边被消费，一边被生产，从原文本过渡到后消费文本，形成生产参与式文化消费方式。生产参与式消费方式将消费文本从封闭文本转变为开放文本，从消费者获取信息的读取文本变为消费者附加个人意识内容的输入文本。它将每个文化消费者变成潜在和现实的文化生产者，将文化文本的创制，从生产环节延伸到传播和消费环节，扩大了文化权力主体的责任，改变了文化资本在文化生产、传播以及消费领域的运作方式，由此产生了相应伦理责任。

四 广播式文化消费方式

新媒体与市场环境产生"广播式文化消费"方式。所谓广播式文化消费，是指文化消费主体，将自己消费的文化文本以及自己的消费过程，以某种方式加工为信息传播文本，发布在公众平台，如微信朋友圈或微博个人账号等，将个人文化消费行为广而告之，成为公开行为。"广播式文化消费"将文化消费与文化传播行为结合在一起，成为一种新的文化消费方式，同时也是一种新媒体时代的文化传播方式。一方面，个人以身示范，在一定范围内产生影响，形成文化消费示范效应，当这种文化消费示范经由互联网传播系统传播后，可能产生很大的社会影响。另一方面，个人文化消费过程以图文形式被加工成信息文本，呈现在公共传播平台，等同于个人在进行文化文本推介或文化传播。在新媒体时代，很多人正是通过阅读他人的朋友圈发现了很多原文本，从而获得了更多的文化资源，也获得了文化消费指引。文化消费者将自己的文化消费文本以及文化消费过程加工成信息文本并在公共传播平台推送，从而为其他文化权力主体的文化传播行为提供文本资源或指引，或者为其他文化权力主体的文化消费提供文化资源的获取渠道，由此，文化消费转化为文化传播，广播式文化消费催生了新媒体环境下一种独特现象，即文化消费与文化传播合二为一，文化消费主体同时也是文化传播主体。文化消费主体承担的伦理义务，不仅在于遵守文化消费的伦理规则，而且在于遵守文化传播的伦理规则。

五 过滤式文化消费方式

新媒体和市场环境产生"过滤式文化消费"方式。所谓过滤式文化消费，是指文化消费主体在决定将何种文化文本作为消费对象的时候，依据自己的消费目的对文化文本进行"过滤"，最终选择自己满意的文化产品或文化商品进入消费环节。"过滤式文化消费"方式的形成需要几个条件。一是文化生产力水平达到一定程度，文化产品非常丰富，文化消费主体有足够的文化文本选择余地；二是文化传播技术足以让大量文化文本同时呈现，文化文本的电子化成为多文本同时呈现的条件。三是文化商品消费成本与文化消费主体的经济能力相匹配，如果文化商品过于昂贵，而文化消费主体消费成本承担能力有限的话，则文化文本选择范围必然受到限制。新媒体与市场环境下，文化生产力水平已经得到极大提高，文化产业的发达足以为社会公众的文化消费提供大量文化文本候选；互联网技术支撑的新媒体平台构筑的文化传播方式，能够为多文本同时呈现提供条件；在互联网技术基础上构筑的新媒体平台，已经形成一个文化大市场，文化商品复制的成本越来越低廉。文化消费主体不一定要通过购买文化商品进行消费，他只需要以付费方式在线读取或欣赏文化文本，或者只需要付出互联网流量的相关费用就可以进行在线文化消费，而不需要购买和储存文本。对于文化商品经营者而言，互联网和新媒体平台可以同时容纳大量的文化消费行为，一个文化商品同时被多人消费，文化消费成本被摊薄，文化消费主体需要支付的相关费用因此被降低。新媒体和市场环境，为"过滤式文化消费"提供了充分条件，文化消费主体可以在付出很少经济代价的情况下获得大量文化文本的消费可能，可以从容选择文本并决定何种文化进入消费环节。在通过过滤程序选择消费文本的过程中，文化消费主体需要对自己的选择行为承担相应的伦理义务。

第四节　组织主体运作文化资本进行文化消费 应该遵循的伦理规则

文化消费资本，是指文化权力主体在消费文化资料时所投入的人力、物力、权力、财力、技术等资源。文化消费资本应该遵循的伦理规则，是指文化权力主体运用文化资本进行文化消费时，其行为应该遵循的伦理规则。文化权力主体包括以下几个类型，即文化权力公共主体、文化权力商业主体、文化权力教育主体、文化权力个人主体。文化权力公共主体、文化权力商业主体、文化权力教育主体属于一个大类，即文化权力组织主体。文化消费不同于文化消耗。文化消耗是指文化权力主体在运作文化资本进行文化生产和文化传播时所需要的资本消耗，文化消费只是针对文化权力主体运作文化资本以满足精神需要的行为，因此，文化消耗是指资本运用所需要的条件，文化消费指主体的消费行为。

一　公共权力主体运作文化资本进行文化消费应该遵循的伦理规则

公共权力主体是代表社会公众行使公共权力的公共机构，因此它运作文化消费资本的行为只能是公共行为，需要遵循以下伦理规则。

(一) 公共权力主体运作文化消费资本，应该以"为人民服务"为总目标

权力属于人民，资源属于人民，公共权力主体不过是代表人民行使公共权力，其行为目标只能是为了人民，即为人民服务，以人民立场作为自己的价值立场，这是文化资本遵循的集体主义原则的体现。如果离开了这个总目标的指引，文化资本运作行为有可能被用来为某些特殊利益团体服务，甚至于为某些人的特权服务。没有将服务人民作为文化消费资本的总目标，人民群众的文化消费就有可能沦为文化产业的工具或手段，而不是目的。

(二) 公共权力主体运作文化消费资本，应该以公共投入的方式为社会公众提供文化消费品

社会公众的文化消费，需要大量的文化资源，公共权力机构投入巨大，但是投入的资本是"取之于民，用之于民"，可以通过市场机制或无偿使用方式为社会大众提供文化消费服务，但是不能将投入公众文化消费的资本当作赚取经济利益的方式。公立医院、公立教育、公共文化设施等公共文化消费的投入，只能是公益性质，而不能是商业性质。可以维持收支平衡，但是不能以营利为目的。

(三) 公共权力主体应该选择优秀文化文本供公众消费

文化消费分为感性层级的文化消费、知性层级的文化消费和理性层级的文化消费。感性层级的文化消费是指为了感官愉悦、宣泄情感、表达情绪而消费文化产品；知性层级的文化消费是指为了学习某一方

面的经验知识而消费文化产品；理性层级的文化消费，是指个体学习高端理论知识消费文化产品，或者是为了提升理性思考能力以及理性创造能力而消费文化产品。社会公众的文化素养以及文化需求并不会完全重合，消费层级差异很大，公共权力主体运作文化资本所选择的文化产品，需要契合各个层级消费者的多种精神生活需求，但无论选择什么样的文化产品，都要严格把关，审验文本内容，不能让那些负载落后和腐朽精神元素的文化文本成为公众的文化消费客体，这是先进文化原则对行为方式的具体要求。

（四）公共权力主体运作应该尽可能为文化资源欠缺的地区和人群提供更多的文化消费支持

对于一个国家而言，由于地理环境、人文基础以及其他因素的影响，各个地区的经济发达程度不同，个人经济能力差异很大，由此导致文化资源在不同地区或不同人群的分布状况不平衡，形成明显的文化落差。文化资源分布的不平衡进一步加大了各地区的社会发展水平和个人发展水平的差距，形成恶性循环。打破恶性循环、改变地区发展不平衡的根本方式，在于公共权力主体向欠发达地区投入更多的文化资源。因此，公共权力主体运作资本进行文化消费，应该优先关注文化消费资源短缺地区，将更多文化资源投入欠发达地区，将经济扶贫与文化扶贫结合起来，将经济支援与精神发展融为一体。公共权力主体运作文化消费资本尽可能地为最广大的人民群众服务，是公平原则的体现。

二 文化资本的商业主体运作文化消费资本应该遵循的伦理规则

商业主体运作文化资本进行文化消费的行为，是指商业组织运作文化资本为本组织内部成员提供文化消费条件的行为。商业组织虽然是文化权力主体，但是它的文化消费行为只能体现在其组织成员的文化消费行为上。与个体自主文化消费行为的差别在于，商业主体主导的文化消费，是由商业组织运作它所拥有或有合法运作权力的文化资本为其成员的文化消费服务，个体自主文化消费是指个体运用自己能够运作的文化资本为自己的文化消费提供条件。

(一) 商业组织应该为成员的文化消费需求投入文化资本

对于一个商业组织而言，其成员分为两类：一类是商业资本主体，即那些凭借对资本的所有权或控制权而拥有了对于该商业组织控制权的人，他们拥有商业组织运营的管理权和话语权；另一类是受雇于商业组织、依靠出卖自己的劳动力而获取合法收入的劳动者，他们和商业组织之间是劳动契约关系，不具有领导商业组织的权力。商业组织的社会属性是依据资本运作为自己谋取经济利益的组织，法律没有规定商业组织需要投入文化资本为员工文化消费提供条件。但是从伦理义务而言，每个员工都要受到善待。他们在商业组织中不仅仅是出卖劳动力而获得一份工作，而且这一份工作是他们的生活方式。完整的生活方式，既有物质生活，也有交往生活，还需要有精神生活。因此一个有道德责任感的企业，一个有层次的企业，应该投入文化资本为员工的文化消费提供条件。从现实来看，那些愿意为员工文化消费投入文化资本的商业组织，能够因此形成良好的企业文化，员工的精神面貌和团体凝聚力，比那些没有良好企业文化的商业组织会好得多。员工是一个商业组织最大的资本，即人力资本，人才是商业组织的硬核实力。商业组织投入文化资本为员工文化消费服务，不仅有伦理的要求，而且符合它自身的利益。

(二) 商业组织选择优秀文化文本作为成员消费的文化资源

从主体消费目标而言，从消费行为客体而言，不同层级的文化消费行为需要不同的文化产品满足消费需求。一般而言，那些用来满足感性层级消费需要的文化为感性层级的文化产品；用来满足知性层级消费需要的文化为知性层级的文化；那些用来满足理性层级消费需要的文化属于理性层级的文化。高层级文化对于低层级文化具有兼容性，即反向兼容，也就是说，理性层级的文化可以用来满足知性和感性层级的消费需要，知性层级的文化也可以用来满足感性层级的消费需求。但是低层级文化无法正向兼容，那些属于感性消费层级的文化，往往不具有正向兼容性，即很难用来满足知性或理性消费的需要。正因为如此，文化发展存在专业水平差异以及理论难度的差异。如同一本高深的哲学著作，读者会在阅读和觉悟中获得理性启蒙的同时，也能够感受到身心的愉悦和快乐，但是读一篇神话故事或听一首流行歌曲，却无法给人的理性带来提升。商业组织投入文化消费资本为成员提供文化消费服务时，应该选择那些优秀文化产品作为消费客体，不仅能够给成员带来身心愉悦和感官快乐，也能够为他们的知性和理性的进步提供文化条件。人的自由而全面的发展，代表人类未来的发展目标，在这个时代获得了最大社会认同公约数。但是在市场经济社会，对于那些将自己的劳动力售卖给商业组织的人们而言，他们很多的生命时光，他们发展与进步的机会，与商业组织密切相关，如果商业组织没有担负起促进人的自由而全面发展的责任，对于那些供职于商业组织的人而言，不仅正当的文化权利受到损害，而且没有受到合乎道德标准的善待。商业组织运作文化消费资本，为成员的心灵愉悦和理性成长提供条件，从而使得自己运作文化资本的行为符合伦理规则的要求，商业资本因此获得文明属性，而不是野蛮属性。

三 文化资本的教育主体运作文化消费资本应该遵循的伦理规则

文化资本的教育主体的核心任务是立德树人，是人类社会进步的发动机，不仅是知识创新的梦工厂，也是人才成长的摇篮，更是无数人理想和信仰的精神家园。教育组织运作文化资本主要用来进行与人才培养相关的活动，即文化生产与文化传播，但是为文化消费做好一切保障工作才是教育组织所有工作的核心任务。

（一）教育组织应该将保障文化消费作为核心工作任务

教育组织的文化消费投入就是文化生产投入，因此应该将保障文化消费作为核心工作任务。教育组织不是公共权力机构，更不是商业组织，从社会属性而言，它是文化机构，是为了文化生产和文化传播而存在，在此基础上通过文化教育培养人才，从而为个体思想解放、理性启蒙、德行养成、理想和信仰的确立以及艺术素养的提升创造条件，立德树人是所有教育组织的行动目标。教育组织运作资本会受到很多因素的影响和制约，如行政权力、公共管理、法律法规、经费供应、成员各自的思想观念与行为目标差异等，都会给教育组织的各项工作产生影响，某些权力因素直接干预文化资本的分配领域和数量。但是无论受到何种因素的左右或影响，教育组织都应该以保障文化消费作为核心工作任务，原因在于，教育组织运作文化资本进行文化消费的本质，正是它的工作总宗旨，正是立德树人目标指引下的工作方式。从消费主体行为目的而言，文化消费分为感性层级的文化消费、知性层级的文化消费和理性层级的文化消费。感性层级的文化消费基本属于"过程性消费"或"感觉性消费"，消费行为结束了，消费后果也就结束了,即感性的愉悦结束了。但是知性层级的文化消费和理性层级的文化消费则不同,知性层级的文化消费和理性层级的文化消费,其结果并不是感性愉悦。文化消费的特殊性在于,文化消费过程也是生产过程。感性层级的文化消费,只是单纯的文化消费,不具有生产功能,个体的感官得到愉悦、情感得到宣泄、情绪得到表达等,是感性层级文化消费的效果。知性层级的文化消费,本质是个体知性结构的生产过程,通过文化消费,个体掌握的知识数量得到增加,知识结构发生改变。理性层级的文化消费,本质是理性结构的生产过程,通过文化消费,个体理性结构发生改变,理性能力得到提升。通过知性层级和理性层级的文化消费,人的精神结构发生变化,精神生产力有可能因此得到提升。教育组织推动的文化消费,就是为了教育接受主体的知识不断增长,理性得到启蒙,理性活动能力得到提升,思想得到解放,德行获得培育,理想和信仰的确立得到指引,艺术素养得到提升或完善。因此,教育组织所有工作都应该以保障文化消费作为核心工作任务。

(二) 教育组织应该运作文化消费资本以保障感性层级的文化消费

教育组织运作文化资本保障教育接受主体的文化消费,必定是以满足知性层级文化消费和理性层级文化消费为首要目标,这是教育组织实现工作目标的基本途径。任何教育接受主体在教育组织中接受正规教育,绝不是为了娱乐或获得感官愉悦,而是为了知性的丰富和理性的成长,找到真理和良好的价值观,确立道德观、理想和信仰,并得到艺术涵养。但是从人的自由而全面发展的目标而言,仅仅满足于知性层级和理性层级的文化消费并不完善。从存在方式而言,人有物质存在方式、交往存在方式与意识存在方式,意识存在方式的高级阶段或社会化阶段就是精神存在方式。意识存在方式包括感性活动的存在、知性活动的存在以及理性活动的存在。感性活动的存在产生各种需求，这些需求形成个体各种生存意志和感官愉悦的渴望。感性活动是人的意识结构的一部分，文化消费不可能无视感性需要而只关注知性和理性；感性内容不完善，有可能造成人格缺陷，影响理性活动。人的意识并不是如同电脑硬盘那样可以被划分为感性、知性和理性三个区域，所谓感性、知性、理性，不过是人的意识能动性的三种应用方式，是针对不同对象、不同行为目标而应用意识能动性指挥行为的方式而已，人的意识是一个整体，感性内容必然影响到知性和理性活动。对于教育接受主体而言，发达而完善的感性，优美而丰富的感性，是人的精神结构得到完善的体现，也构成了精神完善的基础，没有完善的感性基础，精神结构不可能完善。因此，教育组织在运作文化资本保障教育接受主体的知性和理性层级的文化消费需要的同时，应该投入文化资本以满足教育接受主体的感性层级的文化消费需要。动听的音乐、美丽的风景、庄严的仪式、活泼的社团，这些都是教育组织需要着力创制的教育文化或校园文化，它们是教育接受主体、美丽心灵得到关心和爱护的方式，使立德树人目标不至于成为缺陷教育的保证。

第五节　文化消费资本个人主体的文化消费行为应该遵循的伦理规则

一　文化资本个人主体的文化消费逻辑

文化资本个人主体的文化消费逻辑，是指个体在运作文化消费资本进行文化消费的过程中的行为规律。文化资本个人主体文化消费逻辑由两个必然联系构成：一是文化消费手段与消费目的的必然联系；二是文化消费文本与个人精神结构的必然联系。由个人主导的文化消费资本运作，构成文化消费手段。个人运用文化资本获得文化资源，将其作为文化消费客体，文化消费客体是个人文化消费顺利完成的必需条件。与文化消费资本的组织主体不同的是，文化消费主体以自己作为行为目的，自己与自己发生的文化价值关系，是文化资本个人主体的文化消费关系的主要形式。在文化消费过程中，文化资本个人主体为了获得文化资源，必然与文化生产资本主体和文化传播资本主体之间发生文化价值关系，但是这些关系只是以手段形式成为文化消费条件，个体运作文化资本以满足自身文化消费需要才是目的。运作文化资本获得文化资源与文化消费目的之间之所以具有必然联系，原因在于文化资本运作手段正是从文化消费目的产生出来的，文化消费目的决定了文化消费资本的运作必要。

　　文化消费文本之所以与个人精神结构之间存在必然联系，是因为个人的文化消费行为，必然导致作为文化消费客体的文化文本与精神结构之间发生联系。个体文化消费过程由三个相互联系的环节构成。文化消费的第一个环节是文化文本的信息输入。个体通过运作文化资本获得文化资源，文化消费具备了条件，个人通过读取文本信息，文本信息得以向个人意识输入，这是文化消费的第一个环节，即文本信息的内化。文化消费的第二个环节是个体读取的文本信息成为个人意识内容，转化为个人思想观念，改变个人精神结构，个体的思想观念、情感、理性能力等因此发生改变，这是文化消费的第二个环节，即文本信息的转化。文化消费的第三个环节是个体精神结构因为文化文本信息转化为意识内容而发生改变，这种改变最终体现在行为方式上，即个体的思想观念引导行为，行为方式体现文化文本信息输入对于个人意识的改变状况，以及对于精神结构的改变状况。行为方式的总体构成一个人的生活方式，生活方式被称为社会文本。之所以生活方式被称为社会文本，正是因为生活方式的构成要素即行为方式是感性活动和理性活动的结果，感性活动和理性活动，因为文化文本的信息输入而被改造、重建或完善，这是个人意识活动的外化形式。因此，文化消费通过文本信息输入、文本信息的意识化以及意识外化即意识引导行为，构成一个完整的文化消费过程。正因为如此，文化消费具有了生产属性，即生产个人精神结构，直至生产个人行为方式。

二 个人主体运作文化消费资本应该遵循的伦理规则

每个人，对于自己精神结构的发展与完善，负有完全责任。每个人，在他生命得以存续的前提下，终其一生，无论何时，都必须将个人自由运用于发展其身体和灵魂，而不是用来损害自己和他人；每个人，在其力所能及的范围内，是其存在方式的最终决定者，一切的苦难和困境，一切诱惑和冲动，无论天性和习性，都不能成为他放弃对于完善精神结构不懈追求的理由；每个人，无论他律还是自律，都必须担负起运用文化滋润心灵的责任。

（一）每个人在其力所能及范围内应该确保个人资源的一部分能够成为文化消费资本

人有三种存在方式，物质存在、交往关系存在以及意识存在。马克思在《德意志意识形态》一文中指出，全部人类历史的第一个前提是有生命的个人存在，因此，人类社会存在的基础是维持生命存在所必需的物质资料的生产活动。生命存在是人的一切自由自觉活动的前提，如果将人的所有活动都归结为兑现自由和生产自由的条件，那么物质生活资料的生产不仅是主体自由的运用，而且是一切自由得以存在的前提。人类生活进步的秘密在于，人能够以自由自觉的活动进行物质自由、交往自由和精神自由的扩大再生产。精神自由是意识能动性的高级形态。人的意识由先天意识和后天意识构成。先天意识是指人天生具备的意识能力以及基于自然属性而具有的意识；后天意识是社会意识，是习得意识，个人在社会实践过程中通过各种社会关系进行文化叙述文本和社会文本学习，在文本信息输入后得到丰富和发展的意识，人的社会意识称作精神结构。

　　人的物质存在方式的延续产生物质生活需要，人的关系存在方式的延续产生交往生活需要，人的意识存在方式的延续产生精神生活需要。每个人能够获得或支配的物质资料、交往方式以及精神资源，必定是有限的。在生活各领域如何分配个人资源，如何运用个人资源满足物质生活、交往生活和精神生活的需要，不仅取决于客观条件，也取决于个人价值观念和道德观念或伦理观念。无论物质资料如何丰富，物质条件多么优良，物质生活多么富有，物质资料只能给人提供生存所需要的基础条件，物质条件的高端并不意味着人的发展的高级阶段，更不意味着生命的全部意义。那些固执于物质消费满足的人，只会因为物质消费而将自己禁锢在初级发展阶段。意识的进步，社会意识的发达，精神结构的完善，精神自由的增加，才是人的发展的高级阶段的标志，才是人的生命存在的目标。人对于自己的存在状态和发展可能，负有全部责任。这并不是说，人的生存与发展的所有结果都必须由本人担负责任，所谓的社会，就是指人与人之间彼此支持而形成的共同体，一个人的存在与发展需要其他人提供条件；所谓人对于自己的存在和发展状态负全部责任，是指在客观条件范围内，人需要对自己全部行为及其后果负责，而且，所有行为后果，最终只能是本人承受，因此，无论从主观能动性还是客观必然性而言，个人都要为自己的存在与发展负责。

在个人资源有限的前提下，在力所能及范围内，只要生命得到存续，个人就应该将一部分个人资源运用于文化消费资本，通过文化消费资本的应用，获得精神资源，获得文化消费客体，为自己的文化消费提供条件，从而为自己的意识发展和精神结构的完善提供保障。这是每个人的文化义务，是每个人对于自己义不容辞的责任，也是对社会、他人和人类的责任，因为人类发展状况最终体现为每个人的存在和发展状况。

（二）每个人应该在生产型文化消费领域投入更多文化资本

人的文化消费分为三个层级：感性层级、知性层级和理性层级。感性层级的文化消费是为了感官愉悦、宣泄情感、表达情绪；知性层级的文化消费是为了学习某一方面的经验知识；理性层级的文化消费是为了学习高端理论知识，或者是为了提升理性思考能力以及理性创造能力。感性层级的文化消费属于消耗型文化消费。所谓消耗型消费，是指消费过程即为结果，且结果以过程呈现而不具有存续性和延展性、储存性，随着过程结束而结束，资源在消费过程中被消耗只是体现了个人运用资源的自由，却没有增加个人自由。所谓消耗型文化消费，是指消费文化的过程即为文化消费的结果，个人消耗文化资源只是体现文化资本运用的自由，却不能增加精神自由，不能丰富个人意识。消耗型文化消费结果只是个体的感官得到愉悦、情感得到宣泄、情绪得到表达等。知性层级和理性层级的文化消费属于生产型文化消费。所谓生产型消费，是指消费过程只是生产手段，消费过程消耗资源的结果不仅体现资源运用的自由，而且带来资源的增加，即为自由的扩大再生产创造条件。生产型文化消费，是指文化消费过程只是作为社会意识的生产手段，文化消费过程消耗精神资源不仅体现精神资源运用的自由，而且带来精神资源的增加，即为精神自由的扩大再生产创造条件。知性层级和理性层级的文化消费本质属于生产型文化消费。知性层级的文化消费过程是个体知性结构的生产过程，通过文化消费，个体掌握的知识数量得到增加，知识结构发生改变。理性层级的文化消费，本质是理性结构的生产过程，通过文化消费，个体理性结构发生改变，理性能力得到提升。通过知性层级和理性层级的文化消费，人的精神结构发生变化，精神生产力有可能因此得到提升，精神自由得到扩大再生产。

在文化资本有限的前提下，个人将文化资本投入的消费领域，决定了文化消费行为的属性是消耗型消费还是生产型消费。消耗型文化消费对于人类而言意义重大。人是有限的理性存在者，但首先是感性存在物。人的欲望和愿望是生存的本能，人的情感和情绪是意识的一部分，是心灵对外界环境和自我境遇的本能反应。情感需要抚慰，情绪需要表达，感性层级的文化消费所具有的功能，可以抚慰情感，表达或宣泄情绪，让心灵重归平和宁静。但感性层级的文化消费属于消耗型消费，个人消耗文化资源只是体现文化资本运用的自由，却不能增加精神自由，不能丰富个人意识。人的自由而全面的发展，人类社会的进步，最终依赖于生产型文化消费。通过生产型文化消费，人的知识得到增长，理性得到完善，精神结构被改变，人的主体性因此得到增长，从而将个人由自在的个体，转变为社会主体，对个人和社会存在拥有改变能力的主体，对自己、他人和人类命运承担责任的社会主体。因此，个人在运作文化消费资本时，既要满足消耗型消费需求，又要满足生产型消费需求。当一个人明白了他真正需要的是精神结构的完善，以及由此可能获得更多的精神世界的自由和物质世界的自由的时候，他就愿意将文化资源更多地投入生产型消费。

(三) 每个人都应该通过文化消费体悟情绪表达的合理方式

这个世界上有一种天然存在物，在每个人那里都得到公平分配，那就是情绪。无论是贫穷还是富有，无论是高官还是平民，无论是学富五车的大师还是目不识丁的农夫，无论是高僧还是俗众，都与情绪相伴一生。你喜欢或不喜欢，它都在那里。可以说它是精神财富，因为没有它，人就会形如槁木、心如死灰；可以说它是精神灾难，只要有了它，人就喜怒无常、心猿意马。它是如此常见，以至让人视而不见；它是如此不平常，以至没有任何人能够做到在任何情境下都可以无动于衷。情绪是人的自然属性的表象，但是如何调控情绪，并按照伦理的方式呈现情绪，是人的社会属性的反映。每个人，都应该通过文化消费的方式，努力将情绪的自然属性转变为社会属性控制下的自然属性，以强大的意志，按照伦理原则，调控情绪的表达方式。一个有情绪的人，是正常的人，却是一个可能被情绪控制而失去部分意志自由的人；一个明白了情绪需要调控，并且按照伦理原则和规范努力调控自己的情绪、为情绪表达提供合理化方式的人，就是一个自觉的人，一个觉醒的人，一个文明的人，一个逐渐摆脱野蛮而可能获得高贵品质的人。

情绪是人的感性存在方式，是指人的意识在一定情境下对于外界事物与自己关系的反应方式，属于肯定或否定、接纳或排斥的心理体验。从生活经验而言，那些能够满足人的某种需要的事物会引起人的肯定性体验，如欢乐、满意等；那些有可能对人的存在造成损害的事物会引起人的否定性体验，如愤怒、憎恨、哀怨等；那些在个人看来，与他的存在方式与行为目的无关的事物难以引起人的情绪波动，即对于此类事物的无所谓心态。从日常经验可以看出，积极的情绪可以提高人的活动能力，而消极的情绪则会降低人的活动能力。普通心理学理论知识从不同的角度将情绪分为以下六大类。第一类是原始的基本情绪，往往具有高度的紧张性，如快乐、愤怒、恐惧、悲哀。快乐是盼望的目的达到后，紧张被解除时的情绪体验；愤怒是愿望目的不能达到、一再受阻、遭遇挫折后积累起来的紧张的情绪体验；恐惧是在准备不足、不能应付危险和可怕事件时产生的情绪体验；悲哀是与所热爱和追求事物的丧失、所盼望的事物的幻灭有关的情绪体验。第二类是与感觉刺激有关的情绪，如疼痛、厌恶、轻快等。第三类是与自我评价有关的情绪，主要取决于一个人对自己的行为与各种标准的关系的知觉，如成功感与失败感、骄傲与羞耻、内疚与悔恨等。第四类是与别人有关的情绪，常常会凝结成持久的情绪倾向与态度，主要是爱与恨。第五类是与欣赏有关的情绪，如惊奇、敬畏、美感和幽默。第六类是根据所处状态来划分的情绪，如心境、激情以及应激状态等。①

  情绪与人的行为之间有必然联系，任何行为背后的意识都包含情绪元素。正因为如此，情绪具有价值属性，即情绪对于目的实现与否而具有的条件属性，具体而言是指情绪所引发的行动，即情绪表达方式以及情绪影响的行为，对于自己或他人实现某种目的所具有的积极作用或消极作用。情绪的价值属性成为情绪价值关系的存在条件，所谓情绪价值关系，是指情绪表达方式以及情绪影响的行为与人所期望的目标或目的之间的关系。情绪价值关系包括积极价值关系和消极价值关系，积极的情绪价值关系是指情绪对于目的或目标具有建设作用，能够成为目标或目的实现的条件；消极的情绪价值关系是指情绪对于目的或目标具有阻碍甚至破坏作用，无法成为目标或目的实现的条件。所有目标或目的最终都可以还原为某种自由的兑现或自由的扩大再生

---

① 彭聃龄：《普通心理学》，北京师范大学出版社 2012 年版，第 654 页。

产。情绪价值关系的本质，就是指情绪的表达方式以及情绪影响的行为，对于自己和他人兑现自由或扩大再生产自由具有什么样的作用，是成为建设性条件还是阻碍因素。

正因为情绪的价值属性以及情绪价值关系的存在，情绪表达方式以及情绪影响的行为，都应该接受伦理原则的指导和伦理规则的约束。在人类文化成果中，文化文本不仅记载和表达了人类的各种情绪，也阐明了很多情绪应该如何表达、人们应该如何调控情绪从而调控行为方式的道理。通过文化消费，个体发现了这些道理，明白了情绪表达的合理方式并开始体悟关于情绪的道理。所谓体悟，是指人的理论理性理解了情绪是什么以及情绪应该如何的原则和规则，以及实践理性按照这些原则和规则调控自己的情绪。《论语·学而》记载了以下内容。子禽问子贡："夫子至于是邦也，必闻其政。求之与，抑与之与？"子贡说："夫子温、良、恭、俭、让以得之。夫子之求之也，其诸异乎人之求之与？"这段话意思是，子禽问子贡："老师每到一个国家，必定可以听到这个国家的政事。这是求来的，还是别人主动告诉的？"子贡回答说："我们老师啊，是靠温、良、恭、俭、让的品质得来的。他老人家获得（政事）的方法，也和平常人不同吧！"子贡所说的温是指平和敦厚，说话和气，即好好说话。良是指平易、直白、坦率。恭是指庄重恭敬。俭是指节制。让是指谦逊。温、良、恭、俭、让，正是治愈现代人情绪症候的文化良药。人的情绪，只要对自己和他人产生某种影响，就意味着情绪价值关系的产生，不良情绪对自己和他人的伤害，尤其是不良情绪表达方式对他人所造成的心理伤害，如对他人使用语言暴力、讽刺挖苦、辱骂、恐吓等造成的后果，往往比身体伤害和物质伤害要大得多。心理伤害或精神伤害，是这个世界上最深的伤害，也是最难以治愈的伤害。规避情绪伤害的最好方法，就是每个人通过文化消费，明白情绪管理的方法和道理，用伦理原则和规则约束情绪，管控情绪对于行为的主宰力度，从而使得自己成为一个有节操的人，而不是放任情绪伤害他人的粗暴之人。多少优秀女子，因为不会管理情绪，成了让人厌恶的人；多少优秀男子，因为不会管理情绪，成了让人害怕的人。一想到与不会调控情绪的人在一起，不由得令人毛骨悚然。

通过文化消费，个体向自己的意识结构输入文化信息，学习到那些调控情绪的道理与方法，并依靠强大的意志力按照情绪应该如何的伦理原则和伦理规则调控自己的情绪表达方式，控制情绪对于行为方式的影响程度，这个过程，是个人获得德行、修炼道德品质的过程。所谓德行，不是情绪或本能冲动的状况，而是意志按照一定的道德原则或法则，调控本能和情绪以及情感，从而使得个人的意识状态在某种程度上符合某些原则或法则的要求，这种意识活动状况能够转化为稳定的行为方式，这就是德行。每个人都应该通过文化消费，学习情绪调控所依据的原则和规则，从而获得良好的德行。这是每个文化消费主体的伦理义务。

（四）每个人都应该通过文化消费培养自己美好的情感

情感与情绪不同。情感是情绪的高级形式，是情绪反应的稳定形式和情绪活动的结果，是情绪的社会化形式。情绪来源人的意识对于外在事物的天然反应方式，经过文化涵养和个人修炼，情绪得到控制，以合乎伦理原则和伦理规则的方式表达，对于行为的影响被主体性主宰。情感的初级形态就是情绪，即自然发生的心理模式；当人们根据那些规定何为正当、高尚、善良的道理以及这些道理指导下形成的人在具体情境中的情绪内容或情绪方式，就是情感。情感是意识能动性的体现，是人的先天能力，但是情感表达方式的完善，美好情感的培育，通过各种途径培养美好情感并将美好情感输入个体精神结构之中，是后天努力的结果,是人得到自由而全面发展的体现,是将人当作目的而产生的情感培养任务。

人类在漫长的社会发展和文化教化过程中,逐渐形成了各种美好的情感,它们是人的社会属性的一部分,是人的精神结构完善程度的尺度。仁爱、友善、同情、怜悯、尊敬、庄严,都是人类宝贵的精神财富,是人类精神结构完善的路标,从野蛮通往文明的道路上的里程碑。对祖国的热爱,对父母和亲人的深爱,对大自然和文化的爱,对科学知识和真理的爱,对他人的友善,对于苦难和不幸的人的同情,对于弱者和困苦之人的怜悯,对于先贤和尊长的尊敬,对于伟大价值保持庄严的尊重方式,这些都是人类美好的情感方式。

情感是情绪的高级形态,是情绪的社会化形式。情感与人的行为之间有必然联系,任何行为背后的意识都包含情感元素。存在这样一种现象,即人的某些行为在表面上看起来没有情感因素的影响,但是当我们深入行为背后的动机,一定能发现某种情感因素起作用,只不过在人的意识能动性中,情感内容经常处于变动之中,每一次情感的变动,就是人的行为方式变化的先导。正因为如此,情感具有价值属性,即情感对于一个人的目的实现与否而具有的条件属性,具体是指情感所引发的行动,即情感表达方式以及情感影响的行为,对于自己或他人实现某种目的所具有的积极作用或消极作用。情感的价值属性成为情感价值关系的存在条件,所谓情感价值关系,是指情感表达方式以及情感影响的行为与人所期望的目标或目的之间的关系。情感价值关系包括积极价值关系和消极价值关系,积极的情感价值关系是指情感对于目的或目标的实现具有建设作用,能够成为目标或目的实现条件;消极的情感价值关系是指情感对于目的或目标具有阻碍甚至破坏作用,无法成为目标或目的实现的条件。所有的目标或目的最终都可以还原为某种自由的兑现或自由的扩大再生产。情感价值关系的本质，就是指情感的表达方式以及情感影响的行为，对于自己和他人兑现自由或扩大再生产自由具有什么样的作用，是成为建设性条件还是阻碍因素。

文化文本具有储存功能、记忆功能、表达和呈现功能，记载了人类在漫长的社会发展过程中精神生产积累的丰富成果。通过文化消费，个体在文本中发现了那些美好情感，认知和理解美好情感的表达方式应该依据什么样的原则和标准，认识到情感对于人的行为有重大影响，因而需要用意志控制情感的意义所在；让自己的心灵接受文本所呈现的那些美好情感表达方式的熏陶，接受将美好情感付之于行动而产生积极作用的人物和事件给予的启发。由此，个体文化消费行为，符合文化消费资本应该遵循的伦理规则。

（五）每个人都应该通过文化消费追求科学真理

每个人，只要生存条件允许，就应该为自己准备精神食粮，通过文化消费，追求科学真理，运用科学真理丰富自己的知性内容，提升自己的理性能力。只有科学真理能够为人类带来真正的自由，只有经过科学真理教导和哺育的理性才有可能获得不断完善和发展的机会。人类社会从物质生产开始，物质资料的生产是人类历史开始的第一个前提，即作为维持生命存在的基础。物质资料的匮乏，生活条件的恶劣，社会总体的贫穷或者由于不公正的分配制度导致的贫富分化，是任何人都有可能面对的生存困境，多少人间悲剧，是因为物质生产力的落后所导致的，很多人奋斗一生，只是为了求得温饱。无论给予物质资料生产以何种程度的重视，都不为过，任何施政者都应该重视民生。但是，民生疾苦何止于物质生活资料的匮乏，对于公众而言，任何人都有可能面对发展困境，即思想的贫乏和理性的蒙昧状态。人类社会发展到一定阶段，出现了精神劳动与物质劳动的分工，其根源不在于解决生存困境，而在于解决发展困境，人的自由而全面的发展，社会文明而公正地存在，最终依赖于人类精神劳动所创造和发明的科学真理和伟大的价值观念。

每个人都应该通过文化消费丰富知性元素。以康德哲学和黑格尔哲学为代表的近现代认识论最大的成就，就是将人的意识能动性进行深入分析，揭示了人的认识活动过程。康德认为在探索知识来源时，仅仅强调"知识依赖于对象"即主观符合客观是不够的，因为"对象依赖知识"，即认识对象作为经验材料转化为思维表象，外在事物以信息方式输入人的意识，人的意识运用先天具有的范畴能力对经验材料进行加工，最后以概念和逻辑的形式形成知识。在康德认识论中，知性和理性密切相关，他有时以知性代指理性，但大多数情况下是将知性作为理性和感性的过渡阶段的认识活动来看待。知性是关于事物的片段化、概念化的认知方式，与理论理性的区别在于，理论理性是在概念的基础之上进行逻辑推理，不仅将知识系统化、逻辑化，而且是关于认知对象的本质和规律的认识，感性是认识的经验基础，知性是认识的知识化阶段，理性是认识的理论化阶段，是关于存在的本质和运动规律的认识。

人是有限的理性存在者，每个人由于活动范围或生活领域的限制，其能够获得的直接经验认识必然是有限的。经验经过知性加工后成为知识，即间接经验，人们通过文化文本输入，学习间接经验。间接经验的获取，为人类突破个人直接经验的局限提供了可能，不仅为人们认识事物提供方法和结论，而且为人的知性内容的丰富提供了条件。人的精神结构的发展与完善，从知性元素的丰富和完善开始。并不是所有知识都会带来知性的丰富和完善，只有那些科学真理才代表人类知性完善的正确方向，才能够使人类在有限的直接经验和间接经验基础上，最大限度地开拓视野，启发认知，破除迷信，摆脱教条。但是仅仅丰富知性元素是不够的，在可能的情况下，文化消费资本的个人主体，需要通过文化消费，提升自己的理性能力，完善自己的理性结构，获得关于存在的系统化和理论化的知识，并在此基础上，一切从实际出发，实事求是，探索事物的本质和规律，将理性与科学绑定，让理性受到科学真理的指引，同时以探索科学真理为目标。每一个人，都应该通过文化消费过程，选择优秀文化和先进文化，将科学真理输入知性和理性，并始终坚信，只有科学真理才是人类思想解放和精神自由的奠基之石。这是人类对自己的伦理责任。

（六）每个人都应该通过文化消费完善自己的价值观念

人的一切有意识的行为，人类社会的存在与发展，都与价值观念紧密相关。人类社会为什么会是如此的存在状况？人类社会为什么会如此发展变化？一方面，自然规律和社会历史规律等客观条件为人类社会存在状态与发展趋势设定了必然性基础；另一方面，价值观念是预设人类社会存在状态和发展趋势的主观能动性条件。在客观实在性基础之上，个人有什么样的价值观念，他的生存与发展状况便会呈现什么样态；社会公共精神结构具有什么样的价值观念，社会存在与发展状况就是什么样态。什么是价值观念？长期以来，有观点将价值观与道德观当作同样的概念用来分析各种社会问题，无论在逻辑上还是实践经验中，将价值观等同于道德观都被证明是错误的认知。价值观是指个体对于某种事物的价值判断基础上所确定的价值立场或价值态度。在生产关系基础上，人与人之间的交往活动形成更为丰富而广泛的社会关系，从行为目标和目的而言，人与人之间所有的关系都是价值关系，因为人与人之间发生的各种关系都是行为的结果，人的所有行为都是有意识的行为，而不是偶然的行为，都与一定的价值有关即价值生产、价值交换以及价值消费。因此，人与人之间无论什么关系，其本质都是价值关系。价值关系形成的基础是人们对于价值的追求。什么是价值？之所以价值观念被误读，是因为没有将价值与人的社会实践生活的真实过程结合起来考察，而只是从个人知识结构和有限的经验认知给价值下定义，由此产生了关于价值的片面化理解。作为价值观念对象的价值存在，是指两个事物而不是一个事物，正是由于两类价值物没有被严格区分，才造成价值认知的片面。价值是指客体价值和主体价值，客体价值是指一个事物由于其自身的属性而产生的相对于一般人类生活实践而言所具有的功能和作用，被称作使用价值，即物的有用性；主体价值是指物的使用价值进入主体消费行为成为消费客体，构成主体实现某种目标或目的，即兑现自由或扩大再生产自由所需要的条件，此时，物的使用价值转化为相对于主体需要的价值。使用价值是物的属性相对于一般人类需要而言所具有的作用和功能，价值是物的使用价值相对于个体在特殊情境下某种需要而言的条件属性，因其能够成为主体实现行为目标或行为目的的条件而具有了价值。

价值是价值观念的基础或载体。价值观念由三个元素构成。第一个元素是事物的使用价值判断，属于价值事实判断，即事物所具有的属性，相对于一般情境下的人类同质化的生活具有什么样的功能或作用。价值事实判断与个人的主观需要无关，而是与人类生活总体有关；价值事实判断属于功能和作用的事实判断，而不是主体的立场和态度。第二个元素是条件判断，即事物所具有的一般使用价值，能不能成为某种情境下个体实现某种行为目标或目的的条件，如果能够成为目标或目的实现条件，则事物的使用价值转化为主体所需要的价值，个体关于价值的判断属于价值需要判断，价值需要判断依然属于价值事实判断，因为人的价值需要以及使用价值能否成为价值即成为实现行为目标的条件，是事实存在，而不是主观想象或虚构。第三个元素是，当事物的使用价值成为主体所需要的价值，主体是否将这些价值纳入自己的消费环节，作为自己实现行为目的或目标的条件，需要主体做出选择。当主体对于价值做出是否纳入行为条件做出选择时所持有的态度，称为价值立场。只有在价值立场确定后，个人追求价值的行为才真正开始，由判断和观念，转变为实践活动。

通过理论逻辑和实践经验的考察，我们理清了价值观念概念的内涵与外延。价值观念由三个元素构成：基于事物使用价值判断形成的价值观念；基于主体价值需要判断形成的价值观念；基于主体价值立场形成的价值观念。如果我们的认知或理论知识，只是局限于价值观念的某一个元素，并且将某一个元素当作价值观念的全部，必然带来价值观念认知的误区，以至在价值观念引导或价值观教育行动上存在失误的可能。那些将价值等同于客体属性与主体的关系的观念，或者将价值只是当作实体的观念，都是片面的，只是关注到价值观念的某一个元素。只有使用价值才是实体，使用价值转化为价值后体现了主体与客体的关系，但不是关系本身，关系就是事物之间的联系，外在的联系怎么可能成为事物内在的属性，逻辑上不能自洽。将价值观念等同于价值立场，忽略了价值的事实判断基础即使用价值和消费价值的实在性，使得价值观念成为纯粹主观的立场，掏空了价值观念引导和培育的实践基础。

人是有限的理性存在者，对于自然存在和社会存在中的事物所具有的属性和功能，这些属性和功能对于一般人类生活而言具有什么作用，即事物具有什么使用价值，个体受到实践范围和直接经验的限制，认知必然受限。但是，有一个办法可以最大限度突破这种限制，那就是文化消费。个人通过文化消费，依据文化文本的记忆功能、储存功能以及再现功能，通过学习知识，扩充自己的间接经验，在文化文本中发现那些他局限于个人经验而尚未认知的存在，那些存在所具有的使用价值，从而为这些使用价值转化为个人所需要的价值提供认知前提。

每个人都是自己的行为主体。但是，并不是每个人都真正知道自己需要什么；个体也并不能够非常清楚而全面地认识到行为目的或目标的实现需要什么样的条件，不一定能够意识到哪些使用价值可以作为价值，即作为自由得到兑现或扩大再生产的条件。通过文化消费，依据文化文本的储存、记忆与再现功能，个人为自己的意识输入信息，丰富知性内容，从而完善自己的价值观念。每个人，首先是从个人需要得到满足的目的出发确定自己的价值需求，从生活实践过程而言，个人需要首先从自然需要开始，维持生命的存在，因此人首先想到的是生存需要。通过文化消费，在那些优秀文化文本中，个人可以发现人类除了自然需要之外，还有社会交往需要和精神需要；除了生存需要之外还有发展需要；除了个人需要之外，还有他人、集体和人类命运共同体的需要。此时，个人通过文化学习，走出狭隘的个人世界而进入人类文明的大世界，将个人与他人、个人与集体的价值需求联系在一起。一个人，因为其价值观念的不同而具有不同的人生层级。一个局限于自然需要的满足，一个只为个人价值需求而行动的人，属于初级阶段的人，并没有完全摆脱原始与落后，思想没有觉悟，理性没有启蒙，心灵没有解放，是一个被自然和自我控制的人，因此失去大部分自由的人。一个人，在满足自己的自然需要的基础上，追求社会交往的丰富，努力完善自己的精神结构从而发展自己的社会属性和精神属性；在追求个人所需要的价值的同时，也能够为他人和集体所需要的价值考量，以遵守法律、伦理或制度等规范的形式，与他人和集体形成政治共同体、经济共同体和精神共同体，由此，这个人进入了发展的高级阶段，属于社会化完成、获得较为健全的文明属性的人，是一个思想已经觉悟、理性获得启蒙、心灵走向开放的人。一个人，他为了人类的自由和解放事业，不惜牺牲个人价值需求而为了最大多数人最大利益而奋斗，这样的人是高尚的人，他已经进入了高尚人生阶段。

初级阶段、高级阶段和高尚阶段，是人的发展的三个层级。在人的不同发展阶段背后是各种价值观念的支撑。通过文化消费，个人不仅发现了那些使用价值和价值，而且他能够发现人具有向高级阶段发展的可能，以及实现这种可能所需要的条件。更为重要的是，通过文化消费，个体从文化文本中发现了那些被人类视为珍宝的伟大价值观，那些高尚的价值立场，以及这些价值观念在人类思维中如何被理解，在生活实践中如何被践行，那些坚守伟大价值观而给人民带来福利的人如何拥有光辉的一生。经过漫长的历史积淀，一些价值观逐渐成为价值原则或价值核心，只不过在各种具体情境中实施方法有所区别。"富强、民主、文明、和谐，自由、平等、公正、法治，爱国、敬业、诚信、友善"等，这些伟大价值观，指导人类从蒙昧和黑暗走向觉悟和光明，引导那些将伟大价值观植入精神结构付诸行动的人，努力成为高尚的人。到目前为止，我们发现，我们拥有两个伟大价值观，它们可以跨越时间、空间的障碍，越过文化模式的差异，成为指引我们走向文明的精神灯塔。一个是"代替那存在着阶级和阶级对立的资产阶级旧社会的，将是这样一个联合体，在那里，每个人的自由发展是一切人的自由发展的条件"①；另一个是"为人民服务"。历史是人民创造的，但是在人类历史长河中，那些伟大人物和英雄对于人类存在和发展所做出的贡献，永远不应该被漠视，不应该被遗忘，那些高尚的人，他们所奉行的价值立场，是人类宝贵的精神财富。

（七）每个人都应该通过文化消费完善自己的道德观念

道德是什么？道德是指两个存在，一是指道；二是指德。道，是

---

① 《马克思恩格斯选集》第1卷，人民出版社2012年版，第422页。

指道理。道理包括基于客观规律而形成的科学道理以及基于自由规则而形成的道德道理。道德之"道"是指那些对于人的行为正当与否或高尚与否做出的原则性规定；依据这些原则性规定，设定了在各种价值关系中人应该如何行为的具体规范，道理是原则，规范是原则在具体价值关系中的实施细则。道德之"德"是指德行，即人的意志依据道理和规范约束自己的情绪、情感、知性和理性活动所能达到的稳定的意识活动状态。德行即人的道德品质，是人的意志对于意识活动的约束和对于实践活动指导而达到的意识状态。意志约束意识、指导行为所依据的标准，就是道德之道，以及道德之道衍生的评判价值关系中人的行为正当与否的规范。

道德不是客观存在物。道德之道是人们主观认为什么样的行为才是正当或高尚的那些道理，道理在思维中所体现的意识结构是"目的＋条件"，即关于什么样的行为目的才是正当或高尚的，以及实现目的需要什么样的行为方式作为条件。道德规则即各种价值关系中个体行为规范，更不可能是客观存在物，是人们基于契约和观念共识、习惯、风俗等方式形成的行为规则，任何行为规则的背后都是依据一定的原则，即道理。道德之德是个人品质，但是道德之道不是个人善恶立场、善恶观念、正当与否的观念以及高尚与否的观念，而是存在于公共精神结构中的公共观念，即公理，是在一定范围内得到公众认同的道理，或者说获得共识的道理，道德之德不过是意识按照公理调控意识活动与实际行动而达到的状态。所有的道理最初来源一定是个体的思想观念，或个人在实际生活中产生的各种善恶观念、正当与否的观念以及高尚与否的观念，但是社会是由经济共同体、政治共同体以及精神共同体等构成的公共结构，是在生产关系基础上形成的各种社会关系总和，或者说是各种价值关系的总体，因此，个人所认可的道理，只有在社会关系中成为公众认可的道理，才会成为公理，成为指导公众行为的原则，成为指出如何行为才是善的、正当的或高尚的标准，这些原则在具体情境的价值关系中转化为行为规范。

道德观念与价值观念不是同一概念。价值观念由三个元素构成：第一个元素是事物的使用价值判断，即关于某事物有没有使用价值的认知；第二个元素是事物所具有的使用价值能否转化为消费条件的判断，即用价值能否转化为消费价值的判断；第三个元素是价值立场，即主体对于是否将某种消费价值纳入消费行为所持有的态度。使用价值认知、消费价值判断、价值立场，构成价值观念的核心内容。道德观念和价值观念不同，在价值关系中，关于个体获取使用价值的行为、价值消费行为以及行为目的是否正当、是否高尚的判断，才属于道德观念。价值观念是关于价值的认知和立场而形成的观念，道德观念是关于价值的获取方式、消费方式以及消费目的正当与否或高尚与否的观念。

每个人都有向善的必要，因为只有一个道德观念不断完善的人，行为符合道理的原则要求和规范的具体要求的人，才有可能参与公共价值关系并从中获得自己所需要的生活条件以及发展条件。每个人都有向善的可能，不仅是因为每个人都希望能改善自己的外部生存环境和心灵秩序，而且因为人类的文化文本，通过记忆、储存和呈现了人类有史以来发明的公理，以及那些被证明符合最大多数人最大利益的行为规范，这些道理和规范为个体完善自己的心灵，矫正自己的行为方式，提供了文化参照。孔子将"智、仁、勇"称为"三达德"，"仁者人也，亲亲为大；义者宜也，尊贤为大；亲亲之杀，尊贤之等，礼所生焉"。仁以爱人为核心，义以尊贤为核心，礼就是对仁和义的具体规定。孟子在仁义礼之外加入"智"，"仁之实事亲是也；义之实从兄是也；礼之实节文斯二者是也；智之实，知斯二者弗去是也"。董仲舒将仁义礼智信说成是"常道"，即跨越时空和个体而存在的道德原则。

仁即仁爱、爱人，以人为目的，而不是将他人作为手段，与康德伦理学目的论不谋而合；义，指适宜、应该，在今天指正义或正当；礼，指礼节、礼貌以及礼仪，指内生与心、外化与行的言行方式，体现在文化的社会文本中；智，是指智慧和觉悟，对于各种事物的深刻理解和准确认知，并能够清楚自己的言行如何才是有效而正当的；信，指诚信、信用，一个人的言行要值得别人信赖。此外，礼、义、廉、耻被认为是公共精神结构中的道德"四维"，维即道德纲要或道德原则之意；忠、孝、仁、爱、信、义、和、平被称为"八德"，是个人按照四维而修炼身心、规范意志自由和行为自由而获得的精神品质。"四维八德"是华夏民族的传统美德，是经过几千年文明发展过程的检验而被证明的伟大价值观。通过文本学习，让作为人类公理的这些正义和高尚原则，让那些价值行为规范，转化为个人行为，成为社会文本，为个人精神结构和社会精神结构装上道德指南针。

个人的实践经验是有限的，个人无法凭借一厢情愿的道理和规范参与公共生活。每个人都应该通过文化消费的方式，在文化文本中找到公共精神结构，发现那些引导人性如何更加完善、维系社会共同体稳定和发展的道理、行为规范以及德行标准，不断完善自己的道德观念，认知何为正当，何为高尚，何为应该，并通过个人意志将道德原则和规范用于矫正自己在社会关系中的行为方式。只有如此，文化资本个人主体的文化消费行为，才是符合文化资本伦理规则的行为。

（八）每个人都应该通过文化消费完善艺术理性

在康德哲学中，人的意识能动性体现为感性活动、知性活动以及理性活动等方式。每个人都是有限的理性存在者，可以通过有限理性认知那些可以认知的现象，这是理论理性的活动方式；运用理性去发明道理和规则，为自由立法，创建关于自由的规律的科学，这是实践理性活动方式；此外，人还有"判断力"，即审美能力。以理性的三种活动方式为基础，可以将理性分为理论理性、实践理性和艺术理性三种运用方式或三大运用领域。

在艺术理性中，文学艺术素养具有基础地位，因为文学以文本书写生活方式，教导人们什么样的生活方式更为完善，什么样的人生方式更值得追寻。人的精神和心灵，通过文化消费得到文学和艺术的滋养。每个人的生活范围都是有限的，但是对于更为丰富的人生方式的渴望和体验，对于不同人生方式的同情和感叹，是每个人都会有的精神需求。文学以虚构的方式，呈现他人的世界和多种人生方式，目的不仅是为了博得叹息、发泄情绪、表达情感，而是告诉人们人生方式存在多种可能，选择什么样的人生方式是高级智慧，这些智慧，都可以在文学文本中被发现。每一个文化消费者，都应该在文学文本中发现多样人生，在理解、比较与鉴别或欣赏中，对照和反思自己的人生方式，为追求更为完善的人生而努力。一部伟大的文学作品，就是一座永不熄灭的精神灯塔，照亮无数人的心灵，让我们知道现实生活中什么是美，什么是丑；什么是善，什么是恶；什么是忠，什么是奸；什么是真，什么是假；什么是低俗，什么是优雅；什么是阴险，什么是坦诚；什么是阴暗，什么是光明磊落；什么是自私，什么是高尚。文学作品不仅滋养了人的心灵，而且指引人生，教人做人。

人的主体性创造社会文本，将存在作为意识的显现；艺术作品叙述人的精神结构，展现人的心灵。每个人先天拥有艺术理性的能力，但是艺术理性能力在后天是否得到良好的培育，直接影响每个人的艺术素养和精神劳动生产艺术作品的能力。并不是每个人都因为艺术理性能力而成为艺术家，但是，每个人，都有责任通过文化消费，觉悟艺术理性，增长艺术能力，提升自己的艺术素养，从而让生活带有更多的艺术色彩，运用艺术为物质存在提供美好形式，为精神存在提供美好气质。文学艺术，是照亮人生的光芒，如流过田野的小溪，滋润四季。

（九）每个人都应该通过文化消费追寻人生的意义

什么是意义？人的有意识的行为必定有某种目的，当某种目的是其他目的的实现条件、手段或步骤，这样的目的又称为目标。相对而言，目标具有暂时属性和阶段属性，目的具有长远属性或终极属性。目的可能是相对于某个独立的行为而言，也可能是一系列行为的总目的。对于一个总目的而言，那些单个行为目标的实现成为总目的实现的条件。实现目标或目的的欲望或愿望，称为行为动机。如果是目标或目的是由他人赋予个人行为，则目标或目的有可能成为个人行为动机，有可能个人是为了别的动机而努力实现他人赋予的目标或目的。因此，目标或目的不是行为动机，行为动机是为了目标或目的得到实现而产生。人的所有行为目的，最终都可以还原为兑现某种自由或扩大再生产自由，所有的动机，最终可以还原为兑现某种自由或扩大再生产自由的欲望或愿望。

人为什么会有行为动机？是因为人有了实现某个目标或目的的欲望或愿望。人为什么要有行动目标？因为行动目标是作为某种目的得到实现的手段或条件。人为什么会有行动目的？是因为认为实现某种目的是值得的，而所有的目的，最终都可以被还原为某种自由。人为什么要以行动追求某种目的？是因为他认为这种目的即某种自由值得追求。因此，意义，其本质就是主体所认为的他追求某种目的的终极原因。意义有三个属性。一是终极属性。无论是被设定为单一行为的意义，还是被设定为系列行为的意义，还是被设定为人生的意义，它都具有相对于某个单一行为、系列行为或整个人生而言的终极属性。作为某个单一行为的意义，是此行为的终极原因；作为系列行为的意义，是系列行为的原因；作为人生的意义，是人生所有行为背后的终极原因。即兑现某种自由和扩大再生产自由的原因。二是主观属性。即意义不是客观存在物，而是人的思想观念对行为终极原因的设定。三是主体性。意义是主体对于自我行为的终极原因的自我设定，他人和社会无法为个人设置行为和人生意义，意义一定是植根于主体精神结构的内生观念，主体赋予自己的行为何种意义，该意义就成为其行为目的的终极理由；主体为自己的人生设置了什么意义，该意义就成为他的人生目的的终极精神支柱。四是高端性。人的行为，有欲望、愿望、目标以及目的的指引，就有了满足欲望或愿望、实现目标或目的的动机。当人的实践理性发展和完善到一定程度，当人的主体性觉悟到一定程度，开始追问所有欲望、愿望、目标以及目的背后的终极原因时，意义作为实践理性的产物开始出现了。意义，意味着个人对于人生的反思和觉醒，试图以完全主体性的方式完善自己的生存境遇和发展方向，意味着个人对于生命存在终极原因的思考和解答，给自己的自由一个终极归宿。如果说伦理学或道德哲学是关于自由的规律的科学，那么意义观念就是主体给自由设定的最终归宿。文化资本的个人主体在文化消费过程中，都应该通过深入读取文化文本负载的精神元素，运用人类在社会发展过程中积累的精神成果哺育自己的心灵，开拓视野，启发思维；运用理论理性认知人类关于人生意义的探索，运用实践理性将那些伟大意义设置为自己人生目的的原因，从而为追寻幸福的人生赋予了意义。

第七章　网络游戏文本的伦理价值

　　文化生产资本、传播资本和消费资本所承担的伦理义务，体现为文化文本的生产、传播与消费行为所要遵守的伦理原则和伦理规则。文化叙述文本负载的信息，反映了文化生产资本是否履行了伦理义务。如何深入解读叙述文本，从而选择传播的文本和消费的文本，是文化资本主体进行文化传播和文化消费行为是否遵循伦理规则的体现。因此，对于文化资本主体而言，深刻认知文本的伦理价值，是在文化生产、传播与消费过程中遵循伦理规则的前提。我们以网络游戏、网络小说以及电视剧等叙述文本为对象，详细分析其伦理价值，为文化资本主体解读文化的伦理价值提供方法论指引；以实证的方式，揭示文化资本主体是否真正遵循了伦理规则。

　　当今社会，网络游戏作为人们自由选择的休闲娱乐生活方式之一，在人们日常生活中扮演着重要的角色。随着互联网的普及，特别是智能手机的推广，网络游戏受众达到前所未有的数量。中国互联网络信息中心发布的第48次《中国互联网络发展状况统计报告》显示，截至2021年6月，我国网民规模已达10.11亿，较2020年12月增长了2175万，互联网普及率达71.6%。[1] 某些大型网络游戏被谑称为"全

---

[1] 李政葳：《我国网民规模超10亿》，《光明日报》2021年8月28日第3版。

民游戏",正所谓玩家分布"上到九十九下到刚会走",其影响力可见一斑。现代网络游戏作为资本产品,其根本目的是盈利,在其广泛的影响力之下,催生了一系列附属行业,例如,职业电竞、游戏直播、游戏教学(教练)、职业代打、游戏演员等。这些行业中不乏背离游戏精神、叛离社会主义核心价值观的灰色行业。网络游戏是人们休闲娱乐生活方式,亦属于人们精神文化生活范畴,其内容、形式时刻影响着人们的精神生活再生产,从而最终深刻影响着社会生活的方方面面。因此,必须对网络游戏进行一定的规范和引导,网络游戏作品也必须承担相应的伦理义务。

第一节　游戏的本质及其发展

游戏是指自由的主体(通常指人)之间为了达到一定的目的,本着契约的精神自由地制定相应的规则,并在遵循规则的前提之下共同参与的某种社会实践活动。游戏是人类古老的活动方式,其伴随着人类社会的产生而产生,并必将伴随着人类社会生活的始终。平等与公正是游戏的灵魂,缺乏平等与公正的游戏即失去了游戏的根本意义,游戏必定是参与主体平等、公开、透明地遵守游戏规则的基础上而参与的活动;竞技是游戏的普遍方式,绝大多数游戏以竞技的方式展开。游戏的种类和目的是极其多样的。其可以纯粹为了休闲娱乐、获得游戏体验、达到精神的放松和愉悦、获得身心健康,例如,儿童经常参与的"跳房子"等游戏;也可以为了修习礼仪、维护礼乐制度,例如,在战国时期较为盛行、在唐朝得到了发扬光大的"投壶"游戏;亦可以是为了某种经济、政治或文化利益设置的游戏,例如,网络游戏、当代奥林匹克运动会设置的各项竞技比赛等。同一种类型的游戏可以适应不同的目的,游戏目的由游戏参与者共同、自由设置,并对游戏结果有平等的、共同的最终解释权。因此，在某种程度上讲，游戏是人类的自我创造，是社会实践意义的自我设定，游戏的形式、内容、目的时刻反映着人类文明的发展程度。

　　从游戏发展历程来看，游戏经历了从传统游戏到现代电子游戏的转变。这种转变建立在人类科技发展的基础之上。传统游戏是指在电子游戏出现之前、人类一般通过身体实体实在参与的各项游戏，例如射箭、骑马、赛跑、球类运动、扑克等。传统游戏的特点在于参与者一般需要面对面聚集在一起，利用身体的运动能力进行实际活动。传统游戏更加依赖于游戏参与者身体的各方面天赋，如身体的灵活性、韧性、爆发力等。并且，传统游戏更加有利于参与者的相互沟通，有助于参与主体的情感交流和链接。现代电子游戏（Video Games，少部分学者使用 Electronic Games）又称电玩游戏（简称电玩），是建立在人类电子科技的基础之上的，它一般是指所有依托于电子设备平台而运行的交互游戏。根据运行媒介的不同分为五类，主机游戏（狭义的，此处专指家用机游戏）、掌机游戏、街机游戏、电脑游戏及手机游戏。完善的电子游戏在 20 世纪末出现，改变了人类进行游戏的行为方式。电子游戏是伴随着计算机的产生而产生的，它是计算机技术发展的产物，是人类文明的反映，其内容基本上是对传统游戏的有益拓展和补充，是人们新型的娱乐休闲方式。[①] 若根据联网和非联网来区分的话，现代电子游戏亦可以分为单机游戏和网络游戏。单机游戏指主体在非联网的电子设备上进行的电子游戏，其竞技对象为人机，例如《俄罗斯方块》《超级玛丽》《魂斗罗》等知名游戏；而网络游戏，又称"在线游戏"，指以互联网为传输媒介，以游戏运营商服务器和用户计算机为处理终端，以游戏客户端软件为信息交互窗口的旨在实现娱乐、休

[①] 杨海燕、徐慧：《电子游戏异化及其社会对策》，《内蒙古农业大学学报》（社会科学版）2004 年第 3 期。

闲、交流和取得虚拟成就的具有可持续性的个体性多人在线游戏,例如《英雄联盟》《穿越火线》《王者荣耀》《和平精英》等。

随着社会的发展,当今电子游戏中以网络游戏为主流,其中又以大型 MOBA 类游戏为甚。当今社会中流行的网络游戏主要分为以下几种:休闲网络游戏、网络对战类游戏、角色扮演类大型网上游戏及功能性游戏,如图 7 – 1 所示。

即登陆网络服务商提供的游戏平台后(网页或程序),进行双人或多人对弈的网络游戏。a)传统棋牌类:如象棋等,提供此类游戏的公司主要有腾讯、联众、新浪等。b)新形态(非棋牌类):即根据各种桌游改编的网游如三国杀等。 → 休闲网络游戏

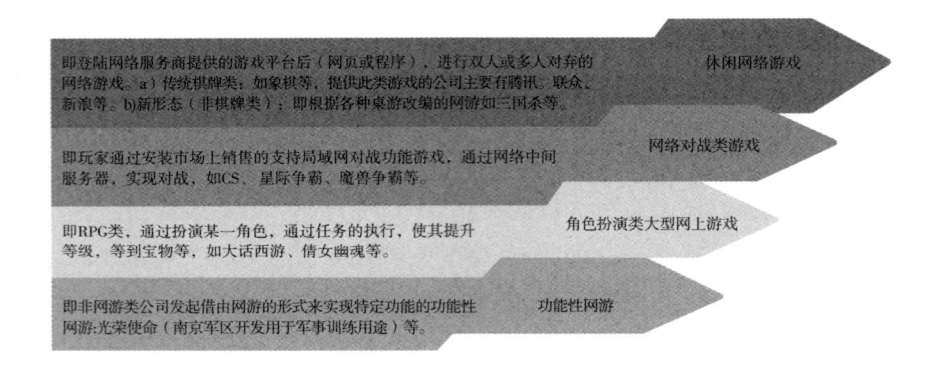

即玩家通过安装市场上销售的支持局域网对战功能游戏,通过网络中间服务器,实现对战,如CS、星际争霸、魔兽争霸等。 → 网络对战类游戏

即RPG类,通过扮演某一角色,通过任务的执行,使其提升等级、等到宝物等,如大话西游、倩女幽魂等。 → 角色扮演类大型网上游戏

即非网游类公司发起借由网游的形式来实现特定功能的功能性网游:光荣使命(南京军区开发用于军事训练用途)等。 → 功能性网游

图 7 – 1 "网络游戏主要种类"

(资料来源:智研咨询整理)

具体网游产品总量巨大。根据国家广播电视总局(原名国家新闻出版广电总局)发布的 2014—2019 年中国国产网络游戏审批数量统计来看,2014 年审批通过 688 个;到 2016 年增加到 4050 个;2017 年达到顶峰,审批网络游戏 9368 个;之后国家严格控制网络游戏数量,审批游戏产品数量连年下降,2019 年审批数量为 1384 个,如图 7 – 2 所示。然而就绝对数量来看,亦不在少数。从网络游戏用户数量统计来看,2015 年中国网络游戏用户为 39148 万人,2016 年至 2020 年依次为 41704 万人、44161 万人、48384 万人、49356 万人、53182 万人,呈逐步增长的趋势,如图 7 – 3 所示。按照人口比例,2020 年我国网络游戏用户人数占我国总人口的约 37.3%,这个比例是相当惊人的。

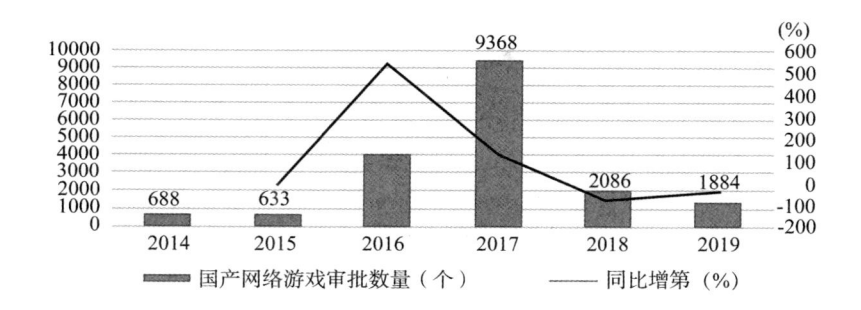

图 7－2　2014—2019 年中国国产网络游戏审批数量统计

（资料来源：国家广播电视总局、智研咨询整理）

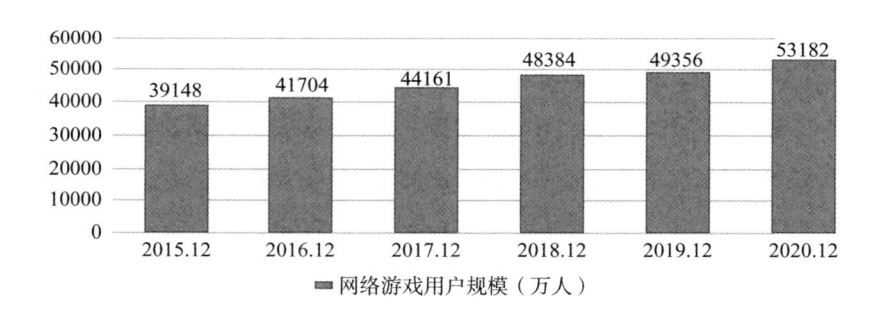

图 7－3　2015—2020 年 3 月中国网络游戏用户规模统计

（资料来源：中国互联网络信息中心、智研咨询整理）

从网络游戏的使用率上看，依据中国互联网网络信息中心发布的信息，2015 年中国网络游戏使用率为 56.9%；从 2015 至 2018 年呈逐渐上升的趋势，并在 2018 年达到一波小高峰，使用率为 58.4%；之后的 2019 年使用率略有所降低并在 2020 年第一季度迅速攀升到 58.9%，如图 7－4 所示。显而易见，始发于 2020 年初的突发性公共卫生事件与此段时间内网络游戏的使用率有很大的关联性，由于疫情防控的需要，全民宅在家中，直接导致此段时间内网络游戏使用率的攀升。由以上各方数据可以得知，网络游戏在我国发展方兴未艾，并将在未来一段时间内持续发展。

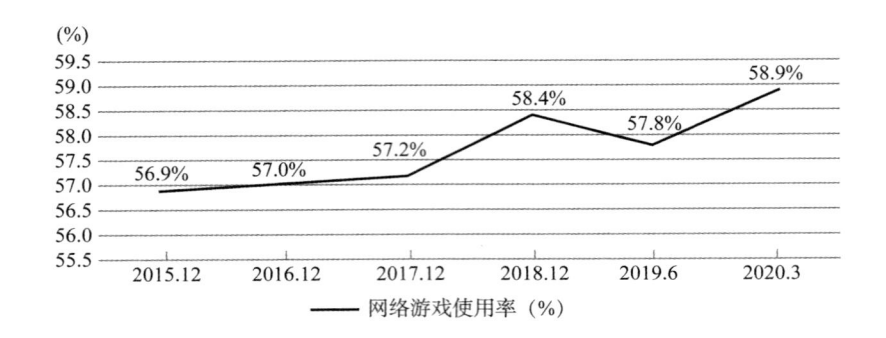

图 7-4　2015—2020 年 3 月中国网络游戏使用率走势图

（资料来源：中国互联网络信息中心、智研咨询整理）

网络游戏具有虚拟性、开放性、逐利性、沉溺性、非主体性等特点。其一，虚拟性。网络游戏一般是通过双手在电子设备上操作，驱动电子"傀儡"以进行交互竞技，并不需要参与者身体实体的全身心参与，参与主体之间可以素不相识、"老死不相往来"。其二，开放性。这里的开放性有两个方面的内涵。一方面指参与主体的开放，无论任何国籍、民族、信仰、年龄等的主体皆可以共同参与游戏中；另一方面是指游戏的开展是全天候、全时空的，只要有现代科技支持就可以持续参与。网络游戏的开放性是其具有强大吸引力的支撑点之一。其三，逐利性。这里的逐利性是指游戏的开发主体也即网络游戏公司，其开发某款网络游戏的目的是盈利，也即积累资本。因此，其一切游戏设置都会指向能否盈利这一向标，这是当今网络游戏的根本属性，正是在其逐利性的前提之下，网络游戏逐渐走向异化。其四，沉溺性。网络游戏的沉溺性和其产品性质相关联，一般而言网络游戏是由网络游戏公司开发的游戏平台，其目的是盈利。游戏公司会充分分析游戏用户的心理特点，掌握其喜好偏向，利用其心理设计游戏并引导游戏用户持续参与其中，形成高度的黏性。其五，非主体性。这里的非主体性是指，网络游戏的规则并非由游戏参与主体协商制定，游戏的规则由游戏公司制定并强制推行且由游戏公司最终解释，游戏玩家没有主导游戏规则的权力，无法体现其主体性。从这一点看，网络游戏突破了传统游戏概念的界限，游戏的平等性、公正性受到了挑战。

鉴于当今社会网络游戏的发展态势及其给社会生活方方面面带来的各种深刻影响，下文将以具体的网络游戏产品为例，结合其具体发展和运营态势，分析网络游戏给社会各方面带来的影响，并在此基础上剖析网络游戏产品所应承担的伦理义务。

第二节 精神生活再生产：网络游戏的影响

就目前而言，网络游戏的发展方兴未艾。事物运动发展是矛盾运动的结果，因而，事物的发展具有两面性，网络游戏亦不例外。作为当今人们精神文化生活方式之一，网络游戏给网络游戏玩家及社会发展都带来了深刻的影响。其中既有积极的作用更有消极的后果。以下从其对个人及社会的影响来分析。

一 对游戏参与主体的影响

从上文可知，截至 2020 年 3 月我国网络游戏用户已达 5.3 亿，这一总量基数是非常庞大的，并且从其发展趋势看，有继续增长的迹象。依据经验事实和非官方的不完全统计，网络游戏用户绝大多数为少年儿童和青壮年，45 岁以下年龄段占据绝大多数。他们或处于身心发展的关键期或处于学业学习的关键点，抑或处于工作和家庭建设的"当打之年"。少年儿童是祖国的未来，是我国社会主义建设事业的接班人；青壮年是祖国的现在，是我国各项事业建设的顶梁柱。因此，分析和总结网络游戏对游戏用户的影响是非常重要和必要的。下文分别从消极和积极影响两方面进行分析。

（一）消极影响

　　危害身体健康。长期的、不节制的网络游戏最直接的危害即是损害身体健康。网络游戏具有高度沉溺性特征，具有高度的黏性。游戏产品的设置以充分的、专业的市场调研为前提，充分利用人的好胜心、自豪感、荣誉感等心理需求设置游戏情节，诱人沉迷。以游戏《王者荣耀》为例，《王者荣耀》是由腾讯游戏开发运营的一款 Android、IOS 平台 MOBA 类手游，于 2015 年 11 月 26 日在 Android、IOS 平台上正式公测，游戏前期使用名称有《英雄战迹》《王者联盟》。《王者荣耀》自 2015 年运营至今经久不衰，大有网游"常青树""全民游戏"之称。《王者荣耀》从其游戏名称看就极具噱头，游戏已经和"王者""荣耀"等极具意识形态性的词相连接。游戏中设置铭文（指的是构成游戏角色天赋或者说战斗力、伤害指数的虚拟道具）等级，铭文等级直接和游戏角色（即所谓的召唤师）的战斗力直接挂钩，游戏用户必须长期进行游戏积累并提升铭文等级，方可提升游戏角色战斗力。此外，《王者荣耀》设置有一系列角色生态，所谓的"坦克""战士""刺客""法师""射手""辅助"这六大定位，各具特色、分工明确，游戏非常讲究角色之间的配合。与此同时，设置了一系列攻防装备和铭文搭配，俨然已经形成一个庞大的"知识体系"，引人入胜，游戏玩家要玩好此款游戏、获得较好的游戏体验需要进行长时间的练习和钻研。此外，《王者荣耀》还设置了一系列所谓的"段位"，有比如"倔强青铜""秩序白银""荣耀黄金""尊贵铂金""永恒钻石""至尊星耀""最强王者"等，最强王者之内又有所谓的"荣耀王者"，上不封顶。利用这些虚拟的吸人眼球的段位名称来刺激玩家的求胜心和虚荣心，令其不断沉迷于段位的提升之中。最为重要的是，王者荣耀技术后台设有专门的匹配机制，即根据玩家的游戏成绩设置"隐藏评价分"，游戏技术越好、游戏评分越高、胜率越高，则"隐藏评价分"就越高，反之同理。其匹配机制会自动将"隐藏评价分"高的玩家与"隐藏评价分"低的玩家匹配在一起，均衡其团队实力。一方面防止高"隐藏评价分"玩家持续连胜、迅速达到一定预期段位后失去游戏乐趣，减少游戏时间、频率和投入；另一方面预防低"隐藏评价分"玩家由于连败而失去游戏信心和乐趣，并减少游戏时间、频率和投入。总之，此游戏匹配机制的目的就是令新老玩家都有适当的游戏体验，使他们对游戏产生某种心理上的依恋，最终令所有玩家都花费更多的时间、精力、金钱在此游戏上。这正是此游戏充分研究并抓住游戏玩家心理弱点的"高明"之处。《王者荣耀》以上被列举的所有这些机制都极具诱导性、沉迷性，让游戏玩家特别是自制力较差的青少年、儿童长期沉迷其中难以自拔。某些极具代表性的数据可以高度概括《王者荣耀》这款游戏的黏度，《王者荣耀》官方数据称"2020年王者荣耀日活跃用户数日均1亿"；截至目前，《王者荣耀》的安装次数是33亿次，这两个数据是极其惊人的。33亿次安装量就代表着有巨大数量玩家在"入游"和"弃游"之间不断徘徊，沉迷其中无法"戒除"。目前，随着社会各界的广泛反映和国家有关部门的管控以及游戏公司自身营销策略的需要，《王者荣耀》对不同年龄段玩家分别设置游戏准入、游戏时限，限制游戏准入和在线时长。然而这依然无法解决游戏沉迷问题，游戏准入和时限的设置在某种程度触发了"饥饿营销"的机制，导致进一步的游戏沉迷。又因为《王者荣耀》属于手游，利用移动智能手机终端即可体验，这就代表着游戏玩家可以全时空、全天候进入游戏。长时间的游戏沉迷直接对身体健康产生危害，例如久坐不动、缺乏运动、长期熬夜，导致视力下降、前列腺疾病、营养不良、神经衰弱、心肺功能差、消化不良、身体肥胖、免疫力下降等各种健康问题。网络电子游戏的泛滥和沉溺是当前青少年体质下降的重要原因之一,"长时间地关注网络、玩电子游戏等,占据了他们大量的锻炼以及课外活动时间"①,身体得不到锻炼,加之长期投入游戏的消耗,身体健康难以得到保证。

危害心灵健康。网络游戏对心灵健康造成的危害是多方面、多角度的。其一,从网络游戏内容看,网络游戏制作良莠不齐、泥沙俱下,加之监管的漏洞,大量涉黄、暴力、赌博的游戏时有涌现,屡禁不绝。例如《迷你世界》,其是一款针对青少年和儿童的沙盒游戏,运营者为深圳市迷你玩科技有限公司,后被爆出其内容屡屡出现涉黄文字以及色情诱导信息,引诱青少年玩家拍摄和发送隐私照片,造成极其恶劣的影响。又如《战舰少女 R》,这是一款把军舰拟人化的策略养成手游,暗藏色情内容的"爆衣"系统。该系统表现为,在游戏角色受到不同程度损伤后,会出现衣服破碎的画面,而受玩家操控的"少女"也会相应显出"楚楚可怜"、搔首弄姿的神态。游戏产品《新神曲》《天神传》等手游,产品公司为了博眼球、博关注、拼流量,曾邀请日本 AV 女优为其代言。诸如此类涉黄游戏不胜枚举,其内容暗含各种黄色文字和图像,游戏角色衣着暴露、情节入骨,充满性暗示,正处于成长发育期的青少年在此种游戏的诱导下心灵极易出现畸形发展。当今网络游戏界,最火爆的莫过于《王者荣耀》《和平精英》《英雄联盟》《穿越火线》《枪战王者》《使命召唤》等,这些游戏有一个共同的特点,也即都属于击杀、搏杀类游戏,击杀、消灭对手以获取游戏的最终胜利是其基本逻辑,"杀"(英文为 kill)是其基本词汇。游戏中往往利用英文且以激情高昂的、夸张的语气表述出击杀效果,例如"First blood(第一滴血)、Double kill(双杀)、Trible Kill(三杀)、Ultra Kill(四杀)、Penta Kill(五杀)、Killing spree(大杀特杀)、Ramp-

---

① 程铭、田福军:《我国青少年学生体质健康水平下降的原因及提升策略研究》,《教育理论与实践》2018 年第 24 期。

age（杀人如麻）、Unstoppable（无人可挡）、Godlike（横扫千军）、Legendary（天下无双）"等词汇；同时在游戏情节中设置各种嘲讽台词，炒作杀戮氛围，调动玩家情绪，渲染暴力情节。某些游戏画面则直接出现极其血腥的场面。在这些强调击杀的暴力游戏中，玩家往往胜负心极强、戾气极重，嘲讽、辱骂、诅咒等对话极其常见。长期在这种游戏暴力氛围熏陶下，游戏玩家易出现心理扭曲、性格乖戾、难以区分现实和虚拟的状况，严重者引发暴力犯罪。例如，搜狐网2017年曾有报道，某知名高校两男生在寝室发生血腥暴力冲突，一名学生被捅四刀，差点毙命，原因竟是因为在网络游戏中的资源分配不均导致。网络游戏中的赌博现象也并非个例，不少棋牌类游戏以娱乐为幌子行赌博之事，引诱游戏玩家特别是青少年赌博，造成极其恶劣的影响。其二，网络游戏玩家花费大量时间沉溺于虚拟游戏世界，极大减少了社会交际的时间和机会，易养成孤僻、自闭等性格，形成情感交流障碍，严重者造成心理抑郁、精神分裂。总而言之，沉迷网络游戏，特别是某些不健康的游戏产品，易损害游戏玩家的心灵健康，危害其正确的世界观、人生观、价值观的形成，导致各种心理疾病，妨碍健康的人生体验。

妨害学习、工作和生活。网络游戏是人们业余的休闲娱乐方式。一般而言，人们进行网络游戏的目的是获得游戏体验，放松心情、愉悦精神、增益智力，为更好地学习和工作储备能量。然而现实是，网络游戏有陷入"异化"的风险。一般而言，异化是指主体活动的后果反而成为主体的异己力量，并反过来危害或支配主体。主体参与网络游戏的初衷是为了自身得到更好的休闲、放松和发展，但事实是沉迷游戏反而对游戏参与者造成了负面的效应，个人沉浸在游戏中无法自拔，被游戏所控制，沉沦于虚假的得失、荣誉之中，随着游戏的设定越走越远，最终与参与游戏的初衷背道而驰。至此，网络游戏从手段变成了目的，游戏参与主体被游戏所支配、控制，以致身心受损，严重影响学习、工作及生活。因沉迷于游戏而荒废学习、工作的案例比比皆是。2021年4月，红星新闻等各大新闻与网络媒体争相报道，现年18岁的某高中生小明（化名），因沉迷于《地下城勇士》等游戏，仅上了一个月高中就辍学，并发生殴打父母、火烧房子等极端行为，之后被诊断为精神二级残疾。据报道，原本成绩优异的小明因过度沉迷于网游，荒废了学业，出现"不理发、不出门、不洗澡、不上学，除了吃饭睡觉，其他时间都在打游戏"的现象，并花费重金购买游戏装备，以致和父母发生剧烈冲突，酿成人间悲剧。2017年一宗名为"去你家看看可好"的日本综艺节目报道，一位43岁的男性系统工程师因沉迷于一款名为《勇者斗恶龙X》的网络游戏，以致忽略家庭生活，最终与妻子离婚、与子女分离。该男子家中堆满与此款游戏相关的冲拖鞋、盘子、毛绒玩具、钥匙扣、手办等，其生活已基本被游戏占据。这是典型的被游戏控制并迷失自我的案例。网络游戏原本是人们的精神文化生活选择之一，是人们调节生活的手段，但若过度沉迷其中，被游戏所把控和支配，将对游戏玩家的学习、工作和生活带来极其负面的影响。

（二）积极影响

应当看到，网络游戏的出现及其发展有其历史必然性，某种程度代表了人类科技的发展与进步。网络游戏的流行也代表了人们对电子网游的正当需求。人是自由自觉的精神存在物，具有被尊重和自我实现的需求。某种程度上，人们可以在网络游戏这一虚拟世界中获取认同感、荣誉感。从游戏玩家的角度看，网络游戏可以给游戏玩家带来各种潜在的负面影响，但这并不意味着其没有任何可取之处，若能合理地、健康地参与网络游戏，利用网络游戏作为某种工具，亦能带来某种裨益。

其一，健康参与游戏，获得游戏体验，缓解压力、娱乐身心、陶冶情操。一般而言，人们参与网络游戏的目的之一即是要通过游戏体验以达到娱乐休闲的效果。当今社会是一个高速发展、节奏快的社会，在平时的生活、学习和工作中，人们通常处于高度紧张的快节奏之中，经受着社会高速发展带来的各种压力。通过健康有秩序的网络体验，游戏玩家可以迅速放松身心、缓解疲劳、陶冶情操、恢复精气，以更好地迎接往后的学习和工作。同时，现实生活中人们经历各异，难免有失意、空虚、无奈、压抑等的状况发生，通过好的游戏体验可以使其获得一定的弥补、宣泄内心情绪、平衡情感世界，增强其获得感、成就感、荣誉感、尊严感。

其二，合理、健康、有序地参与网络游戏具有益智效果。现代大型网络游戏情景逼真、剧情复杂、设计灵活，要玩好一款游戏、获得良好的游戏体验需要玩家具有敏锐的观察力、迅捷的反应力、良好的大局观、强大的规则阅读能力等，网络游戏能够在客观上锻炼和提升游戏玩家以上诸能力。此外，游戏途中，想要获得游戏的最终胜利，并不常是一帆风顺的，游戏玩家经常能够遇到所谓的"逆风局"。如何在遭遇逆风局时保持冷静、分析局势以逆转局面，获取最终的胜利，这是需要多番锻炼的，因此，客观上网络游戏能够锻炼玩家良好的心态和顽强的意志力。特别是对于涉世未深、处于快速成长发育期的青少年玩家，以上作用非常明显。

其三，合理地、健康地、有序地参与网络游戏可以培养和提升游戏玩家的交际能力和团队意识。网络社交和现实社交有一定的区别，网络社交具有开放性、隐秘性和非接触性。虚拟游戏世界中，游戏玩家可以来自不同的国家、区域、民族、性别、年龄，可以有不同的经济、政治、文化背景，因此在游戏过程中游戏玩家可以随时随机接触不同特点的其他玩家。如何与他们交流和共处，甚至获得友谊，就需要一定的社会交际能力。现代大型网络游戏都设有通讯功能，玩家可以直接语音或者打字进行交流。游戏玩家在游戏体验中面对来自不同背景的其他玩家，可以增长其见识、拓宽视野，增强和不同背景的人的交际能力。此外，现代比较流行的大型网络游戏往往是团队性多人在线交互游戏，游戏一般分为两队并在地图中相互竞技。游戏的胜利需要团队队员间的合理分工、亲密协作、相互支持。以《王者荣耀》为例，《王者荣耀》中的游戏角色分为坦克、刺客、射手、战士、辅助、法师等几类，每类角色都有其特定的属性和功能，每类角色分别适应游戏场景中所谓的对抗路、中路、发育路、游走、打野等位置；往往一场游戏的胜利需要有不同的角色排兵布阵，游戏中"团战"的胜利需要不同角色间的合理分工、相互协作、相互支持甚至相互"牺牲"。在选取游戏角色时需要玩家相互妥协，达成一致，保证游戏的胜率。《王者荣耀》"排位赛"每局开始会有一句口号，从之前的"欢迎来到王者荣耀"现已经改为"不是一个人的王者，是团队的荣耀"，直接表达了团队的重要性。这就意味着，要让游戏顺利地展开、获取愉悦的游戏体验，往往需要游戏玩家具有良好的团队协作精神。因此，网络游戏一定程度上有助于游戏参与者团队意识的培育与提升，使其明白团队意识于事物成功的重要性。

二 对社会发展的影响

于社会发展而言，网络游戏是一把双刃剑，其既有积极的作用又有消极的后果。从消极后果看，良莠不齐的网络游戏能够催生违法犯罪行为，制造社会不稳定因素；诱导青少年沉迷网络，导致青少年教育及家庭问题；单一的亚健康娱乐方式，排挤休闲娱乐方式的多样性，造成国民身体素质的下降，催生更多心理问题；解构传统历史叙事、歪曲历史真相、麻痹民众神经、诱导社会价值。从积极影响看，其一定程度上可以推动经济发展，推进科技进步，促进社会整合、缓和社会矛盾，丰富民众精神文化生活。

(一) 消极后果

其一，催生违法犯罪，制造社会不稳定因素。游戏产品的开发和运营属于市场行为，游戏公司的目的是追逐利润、积累资本，某些不良资本为了迎合某种不良需求、博取流量，铤而走险，钻法律和监管的空子，开发、运营和传播具有色情、暴力、赌博性质的游戏产品，扰乱市场、魅惑人心。色情、暴力、赌博向来是社会不稳定因素的温床，这等劣质网游产品的推行能够迅速腐蚀人心，催生各种违法犯罪行为，妨碍社会稳定。

其二，诱导网络沉溺，导致青少年教育及家庭问题。一般而言，网络游戏具有高度的黏性、沉溺性。为了令玩家花费更多的时间和金钱投入游戏中，网络游戏的设计会充分研究玩家的心理特征，利用玩家的心理弱点，让其欲罢不能，在不知不觉中花费大量的时间和金钱投入游戏当中。对于广大青少年网络游戏玩家而言，其身份主要是学生，其义务是完成学习任务、锻炼本领。然而事实是不少青少年玩家因缺乏辨别是非的能力及缺少自制力，花费了大量时间和精力投入游戏中，荒废了学业，带来非常普遍的教育问题。再者，网络游戏普遍是所谓的"氪金"游戏，要玩好一款游戏、获得良好的游戏体验，必须投入不菲的资金用于购买游戏装备，而青少年大多属于消费者阶层，并没有自食其力的能力。社会中常有新闻报道，某学生私下花费家长大量资金用于购买游戏装备，其金额之大已经甚至超出家庭承受能力，造成难以平复的家庭矛盾。而对于部分成年游戏玩家而言，工作和经营家庭是其主要职责和义务，部分成年玩家沉溺于游戏中，荒废了工作，忽略了家庭，造成了难以挽回的家庭悲剧。

其三，长期沉溺游戏，娱乐休闲方式单一、封闭，造成国民身体素质的下降，催生心理问题。党和国家向来重视国民的体质与健康问题，对于青少年体质尤其关注。2002年，教育部正式颁布《国家学生体质健康标准》，并于每年适当修订实施。大、中、小学都有适当的实施标准，并于规定的时间对学生进行体能测试。近年来青少年体质健康问题备受关注，不少学生在体质测试中未能达标，合格率不容乐观。例如，仅仅就裸眼视力一项就足够惊心，近视、散光等视力障碍越来越年轻化。青少年体质下降是由各方面原因共同造成的，但沉迷网络游戏是其重要原因之一。网络游戏并无须调动身体的运动机能，只需要双手灵活即可。相反，长时间的网络游戏需要参与者长时间静坐或定格在一定的空间之中，并且需要眼睛长时间暴露在电子屏幕的辐射之下。网络游戏这一娱乐休闲方式具有排他性，沉浸在游戏中，便要减少其他户外休闲娱乐（例如登山踏青、体育运动等较为利于身体健康的）活动的时间和次数。加之平时学业、课业繁重，体育锻炼的时间大为减少，体质下降就成为非常自然的事情。身心是紧密相连的，长期地沉溺在网络游戏中，缺乏与他人的沟通和交流，缺少与他人相处的经验，极易养成青少年较为封闭、孤僻甚至抑郁的性格特质，导致多种心理健康问题。

其四，解构传统历史叙事，歪曲历史真相，麻痹民众神经，诱导社会价值。网络游戏的这一负面影响是值得重点关注和提防的。某些网络游戏内容粗制滥造，为了迎合某些低级需求无所不用其极。刻意改写已经成为共识的历史叙事，歪曲历史真相，抹黑历史人物，给游戏玩家造成价值观的冲击。此外，某些进口的网络游戏，其内容暗藏意识形态极强的内容，传播例如个人主义、享乐主义、拜金主义等错误的价值观念，给游戏参与者带来非常消极的思想影响。

（二）积极作用

其一，促进产业转型，推动经济发展，提供就业岗位。不可否认，网络游戏产业作为第三产业的一种，在国民经济的发展中已占有一席之地。网络游戏产业同时也催生了一系列附属行业，例如职业电竞人、游戏直播、游戏手办业等，客观上推动了经济发展，提供了就业岗位。2020年12月，中国音数协游戏工委官方网站发布了《2020年中国游戏产业报告》，该报告中指出，2020年，国内游戏市场实际营销总额为2786.87亿元，比2019年增加了478.1亿元，同比增长20.71%，继续保持较快增速。同时，我国自主研发的网游也打入美、日、韩等国家的游戏市场。2020年，中国自主研发的游戏海外市场实际营销收入为154.50亿美元，比上年增加38.55亿美元，同比增长33.25%，保持了高速增长态势。并且，我国自主研发的移动游戏海外市场收入已位列前100，其中策略类占比为37.18%，射击类占比为17.97%，角色扮演类占比为11.35%。可以预见，未来网络游戏产业将得到进一步发展，在当前全球疫情防控常态化下，网络游戏产业依旧保持了其稳健的发展势头。例如2020年初疫情背景下，中国游戏市场实际销售收入有所下跌，之后又马上有较为强势的反弹，如图5所示。网络游戏产业方兴未艾，其客观上推动了社会经济发展，增加了就业岗位。

其二，推动科技进步。生产决定消费、消费反作用于生产，广阔的游戏市场推动了游戏产业的快速发展和更新换代，新的消费需求催生网络科技不断更新。近十几年来网络游戏更新换代速度非常快，从单机游戏到联网游戏、从小型游戏到综合大型游戏、从平面游戏到大型3D仿真游戏，每一次更新都代表了技术的创新和进步，通信技术、数据库结构、系统构架、系统逻辑、图像渲染等各方面技术都得到进一步发展。

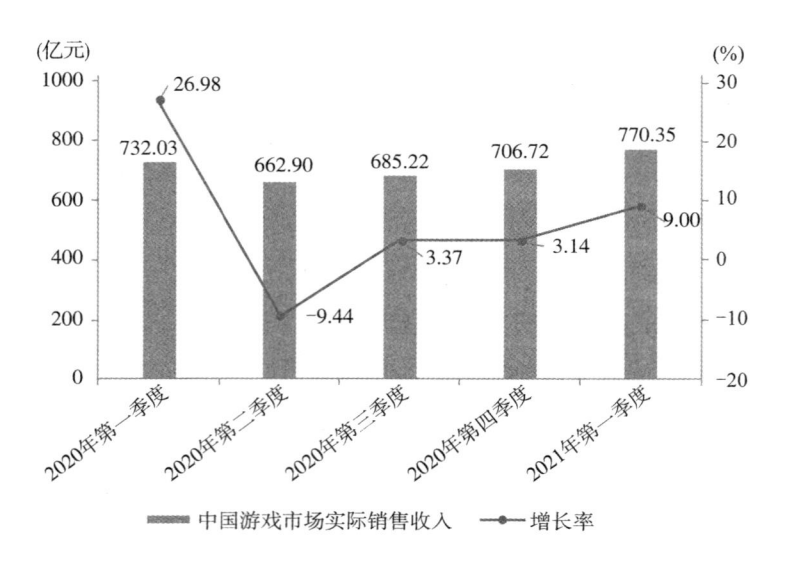

图 7-5 2020—2021 年中国游戏市场实际销售收入

(图片来源：游戏工委)

其三，促进社会整合、缓和社会矛盾。在这个方面上，网络游戏的双刃剑特征表现得非常明显。不健康、不合理、无序的网络游戏可以催生违法犯罪，制造社会不稳定因素。但有节制的、合理有序的网络游戏一定程度上有助于社会整合，稳定社会秩序。网络游戏是娱乐休闲的方式，有缓解压力、打发时间、稳定情绪的作用，对于游手好闲、无所事事的人来说是消解时间的好平台。以 2020 年疫情初期为例，在疫情防控初期，党和国家政府英明决策，号召广大民众居家隔离，万众一心、抗击疫情。在此期间，网络游戏在线总量剧增，对于居家隔离的民众而言，网络游戏有打发时间、安抚情绪的客观作用。同时，就业是民生之本；巨大的网络游戏行业，吸纳大量就业，也是稳定社会秩序的最直接表现。

其四，丰富民众精神文化生活方式。毫无疑问，网络游戏属于人类精神文化生活范畴，是现代社会人们休闲娱乐的新方式。健康、合理、有序的网络游戏于个体而言亦具有开发智力、缓解压力、陶冶情操等益处。当然，前提是网络游戏产业必须有足够的担当，能够提供优秀的游戏产品，丰富游戏文化属性，传播进步理念和元素，引导游戏玩家树立正确的人生观、价值观、历史观。

第三节　网络游戏文本的伦理义务

网络游戏产品属于文化产品范畴，人们购买游戏产品属于精神文化消费。文化具有意识形态性。在《新民主主义论》一文中，毛泽东非常清晰地界定了文化的本质及其功能，他指出一定的文化是一定社会的政治和经济的反映，同时又影响和作用于一定社会的政治和经济。因此，网络游戏作品作为文化作品亦具有一定的意识形态功能，网络游戏的运行和传播将对社会的经济、政治、文化等带来深刻的影响。我国是中国共产党领导的人民民主专政的社会主义国家，文化作品的生产与传播必须肩负一定的伦理义务，也即应符合社会主义先进文化的前进方向。社会主义先进文化应以人的解放和全面发展为价值导向，符合真理、追求正义，具有一定审美层次，能够为人的精神生活问题给出答案，能够为人的发展和社会进步提供精神动力。具体而言，它必须以马克思主义为指导，坚持中国特色社会主义，践行社会主义核心价值观；应当能够尊重中华优秀传统文化，并深深根植于中华优秀传统文化中；必须坚持先进生产力的前进方向，坚持变革与创新；必须坚持以人民为中心，面向并服务广大人民群众；应当主动承担推动国家经济社会等各方面发展的重任；应当具有走出去的能力，能面向世界，全面融入国际，具有强大的国际影响力。作为市场经济行为下的网络游戏作品，虽然其目的是营利，但也必须承担相应的义务。下文将以实际的游戏产品为例，分析网络游戏作品应承担的伦理义务。

一　叙述和肯定先进科技知识、科技观的义务

科学技术是人类在认识自然客观规律基础上的能动创造，其目的是服务人类，增加人的自由，使人们在与自然的价值关系中获得精神与物质上的更大自由和解放，给人们生活带来更大的便利。科学技术必须具有人文关怀精神，科技的运用也必须遵循进步的社会伦理与道德，传播正确的价值观，服务于人们，服务于社会。网络游戏产品就是现代科技的产物，其目的是供人们娱乐休闲，使人们获得精神的满足和愉悦，以能有更好的状态投入学习与工作。一般而言，网络游戏能够反映我们这个时代最先进、最前沿的科技创造，现代大型网络游戏需要有最先进的科技支持，例如，强大的通信科技、最先进的计算机软件与硬件技术、人工智能与3D图像编辑等，这些都能说明网络游戏对先进科技的肯定。网络游戏亦是当代科技的某种载体，对于在民众中宣传人类科技水平、科普科技创造有一定作用。

同时，科技的运用还必须遵循正确的科技观，遵守进步的社会伦理与道德。于网络游戏而言，技术的运用必须维护公平公正、干净清朗的游戏环境，保证游戏玩家的正当游戏体验，帮助游戏玩家达到娱乐放松、益智的目的。然而现实的网络游戏中却存在技术的不正当使用、表达了错误科技观的现象。现代网络游戏中存在非常普遍的、广受诟病的外挂现象。外挂，又叫开挂、开外挂，其是综合某些修改器的功能进行编程的游戏修改器，一般指通过修改游戏数据而为玩家谋取利益的作弊程序或软件；即利用电脑技术针对一个或多个软件进行非原设操作，篡改游戏原本正常的设定和规则，大幅增强游戏角色的技能和超越常规的能力，从而达到轻松获取胜利、奖励和快感的好处。外挂即是某种作弊程序，其严重摧毁了游戏的公平性和趣味性，以至于摧毁了网络游戏存在的根基。外挂实际上代表了网络技术的某种突

破，能够在严密的游戏编程逻辑中找到漏洞和突破口，但这是一种不正当的、错误的应用。以《王者荣耀》为例，跟随其游戏机制出现了各种外挂。例如："CD挂"，为也就是无技能冷却限制的外挂，能够令游戏技能快速或无限制释放；"全视野挂"，王者荣耀对战中对方没暴露视野是看不到对方的，但全视野挂就是打开全图视野，使得开挂方操作和运行更加轻松自如；"自动瞄准挂"，能够使游戏角色自动瞄准并精确打击对方角色；"经济挂"，即是令开挂者游戏角色迅速"成长发育"，获得超常伤害力的外挂。诸如以上的开挂现象在各种网络游戏中都普遍存在，并且制造游戏外挂几乎已经成为某种产业，网络上有各种所谓的"游戏外挂代理"，这严重违反了游戏精神，展现了扭曲的科技观念。游戏外挂的制造者有时甚至是游戏的开发者，为了不正当的利益"监守自盗"。于游戏行业而言，杜绝游戏外挂的生产与使用，表达正确的科技观是其基本的、义不容辞的责任和义务。

二 叙述、肯定、宣扬先进价值观念的义务

网络游戏产品作为现代社会被广受追捧的文化作品，应当遵循社会主义核心价值观，应弘扬富强、民主、文明、和谐的国家发展价值观，倡导自由、平等、公正、法治的社会发展价值观，倡导爱国、敬业、诚信、友善的个人发展价值观。有不少网络游戏产品能够宣扬积极向上的价值观念，例如推崇团队精神，追求勇敢、坚强、努力的价值观念，这是值得肯定之处。然而，在诸多网络游戏产品中存在违反社会主义核心价值观、宣扬扭曲价值观念的游戏内容及形式，应当受到批判、打击和纠正。

辱华游戏。这是网络游戏作品中性质极为恶劣的情况。然而，有辱华性质的游戏还不在少数，很大一部分是由外国制造并由某种渠道在国内运营的游戏产品，诸如此类产品应受到严厉的打击。例如游戏

《肮脏的中国餐馆》，这是游戏开发商 Big‑O‑Tree 开发的一款餐厅模拟经营类游戏，把种族歧视当黑色幽默。玩家可以在游戏中控制一名叫黄福的角色经营一家中餐厅。玩家在游戏中可以侮辱顾客，对竞争对手采取破坏行动，压榨员工工资，拿垃圾做成食物提供给顾客，等等，极具辱华色彩。又如游戏产品《提督决断2》《提督决断3》，该游戏为二战时期日本侵略行径翻案，美化东条英机，游戏的情节是日军攻陷中国各大城市。再如《绝地求生》这款火爆全球的游戏，2018 年 7 月，韩国《绝地求生》推出一批全新装备，在装备之中，有一件装备是带有旭日旗图案的飞行员头盔，旭日旗是日本军旗，为二战期间日本军国主义的象征符号。开发商更是将游戏中的人工智能角色命名为 731 部队。诸如此类游戏产品，居心叵测、颠倒黑白、肆意污蔑，应当被坚决抵制和打击。

　　拜金主义，消费攀比主义。几乎所有的游戏都是所谓的"氪金"游戏，这是与资本的本性一致的，作为网络游戏公司，追逐利润是其根本目的，因而，其游戏的设置就是想方设法令游戏玩家在游戏中最大限度地消费。在众多游戏产品中，都有大量的游戏道具、角色需要用钱购买，需要用钱购买的道具其性能远远优于普通道具，并且已经超出一定界限，即使有良好的游戏意识和操作，但在精美的道具面前依然不堪一击。这极大挑战了游戏的公平性，改变了游戏的性质。例如《王者荣耀》中英雄角色的皮肤分为多个等级，有所谓的"史诗级"皮肤，其性能和手感早已经超越没有皮肤的原英雄，甚至"判若两人"。在游戏《和平精英》中，有需要开车追逐的情节，里面设有诸如玛莎拉蒂、Ghibli 等需要花大量金钱抽取的"豪车"，"豪车的"质量非常高，在与普通车辆的碰撞中几乎无所损伤，但普通车辆几乎"车毁人亡"。此外，一般游戏中需要用钱购买的道具不管是皮肤、车辆还是枪械都具有极其炫酷的外表，加上其强大的性能，这对于特别是还处在成长发育中的青少年儿童而言,是极具吸引力的。游戏产品一般会给充钱的玩家确定所谓的"贵族等级",一般从 V1 至 V8 不等,不同的等级会有不同的额外"贵族福利",并且随着时间的推移,"贵族等级"在不停抬高,详见表 7-1、表 7-2。这种鲜明的等级制度,刺激了游戏玩家的虚荣心和攀比心理,渲染了拜金主义的价值观念。经常有新闻报道,未成年玩家私下使用家长手机,利用电子货币购买游戏道具,造成各种不良后果。拜金主义及消费攀比主义是不可取的价值观,游戏产品不能只顾自身利益、忽视消极的社会影响、传播消极价值观念。

表 7-1 《穿越火线:枪战王者》"贵族"等级价格、特权福利表

VIP 等级	VIP 价格(人民币)	特权福利
1	6	巴雷特 3 天,1W 金;点金暴击率略微提升。
2	30	黄金沙鹰 - A(3 天),复活币 3 个,2W 金,获得经验加成 3%,金币加成 2%,点金暴击率小幅提升。
3	188.8	黄金沙鹰 - A(7 天),疯狂宝贝(7 天),绿巨人(7 天),3W 金,经验加成 5%,金币加成 3% 点金暴击率提升。
4	588.8	黄金 AWM - A(14 天),疯狂宝贝(14 天),绿巨人(14 天),5W 金,经验加成 8%,金币加成 5%。
5	1088.8	黄金 AK47 - A(30 天),疯狂宝贝(30 天),绿巨人(30 天),7W 金,经验加成 10%,金币加成 8%;点金暴击率较高提升。
6	2888.8	M4A1 - 暗金风暴(永久),黄金沙鹰 - A(90 天),黄金 AWM - A(90 天),10W 金,经验加成 20%,金币加成 10%;点金暴击率大量提升。

续 表

VIP 等级	VIP 价格（人民币）	特权福利
7	5888.8	黄金 M249(90 天)、妖姬(90 天);点金低概率出现 3 倍爆率;150000 金币;获得经验加成 30%,金币加成 15%;点金暴击率大幅提升。
8	12888.8	黄金 MG3(永久);黄金 AK47-A(120 天);点金小概率出现 3 倍爆率;250000 金币;获得经验加成 50%,金币加成 20% 点击暴击率大幅提升。
9	28888.8	签到收益;金币加成*30%;经验加成*80%;暴击加成*60%;王者礼包折扣;世界 BOSS 奖励次数增加*2 次;好友上限*50,生化购买次数*3 次;乱斗购买次数*3 次;活跃上限*40;解锁特效;聊天气泡,等等。

表 7-2 《王者荣耀》"贵族"等级价格、特权福利表

VIP 等级	VIP 价格（人民币）	特权福利
1	1	专属聊天字体、专属徽章、解锁贵族初级头像框。 礼包:偶像歌手体验卡 3 天、1 胜经验卡。 福利:每周 128 金币+10,铭文碎片。
2	10	专属聊天字体、专属徽章、解锁贵族初级头像框。 礼包:偶像歌手体验卡 5 天、4 胜经验卡。 福利:每周 188 金币+20 铭文碎片。
3	50	专属聊天字体、专属徽章、解锁贵族初级头像框。 礼包:偶像歌手体验卡 7 天、10 胜经验卡。 福利:每周 288 金币+40 铭文碎片。
4	200	专属聊天字体、专属徽章、解锁贵族高级头像框。 礼包:项羽海滩派对(永久)+388 金币。 福利:每周 288 金币+50 铭文碎片+50 钻石

续 表

VIP 等级	VIP 价格（人民币）	特权福利
5	500	专属聊天字体、专属徽章、解锁贵族高级头像框。 礼包:赵云皇家上将(永久)+588金币。 福利:每周388金币+70铭文碎片+60钻石。
6	1000	专属聊天字体、专属徽章、解锁贵族高级头像框。 礼包:狄仁杰魔术师(永久)+888金币。 福利:每周488金币+80铭文碎片+70钻石。
7	2000	专属聊天字体、专属徽章、解锁贵族特级头像框。 礼包:1600铭文碎片+400铭文碎片。 福利:每周488金币+90铭文碎片+80钻石。
8	5000	专属聊天字体、专属徽章、解锁贵族高级头像框。 礼包:虞姬启明星使(永久)+1388金币。 福利:每周488金币+80铭文碎片+70钻石。 新增昵称专属颜色特权。 在个人主页、聊天频道(综合/好友/战队)、好友列表、组队房间等区域都会将召唤师名字更改为专属颜色。
9	10000	(1)新增贵族专属个人主页皮肤 (2)新增贵族消息卡片特权 在聊天频道(综合/好友/战队)、选将阶段等将有新的表现形式,改变聊天字色、背景及聊天边框 (3)新增点赞特效特权 在对局中进行点赞及回复操作时,自己看到点赞图标将变为专属图标,同时队友看到的播报内容也将进行改变,同时在对局结算时,为给力队友的点赞也将变为专属字体颜色
10	18888	贵族10召唤师跟好友组队进行游戏时,好友可使用贵族10召唤师拥有的全部永久皮肤(艾琳-女武神除外)。

以"偷"为荣的扭曲价值观。某些网络游戏刻意迎合某种低级趣味,例如游戏情节以"偷"为荣,以"起得早、偷得多"为乐。例如所谓的"偷菜游戏"就曾风靡全网。偷菜游戏是 Five Minutes 公司开发的一款休闲交友游戏,用户在里面扮演一个农场的农场主,在自己农场里种植各种各样的蔬菜和水果。农作物从种植到成熟有着不同的阶段,每个阶段可能会发生干旱、病虫害、长杂草等情况,需要农场主的细心照顾。果实成熟之后,可以被收获进仓库,如果不及时采摘,就会被朋友偷摘。于是在网络上偷虚拟的"菜"便成为潮流、风靡一时,还产生了一些专门的偷菜人,以"偷"为乐、以"偷"多为荣,偷来的菜换金币买虚拟的"房子",以满足自身在现实世界中无法实现的梦想。游戏看似充满互动性、趣味性,偷的是虚无缥缈、无关紧要的"菜",但客观上隐藏着扭曲的以"偷"为荣的价值观念。在游戏的流行期,网友们经常相互竞赛,比谁起得早、谁"偷"得多。网络游戏作为精神文化生活会给游戏参与者留下很深的思想烙印,并投射于现实生活中。游戏产品的制作必须守住法律底线、道德底线。

三 根植中华优秀传统文化,肯定、宣扬正确历史观念的义务

中华优秀传统文化是中华民族的"根"和"魂",是最深厚的文化软实力。网络游戏作为文化产品,要具有生命力和发展前途就必须尊重我国优秀的传统文化,根植于优秀传统文化之中,获得灵感和动力,也就必须尊重历史,表述正确的历史观。

以热门游戏《王者荣耀》为例,毫无疑问,《王者荣耀》有今天的知名度和发展程度,极大部分原因是其依靠在我国优秀传统文化的怀抱中。其游戏角色的姓名大多源自我国古代经典名著如《三国演义》《西游记》《封神演义》《山海经》等,同时也有其他真实历史人物。

截至 2020 年 12 月，王者荣耀一共有 103 位英雄，并随着时间的推移不断在增加。其中有所谓战士类英雄例如吕布、曹操、赵云、花木兰、关羽、典韦等；有所谓坦克类英雄如程咬金、牛魔、项羽、白起等；有所谓刺客类英雄如韩信、荆轲、兰陵王、孙悟空、司马懿等；有所谓法师类英雄如貂蝉、妲己、芈月、嬴政、王昭君等；有所谓射手类英雄如狄仁杰、鲁班七号、孙尚香、后羿、黄忠等；有所谓辅助类英雄如孙膑、太乙真人、蔡文姬、庄周、刘禅、大乔等。游戏玩家在接触游戏时会有文化记忆及代入感，《王者荣耀》正是借着传统历史文化的影响力以激发玩家好奇心、引起共鸣，以达到扩大其游戏影响力的目的。某种程度上讲，《王者荣耀》有助于宣传古代历史文化，让更多的人学习和了解历史人物及事迹，学习传统古诗词、经典著作、名言名句，领略传统文化的意境悠远、博大精深。《王者荣耀》之所以具有强大的代入感是因为游戏设计者善于营造氛围，因其游戏"对战"中，英雄角色在出生、行进、复活间都会有专属的英雄台词；在击杀对手或者"死亡"时有专门的、特有的嘲讽台词，这些台词会围绕整场比赛，不断重复和巧妙出现，以达到某种强化。在这种氛围下，这些台词极容易入脑入心，给游戏玩家造成深刻的印象。在这些台词中，不乏意境优美的古诗词或经典著作名言。例如游戏角色伽罗（原型为隋朝文献皇后独孤伽罗）的"羌笛何须怨杨柳，春风不度玉门关"（出自唐代诗人王之涣的《凉州词二首·其一》）；角色明世隐的"昨夜星辰昨夜风，画楼西畔桂堂东"（出自唐·李商隐《无题·昨夜星辰昨夜风》）；角色诸葛亮的"臣本布衣，躬耕于南阳，苟全性命于乱世，不求闻达于诸侯"（出自三国·诸葛亮《出师表》）；角色老夫子的"有朋自远方来，不亦乐乎"（出自春秋·孔子《论语》）；角色王昭君的"凤凰鸣矣，与彼同岗。梧桐生矣，与彼朝阳"（出自西周·无名氏《诗经·大雅·卷阿》）；角色李白的"有一美人兮，见之不忘。一日不见兮，思之如狂"（出自汉·司马相如《凤求凰》）；角色庄周的"天地与我并生，万物与我为一"（出自战国·庄子《齐物论》）；角色芈月的"岂曰无衣？与子同袍。王于兴师，修我戈矛"（出自先秦·《诗经·无衣》）；角色大乔的"此时相望不相闻，愿逐月华流照君。鸿雁长飞光不度，鱼龙潜跃水成文"（出自唐·张若虚《春江花月夜》）；角色甄姬的"若轻云之蔽日，若流风之回雪（出自三国·曹植《洛神赋》）；角色公孙离的"昔我往矣，杨柳依依。今我来思，雨雪霏霏"（出自先秦《采薇》）；角色杨玉环的"云想衣裳花想容，春风拂槛露华浓"（出自唐·李白《清平调·其一》）；等等。其包含的大量台词中，都出自名篇名句，或歌颂思乡心切、或表达爱情凄美、或披露战争残酷、或感叹山河壮丽、或遥感时光悠远、或吐露忠心拳拳，意境优美、回味无穷。从这一方面而言，此游戏产品能够尊重传统文化，挖掘优秀传统文化的价值，根植于传统文化，推动传统文化的传承与发展。

从另一方面而言，《王者荣耀》并未如实尊重历史事实、尊重传统文化，其中不乏解构历史叙事、歪曲历史事实、戏谑历史文化、改编历史人物的情况。例如，在《王者荣耀》中荆轲变为女性，之后迫于压力方把名字改为阿轲；作为中医学的开山鼻祖，救死扶伤、行善无数的扁鹊却被设定为用毒高手；东汉时期女性文学家蔡文姬被设定为一位奶声奶气、稚气未脱、光着脚丫的萝莉；程咬金（程知节）成为一名鲁莽、下流的糙汉，其台词有如"通通推倒""一个字：干"等具有性暗示的话语。程咬金的皮肤"爱与正义"中，把程咬金刻画为一个搽脂抹粉、烈焰红唇、一袭绿装的猥琐糙汉形象。不止于此，《王者荣耀》非常注重营造其特有的文化氛围，建构一整套人物关系图，例如夫妻关系、情侣关系、三角爱慕关系、战友关系、"死党"关系等，每位英雄角色都有它特定的背景故事，形成了一整套游戏人物故事和游戏文化生态。并在此基础上制定宣传动画,输出其游戏文化。比如,王者荣耀 2020 年 12 月上线的新英雄"澜"的完整版 CG《目标》中就有如下一个虚构的故事。澜作为魏都刺客,接到曹操的命令追击蔡文姬夺取玉玺,只是当澜来迟一步,到达船舱深处时蔡文姬早已被送走。此时垂死的将领点燃了火药,想要与澜同归于尽,澜没能及时逃离,睁开眼时却看到蔡文姬为救他而力竭倒地。看着倒地的蔡文姬,澜本想直接了结她,但心中充满犹豫,最后还是放过了蔡文姬,两人在孤岛上生活了一段时间。流落孤岛的日子里,澜逐渐被蔡文姬的天真温暖所感化,但是之前放出去的刻有"魏"字的木牌终是引来了曹操,澜为了保护蔡文姬而与司马懿、曹操战斗,最后在身中曹操一刀的情况下拼死护着蔡文姬逃离。精通魔道机关术的蔡邕一族不愿为曹操效力,于是曹老板设计引诱蔡邕义子典韦魔化杀了蔡文姬全家,清醒之后的典韦出于后悔决定做蔡文姬的守护者。曹操抹除了蔡文姬的记忆,谎称是诸葛亮为了某件上古遗物杀了蔡文姬全家,并收下蔡文姬做养女。然后以蔡文姬为人质要挟典韦,典韦为了保护蔡文姬,和曹操达成了交易。诸葛亮知道事情的真相,所以在峡谷游戏里遇见蔡文姬会触发对话,"聆听你的胡笳琴,错乱的音符在演奏真实",蔡文姬也会回一句台词"大人是种邪恶、可怕、爱说谎的生物"。诸如此类故事非常多,故事中涉及真实历史人物,并强拉人物关系、编撰离奇事故,对历史人物形象及历史事实造成极大的冲击和挑战。如以上诸种肆意歪曲和解构历史文化的相关游戏产品,长期熏陶和浸淫青少年儿童,是十分有害的。网络游戏的内容应当肯定、宣扬正确的历史观念,作品的生产应尊重历史、尊重史实,不随意解构、歪曲和捏造。

四　维护和建构社会共同体的义务

维护和建构社会共同体,即是要维护社会稳定、促进民族团结、提高民族凝聚力、拥护国家统一。文化具有意识形态属性，网络游戏作为文化产品具有意识形态功能。网络游戏作品应承担维护和建构社会共同体的义务，其内容与形式应当有助于维护社会的稳定，有助于促进民族团结，有助于深化民族文化的凝聚力和吸引力，有助于拥护和推进祖国统一。就目前网络游戏产品来看，要履行维护和构建社会共同体的义务，应注意并做到以下几点。其一，杜绝黄色、暴力、赌博的游戏内容和形式。在上文关于网络游戏的影响中谈到，有部分网络游戏公司铤而走险，恶意迎合低级趣味，纵容不法行径，制作极具黄色、暴力色彩的游戏产品，利用游戏表象的掩护运营赌博行径。黄色、暴力、赌博游戏能够扭曲价值观、挑逗不良情绪，向来是违法犯罪行为的温床。因此，网游公司不能为一己私利，不顾伦理道德，挑战法律红线，制造品质低下产品。其二，维护民族团结，宣扬民族文化。网络游戏作品不能有破坏民族团结的行为。相反，网络游戏应当宣扬民族文化，巩固民族团结。一般地，网络游戏为了吸引玩家注意力，引导玩家消费游戏产品，经常会抓住节假日的时期，制作宣传广告，举办优惠活动。网络游戏在创收的同时还应当履行宣传民族文化的责任，民族文化和节假日经常连接在一起，弘扬民族文化不仅有利于网络公司创收，同样有利于民族文化自信心、凝聚力的形成。然而，现在有些网络游戏产品，大肆宣扬西方节日，烘托西方节日气氛，面对民族自己的节日文化却涉及甚少，了解不深。其三，坚决抵制分裂国家、阻碍国家统一的游戏内容。例如《红色警戒》游戏就曾出现丑化社会主义国家的内容；《秘密潜入2》游戏的第13—16关卡中公然宣称中国是恐怖分子聚集地；在《足球经理2005》里，将中国台北及港澳地区当作独立国家，将西藏作为"中国西藏"和"中国"并驾齐驱；《命令与征服3·将军》中天安门、三峡大坝等中国标志性建筑被夷为平地，等等。如以上各种别有用心、罔顾事实、颠倒黑白、居心叵测的游戏内容及形式应受到坚决的谴责、抵制和打击。

五 引导、弘扬先进道德观念的义务

网络游戏讲究互动性、交互性，并且就目前而言，网络游戏的用户总量是巨大的。在网络游戏体验中，形成了一个社会交际网，再加上网络游戏的虚拟性特征，网络游戏的队友和对手绝大多数是由电子智能随机匹配，玩家之间不会有直接见面交流的条件，并且由于网络的虚拟性，玩家各方面信息是保密的，并不会被其他玩家知晓，玩家在游戏中的言行缺乏法律和道德的有效约束。这种情况之下，容易产生各种道德问题。游戏虚拟社会是现实社会的映射，游戏虚拟社会的体验与感受也很容易反馈到现实社会生活中来。网络游戏作品有引导和弘扬先进道德观念的义务，引导正确的善恶观、荣辱观、正义观，营造良好的游戏环境和氛围。就目前而言其应当做好几下几点。

其一，抵制和制裁破坏游戏公平的行为，维护公平公正的游戏环境，宣扬以凭真实力取胜为荣、以作弊造假为耻的游戏道德观。一般而言，如今网络游戏规则的最终解释权被游戏公司掌握，对玩家的游戏评价、虚拟奖励是由游戏公司决定的，制定一个公平、公正的游戏评价与奖励机制是游戏公司应该解决的问题。同时游戏公司应该严格打击游戏开挂、游戏演员、游戏代打等行业和行为，为公平、公正的游戏环境奠定基础。同时设置行之有效的用户反馈系统，认真处理玩家的合理反馈，维护良好的游戏秩序。

其二，宣扬和引导文明社交、与人为善的游戏道德观。依据事实经验，网络游戏社交是"垃圾话"的重灾区。如今，大型网络游戏都有在游戏途中进行语音、文字交流的技术支持，游戏玩家可以直接连麦交流和沟通，这本是为了提升玩家游戏体验的设置；然而，实际情况是，各大网络游戏的社交成为"垃圾话"的重灾区，游戏途中玩家相互指责、相互嘲讽、相互辱骂的情况已经屡见不鲜，成为一种不良的社会风气，带来非常恶劣的社会影响。但因为网络的虚拟性，玩家间并不需要对自身的言行担负实际责任，此种现象屡禁不绝。各大网络游戏例如《王者荣耀》《和平精英》《英雄联盟》《穿越火线》等都设有针对垃圾话的禁言机制。但禁止不如疏通，在游戏中大力宣扬和引导文明社交、文明游戏、与人为善的游戏道德观念，倡导良好的游戏风气，是针对这一问题的有效路径。此外，有不少玩家利用游戏社交这个平台发布涉黄暗示性、网络诈骗性等信息，严重扰乱游戏社交环境，造成消极后果。作为游戏的制造者、运营者，宣扬和引导文明社交、与人为善的游戏道德观，营造风清气正的网游环境，是游戏公司应当承担的义务。

其三，引导游戏用户区分虚拟和现实的界限，摒弃"暴力为上、弱肉强食"的错误观念。现代网络游戏中以对战类游戏最为火爆，用户最多。然而对战类游戏有一个根本特征，其本质是以击杀和消灭对方获取胜利为目的。暴力是这类游戏的基本色彩。网络游戏是人们休闲娱乐、发泄情绪、释放压力的窗口，对战类游戏对于宣泄情绪、释放压力是有一定作用的。但是虚拟游戏和现实社会具有很强的关联性，暴力的游戏因子很容易被转移和放射到现实生活中，尤其是对于还处于成长发育期的少年儿童玩家而言，其心智并未成熟稳定，容易混淆虚拟与现实的界限。曾有相关报道，现实有人模仿《王者荣耀》的情节（《王者荣耀》的峡谷地图中有所谓的"野区"，由草丛和溪水等构成，游戏设定英雄角色一旦进入草丛便从视野中消失，敌对方便不能看见），隐藏在草丛里，袭击路人的事件。这是典型的将游戏带到现实的案例。因此，游戏作品有义务协助用户区分虚拟与现实，在游戏制作上杜绝暴力与欺凌，创作健康作品。

六 崇雅尚美的义务

崇尚高雅、追求美好是人的直觉和本能，所谓"爱美之心人皆有之"，崇雅尚美是人的直观的、更高层次的审美追求。这里的雅是指高雅、典雅，也即不粗俗、卑俗、庸俗、低俗、恶俗；美是指优美、美丽、瑰丽、美德，不仅仅指外形的美丽，也指内涵和精神的美。拒绝粗制滥造，创作高雅、美好的游戏作品也是游戏生产者的伦理义务。网络游戏一旦运营，并被用户选用，就变成社会"公器"，对用户审美情趣产生一定的影响。某些网络游戏为了迎合低级趣味，粗制滥造，制造恶俗色情游戏，例如《引诱我》、*BeacHouSex* 等游戏作品，情节露骨、毫无下限、恶俗至极，对未成年人的身心健康造成巨大的威胁；也有某些网游打擦边球，其游戏角色皮肤衣着暴露、形态夸张、搔首弄姿、台词轻佻，例如《王者荣耀》《英雄联盟》等游戏就有过这种情况，以致被勒令整改；还有部分游戏作品，其游戏本身并无明显色情低俗的情节，但为了宣传效果，利用色情性质的图片和视频进行宣传，这是低俗、恶俗游戏作品的代表。也有制作优美、高雅的代表。现代网络游戏更加高清化、3D化、智能化。还是以《王者荣耀》为例，《王者荣耀》的成功离不开其在根植于我国传统文化基础上创造的优美意境，其游戏角色往往具有优美的外形，并善于结合我国古代经典诗词、著作中的名言名句，烘托高雅、壮美、凄美、优美等的意境。例如，英雄角色伽罗，其英雄本身具有历史属性，原型为隋朝文献皇后，再配上其优美的台词，如"书本，是转瞬即逝的东西，唯有文明，才能长存不灭""羌笛何须怨杨柳，春风不度玉门关""不知古道上的风从何处起，可它去往的是故里""你我的姓名，将湮灭于野火，家乡的魂灵，随原上草木而复苏"，表达了一幅对家乡的思念、对生命短暂的感慨、对时光和文明悠远的赞叹的凄美、壮丽的图景，极具吸引力。网络游戏能给游戏用户带来审美的影响，追求高雅与精美，拒绝粗制滥造，追求精益求精的工匠精神，承担文化传承重任，贡献品质优良的游戏作品，是游戏生产者和游戏产品应尽的义务。

第八章　网络小说文本的伦理价值

第一节　网络小说的发展历程

网络小说是网络文学的主要形式。网络小说是利用网络平台，如BBS界面连载发表的小说，与一般的小说相比，网络小说的话语会更接近口语并充斥网络流行语，叙事更加通俗易懂。网络小说的形式除了文字内容，还可以利用图案、声音等融合匹配。中国网络小说已经历经二十多年的发展，从小众自发创作行为快速成长为颇具规模的文化产业，成为新时代中国新文艺发展的重要组成部分，为推进祖国的文化建设、丰富人民的文化生活，起到了至关重要的作用。回顾中国网络小说的发展历程，有如下阶段。

一　萌芽兴起阶段

1998年至2003年，网络小说处于萌芽兴起阶段。1994年，我国的第一条64K国际专线正式接通，标志着中国正式进入互联网时代。互联网使信息传播获得了一个全新的介质，信息传播的模式发生了翻天覆地的变化。随着互联网在中国的发展，网络文学应运而生。作为网络文学重要形式的网络小说也开始萌芽。1998 年被称为"中国网络文学元年"。台湾网络写手蔡智恒（又名"痞子蔡"）在互联网上连载了 34 章节网络爱情小说《第一次亲密接触》，引起广泛关注，标志着我国网络小说正式起步。网络小说创作逐渐成为一种潮流和风尚，网络小说日益成为网络文学主流。早期的网络小说并不是作为产业出现在互联网，而是零散小工作业。早期的网络小说创作者大多是早期接触网络的"无业青年"。他们由于内心的情感无法抒发，所以选择在传播速度快且范围广的网络中倾诉自身经历。网络写手蔡智恒的《第一次亲密接触》就是这一类型。如今这部作品读起来可能稍显笨拙、矫情，但在网络小说萌芽时期，它却无意间激发了全球华人对网络阅读的欲望。

  这一阶段，大部分网络小说发表在网络论坛或个人主页上。1995 年的"水木清华"和 1997 年的"榕树下"等 BBS 论坛和小说主页相继上线，网络小说的连载模式依托 BBS 兴起，逐渐形成了线上阅读方式。这一时期，国内各大院校相继建立起各自的 BBS 系统，随着高校的大力推广，大量文学青年得以借助网络发表个人作品。有作者，有读者，此时的网络小说以短篇为主，由于完全免费且作者申请的 ID 只限各个学校内访问，大量好的作品未引起外界网络媒体关注。1998 年之后，《榕树下》文学网站举办了两届中文原创大赛，网络作家受到很大关注，知名度也有明显的提升。这一阶段，诞生了一大批早期中国网络小说知名作家。比如，今何在、李寻欢、安妮宝贝、邢育森等。"黄金书屋""西祠胡同""清韵书院""龙的天空""幻剑书盟""起点中文网"等一大批文学网站也应运而生，发表了大量原创作品。如《风姿物语》《迷失在网络与现实之间的爱情》《悟空传》《沙僧日记》《成都，今夜请将我遗忘》《活得像个人样》《七月与安生》《告别薇安》《沙僧日记》《寻秦记》《大唐双龙传》《风中的刀》《十宗罪》《英雄志》《小兵传奇》等。

二 产业扩张阶段

2003 年至 2015 年,网络小说进入产业扩张阶段。2003 年"起点"推出了 VIP 付费模式,使网络小说的付费模式登上舞台。VIP 付费指的是在阅读过一定免费章节后,对接下来要阅读的章节进行收费,读者可以成为 VIP 付费网站的会员。随后,"起点"被"盛大"收购,各种资方逐渐进入阅读市场。此时,网络小说已经有了"产业时代"的一个雏形。"商业逻辑不承认任何之限制性规则,它只服从突破所有限制以最大化其利益的自身冲动。"[1] 资本介入后,小说网站的规模随着文学作品的商业化不断扩大,且作品数量也随之急剧增多。为满足大量读者"催更"的需要,网络小说创作频率更快、周期更短。快速化、类型化的网络小说作品大量出现,标志着网络小说进入了规模化生产的"产业时代"。特别是手机、IPAD 等移动阅读终端作为一股新生力量,助推网络小说进入爆发式增长阶段的同时,推动网络小说进入了写作门槛更低、商业回报更快的时代。

这一时期,网络小说从沉默中实现了爆发式的喷涌和狂飙式的炽燃,一个全新的网络小说时代踔厉风发,不仅创作队伍空前壮大,优秀作品层出不穷,而且审美观念、创作方法和艺术追求等,也都呈现出多元化和多样化的样态与趋向。网络小说就是在这一新趋势和大背景下所呈现的别样文学景观。玄幻、都市、仙侠、游戏、科幻、灵异各个题材"你方唱罢我登场",直至到今天所有类型都积攒了大量的经典作品。如,《明朝那些事儿》《祝福你,阿贵》《兽血沸腾》《佣兵天下》《我是大法师》《诛仙》《江山美人志》《何以笙箫默》《新宋》《步步惊心》《泡沫之夏》《琅琊榜》《回到明朝当王爷》《庆余年》

---

[1] 金惠敏:《媒介的后果》,人民出版社 2005 年版,第 75 页。

《后宫·甄嬛传》《三生三世十里桃花》《微微一笑很倾城》《小说，或是指南》《此间的少年》等。许多网络小说改编成电视剧和电影。但是，这一阶段，网络小说创作也存在着诸多问题和有待突破的瓶颈。网络小说最大的问题就是大而不强、多而不精、丰而不富、快而不稳，迄今为止这些缺失仍未得到根本性改善。例如，部分作者为迎合读者的阅读趣味，有意架空历史、远离现实，无视作家使命，放弃价值承担，漠视时代精神和艺术规则。网络小说创作者作为"码字工""网络写手"，只是为满足读者某种爱好和"遵循"吸引注意"规律"，专注于世界观设定、人物设置和情节设计，以"流程化、标准化"的方式，不断地"生产"出大量作品。网络小说作品加速变成了"套路文"，以满足越来越多缺乏阅读经验的"小白"读者，类型雷同、风格一致的现象更加突出，凡人流、穿越流、洪荒流等套路化写作盛行。作品质量"向下看齐"趋势更明显，作品的表达通常是直观和通俗的，既降低了对读者的阅读水平要求，也降低了自身的写作门槛与质量要求。网络小说的商业化也使得网络小说大军中低级趣味、无聊低俗小说的泛滥，大量宣扬不道德行为，扭曲社会价值观，煽动仇恨的小说作品出现，以营利为目的，发表了大量负能量网络小说，如《我就是流氓》《和空姐同居的日子》《我是阿斗我不用人扶》《抱歉你只是个妓女》等。

三　有序发展阶段

2014年至今，网络小说进入有序发展阶段。以习近平同志为核心的党中央高度重视网络文学，团结服务网络作家、引导网络文学创作，成为文艺部门工作的一项重要内容，有力地推动了网络小说的健康发展。2014年10月15日，习近平总书记在文艺工作座谈会上强调，文艺是时代前进的号角，最能代表一个时代的风貌，最能引领一个时代的风气。实现"两个一百年"奋斗目标、实现中华民族伟大复兴的中国梦，文艺的作用不可替代。2015年9月11日，为认真落实习近平总书记在文艺工作座谈会上的重要讲话精神，繁荣发展社会主义文艺，中共中央政治局召开会议，审议通过了《关于繁荣发展社会主义文艺的意见》。习近平总书记在文艺座谈会上的讲话和《中共中央关于繁荣发展社会主义文艺的意见》给予网络文学从业者极大的动力和鼓舞。这是网络小说繁荣发展的基石，也为网络小说指明了方向，并就网络小说的创作、传播、建设、管理提出了一系列具体的要求。

自此开始，中国网络小说"野蛮生长"状态下出现的一些问题逐步得到纠正，一批优秀的网络小说作品受到社会广泛关注。以前，网络小说的价值主要体现在娱乐和消费两个方面。新时代，网络作家明确了新时代的新使命，自觉从以量取胜向以质取胜转变，守正创新，不断开创网络小说繁荣兴盛、健康发展的新局面，其在文学版图中所占比例越来越大，进入了有序发展的新时代。网络小说要成为时代主流的艺术样式，就要担负起弘扬社会主义核心价值观的使命，表现当今这个伟大的时代，表达人们现实的经验和情感，注重现实题材创作。正是因为跟上了时代发展的步伐，网络小说才获得了更大的发展空间。那些阅读量和评论量巨大的作品，有许多是弘扬家国情怀、彰显奋斗精神、书写人间真情的，作品所体现的历史观、民族观、国家观都是正确且为社会大众所认同的。网络小说创作者对主流价值观的认同、向中华文化的回归、对时代精神的回应，正在从不自觉走向自觉，他们的作品也因此赢得了更广泛的读者。分众化阅读已然成为网络阅读接受的成熟模式，读者的阅读水准不断提高，对网络文学写作提出了新的要求，网络小说要注入文学性和现实关怀渐成共识。现实题材创作领域不断拓宽，开始放弃穿越、重生、异能、金手指等"捷径"，转为"正面强攻"，故事情节的可信度与人物形象的真实感明显增强；一部分原先专事玄幻创作的网络名家，开始尝试现实题材创作，并取得了不俗的成绩。网络小说历经"蛮荒写作"到"系统写作"发展之路，这表明网络小说作为一门"技艺"的门槛已经越来越高。"大浪淘沙始见金"，时代潮流滚滚向前，那些与时代同行的作品与创作者最终走向了无比广阔的大海。通过对历年度申报和遴选作品梳理可知，网络文学逐渐趋向正能量和主流化，更多关注现实题材创作，实现"整体崛起"。

自有序发展以来，网络小说质量逐步提高，为小说改编为其他文艺形式提供了基础。网络文学 IP 热引领全年话题，网络小说改编影视如火如荼。《花千骨》《何以笙箫默》《琅琊榜》等电视剧让网络小说产生了广泛的社会影响。网文、出版、影视剧、游戏全版权联合运营，线上 IP 值，线下文学值，让网络文学 IP 价值最大化。为网络小说的创作提供了创作原动力。2018 年中国面向海外输出 11168 部优秀网络文学作品后，2019 年更有《散落星河的记忆》《写给鼹鼠先生的情书》《网络英雄传 2：引力场》等 3 部网络文学作品荣登年度"中国好书"榜单；《遍地狼烟》《网络英雄传》荣获中国出版政府奖；《大江东去》《蒙面之城》入选"五个一工程"奖和老舍文学奖。这一切都十分明晰地带来了一个新时代、新变化、新开拓、新发展的强烈文学信号，即不仅在文学的传统园地中增殖了网络文学的新成员，而且更因其形质富厚、意象丰盈、产出快捷、传播广泛而已于葳蕤发育之中渐成大树、屡结硕果、繁花盈枝、气象万千。《2018 中国网络文学发展报告》显示，在 2442 万部各类题材网络文学作品中，现实题材作品已超过六成，同比增长 24%；一批反映创新创业、社区管理、精准扶贫、物流快递、山村支教、大学生村官的现实题材作品脱颖而出，主题格调、内容质量以及社会效益均有明显提升，并产生出一批既反映现实生活又体现网络文学节奏与特色的优秀作品，实现了表现形式与作品选题的双重突破。

第二节 网络小说的伦理价值

文化是一个国家、一个民族的灵魂。举精神旗帜、立精神支柱、建精神家园，是当前文化工作的崇高使命。网络小说作为现代文化的展现形式，具有推动文明进步、引领时代风尚、观照精神世界、促进全面发展的伦理价值。

一 社会伦理价值：推动文明进步，引领时代风尚

麦金太尔曾对西方为代表的现代性所作的否定性批判揭示了一个重大伦理问题——如果在这个现代化即功利化的过程中，德行在生活中没有位置，或德行的位置只在生活的边缘，那还有没有对人类而言的至善目标？社会道德如此贫乏，智能意味着一个新的黑暗时代已经来临。17 世纪的英国社会、18 世纪的美国社会都遭受过市场经济关系建立初期给社会带来的巨大伦理道德冲击。在资本的裹挟下，人欲横流、"礼坏乐崩"，社会意识无序混乱，伦理秩序遭到践踏。麦金太尔揭示了西方社会自从启蒙运动以来摒弃德行传统、全面功利化这样一种历史选择带来的自身难以克服的道德困境。对于我们这样的正在向现代化迈进的后发现代化国家而言，西方社会的这种选择恰如一面使得我们清醒的镜子。[①]

市场经济追求利润最大化，对功利追求或对物质利益、金钱利益的索求几乎压倒了一切的价值目标。在市场经济条件下，一切关系，甚至古老的、温情脉脉的亲属关系都打上了金钱的印记。近现代生产关系的深刻变化，商品经济、市场经济的到来，使得功利追求成为主

---

① ［美］阿拉斯代尔·麦金太尔：《德行之后》，龚群、戴扬毅译，中国社会科学出版社 2020 年版，第 25 页。

导性的价值追求。市场经济环境下，随着生产力提高而到来的不只是数不尽的物质财富，同时还诱发许多与经济发展有关的价值问题和伦理矛盾。社会发展现实规定的人伦秩序同样会逐渐发生变化，但是社会伦理观念及指导下的行为规范的系统稳定性，不可能迅速地顺势随之改变，这就形成了传统伦理价值观念与现实人伦秩序的"违和"。在当今繁复多变的社会环境下，公理、正义、价值的衡量标准都经受着巨大的考验。如果不加引导任其发展，就可能跌入金钱至上、唯利是图、良知泯灭的深渊。若不进行适当的引导，不仅失去精神支柱，还将危及民族的精神素质和文化素养，对市场经济体制的建立完善也是一种障碍。社会主义市场经济既不同于传统的社会主义计划经济，也不同于现代的西方市场经济，它自然更加需要一定的意义系统的支撑与维系。

"文艺是时代的精神触角，是审美地把握世界的特殊方式，它不仅描述现实生活的面貌，而且通过作品的思想内容、道德取向、价值追求和审美判断，潜移默化人们的思想和行为，从而达到引领时代风气的目的。"[1] 因此，推动社会主义市场经济发展同时，也要以文化的、道德的力量对与资本市场相伴的"恶"进行抑制。在经济转型期的文化嬗变中，加强价值观念的调适，进行伦理秩序层面的构建。"人伦关注与人伦自觉性恒久地构成中国古代艺术家的艺术冲动，同时也构成中国古人最具普遍性的艺术接受趣味。"[2] 中国小说创作中伦理价值观念的文本阐释成为艺术表达的重要取向。自小说诞生以来，其一直发挥着教化育人、传承文化的作用，小说创作具有伦理价值意义。小说创作主体以其自身现实体验和伦理认知，对多取向社会伦理价值观念

---

[1] 中共中央宣传部：《习近平总书记在文艺工作座谈会上的重要讲话学习读本》，学习出版社 2015 年版，第 10 页。

[2] 高楠：《中国古代艺术的文化学阐释》，辽宁人民出版社 1998 年版，第 28 页。

和人伦关系秩序进行伦理分析和判断。如果创作主体认为人伦关系秩序失序，就会在作品中对之进行批判，抨击伦理价值体系中落后、腐朽甚至反动的价值观念，并借助作品进行艺术化的表达，并努力建构适合时代需要的人伦价值理念，促进社会和谐有序发展。比如当社会处于动荡时期，小说创作引发民众认知的"钟摆效应"，衍生出的舍生取义、为民请命、替天行道、精忠报国、忧国忧民等伦理主题维系国家社会安全稳定和复归伦理关系有序发展。

随着网络技术发展，人们认知社会的方式发生颠覆性转变。网络为人们获取信息提供了数据资源支撑，特别是网络小说成为人们度过闲暇时光的现代文学文本。据中国互联网络信息中心（CNNIC）第47次《中国互联网络发展状况统计报告》显示，截至2020年12月，我国网络文学用户规模达4.60亿，较2020年3月增长475万，占网民整体的46.5%；手机网络文学用户规模达4.59亿，较2020年3月增长622万，占手机网民的46.5%。网络小说作为网络文学的主要表现形式，将日益影响民众生活情绪，影响伦理认知。一个时代有一个时代的文艺，一个时代有一个时代的精神。任何一个时代的经典文化作品，都是那个时代社会生活和精神的反映，都具有那个时代所特有的创作烙印和特征。网络小说作品传达的伦理价值有其时代性因素，网络小说作品中所传达的隐性的时代性伦理价值，具有建构与解构伦理认知的功能。网络小说既有商品属性，又有审美的意识形态属性。既有娱乐功能，又有伦理教化功能。一个时代社会心理的振奋和颓丧，社会风气的健康和衰败，往往是与一个时代所流行的文学艺术史分不开的。[1]任何一个时代的小说作品，只有同国家和民族命运紧紧维系、休戚与共，才能发出引领时代的呼声。当今中国社会处在转型时

---

[1] 王元骧：《文学原理》，浙江大学出版社2018年版，第292页。

期，城市化进程加快、农村社会解构与转型、全球化语境、现实生存与虚拟生存的同在等诸多因素推动人伦秩序的变化，网络小说创作主体应该对此作出伦理倾向反映，在网络小说创作活动中融入对社会转型发展的伦理之思，为新时代人伦秩序建构求解。网络小说要主动以网络小说特有的表达方式，映射、回应社会发展、文化传承、伦理道德面临的新问题。网络小说应当有起码的社会伦理责任，应当坚守基本的法理和道德的底线，在市场大潮前不能迷失方向、不能当市场的奴隶，传承和弘扬中华优秀传统文化，让中国精神成为社会主义网络小说作品的灵魂。网络小说创作者应该成为时代风气的先觉者、先行者、先倡者，通过更多有筋骨、有道德、有温度的文艺作品，书写和记录人民的伟大实践、时代的进步要求，彰显信仰之美、崇高之美，弘扬中国精神、凝聚中国力量，鼓舞全国各族人民朝气蓬勃迈向未来①，在推进现代化建设的宏伟大业和实现中国梦的伟大征程中提供精神正能量。

二 个体伦理价值：观照精神世界，促进全面发展

人类创造着社会文明，作为创造成果的社会文明反过来又重塑人的本质。这种辩证统一关系表明二者互为对象、互为目的、相互作用。② 人，本质上就是文化的人，而不是"物化"的人；是能动的、全面的人，而不是僵化的、"单向度"的人。人类不仅追求物质条件、经济指标，还要追求"幸福指数"；不仅追求自然生态的和谐，还要追求"精神生态"的和谐；不仅追求效率和公平，还要追求人际关系的

---

① 中共中央宣传部：《习近平总书记在文艺工作座谈会上的重要讲话学习读本》，学习出版社2015年版，第10页。
② 罗浩波：《社会文明学导论》，浙江大学出版社2008年版，第17页。

和谐与精神生活的充实，追求生命的意义。① 现代信息技术快速发展，社会生活中价值观念、人际关系、伦理秩序诸多方面经历着解构与重构，将原本复杂的人类生存境况变得更加复杂。现代性社会出现文化祛魅、价值多元、未来主义、历史虚无主义、个人主义各种思潮泛起激荡以及人工智能算法操控人类生活，导致个体伦理理念中价值神圣性的丧失、人伦共同体信念的失落、合理的传统资源的抛弃，对伦理制度化的过分钟情、被动涉世伦理关系、对美德伦理的遗忘而终会陷入困境。现代社会的生活节奏加快、生活压力增大，人们很难在伦理融入具体生存的成德过程中感受生存的意义，无法体验个体生存内在的精神富足，生存将变得片面，生存的"意义"将变成对身体感官的瞬时刺激，因而在那种缺乏感官刺激的闲暇时光中，人们总感到生存的空虚。人们为了追寻新的感官刺激而置伦理规范于不顾，伦理便彻底沦为欲望的奴隶。现代生活在市场经济和资本控制下，已经存在生存与伦理的分离、异化。

举精神之旗、立精神支柱、建精神家园，都离不开文艺。鲁迅曾说，要改造国人的精神世界，首推文艺。人类在文化生产、文化交往和文化消费过程中，再生产自身的精神结构，满足自身的精神生活需要。人的情感宣泄、心理寄托、心灵秩序的安顿、审美情趣的满足，可以通过艺术消费和文化作品的欣赏得以实现。没有这些文化符号系统，"人的生活就一定会像柏拉图著名比喻中那洞穴中的囚徒，人的生活就会被限定在他的生物需要和实际利益的范围内，就会找不到通向'理想世界'的道路"。无论系统学习或碎片化阅读，都是个人文化消费方式，也是个体精神建构方式。② 因此，梁启超在提出小说革命时

---

① 习近平：《之江新语》，浙江人民出版社2007年版，第150页。
② 魏则胜：《中国特色社会主义文化何以自信》，《华南师范大学学报》（社会科学版）2018年第1期。

说,"欲新一国之民,不可不先新一国之小说。故欲新道德,必新小说;欲新宗教,必新小说;欲新学艺,必新小说;乃至欲新人心,欲新人格,必新小说"①。现代网络科技推动下的媒介发展为人们的精神生活转向提供了物质准备,网络小说作为小说的现代形式,其传播打破了时空的域限。网络小说借助网络媒介技术成为文学的重要组成,内含着能赋予人们未来预设价值理念、善恶范畴、价值衡量标准,能穿透生活的盔甲,直达公众的心灵。网络小说能发挥"以文化人""以文育人"和弘扬真善美、鞭挞假丑恶的效能,对建构个体"真""善""美"的精神世界有着无可替代的作用。网络小说把理性的观念、人生的愿景化为审美理想,体现在对具体人物和事件的描写中,给予读者的不是抽象的理性上的说服,而是把人生图景展示在读者面前,使读者在阅读时感到仿佛参与其中,经由亲身的体验无须理性告诫,自然而然地把作者所表达的人生理想认作自己行为的方向和目标。"最高的美不是感官所能感觉到的,而要靠心灵才能见出",所以"要观照这种美,我们就得向更高处上升,把感官留在下界"。② 在美的文学艺术中,网络小说作家对于自己笔下的现实人生所表达的态度和评价,具有启发人们思考和追问人生的意义和价值,与当下的实际生活形成了一种"虚实"张力,使人们在现实生活之中看到了一个超越现实生活的艺术世界。现实生活中的人们经过努力,在达到了有限目的之后不至于陷入空虚和迷茫,而始终觉得有一个更为高远的理想在等待着他经过奋斗实现。人们若想发挥主动性、摆脱被机械支配的工具性地位,应该凭借自我主观性的努力达到自我主体性的逐渐实现和完善,在流变的自我中进行道德整合,最终达到一个幸福和谐的更高境界。

---

① 王元骧:《文学原理》,浙江大学出版社 2018 年版,第 293 页。
② 北京大学哲学系美学教研室编:《西方美学家论美和美感》,商务印书馆 1980 年版,第 60 页。

玛丽·雪莱认为,"人类之所以互相仇恨、轻视、非难、欺骗和压迫,并非因为世间没有冠冕堂皇的学说,而是由于对之没有真切的体验和理解"。面对主体性激发的难题,亚里士多德曾说"知道公正的不会马上变得公正",只有经过体验,把认识到了的道理转化和内化为个体的意愿,即从"应该这样做"变为"立意这样做",才能在个体的行动中得到落实。网络小说非简单地被视为对伦理观念的直接介入,而是内含审美的意识,通过强化人们对美好人生的信念,从内部激活人们实践活动的心理能量和精神动力。自清代戴震以来,宋明理学常常遭受类似"以理杀人"的指责,"尊者以理责卑,长者以理责幼,贵者以理责贱,虽失,谓之顺。卑行、幼者、贱者以理争之,虽顺,谓之逆",其所批判的便是将伦理高抬为抽象权威而对具体生存所形成的宰制。福柯认为,应"允许个人运用他自己的办法或借他人之帮助对自己的躯体、灵魂、思想、行为、存在方式施加某种影响、改变自我,以达到某种愉悦、纯洁、智慧、或永恒状态的实践"[①]。网络小说正是符合"帮助自己"要求的功效,它能唤醒生存与伦理相贯通的体验,有助于缓冲现代社会人际焦虑、价值迷茫、伦理失范,以身份"迁移"方式润物细无声地营造切身感受。在网络小说中实现身份转换,伦理关系同时发生变化。现实关系体和想象关系体出现交叉融合,人们阅读网络小说时,新的关系体在精神世界得以建立,自我意识也随之发生变化。网络小说作品中人物的伦理身份的设定和伦理关系的建构,会衍生至现实生活,对人们的伦理生活和精神世界产生引导作用。网络小说在体验基础上还激发着情感。情感在影响整个人格结构和个人行为中具有举足轻重的地位和作用。网络小说《大江东去》善于利用情感营造,该小说描写20世纪80年代改革浪潮,用宏大的背景烘托

[①] [美]贝斯特、凯尔纳:《后现代理论——批判性的质疑》,张志斌译,中央编译出版社1999年版,第79页。

出怀旧又诚挚的情感，烘托出宋运辉、雷东宝、杨巡及其同龄人在改革开放中一步步走过的心路历程，影响读者心境，助推心理倾向和伦理认知。实现这种体验式身份的迁移和情感烘托，要以作品关注现实生活为前提。习近平总书记强调，人民是文艺创作的源头活水，一旦离开人民，文艺就会变成无根的浮萍、无病的呻吟、无魂的躯壳。创作优质网络小说是一个复杂的充满探赜与创造的工程，绝非单纯的情节演绎和编织故事。优质网络小说作品总是将笔力集中于描写"人物"以及"人物"所生存于其中的源于现实又高于现实的社会生活，从而将伦理体验所带来的全身心转化融入生存的延展过程。唯其如此，方能形成富有价值内涵的文学经典和历史永恒，创造出无愧于民族、无愧于时代的文艺精品，不断满足人民的精神文化需求。

第三节 网络小说创作的伦理义务

一 宣传社会主义核心价值观

每个时代都有每个时代的精神。社会主义核心价值观内容为国家层面的富强、民主、文明、和谐，社会层面的自由、平等、公正、法治，个人层面的爱国、敬业、诚信、友善。可以说社会主义核心价值观全面概括了国家、社会和个人的价值取向和价值追求，也全面包含了中华民族的特性、命运和希望，需要我们大力弘扬和传播。要把社会主义核心价值观作为网络小说创作的主旋律，引导人民树立和坚持正确的历史观、民族观、国家观、文化观，增强做中国人的骨气和底气。文艺是铸造灵魂的工程，文艺工作者是灵魂的工程师。爱默生在《论艺术》中说道："艺术家须运用在他那个时代和他那个民族中流行的符号，来把他的经过放大的感觉传达给人类。"从终极的意义上说，社会主义核心价值观不仅以"人"为基础，以"民"为中心，表现出对人之主体性的自觉和尊重、礼遇，而且把人当作目的，从而超越功利性，旗帜鲜明地指向神圣、高尚、终极，反映了全国各族人民共同认同的价值观"最大公约数"。因而必然能够得到广大人民群众的认可和支持。社会主义核心价值观是当代社会的主流价值观，是社会主义文化的灵魂，它与网络小说的价值需求有着内在的一致性。比起传统小说，网络小说表现力更强，题材更丰富，风格也更加多样，同时网络小说也更易于传播。网络小说的这些特点在弘扬社会主义核心价值观方面，是对传统小说的拓展和丰富。

一部打动读者心灵的网络小说，既可以是至情至性的鸿篇巨制，也可以是描写平凡现实生活中的点滴小事。正如习近平总书记所要求的，要让核心价值观的影响像空气一样无处不在、无时不有。因此，网络文学弘扬社会主义核心价值观，要将发生在身边的中国故事融入作品。党的十八大以来，习近平总书记多次强调，要讲好中国故事，传播好中国声音。对于网络小说来说，弘扬社会主义核心价值观、讲好中国故事既是时代的责任，也应该成为网络文学表现的重要内容和今后的发展方向。从中国历史上看，一切优秀的文学家之所以被人们记住，就是因为他们讲好了中国故事。因为这些中国故事里凝聚了中国人民的共同经历与情感，从中可以感受到中华民族的特性、命运与希望，所以他们为我们所敬仰。好的文艺作品就应该像蓝天上的阳光、春季里的清风一样，能够启迪思想、温润心灵、陶冶人生，能够扫除萎靡之风。广大文艺工作者要高扬社会主义核心价值观的旗帜，把社会主义核心价值观生动活泼、活灵活现地体现在文艺创作之中，用栩栩如生的作品形象告诉人们，什么是应该肯定和赞扬的，什么是必须反对和否定的，做到春风化雨、润物无声。

深刻体会，增加作品魅力。网络小说创作者对社会的先进价值观念表现得越深刻、越真切，作品就越具有艺术吸引力。杜勃罗留波夫指出衡量作家或者个别作品的价值尺度，就是要看："他们究竟把某一时代、某一民族的（自然）追求表现到什么程度。"常州市武进区人民法院退休女法官吴亚频创作的长篇小说《心照日月》以江南小城湖滨县人民法院为背景，讲述了该院法官何丽娜、邹晓义等人的办案故事。小说以主人公跌宕起伏的命运为主线，全景展现了基层法院的真实生态，展现了基层法官信念坚定、执法为民、敢于担当、清正廉洁的执着追求。

利用隐喻，提升作品引导力。优质的网络小说会体现出谦虚礼貌、见利思义、敬业尽责、清正廉洁、明理诚信等美好品德，这些与社会主义核心价值观对公民个体道德与行为的要求相统一，对当代青少年的成长有着极其重要的影响。因此，网络小说是社会道德风尚的一面镜子，可以潜移默化地影响和改变人们的生活态度。如崔曼莉所写的《浮沉》中所倡导的敬业精神和友善理念——"要有大局观念，要换位思考，把自己放在别人的处境上多想一想，只要能朝着目标迈进就是好的。""你不是一个人，而且你的行为举动，也不是代表你一个人，你是团队的一分子，团队不是说你遇到什么问题，或我遇到什么问题，而是我们遇到什么问题。帮助了你，就是帮助了整个团队。我们在一个团队当中，就会有所牺牲、有所付出，然后我们才能有所收获。"[①]

取材历史，培养爱国情怀。历史题材类网络小说的主旋律是民族精神和家国情怀。通过文学手法将历史事件演绎得形象生动，赋予历史人物血与肉，使其活灵活现地展现在人们面前。优质的历史类网络小说能够培养人们的爱国主义情怀，增强人们的使命担当和责任担当。齐橙的《大国重工》，这部两百多万字的网文作品，读来引人入胜，以

[①] 崔曼莉：《浮沉》，陕西师范大学出版社2008年版，第203—204页。

国家重大装备办公室干部冯啸辰的经历为主线，描写了一群为工业强国的梦想不断努力奋斗的人物，他们用汗水和智慧铸就大国重工，展示中国重大装备研发的艰辛历程，体现了强烈的历史使命感和责任感，弘扬了爱国主义精神；让读者更容易去了解奋战在工业战线最前沿的人的酸甜苦辣，从而更加为这些可以称为共和国脊梁的奋斗者感动，为中国骄傲。

二 传播道德观念，关注抑恶扬善

善恶有别、抑恶扬善，是文学应该遵循的基本原则。习近平总书记强调"通过文艺作品传递真善美、传递向上向善的价值观、引导人们增强道德判断力和道德荣誉感"①。文学要洞察生活，见证善与恶，不能让恶成为毒气弥漫在茫茫人海中，也不能让善淹没在不断流淌的长河里。光明前进一分，黑暗便后退一分。文学本身是一种精神。它不应是孤芳自赏。它需要读者的融入并引导更多向善、向美的心灵。网络小说创作既要有宏大史诗般的书写，也要有细致入微的心灵观照。崇德向善、批判丑恶，是网络小说应该承担的道义和职责。

一方面，网络小说要激励人向上向善。当人处于暗淡的人生阶段，需要文学的阳光驱散阴霾。宣传善的网络小说犹如一束光亮，或是真理和正义，或是爱情与亲情，或是责任与担当，或是奉献与牺牲，或是文明与进步的向往，它能带给人类和世界希望之光。读者通过阅读此类网络小说完成自我救赎和自我成长，给内在心灵世界善的期望。优质的网络小说作品，能让美与善在更高的层面上再次产生更为密切的关联，将审美趣味提升到道德追求高度。这种堪比艺术的完美表达离不开和谐。曾经美的和谐品质在古希腊美学中因其与秩序和德性的

---

① 中共中央宣传部：《习近平总书记系列重要讲话读本》，学习出版社、人民出版社2016年版，第200页。

密切关联，完美指向了善本身。狄更斯的小说《巴纳比·拉奇》（*Barnaby Rudge*，1841）在"潜流"主题设计上的美感应和了读者的想象力。狄更斯的故事设计，就是"诗性正义"理念最好的体现之一。小说中的几乎每一个字，只要稍加注意，就会发现字里行间都有一种潜流意蕴，富有想象力的读者通过解读后，对这种潜流意蕴的兴趣会无限增加。狄更斯的"隐性叙事"中，巴纳比对流血的恐惧让其产生了谴责凶手的道德正义感，诗性般的正义感在个体内心世界得到圆满的实现。① 爱伦·坡曾阐释了爱幻想的穆尔比充满想象力的雪莱更受大众欢迎的缘由。想象在爱伦·坡的美学理念中转化为美的介质，其特质不在于创造，而是一种建构和谐组合的能力，这种和谐的新奇组合吸引着美感，走向了"善本身"。在康德看来，我们通常所谓的、代表着理性功利的善在世俗道德戒律的束缚下并不是最高级的道德形态。至善则让美与道德在自由和纯粹的形式中再次相遇，审美活动在康德的超验思想中连接着感性与理性。如果美摆脱功利性的道德桎梏，则会与至善相通，便成为人类的最高价值，这种艺术体现的超验之美最终把审美主体引渡到善的精神境界。把美指向了善，并不是简单直白地用道德说教的口吻通过说服达到目的，而是通过潜移默化的审美判断来让读者觉解宇宙的秩序与自然的和谐，从而对人类社会的道德伦理得出超验的感悟。起点中文网上连载的小说《升邪》值得创作者们学习，正如文中表述的——事无对错，但人分善恶。每个人的立场已前置决定了善恶衡量的标准有所不同。就像角色墨巨灵一样，他心中的真神只有一个，其他的则无异于邪魔。驱逐邪魔、回归永恒便是该角色心中的善。作者想表达的善，则是心中有牵挂，守护即为善。不论角色苏锵锵所作何为，都是为了守护中土、守护不停、守护离山、

---

① 王二磊：《爱伦·坡文学批评的道德困境与美学出路》，《外国文学研究》2020年第4期。

守护自己周围的每个人。这部小说摆脱了我们司空见惯的网络创造者对宣扬善的无力感。友谊与爱情、复杂与纯净、机智与敦厚、果敢与徘徊、慷慨与悭吝、热烈与冷静，总之道德中的良善悄悄地蛰伏在文中。该小说展示了美的意蕴，这个世界不独是丑恶，美好常在；世界也不独是失望，希望也许更多。《三生三世十里桃花》中对亲人、对师父、对友情、对爱情、对宽恕、对仇恨、对自我以及对他人充满美与善的解读，也折射出了中国传统文化思想、观念中的正能量。

另一方面，网络小说要批判恶之行径。自然世界有真必有假，人类社会有善必有恶，有美必有丑。一个丈夫可以为了一笔数额不菲的保险赔付而亲手谋害自己的妻子，甚至是当着亲生幼儿的面；一个丧心病狂的男子竟敢在校园里对着鲜花一般的孩子举起砍刀……是什么让他们灭绝人性变成恶魔？如果我们早一些、更早一些给那些麻木的人生、病态的心灵注入善和美的能量，能否避免或减少那些让人心痛的恶性事件？当下，越来越多的商业作品在道德和伦理上玩世不恭，人们在享受经济腾飞成果的同时，似乎也在失去一些基本的安全感。斯蒂芬·茨威格说："作家是人类一切人性的维护者和保卫者。"坡在文学批评中用笛卡儿的二元论把诗歌中的意义分为上层和下层两个维度，即"意义的显流"和"意义的潜流"。从哲学的角度来看，坡的二元划分，折射出"显"与"潜"的物质存在方式。① 文学应该给人以力量，这种力量，不仅是理解、爱和抚慰，还有批评；一种基于爱的批评，无论是鞭挞，是愤怒，还是呐喊。网络小说应助人、助社会向上、向善，它应该帮助我们在艰难中更好地活下去。网络小说能否努力做那太阳和月亮，勇敢地拨开云雾，给世界、给人生一束希望之光？在没有树立其责任意识之前，值得我们深层反思。有人认为，这

---

① 王二磊：《爱伦·坡文学批评的道德困境与美学出路》，《外国文学研究》2020 年第 4 期。

可能会使网络小说承受不可承受之重,但是,基本红线不能触碰。网络小说可以描写黑道,但不能鼓吹黑道;你可以描写腐败,但不能沾染腐败;你可以描写屠杀,但不能欣赏屠杀;你可以描写独善其身,但不能赞美损人利己;你可以描写竞争,但不能兜售丛林法则。首部参评茅盾文学奖的网络小说《橙红年代》让很多读者看得热血澎湃,读者们被书中描写的生活的黑暗面所震撼,却也知晓了这个时代有英雄存在。正义会迟到却不会缺席,善恶终有报,坏人终会付出代价。"不怕做对的事,无论如何要做一个好人""坏人的猖狂是因为好人的沉默"等贯穿小说,点明了主题和精神内核。

三 体现社会进步,助推改革浪潮

时代兴,则文艺兴。繁荣的时代经常伴随着文化艺术的空前大发展,唐诗、宋词、元曲、明清小说……每一个时代,都在文学史上留下了自己深刻而独特的烙印。同样,文化大发展大繁荣也通过其特有的方式助推着社会向着更加文明的方向迈进。追求真善美是文艺的永恒价值。在人类历史进程中,文艺要始终以创造文明和弘扬道德为己任,以优美的形式和诗意的表达,忠实记录人类社会的文明足迹,使人从中汲取无穷的智慧和力量,并定格为思想的圭臬和道德的范式,①也使得文艺的生命长存、青春永驻,与人类社会的文明进步同辔而行。

站在新的历史起点上,对改革开放的伟大历史意义做怎样的好评与赞颂都不为过。改革开放 40 年来,在满足生存和发展需求、物质文化需求的基础上,正在进一步满足人民群众的公共产品需求、休闲和享受的需求、高层次需求、美好生活需求。新时代全力打赢脱贫攻坚战,确保小康路上一个都不掉队,既受到国际社会的高度关注与一致

---

① 艾斐:《用文艺传递向上向善的价值观》,《党史文汇》2015 年第 2 期。

好评，也必将在整个人类历史发展长河中谱写出最为光彩夺目的动人乐章。值得欣喜的是，近年来网络小说也出现了很多现实题材方面的创作，很多网络作家的作品都被搬上了荧幕或进入电视剧改编进程。比如，阿耐的《大江东去》《都挺好》、齐橙的《大国重工》、卓牧闲的《朝阳警事》等。2018 年正值中国改革开放 40 周年，《大江东去》《黄土高天》《那座城这家人》《大浦东》《外滩钟声》等网络小说被改编为电视剧。2009 年时，连载小说《大江东去》更是斩获中宣部第十一届"五个一工程"奖，成为我国第一部荣获此奖的长篇网络小说。

　　网络小说《大江东去》的题目本身就体现了社会进步的喻义。长江黄河是中华民族的摇篮、华夏文明的源泉，记录着华夏大地数万年的沧海桑田，承载着中华儿女数千年的繁衍生息。它们孕育了"滚滚长江东逝水，浪花淘尽英雄"的旷达；"君不见黄河之水天上来，奔流到海不复回"的咏叹；"大江东去，浪淘尽，千古风流人物"的豪迈；"孤帆远影碧空尽，唯见长江天际流"的深情。说起长江黄河，萦绕耳畔的是"一条大河波浪宽，风吹稻花香两岸"的悠扬旋律，映入眼帘的是上甘岭激战，中国志愿军以"长江""黄河"为暗号，在枪林弹雨中以血肉之躯拼死抗争的触目惊心。"大江东去"不仅象征着中华文明的绵长延续，还隐喻了改革开放。正如黄仁宇在《万历十五年》中所说，中国万历皇帝之前是人治。人治最终阻碍生产力发展，违背历史客观规律，被历史的洪流淘汰。历史的车轮如滔滔江水滚滚向前，中国顺应潮流迈出改革开放的关键一步。改革开放是决定当代中国命运的关键一招，也是决定实现"两个一百年"奋斗目标、实现中华民族伟大复兴的关键一招。纵观我国改革开放 40 年的历程，从农村到城市，从试点到推广，从经济体制改革到全面深化改革。这一过程如过三峡，历经惊涛骇浪，直面艰难险阻，最终奔流到海，进入全面改革开放新时期。历经现代化的淘洗，中华民族得以屹立世界民族之林。

《大江东去》中三位主人公的起起落落再次证明在这个千帆竞发、百舸争流的时代，无论是国家还是个人，都应该顺应世界发展潮流，与时俱进、深化改革、扩大开放，才能抢占制高点，获得竞争优势。故步自封、因循守旧只能重复"落后就要挨打"的悲剧。

一部波澜壮阔的改革开放史，就是一部坚持以人民为中心的发展史，清晰地勾勒出中共国产党治国理政的"民生逻辑"和"人民至上"的执政情怀。改革开放符合人民大众利益，推动整个民族进步。改革开放满足了中国人民追求美好生活的愿望与期待。"政之所兴在顺民心，政之所废在逆民心。"当年我们党作出改革开放的历史性决策的初衷就是让人民群众过上好日子。在《大江东去》中，大家会发现，宋运辉、雷东宝等角色都是以政策为根本，所有的个人努力都在政策支持的基础上进行，都以政策为准绳。在党和政府的带头领导和支持下，一再"摸着石头去过河"，是《人民日报》刊登的国家政策，让宋运辉得以成功上学；在姐姐因为家庭成分问题上不了学、找不到工作的时候，是国家政策及时到位，才让家里有机会摘掉了"右派"的帽子；在姐夫刚回家不知道怎么上手领导红头文件指示的时候，是宋运辉的政策解读及时给予了雷东宝启示与方向……《大江东去》通过人物刻画的形式进行阐述表达。宋运辉，是个很聪明的人。他代表了当时读书上大学的人。由于父亲的原因，家里成分不好，一直没有好的机会展现自己，读完初中就去插队喂猪了。但他一直没有放弃学习，直到1987年机会来了，恢复了高考制度，他把握住这次机会，考上了大学。毕业后当上了国企的技术人员，凭借着自己的努力，一步步晋升，成为一位成功人士。他是读书人的代表，在国企工作中，他的各种遭遇，反映了当时国有企业管理制度和国家发展的冲突，同时也看到了国有企业通过改革开放得到改善发展和与时俱进。雷东宝，军人出身，退伍后回村当了副书记。性格上有一股军人果断、倔强、坚韧的品格，带着村民在改革开放中不断发展、富裕。由于当时政策下达到农村存在延迟，致使他在发展中到处碰壁。但由于他一直坚持，最终带领村民走上了富裕之路。他是当时农民的原型。通过描述他的人生经历，展现了新旧政策在农村的激烈碰撞，更是给我们描绘了改革开放给农民带来的实实在在好处。杨巡，个体户的典型代表。由于是家里老大，需要提前步入社会赚钱养家，所以没有什么文化。但是人比较机灵，能说会道，天生就是做生意的料。但是由于当时大家对个体户有成见，将其看作投机倒把的行当，所以他开始也受尽了苦头。不过随着政策的开放，经过不断地摸爬滚打，最终成功从个体经济中脱颖而出。他从卖馒头开始，在改革的过程中，他成功过，也失败过，最后凭借自己的努力奋斗，获得了成功，成为那个时代个体经济的典型代表。

在改革的浪潮中不断突围奋进，才能实现梦想。改革浪潮提供给人们前行的涌流，而前行还要靠每个人掌控激荡。跋山涉水、艰难困苦乃人生必经之路，我们应敞开胸怀，坚定步伐，以自信的姿态继续走向未来。《大江东去》可谓是潜移默化、润物无声，无论对老一辈观众，还是对青少年，这样的文艺再创作，传递出强烈的制度自信。改革开放是一部代表民族进步、国家发展的正剧。《大江东去》在源于现实、高于现实的创作上，进行了有益的尝试。新时代的故事，真正能汇聚起中国精神的大江大河。越来越多的网络小说的创作者自发关注改革开放主题的创作，这也进一步为网络小说创作者增添了责任，要通过精心创作、生产，完成人民大众赋予作家的光荣使命。

四　引起伦理反思，宣传文明模式

一部好的网络小说，不仅仅能够将故事演绎得精彩绝伦，更能够在"讲故事"的同时将社会上存在的一些现象呈现出来，直击矛盾的核心，使大众去反思矛盾背后更深层次的东西。马克思认为，除了家庭之外，没有一种社会组织对社会生活发生的变化如此敏感，能够如此明显地反映社会历史进步、取得的成就和面临的困难与矛盾。改革开放以来，随着社会经济的快速发展，婚姻家庭生活发生了深刻的变化，主流是好的、健康的，突出表现在家庭关系的轴心已由纵向的代际关系转为横向的夫妻关系，夫妻平等的观念已经被人们普遍接受；民主家风已逐步取代家长制；婚姻自主和对婚姻美满的追求已成为现代婚姻的主流；家庭成员之间的依赖关系已相对减弱；家庭生活质量提高；家庭居住条件大大改善，居住模式发生变化；生活方式正朝着健康文明和科学的方向发展。《欢乐颂》和《都挺好》将"原生家庭"概念带到大众视野前，通过叙写青年男女与父母之间微妙的关系，引发观众对家庭伦理关系的关注。这是《欢乐颂》和《都挺好》在情节设置上的一个很大的创新，也是网络小说对社会热议风向的一次成功转移。2014年，中国已经成为世界上老年人口最多的国家，人口老龄化的现象非常严重，这意味着养老问题已然成为社会中难以忽视的一个难题。不同于以往的家庭伦理题材作品对老人赡养问题避而不谈或着墨较少，《都挺好》的情节是紧密地围绕这个问题而展开，子女保证了苏父的温饱却无法填补老人精神上的空虚。小说涉及的许多问题在人们的家庭中也都多多少少存在，观众在旁观苏家人矛盾的同时也在默默地"对号入座"，咀嚼自己家庭中存在的问题，从赡养老人到父母与子女的关系，不断地延伸。如今随着经济社会的高速发展，人们的经济能力、价值观念等都产生了一系列的变化，而许多社会问题也随之而来，重男轻女、老人赡养等问题都是现代生活中所普遍存在的，这些问题光靠个人难以给出完美的答案，但是大众的积极思考足以为它未来的解决开辟道路。

贺兰特·凯查杜里安认为："妇女运动和性别角色的转变给婚姻带

来了很大变化。在婚姻关系中，女性的权力已经增加；丈夫和妻子间更大的平等性是当今中产阶级婚姻的特征。"可以看到，现代女性在家庭中的地位有了很明显的提升，但是我们也注意到，在《都挺好》中的苏明玉与《欢乐颂》中的樊胜美的家庭中，她们的母亲在占据家庭主导地位的同时，却对同为女性的后代进行无休止的打压。这是一种家庭结构模式的畸形，即一方面女性在传统思想的支配下仍然屈居男性之下；另一方面在核心家庭中必然存在着一个享有绝对话语权的角色，而这个角色非父即母。国内学者王军在分析《都挺好》时就指出，苏大强的种种过激行为都源于他对于家庭结构中权力的饥渴，可见在中国的传统家庭模式中，除了存在错误教养、性别歧视，权力的分配上也有着很严重的问题。苏明玉从小不被亲妈待见，哥哥的早餐是火腿加鸡蛋，自己的早餐就是泡饭。女儿苏明玉从小就习惯了大哥苏明哲两耳不闻窗外事，二哥苏明成专门欺负自己，亲爹是大气不敢坑的懦弱之人，妈妈的武断专横成了她挥散不去的阴影，连一本复习册的钱都不愿意给她。苏明玉的遭遇，让她对苏家充满仇视。她从小生长在这样的原生家庭里，也注定了长大后的强硬性格和思维方式。原生家庭的阴霾，轻轻一戳就可以话题爆棚。曾经，"原生家庭"这个词极少出现在我们生活里。如今，搜索这个关键词，能出现许多阅读资料和网友的亲身经历。原生家庭矛盾，在重视亲情、血缘，缺乏人际边界和距离感的传统中国家庭里，是一个值得重视的问题。但"家家有本难念的经"，原生家庭矛盾往往具有特殊性，比较难提取具有普遍性的矛盾来触发最大范围的观众群体的共鸣。另外在中国家庭中，我们往往习惯为了"家和万事兴"而回避矛盾、掩盖矛盾，代际间的巨大差异也使得沟通和解决矛盾的成本非常大。在反思两个小说展现出的传统家庭模式的种种弊病之余，大众会在其中受到新的启发，将对旧的家庭模式的不满足转变为开发新型家庭模式的灵感与动力。其实在此之前，许多非传统的家庭模式就已经出现了，比如单亲家庭、重组家庭、丁克家庭、同性家庭等，虽然这些家庭在社会上属于少数，但是也足以表明大众改善传统家庭模式的思想倾向。选择何种家庭模式？家庭权力如何分配？如何改进家庭教育方法？这些问题都是《欢乐颂》和《都挺好》留给读者去思考的。

不是生下孩子的人，就有资格做父母的。有些人生了几个儿女，也没有做父母的资格。而有些人一辈子没生过孩子，却懂得爱。父母这一身份，不仅是随着生育过程而自然获得，更像是一个需要不断学习、成长的专业技能。《都挺好》这部网络小说中，一个对母亲之死看似冷漠实则心情复杂的女儿，一个关怀父亲但也不忘啃老的儿子，一个懦弱温和但自私自利的父亲，这些都是在回应社会对原生家庭的讨论，对亲子关系的反思。弗洛伊德认为，一个人的性格或行为模式与他的原生家庭有着千丝万缕的联系，而这种联系有可能影响一生。托马斯·里维斯从生物学的角度论证了这一点，他的研究表明爱能改变婴儿大脑的神经系统，而这种改变是永久性的，所有人都不可能完全摆脱原生家庭的影响。原生家庭，对于人心理上的影响，同样很深。包括个体性格的形成、婚姻观念、感情观念……像一块抹不掉的胎记，它就是在那里，无论以后我们去哪里，做了什么，改变了什么，它好像一直都住在回忆里，好像是我们生来携带的基因。混得好的是苏明玉，混得不好的就是樊胜美。网络小说《欢乐颂》中，樊胜美也是在一个原生家庭，同样也是重男轻女的家庭，为什么苏明玉成功了？从她懂得和父母反抗，从她的强势可以看出，她不靠别人，只相信自己，这就足以让她成功。《都挺好》里有句经典语句，"你可以选择不原谅，也可以选择放下"。若是你的原生家庭很幸福，你很幸运，它会成为你一生的治愈。若是你受过原生家庭的伤害，很难愈合，很难忘记，要做到原谅，可能很难；但至少学着放下，还是期望你，能为自己，活出一个更好的后半生。如果你们在儿时经历了让你们不想回忆的原生家庭，那么请一定要记得，原生家庭欠你的，你要学会自己找回来，也要学会为孩子找回来。只有努力地去弥补上一代原生家庭的不足，才能不让这样的磨难遗传下去，才能给孩子一个幸福的家庭，一个长大后回想一下，会嘴角上扬的那种童年。

鲁迅曾说，"文艺是国民精神所发出的火光，同时也是引导国民精神的前途的灯火"。网络小说要真实地表现出人民群众对真、善、美的追求与愿望，从而培养人民群众的审美情操。在对原著《都挺好》改编后播出的电视剧中，苏明玉选择辞去工作照顾痴呆的父亲，与过去握手言和，传递给观众的是现代人对亲情的难以割舍、对责任的勇敢担当、对心灵的自由解放，这些都是应当传播的积极的主题与正确的价值观。《欢乐颂》和《都挺好》将大众的舆论关注点聚集到了家庭文化的塑造和更新上，引起社会各界的热烈探讨，对社会现实问题的积极关注。新时代的优秀文艺作品不仅要给观众带来快乐和感动，还要承担起作为文化传播媒介的责任，将现实话题融入作品题材，引起伦理反思，推动社会健康发展。

五　发现个体价值，助推"自我实现"

赫勒和费赫认为，在现代性下的个体的经验与解释中，世界就是一个"背景"，是我们不确定的可能性的背景。就是在这样的已确立的世界的背景中，个体力求奉行一种自我决定的伦理，主体意识和自我实现是人之所以为人的重要方面。事实上，人们也正是在个人与国家、理想与现实、物质与精神的价值天平中追寻生命的意义和价值的。从自我实现的维度看，"推动人和人类进步的不单是生存需要，而是对永无止境的自我实现和自我确定的追求。人们开始总是以自己的理想来创造自己，在实践中及时调整自己，努力去实现理想，并在这一过程中发现自己的潜在能量和不断更新的形象。人的历史是人的潜能发挥、智慧发展，也就是自我实现的历史"①。

  在黑格尔看来，艺术的存在是为了人类观照自己、认识自己、思考自己。网络小说张扬的自我满足了网络青年的自我认同感，人们在生活中无法满足的愿望可以在网络小说的世界中得到一一的满足。在日常生活中，人们也许经历了很多挫败，也许活得很卑微，但他们也有白日梦，希望自己能在梦想的世界里称王，在一次次的升级打怪中实现自我。从这一点来看，读网络小说又可以实现自我实现的愿望以及寻找到战胜困难和挫败的快感。网络小说的写作策略有别于传统小说，它首要追求的是为读者提供快感和爽感的来源，为读者们提供强烈的快感体验。这种体验引导对人的内在精神动力产生触发作用。在网络小说用户中，女性读者占近半壁江山，且表现出强大的付费阅读意愿，未来还会迎来新一轮爆发态势。网络小说依据读者性别，一般分为男性频道与女性频道的基本格局，有些"男频"小说中女主只是花瓶、男主附庸的设定，并不能让女读者满意，也无法让她们产生代入感。近年来"女频"作品数量逐年攀升。这一类作品符合女性读者心理和阅读兴趣。从逐年攀升的女性网文数量到眼下热播的双女主剧《流金岁月》，随着"她经济"兴起，不少热门网络小说或改编影视剧里，聚焦女性独立自强乃至逆袭成长的题材渐受市场青睐。无论是作者群还是读者群，女性题材热度升温；作为 IP 开发上游的网文产业纷纷加速布局女性市场。数据显示，截至 2020 年 6 月，只是阅文女频作品数量就有 560 万本，该板块平均每月更新字数约 12 亿字，女频作者量达 470 万人。② 女性频道的作品以优秀的女性角色为主体。网络小说

---

  ① ［苏］科恩：《自我论》，佟景韩等译，生活·读书·新知三联书店 1986 年版，第 489 页。
  ② 杜娟：《理性审视"她文化"的兴起》，《文摘报》2021 年 2 月 11 日第 7 版。

《大神你人设崩了》在甜宠底色里融入微玄幻元素；《催妆》诙谐幽默描绘了传奇女主的爱恨纠葛；《喜欢你我说了算》则讲述校园爱情故事……根据网络小说改编的《扶摇》《凤囚凰》《两世欢》《大唐女法医》《失恋33天》等热播剧中，也都能看到相似的勇敢独立的女性身影。近年来，本着"生活不易加点甜"心态，温馨幽默、轻松吐槽的网文风格越发受读者喜爱。高甜、轻松、逆袭三大内容类型最为热门。除了高甜和轻松，最有吸引力的"逆袭"也是女读者热衷的题材，起点女频的大神作者金铃动的仙侠小说《极品女仙》，讲述了女主角从现代来到古代一个陌生的世界，得到丹符宗的真传，在修仙的过程中不断升级的故事。在一次又一次紧张而又激烈的斗争中，女主角往往有很多奇遇，克服了一次次的困难险阻使得功力一次又一次地增强；在弱肉强食的世界中，女主神奇地得以生存并最终攀上人生高峰，这在现实生活中简直就是一个神话般的存在，但书迷们都看得津津有味，欲罢不能。以"师太"之名"享誉江湖"的亦舒女士，推出"经典作品+大陆首发"的《众里寻他》系列7本小说，包括《红尘》《胭脂》《明年给你送花来》《花解语》《掰》《幽灵吉卜赛》《要多美丽就多美丽》。亦舒的作品被奉为"白领女性的教科书"，书中倡导的自立、自强、自爱的独立意识，得到广大女性读者的追捧。亦舒笔下的女性人物设定都是独立自主的，可以为自己的生活撑起一片天，不因美貌而傲慢，也不因生活的无奈而放弃，更不因命运的坎坷而委屈，一如她自己。在《众里寻他》系列中，亦舒再次诠释了这一主题，成为广大时代女性的精神感召。亦舒的小说中，总会出现一些在命运逆转下奋力求存的男女，他们会因出身卑微而爱得过于含蓄，抑或他们拥有一切，却唯独没有健康、关怀，以及爱。寥寥数笔便勾勒一个故事，三两句话已是缠绵悱恻，令读者顿生无限遐思。她以极其平淡的语调传递极绝望的情绪，但绝望的尽头仍有星点光火，照亮灰暗百态，给人温暖和开怀。《幽灵吉卜赛》的女主人公不再是积极乐观的全正面形象，多了几分阴郁和神秘。她乖巧的外表掩盖早慧的心。她就像野草一样顽强地生存下去，野草本无心也无力，来讨得人喜欢。小说《欢乐颂》向人们弘扬了女性"自立自强、勇于超越自我"的精神，这种精神是女性破茧成蝶、自我救赎的良药。女性只有在经济上独立了，在心灵上成长了，在精神上突破了，才有能力主宰自己的命运。职场波澜起伏，晋升通道上荆棘丛生，稍有不慎就可能碰撞得头破血流，然而只要怀着一颗执着的心，踏踏实实地努力探寻前进的方向和道路，终会与幸福不期而遇；苍天不负苦心人，无论曾经走过多少霉运，但只要不懈努力，终会有时来运转的一天。MS 芙子《神医弃女》这部网文写 13 岁叶家傻女叶凌月因机缘重生，一步步走上强者之路。这些网络小说的女主角，无一不是典型的励志型人物，生活的坎坷并没有磨灭她的热情，事业和家庭仍是她们为之奋斗的重点，这样的人生或许忙碌但却幸福，带给人鼓舞。女频"她文化"的逐步兴起，让我们看到了当代女性在消费文化中所释放的巨大潜力，也感受到了女性意识的强烈表达。

但是，我们还要理性审视"她文化"女性题材的盛行。① 纯升级打怪、职场厚黑、"大女主"、超脱是非理性的网络小说创作，不能光靠一味"发糖"、高度"甜宠"，来迎合女读者高强度情感需求和代入感；如果女频小说过于"高糖"，就会让人产生生活本"甜腻"的错觉。而毫无根基的"逆袭"，则会脱离实际产生"自大"的心理。若过于追求"私欲"，将会拘囿于"自我"而忘记社会责任。因此，应该跳出对女性心理的一味迎合或"大女主"刻板模式，从而真正以"她内容"助推"她力量"。网络小说应注意女频小说中的逆袭转向。

---

① 杜娟：《理性审视"她文化"的兴起》，《文摘报》2021 年 2 月 11 日第 7 版。

一是关注"亲情"。女性题材中"爽文"尤其受欢迎，但一步步升级打怪的情节，同样也要遵循着朴素的写作伦理。即便小说拟定场景发生在古代社会，"靠什么活着"依然是小说必须立足的逻辑基础。2015年的玄幻仙侠类小说从以往千篇一律的升级打怪模式中渐渐脱离，开始关注人物形象，在性格塑造、情感描摹乃至细节描写上均有探索。此类作品的主要人物多定位于现实社会中平凡的年轻人，他们在穿越至异界大陆后，在亲情、爱情激励下，命运终有改变，理想得以实现。二是关注"爱情"。女频小说与男频小说不是非此即彼，不能完全绝缘于自然男女情爱，不能仅仅聚焦于励志成长为高冷"女王"。作为成熟创作者，要有引导读者向善的意识和能力，塑造更多元的女性形象，才能贴合当代年轻受众的心理。比如《燕云台》让女性进入历史，揭示历史是由男性和女性共同创造的，肯定了女性的话语地位。女主萧燕燕健壮活泼，即使有孕仍能骑马亲征；男主耶律贤自幼体弱多病，也因此将权力交予女主。情感上女性处于主动地位，有别于传统"才子佳人式"，《燕云台》中女性角色面对爱情，主动出击、大胆求爱，掌握着男女关系中的主导权。作家蒋胜男避免了一味"拔高"大女主的写法，为了让作品《燕云台》更具沧桑感，她曾数次前往辽上京遗址，还住进蒙古包，走进博物馆和考古工地。她认为，深入生活是小说创作的前提，网络作家也需要向生活要答案。三是关注"友情"。《延禧攻略》里面的魏璎珞凭借着"敢爱敢恨，敢做敢当"的性格特点圈粉无数，成为女性心中的典范。我们应该看重雄心壮志，但不必敬佩冷酷无情的勃勃野心。职场需要智慧和技巧，但是不需要厚黑学的谋略。四是要有家国情怀。女性不仅仅只有生物学意义上的女性这一个维度，女性是由多重角色身份构成的；女性不仅仅是自然性的，更是社会性的。女性不仅要看见自己，还要同时看到社会，看到历史，要有"无穷的远方，无数的人们，都和我有关"的意识。这样女性才能不仅被自己看见,也能被别人看见。作品创作要融入现实主义元素,对家国大义、个人成长等现实问题进行关联叙事和思考。例如,《问丹朱》讲述了在分封制时期,吴地功勋后人陈丹朱为改变前世家亡的局面,守护家人和山河的故事;这样才能规避一般"爽"文的"自说自话"和"玛丽苏"式白日梦叙事,具有可信性。

六 重视意义建构,治疗心灵创伤

"创伤"一词最早出现在希腊,它源于希腊文,指的是"伤口",它最早是用于医学领域。创伤理论本为心理学和精神分析学说的专业术语,随着研究的不断深入,逐渐延伸至社会学、文学等学科,表现出跨学科的属性特点,内涵比之前也愈加丰富。在弗洛伊德、凯西·卡鲁斯等学者的推动下,创伤理论的研究不断拓展深化。"创伤不仅仅局限于历史重大创伤事件,……也来自我们的日常生活,如地震、洪水、火灾、车祸、家人死亡、疼痛、欺骗等等。"[①] 到了 20 世纪 90 年代,创伤理论被应用到文学研究,成为一种新的文艺批评理论。

文学艺术具有某种"疗伤"作用,但我们却不能把这种功能功利化、庸俗化。比起廉价的"安慰"、虚假的"解决",彻底的思想更为可贵。文学的话语成了一种治愈现实生活中创伤的手段。文学在此成为一种个体对问题的自我陈述,以重建其稳定的思维方式,这种陈述的重建可以改变个体对于困难的理解和认识。文学的这种方式类似于荣格的"积极想象技术"(Active Imagination)。在自我的积极引导下与无意识的接触,就是荣格心理分析的重要方法,同时也被称为接触无意识乃至自性化的基本态度。如荣格所说,"我必须勇于掌控那些意象,如若不然,就有我被它们掌控的风险。只要我能将情绪转化成意

[①] 王欣:《创伤叙事、见证和创伤文化研究》,《四川大学学报》(哲学社会科学版) 2013 年第 5 期。

象，也就是找出隐藏在情绪里面的那些意象，我的内心就会觉得平静、安全"①。在这种方式中，虚构—非虚构之间的界限无关紧要。文学可以用爱和宽恕作为引导，通过倾诉、绘画和解开秘密的方式治疗创伤，最终重构自我身份，重新返回家庭，接受不完美的自己，接受充满缺陷的婚姻生活。例如，美国著名作家苏·蒙克·基德的代表小说《美人鱼椅子》，以女主人公杰茜的独特视角叙述了她回故乡白鹭岛之行的故事。该小说以文学创伤理论角度为基点，阐述了杰茜的身份迷失，用倾诉、绘画和揭开秘密等方式来治疗创伤，最终完成自我身份的重新建构。杰茜的自我治愈创伤和寻求自我身份重构的过程也给现代人们以启示，尤其是作为现代女性，既要面对家庭生活中妻子、母亲的身份，又要协调自己的职场身份、均衡自己的"自我身份"。此外，现代人生存压力增大，需要注意"创伤"的治愈，保证自己更加积极、乐观、健康地生活。杰茜的重生和自我身份重构给我们提供了一个很好的视角，在剥落琐碎表象中重获新生，爱上自己的"内核"。

具体如何"治愈"？其实勇敢面对创伤本身就是治愈。它不是安乐椅上的按摩，它是迎头的痛击，是良心的折磨，是黑暗中的歌哭，是泪水的重新涌出。它还是一道光，照亮了我们自己长久以来所盲目忍受的一切。那么何为治愈系？治愈系就是"用healing style来统称那种能够抒压抚创的各种服务"②。治愈系网络小说的"故事情节多为现实题材，剧情平淡舒缓，通过刻画让人会心的生活细节去诠释现实生活，纯粹而没有明显的色情暴力、悲伤气氛和宅腐性质，为观众创造了一个触手可及的心理接受平台"③。2014年7月19日，习近平总书记访问拉美国家，将包括改编为电影的《失恋三十三天》以及其他几部影视

---

① ［瑞士］荣格：《荣格自传》，刘国彬译，上海三联出版社2009年版，第75页。
② 童民：《疗愈经济在日本》，《海外传真》2006年第8期。
③ 韩思齐：《日本治愈系的文化分析》，《南昌教育学院学报》2010年第2期。

剧 DVD 光盘作为国礼的一部分赠予了阿根廷官员。《失恋三十三天》在治疗创伤等治愈系网络小说中堪称经典。创作者鲍鲸鲸在《失恋三十三天》中对叙事结构、人物对白、人物关系等元素的综合运用，使得观众能够从中投射自我的创伤情感经历，通过一系列认知引导，从而达到心灵的慰藉。该网络小说通过讲述的方式，营造倾听的氛围，形成情感共鸣，使读者不再孤单，感觉到被理解，在创伤"圈层文化"中得到释然，是治愈创伤的有效途径。《失恋三十三天》给读者带来很多治愈创伤的深刻感悟。不同于爱情的不明所以，失恋更像是一场无比清醒的两败俱伤。他曾经给过她最甜美的爱和最深刻的伤害，回首时也只能说命运给他们安排的是一个太短的故事。精神藉创伤生长，人性藉创伤茂盛。如果没有这次毁灭性的失恋，那么对黄小仙（小说人物）而言，公司里所有的人永远都只是面目模糊的"同事"，那对一起走过了风风雨雨却在金婚前夕阴阳两隔的夫妇也永远只能局限于一句惋惜的感叹。

整个人是生态系统，包括精神和肉体，由于受到环境影响出现运行紊乱，则需要调适、治愈和疗伤。金庸《天龙八部》里有一个精彩片段，扫地神僧曾经对两个偷学武功者进行告诫，但是他们不以为然，仍趁机偷学各种武功，导致浑身充满了伤痛。他们请教扫地僧有什么办法化解？扫地僧说，我发现你们两位偷学武功的时候，对每一门武功边上的佛经不闻不问。始终只顾学武，不懂诵经。肯定要出问题的。如果不想遭受伤痛折磨，那么就要学武功和诵佛经并行，经脉自然融通。现代人生活事务万千烦琐，追求生活的样态类似于两位学武者。如果每一部治愈类网络小说，都能够发挥扫地僧说的指点迷津的佛经作用，那么现实生活中遭到创伤的人们将会得到良好调适和治愈。治愈类网络小说创作者应深入群众生活，了解民生疾苦。通过优质的作品，治愈生活创伤，让流离失所和迷失痛苦的人重拾信念，变得更加坚强。

七 理性建构历史，弘扬中华文化

"历史文本"要以"历史本体"为根基，作为"历史文本"表现形式之一的历史小说与"历史本体"分不开。如今，新生的网络历史小说正以自己的特有的方式参与历史建构和传承。近年的网络小说创作和研究，总体上呈现出活跃、繁荣的景观，涌现出了很多优秀作品和研究成果。网络小说大胆的艺术创造精神和生动新颖的表现风格，有值得肯定和欣赏之处。但同时也存在一些问题，部分网络小说标新立异、哗众取宠，毫无顾忌地挑战社会的价值和伦理的底线。一些创作者故意与原来的历史题材小说"反着说"，遗弃历史总体及本质规律，偏颇表现偶然的碎片化现象，其有意阉割历史的意图显露无遗。这是一种历史责任感和社会承担意识缺失的表现，究其缘由是网络小说的历史虚无主义。

这个问题之所以被严重关切，有其重要的原因——历史是民族文化记忆的载体，它不仅包括已经发生的成为符号的人与事，也进入到当下的现实之中。它在现实生活中无处不在，以价值的方式引导社会生活。有关历史的文学叙事，通过对历史的一次次重新梳理，审视现实，面向未来，获取进步的智慧并凝聚文化共识。这种特殊的文化价值和社会意义，对于一个以历史悠久著称、又饱经沧桑的民族来说更加重要。[①] 文学既有审美、娱乐的功能，也有教育、认识的功能。历史题材的网络小说，其教育教化功能尤其直接和显著。文学以具象化的美学方式呈现历史，为人们所喜闻乐见，它远比抽象地叙述和理论化地阐释更具有吸引力、亲和力和感染力。人们在接受学校教育完成系统的历史知识学习以后，对历史的认识更多地依赖于碎片化的信息，

---

① 《文学不能"虚无"历史》，《人民日报》2014 年 01 月 17 日第 24 版。

相当大比例的民众是通过各种历史题材的文艺作品来继续了解历史的。因此，网络小说应当重视历史题材。网络小说创作者以什么方式叙述历史，人们就以什么态度对待历史。现实中有许多网络小说在虚无历史，对时代发展"过去时态"进行解构和否定。主观因素的介入在"被叙述的历史"中尽管不可避免，但也并非可以毫无限制，不能被过度放大，必须以依附和尊重历史本体为前提，最大限度地逼近客观历史本体。丧失这一点，"被叙述的"就已经不再是历史，而完全沦为了个体化的臆造和想象。"虚无"和"虚构"是完全不同的叙事行为，"虚无"不等于"虚构"，更不能成为网络小说消解历史的理由。从性质上说，虚构和想象都仅仅是一种文学手法。在历史叙事中，其根本目的，是更加逼真、形象地表现历史，捍卫历史本身和历史规律的客观性。

　　网络历史小说应该如何叙事历史？历史小说创作在对待历史的基本态度上，应当坚持历史唯物主义，要对所表现的历史有准确的把握，在充分掌握历史事实的基础上，以马克思主义的历史观细致地辨析史实，对历史人物、历史事件之本质达到深刻的认识；不能任意篡改、否定或虚无历史，尤其在对待重要历史人物和重大历史事件上，必须保持正确的立场和态度，应当尊重历史史实，应当维护已有的历史结论。作为一种新型的文学样式，网络历史小说以虚构和想象的方式表现历史，或者说以历史为底本，可以艺术化地表现创作者对历史和当代生活的理解。网络小说在反映现实时，应当分析主流与支流、光明与黑暗、天上与人间、合并性与否定性，而不能怀疑一切，否定一切，天下乌鸦一般黑。当然，为了达到艺术的真实，网络小说创作不排斥虚构，也允许虚构。但是，在历史题材创作中，创作想象与虚构决不能漫无边际、无所规约。如果丧失了历史真实这一基点，任由想象和虚构脱缰狂奔，想象和虚构即便再奇谲华丽，也是没有意义的，只能是更具诱惑力地将读者带入历史认知的误区。作家虽然不同于史家，拥有想象和虚构的权力，但是，这种想象和虚构不是无限的，更不是随意的。创作应该是在历史真实这一磁场引力强烈作用下发生的一系列包括文学刻画、渲染、想象、虚构的美学过程。文学创作中历史真实与艺术真实的关系可以概括为"大事不虚，小事不拘"，或者"本质不虚，细节不拘"。① 因此，网络小说既要根据文学表现的需要进行必要的艺术虚构，又要实现艺术真实与历史真实的有机统一。作品所反映的历史，既与历史本体的客观事实不相违背，又体现出深远的创作意义。使得文学通过生动的叙述而形象地建构历史，实现"文史同一和文史互证"。

具体而言，网络小说在描写历史人物时，必须区分主流和支流、公德与私德。历史上有一些人物，公德很好，私德也许并不完美。另有一些人，私德有可取之处，但公德却有很大问题。一个残暴凶狠、逆历史潮流而动，对国家和民族犯下严重罪行的人，对待父母、妻子、子女却又温情无限，这样的情况并非不可能存在。然而，作为"历史人物"，我们不能根据家庭私德，来遮掩、开脱他的历史行为上的罪过，进而博取读者对其公德方面重大缺失的同情。比如某汉奸，如果仅从家庭私德的角度去衡量，或也有常人所具有的家庭亲情，甚至不失为一个好儿子、好父亲、好伴侣。但是，必须明确一点，汉奸之为汉奸，不是因为家庭私德，而恰恰是因为这些人在中华民族历史进程中的反动作用。在网络小说中，历史人物的小的人性不能被无限放大，并最终替代了人物大的反历史、反人性的一面。要在作品中展现一个立体的、丰满的人物形象，这是符合美学规律的。但是更应该知道，历史人物以其自身的行为，早就写下了自己的历史。创作克服人物扁

---

① 《文学不能"虚无"历史》，《人民日报》2014年01月17日第24版。

平化，并非混淆甚至取消伟人与罪人、圣贤与恶徒、高尚与猥琐等评判标准之间的界限。是与非、好与坏、正与邪、公义与私欲等这些人类善恶评价标准，是永远无法废除的。[①] 网络小说创作者吴蔚的小说，以重大历史为背景，以真实的历史人物为载体。她的小说不仅有曲折动人的传奇故事，也有历史风云的沧桑变幻，展现了中华民族历史的绵长。例如，《鱼玄机》《韩熙载夜宴》《孔雀胆》《斧声烛影》《大唐游侠》《大汉公主》《璇玑图》《明宫奇案》《宋慈洗冤录》《和氏璧》《钓鱼城》《柳如是》《鱼肠剑》《雪满弓刀》《青花瓷》等十余部长篇小说，均在建构历史方面表现得异常精彩与出色。吴蔚的小说既是艺术传奇，又是传奇历史，作品不乏历史真实，又充满艺术气息。他的一系列网络小说中，历史掌故、典章制度和民风习俗之间巧妙呼应，让不熟知那段历史的人能够在头脑中形成基本历史架构，令熟悉历史的人能够同行感悟、形成共鸣。吴蔚开启了一个历史小说建构历史的新模式，搭建了一座连接通俗文学与历史文化的桥梁。

[①] 《文学不能"虚无"历史》，《人民日报》2014年01月17日第24版。

第九章　电视剧文本的伦理价值

"电视剧是一种专门在电视荧屏上播映的演剧形式，是融合了文学、戏剧、电影、音乐、绘画等诸多艺术表现手法，运用电视传播技术手段，以家庭传播方式为主的一种崭新的综合艺术样式。"[1] 在本质上，电视剧是文化的一种呈现形式，对人们的思想观念产生了重要影响，在潜移默化中建构或重塑了人们的精神世界。人的生物学身份构成了人的自然存在，人的社会学身份构成了人的精神存在。电视剧以其独特的文化传播方式在潜移默化中影响着人们的精神世界，塑造出具有时代特点的社会人。美国人类社会学家本尼迪克特在对不同地区的文化进行研究时发现，在不同的文化模式下，人们会呈现不同的世界观、人生观和价值观。如日本的耻感文化和美国的罪感文化衍生出两个国民不同的思维方式和行为特点，"真正的耻感文化依靠外部的强制力来做善行，真正的罪感文化则依靠罪恶感在内心的反应来做善行"[2]。因此，文化在以电视剧为载体发挥塑造功能时，就要求电视剧作

---

[1] 黄会林、彭吉象、张同道等主编：《电视学导论》，高等教育出版社2008年版，第78页。

[2] ［美］鲁斯·本尼迪克特：《菊与刀》，吕万和、熊达云、王志新译，商务印书馆2016年版，第201页。

品的制作与播出应承当相应的文化伦理义务，在满足社会文明进步和人类精神发展需求的基础上，促使人类精神解放和人的自由全面发展。

第一节　电视剧文本的发展历程

　　我国国产电视剧产生于20世纪50年代末，以北京电视台播出的《一口菜饼子》为标志，迎来我国电视剧的创立阶段。改革开放后，社会主义市场经济发展，政治中心任务转变，以及民间资本融入电视剧领域，电视剧迎来了发展的黄金时期。根据数据统计表明："至20世纪80年代末，全国范围内已有专门的电视剧制作机构两百五十余家，这还不包括哪些机制不健全、打一枪换一个地方的'草台班子'。"[1]"中央电视台1985年总计播出了825部（集）电视剧；1986年总共收到全国239个单位选送的670部1510集电视剧，最终播出了493部946集；1989年则收到了235个单位选送的715部2035集电视剧，最终播出了651部1839集。"[2] 产量的迅速增长扭转了电视剧作品不足的问题，但电视剧作品的质量问题却成为电视剧产业发展的显著障碍。20世纪90年代以后，随着商业运用模式崛起与市场竞争的激烈化，中国大陆电视剧制作出现"通俗电视剧"现象，电视理论界就此现象召开了"通俗剧研讨会"，认为通俗化是电视剧发展的必然趋势，"生产部门和一些创作者越来越强调电视剧的通俗性、娱乐性和可视性，越来越重视一般观众对电视剧的要求"[3]。会议肯定了电视剧创作的通俗化、商业化方向，但也明确了通俗不等于庸俗、低俗、恶俗，电视剧的创

---

[1]　常江:《中国电视史：1958—2008》，北京大学出版社2018年版，第261页。
[2]　常江:《中国电视史：1958—2008》，北京大学出版社2018年版，第262页。
[3]　解玺璋:《百家争鸣说"通俗"——"通俗电视剧"研讨会综述》，《中国电视》1993年第10期。

作仍然要注重思想性和审美特点。然而由于通俗与庸俗的界限过于笼统，又因经济利益的影响，电视剧过于注重休闲性、趣味性的追求，忽视了电视剧本身的社会作用。电视剧在走向通俗化的同时，忽略了其作为文化资本形式应当承担的伦理义务。

随着我国进入新时代，我国社会的主要矛盾已经转变成人民日益增长的美好生活需要和不平衡不充分的发展之间的矛盾。人们对美好生活的向往内在地要求精神文化的繁荣发展，这是因为衡量美好生活的一个重要尺度就是文化，繁荣的精神文化是美好生活的一个显著标志，[1]而精神文化发展的不平衡不充分严重制约着人们对美好生活的向往。当前，人们物质生活水平已经得到极大提高，伴随着物质生活的满足，人们对精神文化生活的要求也越来越高。电视剧的题材形式的多样性、丰富性和内容的休闲性、娱乐性、审美性构成人们精神文化的重要组成部分，成为具有广泛社会影响力的文化表现形式。然而，近些年电视剧作品的影响力在逐渐减弱，"电视剧维系客厅文化和凝结国人审美的能力也在事实上遭到了多方力量的驱逐"[2]，以电视剧为载体的精神文化生活表达话语逐渐被大众质疑和解构。电视剧作为文艺作品的重要类型，具有受众广、传播广泛、影响深远的特点，"一部电视剧作品，无论是社会接受，还是观众个体接受，都会对社会生活发生或明或隐的影响"[3]。因此，重构电视剧的话语表达，以优质的电视剧作品来满足人们的精神文化需求，引领人们的精神风尚，为人们提供正确思想观念和行为规范，是当前电视剧作品作为文化资本的表现形式应当承担的伦理义务。文艺是铸造灵魂的工程，文艺作品能对人的精神世界产生深远影响。一部优秀的电视剧作品不仅要反映当前人

---

[1] 刘奇葆：《推动社会主义文化繁荣兴盛》，《人民日报》2017年11月13日第6版。
[2] 何天平：《藏在中国电视剧里的40年》，浙江工商大学出版社2018年版，第2页。
[3] 曾庆瑞：《电视剧原理·文本论》，中国传媒大学出版社2007年版，第8页。

们的生活现实，满足人们的日常精神生活需要，更重要的是对人们的精神观念产生积极的引领作用。

电视剧作品的伦理义务研究旨在分析电视剧作品本身承担的伦理义务，即电视剧作品作为文化资本在创作过程中承担了哪些知识观念、价值观念、道德观念以及审美观念，作品反映、表达或传递的生活现实或思想观念如知识观、价值观或道德观是否能够满足人们精神文化的发展需要。文中结合我国社会主义文化发展要求，选取了两部颇具代表性的作品作为电视剧伦理义务分析的文本。总体而言，以经典宫斗剧《甄嬛传》为例的主流电视剧作品在承担伦理义务时表现出一定的徘徊性，以扶贫剧《山海情》为例的主旋律作品在当今影视行业中呈现强势回归之势，并能积极有效地承担其伦理义务。通过这两部电视剧作品的分析，剖析当前电视剧作品本身蕴含的思想观念，探究未来影视作品创作应该具备的主动积极承担伦理义务的责任意识。

第二节　文化资本商业主体运作文本的伦理价值分析——以电视剧《甄嬛传》为例

《甄嬛传》改编自流潋紫的同名小说，主要讲述了甄嬛从一个天真烂漫的少女，入选为宫中妃嫔，在经过一系列宫廷斗争后，成长为善于谋权、深谙权术之道的太后的故事。该剧播出后引起巨大反响，"在播出后的几年里始终热度不减，几度成为《新白娘子传奇》等经典荧屏相比肩的寒暑假'标配'，不但观众竞相追逐着这部以'后宫女人争宠'为题材的古装剧，剧中如'想必是极好的'这样的'甄嬛体'台词亦风靡一时，就连剧中的'甄嬛妆'也随之大热"[1]。《甄嬛传》

---

[1] 何天平：《藏在中国电视剧里的40年》，浙江工商大学出版社2018年版，第226页。

不仅在国内播出引起社会公众的热烈讨论，而且在国外播出时也吸引着大量观众观看，"仅日本一国的观众观看规模就达近4000万人"①。社会大众对《甄嬛传》的深度喜爱和热烈追捧表明了人们对《甄嬛传》的认可与接受，无论是甄嬛体台词的模仿与学习，还是剧中人物被做成表情包、被广泛传播，抑或是持续不断地对剧中人物、剧情、潜台词等进行深度剖析等都映照出《甄嬛传》这部电视剧的深刻而持久的影响力。而电视剧中传递的价值理念也在潜移默化中影响人们的思维方式和行为规范。下文将对《甄嬛传》这部电视剧的内容进行详细剖析，以察知该剧本身所承载的伦理义务。

一 封建社会背景下的知识局限与知识突破

《甄嬛传》是由架空历史的宫斗题材小说改编而成的电视剧，导演用"现实主义"手法将故事情节融于清朝雍正年间。"从观感上而言，《甄嬛传》很严肃，甚至有些保守，这在随意嫁接历史和拼贴元素的流行影视市场里已是少见。"② 该剧的人物形象鲜明、故事情节发展紧凑且环环相扣，对场景、道具、服饰的细腻性描述以及剧中古香古色的台词对白等皆备受观众肯定；此外，剧中展现的诗词、舞蹈、书法以及"古香古色"的台词也在一定程度上扩展了大众的知识范围。然而不可否认的是，《甄嬛传》是一部以清朝社会为背景的宫斗剧，剧中表达的封建主义思想具有一定的知识局限性。

（一）封建社会背景下的知识局限

从《甄嬛传》作品对知识观表达的局限性来看，剧中以三纲五常为代表的儒家落后思想尤为突出。儒学于春秋战国时期由孔子创立，

---

① 何天平：《藏在中国电视剧里的40年》，浙江工商大学出版社2018年版，第224页。
② 何天平：《藏在中国电视剧里的40年》，浙江工商大学出版社2018年版，第223页。

汉朝时期被确立为正统思想，成为维护封建王朝统治的思想基础；此后，历经各个朝代而不衰；而到了宋明时期，儒家思想便发生了分化，其纲常礼教思想异化严重遏制人性，束缚人的发展。从历史上看，清朝作为中国封建社会的最后一个朝代，其君主专制的中央集权制得到空前强化，封建思想对资本主义萌芽的压制使得人们依然生活在封建思想尤为浓厚的传统小农社会，其思想认知却仍停留在封建思想体系中，人们的行为规范也具有明显的封建性。《甄嬛传》这部电视剧的故事发生在清朝时期，清朝入关后为巩固地位、加强统治，采取了一系列措施禁锢人们思想，封建落后的思想仍占据主导地位。剧中以宫中女人的斗争为主线，想通过不同女人之间的争斗突出女性价值，试图向人们传递出女性独立、自强的思想，但在故事的实际展开过程中，三纲五常、母凭子贵等封建思想依然表现明显且强烈。历史背景下的封建思想成为电视剧表达正确知识观的局限，但电视剧创作者无意识地渲染无疑在一定程度上强化了这种封建落后的知识观念。

一是浓厚严格的等级制度。在电视剧《甄嬛传》播出的第一集中，太后欲为皇上选秀女，来自穷乡僻壤的县丞之女安陵容因失手打翻茶碗，将茶水溅到佐领千金夏冬春身上，遭到夏冬春的斥责，并问其是哪家的。安氏在回应时迟迟不语，经过再次追问，才道出父亲官职。而夏冬春在听闻安氏的身份之后，更是肆无忌惮地转为人身攻击，认为安陵容身份低微，不配入选秀女，并要求安氏下跪磕头以示道歉。当时边上一位秀女欲打抱不平，但旁人劝诫说安氏来自穷乡僻壤，入选概率较低，反之夏冬春倒有很大可能入选，便作罢。可见一般人会因家世不同而有不同态度，认为家世显赫是能否当选为妃嫔的重要资本，而品行较次之。此外，在《甄嬛传》电视剧中，华妃年世兰因哥哥年羹尧手握兵权、战绩显赫而在后宫中飞扬跋扈，与皇后明争暗斗，总想一争高下，对后宫其他妃嫔则采取威胁式拉拢和毁灭性打压两种方式。年氏凭借家世耀武扬威，目空后宫妃嫔，而万人之上的皇上因忌惮年羹尧的实力和兵权则选择忍让，让年氏更加自大狂妄。剧中对诸如此类的人物家世背景的刻画很多，因家世背景的差别而遭受不同待遇，这样的人物背景刻画在无意中塑造出等级森严的封建社会制度，不同阶级赋予人们不同的身份等级，且因身份等级来划分人的尊贵与低贱。因此，拥有尊贵血统的乌拉那拉氏皇后可以一直稳坐中宫之位，且得到太后庇佑；年氏因家世背景雄厚则可以在宫中任意妄为；而来自穷乡僻壤的安氏虽谨小慎微、小心翼翼却依然得不到后宫大部分妃嫔的认可，只觉得其是乡下人，上不了台面。身份等级的差别意识强化了人们的尊卑观念，家世显赫、身份高贵的人总是在后宫中居于权威地位，受人追捧与奉承；反之，一些身份地位低下的人为打破身份差别，则要付出更为艰辛的努力，甚至成为后宫争斗的棋子与牺牲品。通过《甄嬛传》表达出的身份等级差别及固化，在一定程度上映射了当前社会中的"拼爹"现象，"官二代""富二代""星二代"等轻易占据了社会中的优异资源，而普通人则需要付出更多的努力实现这种文化资本积累所带来的差距。尽管时代不同，但类似现象的再现极易引发观众共鸣，从而在潜移默化中深化身份等级差别，影响人们的思想行为规范。

二是母凭子贵、男尊女卑的封建落后思想。历来宫斗剧的主题皆围绕着后宫女人为了宠爱、地位而相互斗争，主线通常从"傻白甜"或心地善良却无特殊身份的女主因遭受排挤或迫害，不得已进行反抗，一路逆袭成为最后赢家。这样的剧情套路深得观众喜爱，而电视剧作品为了迎合观众喜好，不惜夸大斗争的残忍与血腥。一般宫斗题材电视剧作品中最为常见的斗争手法则是打击已怀孕妃嫔，究其原因主要是因为妃嫔一旦怀孕，便会得到皇帝的格外宠爱。在后宫之中，妃嫔身份地位的升降主要来自皇帝的赏识，怀孕妃嫔因怀有龙种自然得到特殊关照，身份地位的尊贵在无形之中得到彰显。十月怀胎、一朝分娩，若是诞下皇子，妃嫔的身份便更加尊贵。电视剧《甄嬛传》中，无论是皇帝忌惮年氏家族背景而拒绝年氏怀孕，抑或是沈眉庄、甄嬛在怀孕后得到的封赏都传达出"母凭子贵"的封建思想。如在电视剧第26集时，皇帝听闻甄嬛怀孕，大为惊喜，立马封甄嬛为莞嫔，并详细描述了皇帝对甄嬛的赏赐及其他人对甄嬛态度的转变。在传统社会中，"未嫁从父、出嫁从夫、夫死从子"的封建思想严重束缚了妇女的言行举止，女性对男性的人身依附与社会话语权的丧失造成女性的地位极其低下；即使看似高贵的后宫妃嫔也摆脱不了对男权的依附，妇女的荣辱皆取决于男性喜好。剧中传递出"母凭子贵"的封建落后思想，既向观众展现了封建社会中女性的处境，又在无意识中强化了"母凭子贵"这种落后思想。

（二）封建社会背景下的知识突破

电视剧《甄嬛传》中蕴含的文化知识增加了剧情的丰富性、客观性和审美性，这是该剧获得好评的重要原因之一。宫斗电视剧一直在电视剧创作题材中占据重要比例，无论是借助于历史史实还是嫁接于穿越剧，都能看到后宫女人为了争得宠爱、权力和地位乐此不疲地斗争与厮杀，而剧中的女主角可以一路逆袭，成为最终获胜者。这样"打怪升级"的拍摄套路比比皆是，想要在众多电视剧中脱颖而出，必须有与众不同的优势以吸引观众。《甄嬛传》即是一个有着与其他宫斗剧相似的套路和剧情，但因为其中蕴含的古香古色台词、诗歌、舞蹈、书法等优秀知识内容，使该剧在众多宫斗剧中与众不同，更是从播出起便赢得了众多好评和广泛影响，被大众评为宫斗剧的经典之作。

第一，诗歌广泛运用于人物对话。诗歌起源于中国上古社会，在人们的劳作生产、人际交往、男女婚恋、宗教信仰中产生，用以表达人生态度、抒发内心情感等。诗歌自创作时起就承担着传情达意的重要作用，它本身所蕴含的内敛、含蓄、想象性、感染性等特点给人们传递出比诗歌本身更丰富的情感和更深远的意境。电视剧《甄嬛传》中引用的大量诗歌在很大程度上提升了该剧的知识文化内涵，赢得了观众的认可。如在选秀最后一轮时，皇上问甄嬛是哪个嬛，甄嬛回答"嬛嬛一袅楚宫腰"得到皇上肯定，并赞其父教导有方。而后皇上赐封号"莞"，封为莞常在以示重视。当时皇后听闻封号后，便吟出"菀菀黄柳丝，濛濛杂花垂"。该诗句出自唐代诗人常建的《春词二首》，整首诗描绘出了极其美好的春日风光。皇上引用此诗中的"莞"字赐封甄嬛，一方面表达了对甄嬛的喜爱与重视，另一方面也对甄嬛寄予了美好祝福与深切期望。整部剧中大量引用诗歌不仅增加了人物的灵动性和剧情的丰富性，同时也提升了该剧的创作内涵，呈现给大众的不仅是故事，而且是优秀传统文化的深厚底蕴。第二，剧中基于历史事实改编的歌曲、舞蹈同样为大众展现了传统文化的博大精深。在电视剧《甄嬛传》展现的各类歌曲舞蹈中，《惊鸿舞》成为该剧的一大亮点，最具有代表性。从《惊鸿舞》出处来看，惊鸿舞来源于唐玄宗宠妃梅妃，虽已失传，但据记载，《惊鸿舞》注重写意，以舞蹈动作展现鸿雁翱翔的优美形象。在拍摄该剧情时，剧组工作人员共同创作此舞，再以曹植《洛神赋》为词谱曲配之，将该剧艺术性推向另一个高度。第三，书法在剧中展现出中国文化的独特吸引力。书法作为书写的艺术在中国具有极高的位置，被誉为"无言的诗，无行的舞；无图的画，无声的乐"。电视剧《甄嬛传》中多次刻画了剧中人物的书法造诣，其中以皇后练字最为突出。剧中皇后的人物设定属于观众认知的"坏女人"，为了达到自己的目的不择手段，因嫉妒后宫其他女人怀有身孕便设法致其流产。为何电视剧在拍摄过程中要给如此心狠手辣的人物很多练字镜头？一方面，练字可以陶冶情操和性情，皇后善妒，但为了掩饰或平复心情，便通过练字达到修心的目的。另一方面，书法本身具有极高的艺术性，对书法的喜爱可以从侧面表现出人物的知识文化修养，从而塑造丰富立体的人物形象。

宫斗剧《甄嬛传》一经播出便备受好评与追捧，并被视为宫斗剧的经典之作，其剧中蕴含的知识观念亦成为人们关注的亮点与分析热点。该剧作为历史宫斗题材电视剧，封建思想浓厚、等级制度森严的清王朝背景决定了后宫女人思想认知的局限性，无法规避知识中落后的一面。然而，剧中对诗歌、舞蹈、书法等中国优秀传统文化知识的叙述与运用，极大宣扬了优秀传统知识的魅力和感染力。这种对先进知识的叙述与肯定让大众在电视剧的消遣娱乐中获得对相关知识内容的认知与理解，以隐形途径扩展公众的受教育形式，达到知识教育的目的。

二　先进价值观念的创作定位与叙述偏差

以后宫为题材的电视剧作品一直争论不断，大多数作品在市场经济的商业利益驱动下一味追求收视率和投资回报率，罔顾价值导向，以俗套、媚俗的套路迎合甚至诱导观众喜好，进而在无形中向观众传递错误价值观，影响观众对历史事实、生活逻辑的判断与思考，撕裂现实生活与艺术之间的关系。电视剧作为文艺作品的重要表现形式，是大众文化传播的重要载体，对大众的价值观产生了广泛而深远的影响，电视剧作品的创作应自觉承担起叙述、肯定和宣扬先进价值观念的义务，以先进价值观念引领大众的价值观。

《甄嬛传》作为宫廷剧，虽然并没有如其他宫廷剧一样受限于作品题材，而是借助于宫廷题材，将中国优秀传统文化融入电视剧作品，通过批判封建社会中权术至上、人性扭曲异化等现象揭示封建社会的丑陋嘴脸。然而，剧中钩心斗角的权力之争、打怪升级的人生套路以及弱肉强食的丛林法则却为文艺工作者所诟病,部分批评者认为缺少对正确价值观的引导。该剧自播出以来便引起广泛影响,因其收视率及播出之后的长尾效应让该剧的评论度居高不下,但评论却两极分化,褒贬不一。称赞者认为《甄嬛传》超脱了以往宫廷剧的俗落套路,既揭露批判了封建社会的残酷现实,也借助剧中的优秀传统文化弘扬了当今社会的先进价值观念。批判者认为后宫钩心斗角的丛林生活、目的至上的价值追求及弱化女性的价值局限是对大众价值观的戕害。当前对《甄嬛传》所表达的价值观念进行分析,可以窥探以《甄嬛传》为代表的宫廷剧在作品创作、播出的过程中是否有意识地表达正确的价值观念,以及如何表达观众实际接受情况等问题,以明确后宫剧题材的电视剧作品在叙述、肯定或宣扬先进价值观方面所承担的伦理义务。

(一) 先进价值观念的创作定位

《甄嬛传》对封建社会的"吃人"本质、对皇权制度下女性主体地位缺失、后宫生存的丛林法则等残酷现实的深刻批判和揭露,一方面,向观众揭示了封建社会的残酷现实;另一方面,通过封建社会的黑暗来映衬今日生活的真、善、美,以达到鉴古思今的效果。此外,该剧在批判封建吃人社会之余还宣扬了女性意识的觉醒。

一是批判封建社会的"吃人"实质。电视剧《甄嬛传》的创作主题非常明确,即通过后宫女人之间的争宠与斗争刻画封建皇宫生活的真实状态,以鞭挞封建社会下人的异化及人性的扭曲。鲁迅先生曾在《狂人日记》中尖锐地批判封建社会的吃人实质,揭露父权制度下的"仁义道德"实际上是对人的束缚和对人性的吞噬,人在封建礼教下丧失自由,成为封建礼教的附属品和祭祀品。《甄嬛传》通过后宫女性的悲剧亦在揭示封建社会的"吃人"实质。

一方面，女性在封建礼教的束缚下地位卑微，行为举止皆要以三从四德为标准。生活在皇宫之内的女人虽然享受着寻常百姓羡慕的尊贵与权力，却同样挣脱不了封建礼教的侵害，依然是皇权政治和男权社会下的牺牲品。剧中主角甄嬛是大理寺卿甄远道长女，被要求参加皇帝的选秀女活动，但她在入宫之前曾许愿只想与世间最好的男儿结为连理、白首到老，并希望选秀时被撂牌子，不得入选进宫。可见，在甄嬛的内心深处并不希望成为皇宫深墙内的金丝雀，而是向往自由的爱情与生活，但身为官宦之女的她面对父亲的恳求、家族荣耀及年幼妹妹，依然选择参加选秀。而当甄嬛在皇宫中经历几次大起大落后，甘愿去甘露寺修行，后在凌云峰与果郡王暗结连理。甄嬛自然欣喜于找到真爱，可却又不得不面对一个残酷的现实，即以当时两人各自的身份，不可能公之于外。最后为了家族与腹中孩子的生存不得已选择重返皇宫，再次成为权力的依附品。剧中甄嬛的人物形象像是无数个古代女性的缩影，空有对自由、平等的爱情的向往，却被封建礼教紧紧束缚，身不由己，即便苦苦挣扎，依旧是封建制度的执行者和顺从者。

另一方面，皇权专制社会中，封建帝王权倾天下，无论是前朝文武百官还是后宫佳丽三千皆臣服于皇帝，其中女性地位的卑微让后宫女人的生存环境更为复杂、艰险。宫墙之内，人人被害而又人人害人，人性中的善良、纯情和真爱在权力、地位和宠爱的遮蔽下暗淡无光，人性在不间断地斗争中变得扭曲、丑陋，最终走向悲剧。在《甄嬛传》中，雍正皇帝作为掌权者为了维护其统治地位，需要利用各种手段平衡大臣与自己的关系、后宫妃嫔与前朝臣子的关系甚至是自己与妃嫔、兄弟姐妹之间的关系，对于皇帝而言，任何人都只是他手中的棋子，有利用之、无利弃之，若有害则必杀之。剧中战绩赫赫的年羹尧凭借自身过硬的实力及妹妹华妃在皇宫中的尊贵地位而目中无人，因此深受雍正皇帝忌惮。雍正皇帝为牵制年羹尧，赐年羹尧妹妹即华妃合欢香使其不能生育，并待时机成熟，对年羹尧施加惩罚，最后年羹尧被赐自尽而亡。前朝臣子，位高权重、功绩显赫尚不能逃脱封建皇权的陷阱与制裁，而高墙深宫内的妃嫔更须紧紧攀附在皇权周围，以赢得皇帝的宠爱，为皇帝绵延子嗣获得生存之道。后宫中的妃嫔，无论是阴险毒辣的皇后还是不可一世的华妃，皆要围绕权力、宠爱进行无休止的斗争。而原本心地善良的甄嬛，为了生存、为了家族荣耀，逐渐走进权力旋涡，并最终凭借自身的容貌与手段成长为工于心计、深谙权术之道的皇太后。封建制度下的专权统治必然造成个人对权力的崇拜与追求，前朝后宫皆无法逃脱权力陷阱。权力追逐之下，人性的丑陋与扭曲昭然若揭，善良、单纯和真情的人性光辉注定要被封建制度吞噬。

二是封建皇权下女性彷徨式觉醒。《甄嬛传》的创作主旨在于以现实主义的手法批判讽刺封建社会的黑暗与残酷，但导演在拍摄过程中，想向观众传达的不仅仅是封建社会对人性的践踏和摧残，同时还力求展现剧中人物的现代性品质，从而引起共情。在光明日报文艺部举办的电视剧《甄嬛传》的研讨会中，文艺报总编辑阎晶明认为《甄嬛传》拍摄的成功之处在于传递了触动观众心灵的现代意义，"剧中的甄嬛被赋予了难得的品质：骨子里不爱权力，崇尚自由，追求真爱，本质善良。这些难能可贵的品质亦是现代人所需要与珍惜的"①。首先，甄嬛不爱权力爱自由。在皇权至上的封建社会中，女性有幸被选入皇宫成为皇帝的妃嫔被视为光耀门楣的事情，不仅自己身份地位得到提升，而且整个家族都会因此得到奖赏和关照。如剧中飞扬跋扈的华妃凭借战绩显赫的哥哥在皇宫中傲慢无礼；而当哥哥年羹尧失势被惩时，

---

① 韩业庭、苏墨、唐蓉等：《古装戏应弘扬主流价值观》，《光明日报》2011年12月21日第15版。

华妃锐气大减，最终在绝望中撞墙而亡。然而，从甄嬛选秀之初祈求被撂牌子的心愿来看，权力对她毫无吸引力，即便是阴差阳错入宫为妃嫔，依然不争不抢，甚至佯装生病以逃脱侍寝。其次，甄嬛渴望爱情，执着于真爱。在青年文艺论坛中，邵燕君从启蒙主义的角度对以《甄嬛传》为代表的穿越小说展开讨论，指出爱情的神话正是启蒙的神话。① 剧中甄嬛对爱情的渴望和对真爱的执着体现了女性主体意识的觉醒。甄嬛一路走来都在寻找自己的真爱，渴望得到真正的爱情。一开始误以为获得爱情、与雍正情浓意合，后得知自己只是纯元皇后的替身时决然离开，在凌云峰与果郡王暗结连理，最后为真爱"黑化"复仇。甄嬛对爱情的执着与渴望，唤醒了她的女性自主意识，她相信并期待忠贞专一的爱情，始终对爱情保持信心与憧憬。最后，甄嬛善良温婉却不软弱的本性是促使该剧引起现代观众共鸣的重要方面。宫廷剧作为近年来拍摄的热点，在大众文化和市场经济的助推下，众多作品横空问世。《甄嬛传》能在众多宫廷剧中脱颖而出，与对甄嬛这一人物形象的成功刻画有着重要关系。甄嬛不同于以往"白莲花"或"傻白甜"的女主设定。剧中的甄嬛虽然心地善良，乐于帮助他人，但这种善良中却透露出坚强，知恩图报、敢爱敢恨。在其进宫之初，为安陵容打抱不平、将无处可住的安陵容接回自己家中居住、在自己的能力范围内尽可能平等地对待身边的奴婢等都显示出她的心地善良。甄嬛的善良处处彰显于细微之处，但善良并不是软弱与妥协，当她遭遇他人算计时、寻求真爱的理想被他人摧毁时，她勇于反击，为爱宣战。

剧中以甄嬛为代表的女性自我意识的觉醒及对爱情理想的执着追求表现出电视剧作品的现代性，但这种觉醒却是彷徨的、犹豫的，并没有达到觉醒的彻底性。何天平在分析《甄嬛传》这部剧时，以"消

---

① 孙佳山：《多重视野下的〈甄嬛传〉》，《文艺理论与批评》2012 年第 4 期。

失的女主角"为主题探讨剧中女性主角的缺席。"因为封建制度的笼罩，甄嬛利用自己的智慧、权谋击败对手，抵达权力的顶峰，并不是因为她希望自身成为时代的女丈夫，而仅仅源于若不反抗则无法在风云诡谲的宫中自保。"① 这一论述恰好指出了皇权制度下女性自我觉醒的不彻底，甄嬛从一开始的善良温婉、心思单纯的活泼少女，在后宫中经历了人生的起起落落、明争暗斗后，开始明白先发制人、主动出击才能立足。但这种生存之道依旧攀附于皇权，通过获得皇帝的宠爱，逐步走向权力的中心。此外，真挚爱情的理想对于甄嬛而言，既是她女性意识的启蒙和源泉，同时也是她彷徨的藩篱，导致她始终没有突破封建制度的局限，真正成为自己的主人，为自己而活。"爱情价值的实现构成了现代人（尤其是现代女人）个体生命价值实现的重要部分。"② 甄嬛入宫前渴望"愿得一人心，白首不分离"的美满爱情，入宫后希望得到雍正皇帝的爱而非宠的夫妻平等，凌云峰与果郡王的厮守相伴，都始终是对自由、平等爱情的追求。正是这样对爱情的执着让甄嬛这一人物形象闪现着现代性的光芒，但后来爱情谎言的戳穿、真爱希望的破灭最终促成她的"黑化"和报复。对甄嬛而言，内心逐渐成长的自我同爱情神话一并消失在皇宫之内，陪伴她往后余生的依旧是红砖绿瓦和数不尽的寂寞。

（二）先进价值观念的叙述偏差

强烈的批判主题和对真、善、美的热情讴歌是电视剧《甄嬛传》备受好评的重要原因。然而，即使该剧致力于弘扬先进的价值观念，但在具体剧情的推动中，以争宠、争权为核心的矛盾冲突凸显了后宫钩心斗角的丛林生活、目的至上的价值追求及弱化女性的价值局限。

---

① 何天平：《藏在中国电视剧里的40年》，浙江工商大学出版社2018年版，第225页。
② 孙佳山：《多重视野下的〈甄嬛传〉》，《文艺理论与批评》2012年第4期。

这在一定程度上遮蔽了电视剧创作者的初衷，造成电视剧创作初衷与播出效果的偏差。

第一，钩心斗角的生存法则。电视剧《甄嬛传》剧情中后宫妃嫔为争得皇帝宠爱、确立自己在后宫中的地位，展开或明或暗地厮杀，剧中每个人物心中都有自己的私欲和执念。如运筹帷幄的太后执着于维护乌拉那拉氏的荣耀与地位，面慈心狠的皇后致力于掌控后宫妃嫔的生杀大权，恃宠而骄的华妃蛮横地想要独占皇帝的恩宠，而从纯情善良到腹黑的甄嬛含恨在心、意欲报复……围绕这些人物矛盾与冲突的故事情节是吸引大众追捧的重要原因之一，其根源在于这些钩心斗角、尔虞我诈的生存法则向观众撕开人性中的原始一面，激起人类内心深处的兽性本能和斗争欲望，从而满足生活于社会高压之下的观众的情感宣泄和价值认同。在高速发展的当代社会中，人们被来自生活、职场、学业等各方面的压力紧紧地裹挟着，现实中无处释放的压力、烦躁和不满亟须通过某种途径获得宣泄。剧中甄嬛的反击和逆袭恰好为观众提供了情感欲望的宣泄平台，并从剧中后宫妃嫔的生存状态中获得关于现实生活的生存法则。郑晓龙导演曾以职场概念解读《甄嬛传》，而在《甄嬛传》播出后，市场甚至出现了诸如《后宫职场：跟甄嬛学职场谋略》《修炼——积聚职场正能量》等相关书籍，许多网友将其比作后宫职场宝典，并戏称甄嬛是清宫的杜拉拉。人们将剧中甄嬛的经历类比为自身的职场经历，并从剧中钩心斗角的生存法则中获得情感宣泄和生活启示，这样的剧情走向显然在一定程度上误导了观众的价值观念。创作者欲以后宫女人相互厮杀斗争的故事情节来批判封建社会的残酷，却忽略了这种弱肉强食的生存法则对观众价值观念的冲击。

第二，目的至上的价值追求。人的所有有意识的行为都是为了获得某种结果，实现某种目的。电视剧《甄嬛传》中，妃嫔们的目的都很明确，即想要通过自己的努力获得皇帝的宠爱，在后宫占据一席之地。赢得皇帝宠爱或重视的妃嫔便会在后宫中拥有一定的话语权，并能享受权力和宠爱带来的尊贵生活，其家人也会因此仕途坦荡、前途光明。因此，为达到保存生命、获得宠爱、拥有权力的人生目的，后宫妃嫔不惜利用他人、残杀子嗣，致力于将身边得宠妃嫔或潜在威胁者彻底铲除。剧中皇后、华妃、安陵容等皆是此类形象的典型代表。故事一开始以皇后和华妃为首的两大对立阵营的矛盾冲突为故事主线展开妃嫔之间的斗争。佛口蛇心的皇后因自己的大阿哥不幸夭折又再无生育可能而对其他怀孕妃嫔极其嫉妒，又惧怕母凭子贵的妃嫔威胁自己正宫之主的地位，总是对未出世的孩子狠下毒手，甚至为一劳永逸地解决受宠妃嫔怀孕的可能性，或直接或间接地让受宠妃嫔饮下绝育汤药。在皇后的目的至上的价值追求中，自己的荣华富贵和万人敬仰才是最重要的；在自己的权力、地位面前，他人的生命不值一提，可以随意利用、蹂躏和践踏。剧中敢爱敢恨的华妃因爱生妒，因无法忍受皇帝对其他妃嫔的宠爱，一次又一次地将其他妃嫔纳入其戕害名单。华妃利用温仪公主争宠、致使淳贵人溺水、指使余氏下毒、冤枉沈眉庄假孕等，一系列的害人事件只是想得到皇帝的宠爱。诸如此类的价值追求在剧中不胜枚举，目的至上的价值理念成为剧中人物的行动准则。人们为了自己一己之私，可以利用、牺牲他人，他人仅是实现自己目的的手段。虽然剧中皇后、华妃等人最终都以悲剧收场，但临死前的悲情控诉又在为自己犯下的罪孽而开脱，认为自己作恶皆有无可奈何的理由和身不由己的苦衷。这样的剧情安排颇能博得观众的同情与谅解，意图告诉观众剧中女性的悲哀是封建制度的产物，是历史的局限和无奈。然而，这种看似不得已的苦衷背后，其实质是自我私欲的无限放大，认为自己是社会或集体的中心点，并在目的至上的价值理念驱动下，夸大自身的利益诉求和主观感受，忽略甚至剥夺他人或集体的基本利益。这样为达目的不择手段的价值追求与当下社会所倡导的价值观念相去甚远。

第三，弱化女性的价值局限。近些年影视行业热衷于拍摄"大女主剧"，这类电视剧以女性为叙述主线展开对女性励志人生的描写，电视剧《甄嬛传》可以看作"大女主剧"的开端。自《甄嬛传》之后，同类型题材的电视剧接连产出，无论是古代宫廷剧还是现代都市剧都极力凸显、渲染女性的光辉形象。不可否认，在女性成为文化产业重要的消费群体的当下，这类以女性的人生为叙事主线的电视剧在收视群体中非常受欢迎。然而，电视剧作品的制作理想与具体呈现之间的差距却频频引发观众质疑、吐槽和批判。光明日报曾就"大"女主剧的"小"格局进行批判，认为"在这些故事里，观众看不到女性在面对生活艰辛、命运起伏时，凭借自身的努力、坚忍和智慧所获得的成长，而只看到依附于男性、缺乏主体意识的女人，在众多爱慕者的帮助下，于波涛汹涌的政治斗争、商战、后宫争权中'躺赢'"[①]。在电视剧《甄嬛传》中，纯情善良的甄嬛凭借自己的智慧、果敢，从一个后宫新人最终成为位高权重的皇太后。这样的人物形象看起来十分励志，但将甄嬛的励志过程具体观之，却发现甄嬛的成长和逆袭依旧未能摆脱对男权的依附。剧中的甄嬛善良温婉、有勇有谋，对自由美好的爱情有着执着的向往，是极具现代性的女性形象，可她仍然表现出对男性的极度依赖。如为确保家族平安而使用计谋复宠、为保全她腹中孩子表现出对皇帝的顺从等，都是甄嬛向男权社会的依赖与妥协。直至最后她抵达权力的顶峰亦源于保全自身，而从未想过冲破封建社会的束缚，真正成为自己的主人。这样弱化女性的价值局限让观众看到了皇权对女性资源的占有和对女性青春的扼

[①] 吴潇怡：《"大"女主剧的"小"格局》，《光明日报》2018年9月13日第16版。

杀，女性自始至终都是男权社会的依附者，"大女主剧"并未能走出男权专制的陷阱。

（三）恶的肯定与道德优越感的宣扬

《甄嬛传》的播出被观众认为是宫斗剧的辉煌时刻，在《甄嬛传》播出后的几年时间内，观众都认为同类型题材的电视剧都是对该剧的模仿，却从未超越该剧的水准。然而，评价一部电视剧的好坏不能仅以拍摄技艺和情节紧凑为衡量标准，更重要的是作品是否能够弘扬当今社会中的先进文化和进步观念。优秀的电视剧作品应理所当然地承担起肯定、宣扬先进思想观念的伦理义务，为社会大众传达正确的价值观、道德观等。但是《甄嬛传》作为历史宫斗剧的经典之作，除剧中叙述、肯定和宣扬的价值观引发了人们态度不一的争论外，其传达和宣扬的道德观念亦值得人们反省和深思。剧情中表现的以恶治恶的道德抗争、比坏心理的道德图景、大男子主义的道德优越感等都在一定程度上腐蚀观众的道德认知，并误导观众的道德判断和道德行为。

一是以恶治恶的道德抗争。以往"白莲花""圣母玛丽苏"等人畜无害、完美无瑕的女主形象正在被观众厌恶、抛弃，而有仇必报、对待坏人绝不手软的大女主形象则颇受观众喜欢。因此，剧中甄嬛"人不犯我我不犯人，人若犯我我必犯人"的人物形象非常迎合当下观众的审美趣味。即使剧中甄嬛的敢爱敢恨、有仇必报中有着擅于权术、手段阴毒的缺点，但却丝毫不影响观众对剧中甄嬛的喜爱。人们以瑕不掩瑜的美化视角，在不完美的甄嬛形象中看到了独立、果敢、正义和对爱情自由的渴望。但实际上，这样的美化视角掩盖了甄嬛报复敌人时的阴狠毒辣，为以恶治恶的道德抗争寻找了一块遮羞布，掩饰了剧中错误的道德观念。在剧中，甄嬛从初入皇宫时的与世无争，到心灰意冷前往甘露寺修行，最后含恨回宫、报复敌人、荣登权力顶峰，这样人物形象的转变与成长可以看作甄嬛勇于反抗身边邪恶势力的结果。甄嬛通过自己的智慧和手段，保护自我、惩治坏人，这样的反抗精神是值得人们肯定的，但甄嬛以恶治恶的惩治手段却不具有合法性、正当性，这样的道德抗争不可避免地让甄嬛从道德善滑向了道德恶。在尔虞我诈、钩心斗角的后宫中，甄嬛被皇后、华妃、安陵容等人一次次地陷害，导致她小产，失去好婢女、好姐妹，甚至失去爱情和爱人，于是她明白保全性命、护家族和孩子周全的办法是获得皇帝的信赖和宠爱。以钮祜禄·甄嬛之名回宫后的她开始了疯狂报复，利用皇帝对其宠爱陷害皇后，又与叶澜依联手杀害皇上，成为皇宫里最后的胜利者。从钮祜禄·甄嬛回宫目的来看，她为了保护腹中孩儿、保护被流放到宁古塔的父亲和家人，也为了死去的爱情、友情而惩罚她的仇人无可厚非；但从她的报复手段来看，当她以同样残忍毒辣的手段栽赃陷害他人时，她与伤害过她的皇后、华妃、安陵容等人却再无分别。对于那个皇宫而言，不过是一个利益集团倒下了，另一个集团又崛起了，当新的集团兴起时，争宠、陷害、斗争、厮杀依然重复不止；对于她个人而言，即使她赢了所有人，成为人人羡慕的皇太后又能如何，她的爱情、亲情和友情，连同曾经纯情活泼、善良温婉的她一并湮没在这血腥的斗争之中。这样以恶治恶的道德抗争注定会两败俱伤。恶劣的斗争手法并不是甄嬛反抗的唯一选择，而短暂的胜利也始终无法走出你争我斗的恶性循环，留给后宫的依然是无休无止的争宠、争权和明争暗斗。

二是比坏心理的道德图景。陶东风曾在《人民日报》发表题为《比坏心理腐蚀社会道德》文章中，指出受犬儒主义和投机主义的影响，一些官场小说、宫斗剧都倾向于突出比坏的道德心理，"谁的权术高明谁就能在社会或职场的残酷'竞争'中胜出；好人斗不过坏人，好人只有变坏、变得比坏人更坏才能战胜坏人"①。这种比坏的道德心理在《甄嬛传》中亦颇为突出。剧中的甄嬛在经历了多次陷害后，开始明白报仇雪恨、立足后宫的办法就是要比其他人权谋更好、手段更凶狠毒辣、做法更彻底，只有这样才能彻底扳倒皇后、华妃、安陵容等人，为自己的爱人、好姐妹等报仇。从理性角度来看，甄嬛惩罚坏人的手段并不具有正当性，但观众却对甄嬛的遭遇深感同情，并在一定程度上认可甚至支持甄嬛的反抗。观众并非是非不分、缺乏辨别正确与否的理性能力，而是因为甄嬛的遭遇恰好迎合了生活在巨大现实压力之下的观众。"观众十分乐见此类具有极强的矛盾冲突的戏剧故事，透过甄嬛运用智慧、联合亲信，扳倒盛气凌人的华妃、恃宠而骄的祺贵人、阴险善妒的安陵容、面慈心狠的皇后等人，尤其是女性观众很容易从中获得某种快感的宣泄以及情感欲望的消费。"②颇具现代性的甄嬛形象为高压之下的现实观众提供了欲望的宣泄平台，观众对剧中甄嬛的情感共鸣和行为认可，实质是观众对自身处境的虚拟映射。观众在观剧过程中，将自己的现实遭遇与困境投射于剧中人物，以甄嬛的胜利达到自我情感宣泄和精神满足。

三是大男子主义的道德优越感。《甄嬛传》以现实主义的拍摄手法揭露了封建制度下女性的生存卑微，并以悲剧结局彰显和批判父权社会对女性的摧残。导演郑晓龙将架空历史的后宫小说《后宫·甄嬛传》嵌入到清朝雍正年间以增加《甄嬛传》的历史感和现实性，从而增强该剧的批判性。尽管批判是该剧的突出主题，但透过剧中人物及故事情节的分析，却发现剧中大男子主义的道德优越感处处彰显，并在很大程度上抑制了批判的彻底性。《甄嬛传》作为极具艺术性的电视剧高

---

① 陶东风：《比坏心理腐蚀社会道德》，《人民日报》2013年9月19日第8版。
② 金丹元、游溪：《从〈甄嬛传〉的热播谈古装剧对历史的重新想象》，《浙江传媒学院学报》2013年第3期。

度展现了后宫女人为宠爱与权力进行永无停止的斗争的图景，用后宫尔虞我诈、钩心斗角的残酷生存环境批判了父权制度下女性的异化和扭曲；但却未能突破历史的藩篱，仍以大男子主义的道德优越感将女性困于男性的统治之下，女性的觉醒始终未能走出男性的掌控。以甄嬛为代表的后宫女人们为了生存选择取悦他们的主宰者——皇帝，并以美貌才艺为主要的取悦方式。在剧中开始的剧情中，该剧便为观众传达了皇宫以美貌为标准的选秀方式。如安陵容头戴海棠花吸引蝴蝶被入选为妃嫔；沈眉庄因生得美丽、端庄贤淑，入宫后便很快被封为贵妃；甄嬛因容貌酷似皇帝结发之妻而深得皇帝专宠。随着剧情的发展，后宫中的女人为了争宠或复宠而充分利用自身的容貌和才艺。如得宠后的安陵容凭借一副好嗓子，以唱小曲儿的方式保持皇帝的宠爱；后来嗓子嘶哑，皇帝借故让她休息，却再未看望过她。为重新获得皇帝的宠幸，安陵容不惜整日不进食来使身体纤细柔软，练习冰嬉舞以吸引皇上。然而，短暂的惊喜并未能带来长久的喜爱，安陵容在剧中说她自己不过是皇上身边豢养的小鸟，开心时便逗一下，不开心时可以毫不留情地抛弃。安陵容的悲剧是剧中众多妃嫔的缩影，即使甄嬛这一颇具现代性的人物形象亦没有跳出封建君主专制为女性编织的牢笼。她凭借自己的美貌与智慧数次复宠，但这样的争宠方式依然没有逃离以色侍人的命运，名利得失皆仰仗皇帝定夺。"一位位或'变形'或'消失'的后宫女人，自始至终没能找到她们生存的真正价值。讲述了七十余集后宫故事的《甄嬛传》，从来都只有一位绝对主角——皇帝。"[1] 皇帝作为封建专制的最高统治者，也是父权制的最高象征，他对青春女性资源的占有与垄断以及对女性人生价值的定义和评判，是女性悲惨命运的根源所在。剧中后宫妃嫔们乐此不疲地精心打扮着自

---

[1] 何天平：《藏在中国电视剧里的40年》，浙江工商大学出版社2018年版，第226页。

己，盼望着、祈祷着被能到皇帝宠幸，从而飞黄腾达，始终以服从者、屈服者的卑微姿态心安理得地接受皇帝的嘲弄与把玩儿。剧中为观众展现出的女性，始终依靠男性的庇佑或其他男性的拯救，没有反思性地屈服与接受，甘愿成为男性取乐的物品；而男性则仰仗权力和性别优势，理所当然地占有女性资源，甚至凭借自身喜好决定女性的人生价值。这样的剧情逻辑看似受制于历史背景和时代局限，实则未能正确看待男女平等，道德观念中大男子主义的优越感无意识地于剧情中流露。

三　经验与超验的审美表达

《甄嬛传》作为郑晓龙导演的成功巨作之一，虽然剧情中所表达的价值观、道德观在一定层面上存在争议、褒贬不一，但剧中呈现的高层次的审美情趣却普遍获得观众的认可与称赞。该剧向人们传递的审美观念主要表现在直观性的视听审美经验和超越性的悲剧审美体验两个方面。一方面，直观性的审美经验给予观众视觉与听觉的直观感受。在《甄嬛传》中，华丽的服饰、精致的妆容、逼真的故事场景等细节刻画对观众形成视觉冲击，在"观"的层面吸引观众的注意力和观看兴趣。而剧中古色古香的台词、人物对话中蕴含的诗词歌赋及贯穿整部剧的配乐等则从听觉方面为观众营造了跌宕起伏的故事情节，在推动剧情发展的同时深化视觉效果，进一步提升了剧情的美感和吸引力。另一方面，超越性的悲剧审美体验为观众提供心灵共情。《甄嬛传》将"悲"设为剧情的总体基调，通过"封建社会下的女性悲剧"触动观众内心情绪，给观众带来心灵的情感冲击，并在对悲剧的心灵体验中给予观众无限的想象空间，从而激发观众深层次的审美感受。

（一）直观性的视听审美经验

一是服装头饰的视觉渲染之美。相比于其他"穿越 + 宫斗""戏说

+宫斗"抑或"玄幻+宫斗"等题材的宫廷剧而言，《甄嬛传》是一部单纯的宫廷剧，"从观感上而言，《甄嬛传》很严肃，甚至有些保守，这在随意嫁接历史和拼贴元素的流行影视市场里已是少见"①，但正是这样的严肃，甚至保守的拍摄方式促成了《甄嬛传》别具一格的艺术感染力。这种艺术感染力在视觉上突破了以往的审美标准，从剧中人物服饰、妆容、饮食、拍摄场景等方面营造全新的视觉印象以避免观众的审美疲劳，以此丰富电视剧作品的可观赏性和耐看性。首先，从剧中的人物造型来看，拥有不同身份地位的妃嫔，衣着打扮迥然不同。这种主要在布料、裁剪、花色、配饰、颜色等方面的不同于其他电视剧作品并无二处，但遵循清史中的等级制度来设计服饰的花色、图案、配饰等，并通过服饰彰显人物性格特点则是该剧的一大特色和亮点。如剧中性格嚣张的华妃，仰仗雄厚的家族势力和皇帝的宠爱而行为霸道，在后宫众位妃嫔中飞扬跋扈、不可一世。因此，剧中华妃的服饰多使用玫红色、紫色等亮丽显眼的颜色，以凸显华妃霸道的人物性格。与华妃的衣着色彩反差较大的沈眉庄在性格方面亦与华妃截然不同。沈眉庄在剧中是温婉端庄、贤良淑德、心地善良的典型女性代表，在衣着打扮方面，沈眉庄的服饰色彩多素雅。当沈眉庄假意丢失镯子意图复宠时，穿了一件极其艳丽的粉红色衣服，皇帝对此评价道，"你甚少穿得这样娇嫩的颜色"。由此亦可以看出剧中的沈眉庄衣着少有亮丽颜色，而淡色素雅的衣着打扮恰好映衬她"宁可枝头抱香死，何曾吹落北风中"的恬淡性格。其次，与人物服饰搭配的头饰、妆容进一步增加了剧中画面的丰富性与层次性，使该剧在视觉审美方面更具有观赏性。如在开篇甄嬛、沈眉庄、安陵容等人入宫选秀女的剧情叙述中，通过镜头对三位女主头饰的刻画足以看出三位人物入宫选秀的心态及

---

① 何天平：《藏在中国电视剧里的40年》，浙江工商大学出版社2018年版，第223页。

身份地位。沈眉庄选秀时头上戴有一只蓝青鸾,青鸾是传说中凤凰类的神鸟,同时也是爱情忠贞的象征。沈眉庄选秀的目的旨在顺利入宫成为受宠妃嫔,相比于其他戴头花的秀女,沈眉庄的精心打扮更加突出她内心的涵养与高贵。反观与沈眉庄家境相差不大的甄嬛,则是普通的两头把头饰配上一些碎花略显简单,以此突出甄嬛无心入宫、志不在此的淡然心态。剧中的服饰、头饰妆容等的不同既表明了人物的身份地位和家庭背景,同时也暗示了人物的内心活动,如此细腻的刻画手法在很大程度上提升了该剧的艺术观赏性。

二是台词、音乐的听觉烘托之美。《甄嬛传》从听觉层面传递的审美经验主要表现在台词和剧中音乐两个方面。剧中古香古色的人物台词对话和悠扬婉转、兼具古风特色的音乐在听觉方面为推进剧情发展、引发情感共鸣、奠定剧情基调等方面起到促进作用,极大增加了画面的感染性和渲染力。同时,台词和音乐中蕴含的"中国风"元素,又展现了中国诗词歌赋的优美,掀起观众阅读诗词歌赋、重温经典的热潮。首先,古色古香的人物对白有力营造了故事情节的丰富性和含蓄性,从整体上提升了剧情的文学艺术性。《甄嬛传》中的人物对白最突出的特点即是"文艺范十足"。原著小说及编剧流潋紫在谈到《甄嬛传》中的语言时指出,"电视剧的语言风格是以《红楼梦》为学习样本,对话中有《红楼梦》里常用的'这会子……'、'我原是……'、'巴巴等了来……'"[1]。在剧中人物的对话中,"本宫""自然是极好的""小主"等用词既突出《甄嬛传》的历史感,又避免了用词直白单调而缺乏文艺气息。另一方面,频频出现于人物对话中的诗词又进一步增进了台词的古风古韵,也烘托出该剧浓厚的文化底蕴。如在甄嬛被选入皇宫后为躲避宠幸而在除夕夜许下"逆风如解意,易莫摧

---

[1] 王磊:《流潋紫谈〈甄嬛传〉语言:以〈红楼梦〉为样本》,《参花(文化视界)》2012年第5期。

残"的新年愿望；而在平时与身边的宫女聊天中曾用"愿得一人心，白首不分离"来表达自己的爱情观……诸如此类的诗词在人物台词中不胜枚举。其次，剧中极具古典特色的配乐不仅紧扣主题、烘托剧情变化，还具有极高的艺术赏析价值，为该剧的艺术之美增色不少。贯穿该剧的十五首配乐皆出自著名音乐家刘欢之手，在填词作曲中大量借鉴了诗经、唐诗宋词等内容，使曲子既满足了剧情发展的需要，又丰富了该剧的传统文化底蕴。如《红颜劫》作为《甄嬛传》的主题曲，凭借"斩断情丝心犹乱……谁能过情关"寥寥数字唱尽了剧中人物的万般无奈和悲欢离合。这样用于概括整个剧情中心思想的曲子"用在《甄嬛传》片头，像是引子一样，既奠定了电视剧音乐的整体缠绵古典的基调，又像缓缓揭开了这一后宫古装题材剧的神秘面纱，点明了该剧的主题思想"[①]。经由刘欢作曲、崔恕填词、姚贝娜演唱的《红颜劫》除概括剧情、烘托故事情节外，还具有较高的赏析价值。从曲风来看，"乐曲中既有民族五声调式的民族韵味和古典气息，又仿佛有自然小调的朦胧色彩，柔柔软软的透着一丝悲凉"[②]；从歌词来看，内容充满了浓郁的中国风，歌词意境则道尽了帝王家的爱恨情仇，痴男怨女终是难过情关；而从演唱效果来看，姚贝娜宽广的音域和娴熟的唱功将该曲子的缠绵悠长表现得淋漓尽致。紧密结合剧情主题的配乐让剧情的发展不仅停留于观众的视觉层面上，而且延伸到观众的听觉层面，通过音乐引发观众对剧情和人物的想象。

（二）超越性的悲剧审美体验

原著作者流潋紫在创作《后宫·甄嬛传》时表示，在史料纪录中，关于后宫妃嫔的记录寥寥数笔，所以她"极力想写下历史上那些生活

---

① 周瑞：《浅析电视剧〈甄嬛传〉中的配乐》，《音乐时空》2015年第8期。
② 周瑞：《浅析电视剧〈甄嬛传〉中的配乐》，《音乐时空》2015年第8期。

在帝王将相背后的女人的故事，还原真实的后宫女子心态图"①。秉持真实性的创作态度，剧组在拍摄时尽量还原小说剧情，使用现实主义的拍摄手法为大众展现真实的古代宫廷生活状态，致力于把古装宫廷的故事批判性表现得更强。而就该剧整体剧情而言，剧中通过人物形象蕴含的悲剧性格刻画了后宫女人在矛盾冲突和斗争中走向毁灭与死亡的悲惨结局，揭示并批判了造成人物悲剧的社会根源——封建社会制度。从原著作者到电视剧拍摄导演再到剧情的整体呈现而言，"悲"是该剧的总体基调，何天平认为"一部《甄嬛传》试图告诉大家，悲情才是后宫的常态"②。《甄嬛传》正是通过悲剧人物激起人们的惋惜之情，给人一种深沉悲壮的审美体验，并在痛苦、怜悯的情感体验中反思现实的美好。

一是个体悲剧。由悲剧性格所导致的悲剧命运是后宫妃嫔们无法逃脱的宿命，这是《甄嬛传》整部剧从个体层面叙述的悲剧故事。该剧通过对主要人物悲剧性格的刻画，向人们勾勒出封建制度背景下个体的悲惨命运。剧中主线叙述了纯情善良的甄嬛如何成长为深谙权术之道的深宫太后的故事。从故事结局来看，甄嬛通过自己的智慧和手段站在了权力的最高峰。抵达权力高峰的甄嬛看似是剧中最终胜利者，但爱情希望的破灭、心爱之人死于自己亲手斟满的毒酒及无法与亲身女儿相认等一系列的牺牲来看，甄嬛亦是后宫众多悲剧人物之一。剧中的甄嬛善良、聪慧、淡然，但在经历一系列陷害打击后，骨子里的果敢、决绝促使她走上极端的复仇之路。如甄嬛在凌云峰急需复宠入宫时，便暗示崔槿夕牺牲个人幸福、与皇帝身边的太监苏培盛结为对食夫妻。凭借心腹崔槿夕的帮忙，甄嬛以钮祜禄·甄嬛的身份再次入宫，并开始疯狂打击报复自己的对手，最终扳倒皇后、毒害皇上，成

---

① 何天平：《藏在中国电视剧里的40年》，浙江工商大学出版社2018年版，第228页。
② 何天平：《藏在中国电视剧里的40年》，浙江工商大学出版社2018年版，第227页。

为后宫权力的集大成者。但甄嬛的胜利并未使她真正摆脱这种悲剧命运，她往后余生仍在皇宫高墙之下重复着无休止的斗争。除了抵达胜利彼岸的甄嬛外，其他以皇后和华妃为首的两大反派也都因本身的悲剧性格而走向毁灭或死亡。剧中的皇后在众人面前总是展现出一副母仪天下、贤良淑德的美好形象，但美好形象的背后却阴险毒辣、为达目的不择手段，在剧中因频繁杀害腹中胎儿被观众戏称"打胎小分队队长"。尽管皇后拼尽全力、用尽一切办法去维护权力、尊严和宠爱，到头来却被所爱之人下令禁足景仁宫，永不相见。这样的结局既让观众体会到坏人被惩罚的快感，但同时也唤起观众心灵深处的悲悯与反思。对于权力的贪恋、对宠爱的过分执着在无形中催化了她的自卑。反过来，敏感多疑又自卑的性格催促她一步步走向毁灭，最终以悲剧结局。透过剧中的人物形象塑造及剧情整体发展形势来看，后宫女人身上所具有的或固执、或自卑、或蛮横等悲剧性格造成各自的悲剧人生。

二是社会悲剧。在以宗族制、父权制为特征的封建制度下，女性的社会地位和话语权一直处于缺失状态。尽管《甄嬛传》为观众讲述了一群女人的故事，看似是在凸显女性的地位和价值，实则表达了封建社会下女性的悲剧人生。透过故事的表面可以看出，后宫女人进行的斗争与厮杀不过是为了得到皇帝的宠爱与垂怜，而皇帝的喜好厌恶则成为衡量她们人生价值的尺度和标准，实际意义上的她们一直处于"消失"的状态。"一位位或'变形'或'消失'的后宫女人，自始至终没能找到她们生存的真正价值。"[①] 无论是抵达权力高峰的甄嬛，还是面慈心狠的皇后、专横霸道的华妃、温婉端庄的沈眉庄、卑微却阴毒的安陵容，都未能跳出悲剧人生的宿命。个体的悲

---

① 何天平：《藏在中国电视剧里的40年》，浙江工商大学出版社2018年版，第226页。

剧性格固然是悲惨命运的直接因素，但悲剧性格的根源却离不开当时的社会制度。社会封建制度的束缚和时代的局限性，致使后宫女人无法挣脱封建教条的桎梏，一生都困于父权制的阴影下无力反抗。如甄嬛本无意入宫，却因外貌酷似皇帝结发之妻纯元而深得皇帝喜爱，后因爱情希望破灭决然离宫而去。她本以为可以远离皇宫斗争，却不想，因家族祸事与腹中胎儿重返皇宫，继续斗争。沈眉庄作为甄嬛的好姐妹，从小在家中就按照妃嫔要求培养，目的就是入宫成为受宠妃嫔，以兴旺家族势力和地位。然而端庄贤淑的沈眉庄却无法接受皇帝的宠而不爱以及他人的陷害与污蔑，出淤泥而不染的品格却成为她禁足、失势最终血崩而死的间接推手。安陵容本是与她们一起入宫时相识的好姐妹，但因出身卑微、势单力薄，为立足后宫、获得宠爱与权力，不惜沦为他人棋子，坏事做尽。安陵容的投靠与转变无疑是她悲剧结局的催化剂，但在当时封建社会背景下，既无显赫背景又无皇帝宠幸的她似乎注定要沦为后宫斗争的工具和牺牲品。昔日一起入宫的好姐妹，最后的结局虽各有不同，但本质上却都离不开一个"悲"字。最不愿入宫的甄嬛成了位高权重的皇太后；希望入宫得宠的沈眉庄却被爱情所伤，为爱而亡；想要在宫中出人头地的安陵容却始终无法摆脱对他人的攀附与迎合，最终落得自尽而死。后宫女人的不幸不仅是她们个体的悲剧，更深层次则是那个时代的不幸，是整个社会的悲剧。封建社会制度对女性的压迫与束缚，让女性一直处于失声状态，没有自主选择的人生才是社会的悲剧。

《甄嬛传》在宫廷剧泛滥成河、泥沙俱下的市场中为观众带来与众不同的宫廷戏，观众的喜爱和追捧力证了以宫廷为主题的电视剧作品并没有过时。"题材不是决定因素，关键是表现什么、如何呈现，古装剧和其他类型电视剧一样，也应尊重历史、导向正确，大力弘扬主流价值观。"①《甄嬛传》是在尊重历史的前提下，以坚持正确价值观导向为创作原则，对故事情节和人物形象精雕细琢，突破以往人们对宫廷剧的常规看法，从而收获较高收视率和口碑。然而，在剧情的具体叙述中，围绕后宫妃嫔们的斗争与厮杀却导致剧情价值观念与道德观念的叙述偏差。如在"青年文艺论坛"中，一些学者就《甄嬛传》的负面观念展开讨论，认为"《甄嬛传》最大的特点就是钩心斗角，里面隐含着权力欲望和色情消费……《甄嬛传》所描述的，可能不是或不仅仅是将人性恶的方面放大，而是试图为人性恶确立它的合法性"②。

诚如英国著名戏剧大师莎士比亚所说一千人眼中有一千个哈姆雷特。受限于年龄阶段、教育背景、思维认知等因素，不同人群对电视剧剧情的关注点往往会有所不同，这便产生了对电视剧的各种看法。人们在评价《甄嬛传》时，各执一词，肯定者认为《甄嬛传》真正批判了封建社会的残酷现实及父权制下女性主体地位的丧失和人性的异化，而批评者则认为剧中的价值观念和道德观念的偏颇会对观众产生不良影响。无疑，对一个主流作品而言，批判性与艺术审美性是升华作品主题、提升观赏性的重要条件，但不能忽视作品批判性的表达方式。残酷的斗争手段和阴险歹毒的人性固然能体现封建社会背景下人性的异化与压迫，但在宫廷斗争的背后却只有对个人悲剧的悲悯和社会悲剧的无奈，而看不到人物的正面成长和积极引导，留给观众的更多的是后宫的腥风血雨和时代悲歌；或许在精致宫斗剧的叙述中增加更多对女性的人文关怀，才能完全承担起主流作品的伦理义务。

---

① 韩业庭，苏墨，唐蓉等：《古装戏应弘扬主流价值观》，《光明日报》2011年12月21日第15版。
② 孙佳山：《多重视野下的〈甄嬛传〉》，《文艺理论与批评》2012年第4期。

第三节 文化资本公共权力主体运作文本的伦理价值分析——以电视剧《山海情》为例

近些年,在政策规范、引导和支持的背景下,社会主义先进文化与大众文化的有机结合的新态势为主旋律作品的"走红"提供了良好契机。一方面,在以弘扬社会主义先进文化为主导的主旋律作品创作中,适当融入人民群众喜闻乐见的艺术表现形式有助于形成广泛而深远的宣传效果和社会影响力;另一方面,大众文化对社会主义先进文化的元素借鉴,得以让观众在娱乐休闲过程中多层次、多方位、多角度地了解其中主旋律元素,并潜移默化地欣然接受其中蕴含的先进思想观念。基于这样的行业背景,主旋律突破以往题材限制,打破传统灌输、剧情单一等刻板印象,完美实现优质内容与大众化表达方式之间的无缝衔接,促使主旋律作品在影视行业中占据越来越多的比例与越来越高的收视率。主旋律作品在借鉴大众文化的基础上实现成功转型表明,在导向为魂、内容为王的新媒体时代下,主旋律作品的表达方式亦需要勇于创新,善于借鉴,以实现主题、内容与形式的全方位结合,进而引发观众的喜爱、追捧和认可。如近几年播出的《人民的名义》《破冰行动》《换了人间》《外交风云》《海棠依旧》《大江大河》《山海情》《觉醒年代》等好评如潮的电视剧作品便是主旋律强势回归、成为流量担当的例证。文中以扶贫题材电视剧《山海情》为分析文本,探索主旋律电视剧作品在回归主流的情况下,其本身所肯定、宣扬的伦理义务。

主旋律电视剧作品《山海情》主要讲述了宁夏西海固人民在国家扶贫政策帮扶下,移民搬迁、开创新生活的扶贫故事。剧中以贫穷落后、生活条件极其恶劣的涌泉村村民吊庄移民为线索,十分生动真实地再现了扶贫工作之艰辛，并高度宣扬了扶贫政策的伟大历史意义。《山海情》自 2021 年初播出后便引发人们的追剧热潮，获得观众的一致好评。从豆瓣评分看，在三十几万人参与评分的前提下，该剧最后评分高达 9.4 分，而在第 27 届上海电视节白玉兰奖评选中，扶贫题材电视剧《山海情》获得白玉兰最佳中国电视剧奖。无论是豆瓣评分，还是白玉兰奖的获得，都充分说明以扶贫题材为主题的电视剧《山海情》成功实现了口碑与流量的双丰收。当主旋律电视剧摆脱单调说教与生硬表达时，其自身所宣传、赞扬的先进思想观念才能真正被人们接纳，进而内化为灵魂深处的情感共鸣和理性认同。这部引发万人空巷的电视剧《山海情》不仅突破了题材局限，更是将电视剧作品作为文化资本应承担的伦理义务给予了准确表达与详尽诠释。

一　知识有用论的观念呈现

《山海情》作为一部现代扶贫题材电视剧，以生活在宁夏西海固地区的贫困人们为原型，讲述了该地区贫困人民如何走出贫瘠山沟、实现幸福生活的脱贫励志故事。剧中涌泉村村民在以马得福为扶贫干部代表的帮助下，移民搬迁、开辟新村，并在凌一农等知识分子的帮助下，学习蘑菇种植技术、发家致富，而以白麦苗为代表的外出务工人员，积极实践、掌握技能、建设家乡。他们通过一系列扶贫举措和脱贫方式既为人们全面、真实地展现了贫困地区的脱贫经历，又向观众客观地传递出"知识改变命运"的先进观念。如剧中扶贫干部马得福、菌草专家凌一农等是知识有用论的实力代表，种菇农民马得宝、李水花的成功是科技助农的高度肯定，以白麦苗为首的"打工妹"通过掌握手工技术成功赢得赚钱机会是对技术知识有用论的有力例证。剧中在塑造不同人物角色时，对不同身份赋予不同的扶贫任务与脱贫责任；但从总体来看，无论是高学历的读书人，还是掌握技术的打工人，他们都在向人们传输一个信号，即扶智扶志才是彻底解决人民贫困问题的根本所在，而知识则是帮助农民学习知识、掌握技术、脱离贫困的关键因素。

（一）知识分子的智慧扶贫

《山海情》是一部扶贫电视剧，"扶贫"作为故事发展的主线贯穿剧情始终，剧中各人物活动皆围绕"扶贫"展开，以马德福、张树成、杨县长等人为代表的领导干部在扶贫工作中突出扶智、扶志的重要性，并以知识分子的智慧促成扶贫工作的成功开展和脱贫工作的最终完成。扶贫是一场多方参与的攻坚战，习近平总书记在打好精准脱贫攻坚战座谈会上的讲话中指出，"脱贫攻坚，加强领导是根本"[①]。没有党的正确领导，就没有脱贫攻坚战的全面胜利。剧中扶贫领导干部作为党的形象代言人和政策执行者，凭借自身的智慧与坚持不懈的努力，最终实现克服重重困难，带领涌泉村村民奔向美好未来生活。如剧中马德福作为涌泉村少有的知识分子，在中专毕业后，从农基站借调到县里协助张主任开展吊庄移民工作。拥有较高学历的他是村里的金凤凰，但在吊庄移民过程中，高学历并没有直接促成吊庄移民的顺利进行，反而波折不断，困难重重。在移民工作处处碰壁的状态下，马德福展现出迎难而上、越挫越勇的坚毅品质，一边虚心学习，一边从实际出发解决问题，最终在张主任和父亲马喊水的影响下，将学历内化为智慧，以知识明理、智慧动情的方式赢得村民们的信任与支持；尤其在移民搬迁的最后阶段，马德福作为知识分子的智慧得到充分彰显。在移民工作的收尾阶段，村中老人因乡土情结根深蒂固，拒绝搬迁，并以死抵抗。如何让村中老人心甘情愿地搬迁到金滩村成了十分棘手的

[①] 习近平：《在打好精准脱贫攻坚战座谈会上的讲话》，《求是》2020年第9期。

问题，就连一向支持他工作的父亲马喊水也深感无奈，认为这是不可能完成的事情，但马德福却并未退缩。马德福深知移民搬迁对村民的重大意义，也明白村中老人的恋土情结，故他在劝说过程中，一方面，讲道理，通过交通、教育、医疗等便利设施，让村民们明白搬迁对于后代发展的长远意义；另一方面，讲情怀，通过"两个根"的深情告白，让老人心中的故土情结以另一种方式得到延续。最终，马德福凭借自己的扶贫知识与扶贫智慧带领全村实现脱贫。从个人层面来看，马德福作为涌泉村的一分子，他通过自身努力成为村中为数不多的知识分子，可以称之为涌泉村走出的"金凤凰"。他用个人的读书成长经历生动诠释了读书的深刻意义；而从社会发展来看，马德福作为扶贫干部，他将自身学习到的思想观念与人生智慧完全投入乡村扶贫工作，遇到困难与阻挠时，不是凭借官位官职强制执行，而是运用智慧、安抚民心、解决问题，最终改变全村人的命运。如此，以马德福为代表的扶贫干部，将扶贫过程中知识分子的体面与人文关怀展现得淋漓尽致；而在此过程中，读书改变命运、智慧成就脱贫的知识观念更加深入人心。

(二) 科学技术助农兴农

科技扶贫是国家反贫困的重要措施之一，旨在通过科技帮扶，提高贫困地区农民的科学知识素养，改善当地的经济发展状况，实现贫困地区的脱贫致富。在电视剧《山海情》的剧情讲述中，福建对口帮扶宁夏西海固地区贫困人民的主要方式就包括了科技扶贫这一方法。剧中来自福建的菌草专家凌一农教授根据当地气候和地理环境，制定双孢菇的种植计划，并带领团队帮助闽宁村村民搭建种植大棚，教授双孢菇的种植技术。在凌一农教授及其团队的指导和帮助下，闽宁村村民很快掌握了种植双孢菇的科学方法，并成功种植双孢菇，实现了脱贫的可持续性。剧中以马德宝为典型的种菇农户实力展示了科学技术助农、兴农的良好效果，并通过他的成功力证了掌握科学技术知识对于改变生活、改变命运的必要性。剧情一开始，马德宝正值年少，因抓阄而被迫选择中断学业，又因缺少关爱而有着强烈的叛逆心理，但几次逃跑失败以及被人卖到煤矿差点失去性命的不幸经历让他开始成长。他回到家乡后，成为金滩村种植双孢菇的第一人。在凌一农教授的指导与自己认真勤恳的学习下，顺利种植双孢菇并获得丰厚回报。马德宝种植双孢菇的成功，不仅成为他人生的重要转折点，而且也成为金滩村整体村民的转折点。对于马德宝而言，掌握种菇技术，一方面，使他获得了可观的经济收入；另一方面，对于有过种种失败经历的他来说，种菇成功无疑是对他人生价值的肯定，也是他重拾自信人生的关键点，未来的人生发展过程中，他的成功便很好地说明了一点。而对于金滩村村民而言，学习掌握双孢菇的种植技术后，便多了一项家庭收入来源，对于走出贫困、提高家庭经济收入有着莫大帮助。综合来看，菌草专家凌一农及其团队带来的双孢菇种植技术，能够帮助他们脱贫；从长远来看，也是兴农富农的重要途径。《山海情》通过科学技术助农、兴农肯定了科技知识对改变贫困乡村社会经济发展和村民未来生活水平的重要作用。这一剧情安排既为观众呈现出知识带来的诸多变化，同时，也为向观众传达出知识就是力量的先进的、科学的知识观念。

二 社会主义核心价值观的高度融合

尽管弘扬社会主义核心价值观是电视剧作品创作的重要方向，但因为主旋律电视剧题材厚重、主题深刻，拍摄者在创制过程中，容易产生两个极端方向。一是过于守旧。由于主旋律作品的题材特点和作品要求，若在创作过程中因循守旧、不敢创新，着重凸显作品的"高"

"大""全",使作品与观众之间产生距离感,让观众产生"说教""灌输"的错觉,因而无法承担主旋律作品应具有的弘扬社会主义核心价值观的伦理义务。二是过度戏化、偶像化创作。这类创作主要是将主旋律作品的部分内容过分戏化或在主旋律作品中融入过多青春偶像剧的元素,以提升作品的收视率,试图实现官方文化与大众文化的完美结合。然而,过度戏化或偶像化的创作忽略对主旋律作品深刻主题的叙述与弘扬,也更容易在"内容为王"的时代被观众抛弃。而电视剧《山海情》作为扶贫题材电视剧,基于真实的扶贫事迹,通过小人物视角展现其中蕴含的先进价值观念。这既避免了主旋律作品两个极端化的发展方向,又能在"接地气""亲民"的观影氛围中输送其先进的价值观念,进而给予观众潜移默化的价值引领。根据《山海情》的剧情设计,扶贫作为故事发生的起点贯穿整个故事始终,透过吊庄移民、金滩村通水通电、学习种菇技术、劳务输出、整村搬迁等一系列扶贫措施来肯定与宣扬以社会主义核心价值观为代表的先进价值观念。

(一)社会价值追求:实现共同富裕,一个都不能少

共同富裕旨在使人民群众最终达到富裕状态,这是社会主义的本质要求,也是中国共产党坚持不懈的奋斗目标。改革开放后,邓小平基于社会主义建设的重要问题提出社会主义的本质是"解放生产力,发展生产力,消灭剥削,消除两极分化,最终达到共同富裕",并对共同富裕的奋斗目标作出具体阐释,提出"先富带后富""两个大局"等思想观念。正是在共同富裕的目标指引下,我国提出了包括"八七扶贫攻坚计划""脱贫攻坚战"等一系列反贫困措施,致力于解决中国的贫困问题。在实现共同富裕的过程中,我国根据不同地区的自然环境与资源、当地发展状况、贫困农民的实际情况等采取不同的扶贫政策,以确保脱贫路上"一个都不能少"。电视剧《山海情》围绕"共

同富裕"的奋斗目标,通过具体的扶贫政策、措施及扶贫工作背后蕴含的扶贫精神讲述了宁夏西海固地区感人至深的扶贫事迹。扶贫故事的背后是实现共同富裕奋斗目标的价值选择与决心,也是我国脱贫路上"一个都不能少"的真实写照。

剧中扶贫故事发生的背景在 20 世纪 90 年代的宁夏西海固地区,该地区缺水、缺资源,尘土夹杂着黄沙漫天飞,恶劣的自然环境导致生活在该地区的人们长期处于贫困状态。为了帮助当地贫困人群脱离贫困状态,政府采取了诸如吊庄移民、兴修水站、劳务输出、种植双孢菇技术推广等措施,旨在从外部帮扶与内部自救两方面实现西海固地区的脱贫致富。最后,在扶贫干部与当地村民的共同努力下,生活在涌泉村的村民全部搬迁到金滩村,在金滩村安家落户、安居乐业,最终从"干沙滩"变成"金沙滩",成为扶贫模式的典型代表。故事最后,画面中整齐的高楼、街道,便利的生活基础设施,在家门口就能就业的企业与工厂以及良好的生态环境向人们展示了西海固地区脱贫后的美好生活场景。然而,在扶贫政策实施之初,当地村民的不理解、不支持,导致扶贫工作的开展困难重重。在吊庄移民刚开始时,涌泉村选择七户人家到玉泉营开荒种植,却因为受不了那里的风沙与荒凉而连夜逃回,并在其他村民中渲染苦难氛围,在思想上劝退其他人。面对村民的退缩与抱怨,扶贫干部张树成、马德福也曾对未来迷茫过,但他们明白只有"走出去",才有好生活、好发展、好未来,如果永远留在涌泉村则会形成代代贫穷的恶性循环。因此,为了让涌泉村村民"走出去",进而实现脱贫致富,扶贫干部不懈努力,克服一个又一个困难,逐户走访、情理并用、通水通电、技术推广、劳务输出……最终实现整村搬迁,一户不少地奔向美好的未来生活。剧中以张树成、马德福为代表的扶贫干部为了贫困地区实现脱贫,在岗位上勤勤恳恳、兢兢业业地付出,这样的平凡却光辉的形象不仅仅只表现在电视剧作品中，而且也实实在在地发生在宁夏西海固地区的真实脱贫事迹中。通过对现实事迹的真实还原，电视剧《山海情》通过扶贫精神的宣扬，着力展现国家解决贫困问题的决心与力度，而"一个都不以少"的帮扶措施则充分说明了国家、社会的价值选择与价值追求。

（二）个人价值追求：幸福都是奋斗出来的

幸福是什么？"幸福是一个人对自己生活状态持续感觉满意的心理感受，既与资源占有、物欲满足相关，也与主观感知、心理体验相关。"① 虽然幸福的主观性决定了每个个体达到幸福的状态必然不同，但追求幸福却是古今中外人们的永恒主题和终极目标。然而幸福生活不会从天而降，幸福都是奋斗出来的。幸福生活的获得需要长期的、坚持不懈的奋斗，这既有历史逻辑的证明，又具有现实必然性。中华人民共和国成立初期一穷二白、积贫积弱的落后状态到现在国家全面建成小康，并乘势而上，开启了全面建设社会主义现代化国家的新征程。新中国的奋斗历程表明，实现中华民族伟大复兴中国梦、满足人民对美好生活的向往离不开艰辛奋斗。对于个体而言，个体美好幸福生活的实现同样需要长期不懈地努力奋斗。扶贫剧《山海情》正是对宁夏西海固地区的贫困村民通过艰难奋斗得以脱贫，并走向幸福生活的价值宣扬。幸福作为一种生活目标，其实现必然凝聚着奋斗的艰辛。

剧中以涌泉村村民的成功脱贫为视角，肯定了幸福生活是通过奋斗得来的个人价值追求。在第一集，正当张树成等人劝说从吊庄移民中"逃回"涌泉村的李大有重返金滩村时，李大有的屋内突然跑进来一只扶贫珍珠鸡。从他们的对话中得知，养殖扶贫珍珠鸡本是村民们用来实现生产自救的方式之一，但却被吃掉了。扶贫珍珠鸡被吃掉与

---

① 徐川、蒲清平：《幸福都是奋斗出来的》，《光明日报》2018年12月24日第11版。

村民们坐享其成的惰性思维联系紧密,这一点从李大有硬气十足的拒绝中得以证明。在劝说李大有返回金滩村时,李大有再三拒绝并说道:"我就在这待着,我还不相信政府能把我饿死?到时候他还不是给我送救济粮,还得送到我家来啊!"李大有的一番话说明,当地人们对于脱贫致富仍处于消极、抵抗的状态,长期依靠外界给予物质帮扶而形成的惰性思维严重限制了村民脱贫的积极主动性。但依靠政府、社会等力量进行救济始终无法真正走出贫困,脱贫致富目标的实现必须要依靠自身的艰苦奋斗和辛勤劳动。在后来剧情的叙述中,一系列成功脱贫的故事都证实了幸福生活必须通过奋斗而得来。以马德宝、白麦苗为典型的青年脱贫主力军,在脱贫路上执着于自力更生、奋发图强的价值选择,通过自己的辛勤劳动与艰苦奋斗赢得自己的幸福人生。马德宝是大人们眼中的叛逆少年,曾经带领几个同龄人逃跑、扒火车,也曾独自一人到新疆,找人、打工、被骗黑煤窑。屡次失败的经历让他意识到贫穷的可怕,也明白该通过怎样的努力实现幸福人生。从新疆回乡的马德宝认真学习双孢菇种植技术,并通过自身的辛勤努力获得成功。这一成功不仅赢得了村民对这个叛逆少年的改观与认可,也为以后的幸福生活注入了信心与希望。故事的最终,马德宝顺利迎娶自己的青梅竹马白麦苗,过上了美好幸福的生活。涌泉村村民的改变与成就说明,个人的价值选择如何关乎自己的一生,如果想要改变现状,则不仅需要外界力量的帮助,更重要的是主体自身应具有积极的改变意识,并真正地付诸实践,真正的幸福生活都是奋斗出来的。

三 良好道德风貌弘扬

加强公民道德建设、提高社会道德水平是新时代中国特色社会主义建设的必然要求。基于新时代的社会背景,中共中央国务院出台了《新时代公民道德建设实施纲要》,其中"以优秀文艺作品陶冶道德情操"是深化道德引导的要求之一。这就要求新时代的文艺作品创作要有意识、有目的地发挥道德教育与道德引导功能,通过优秀的文艺作品弘扬新时代的道德风貌。电视剧《山海情》作为扶贫题材的主旋律电视剧,通过影片讴歌优秀人物与优秀品质,在润物无声中将崇高的道德理想与道德追求传递给人们,对人们的道德观念予以引导。

(一) 传统道德观念的继承与创新

道德作为社会治理的隐性方式,常以风俗习惯、礼仪制度、文化模式等方式对人的行为予以引导和规范,从而有效调节人与自然、人与社会之间的关系,实现社会稳定和人的发展。在中华文明五千年的发展历程中,中华儿女在处理人与自然、人与人以及人与社会关系的实践中所形成的传统美德,对于当代社会治理与人的自由全面发展仍具有积极意义。如中华民族在历史发展过程中所形成的家庭本位的伦理道德观,"孝文化""家本位""安土重迁"等道德观念对于当代人们的行为规范仍发挥着重要的引导作用。然而,由于道德的相对性,道德规范与道德标准在不同社会背景下也不尽相同,这导致传统道德观念在融入现代社会中,会因具体的社会环境不同,而不可避免地产生传统与现代的冲突。这表明,对于优秀传统道德观念的继承应考虑具体环境背景,并给予一定创新。电视剧《山海情》因解决整村搬迁问题所体现的对待传统道德观念的态度恰好充分阐释了继承与创新的关系,也为观众如何对待传统道德观念树立成功典范。

在电视剧《山海情》中,由于宁夏西海固地区贫困村民的生存环境恶劣,缺水、缺资源的困境无法支持人们达到正常的生活水平,为解决贫困地区的生存与发展问题,政府出台了一系列扶贫政策,致力于从根源上解决西海固地区的贫困问题。然而,"吊庄移民""整村搬迁"等政策与人们思想中的"根文化""落叶归根"等传统家庭观念相冲突,造成扶贫工作的推进困难重重。虽然易地搬迁对涌泉村村民而言,是实现脱贫、走向美好生活的必然选择,但面对先祖们艰辛开创的家园及世世代代生活于此的故土情怀,村中的一些老人犹豫了。搬迁意味着抛弃过去、抛弃先祖、抛弃自己亲手建立起来的家园,在"家庭本位""落叶归根"的传统思想观念影响下,"移民搬迁"似乎是不可能完成的扶贫任务。在剧情接近尾声阶段,面对村中老人的固执与誓死不搬的决心,扶贫干部马德福如何顺利完成"整村搬迁"的扶贫任务,成为该剧的最大矛盾冲突,但同时,也是推动剧情发展、升华主题的关键环节。这种拒绝搬迁行为,从剧情的表面来看,是因为村民们不理解、缺乏远见,甚至是马德福口中的"刁民"所造成的;但实际上是村民们对扎根二百多年的故土的留恋与不舍,是传统乡土观念与现代社会的碰撞与冲突。从马喊水对涌泉村历史的讲述中得知李姓先人对马姓先人有恩,也让马德福明白了村民们不愿意搬迁的根源,在于村中老人对故土的留恋,对"根"的坚守。故事的最后,马德福用"人有两头根,一头在老先人手中,一头在后人手里,我们后人在哪里,根就在哪里"说服不愿意搬迁的村民,让村中的老人明白搬迁不是把根抛弃,而是为了更好地扎根,让根扎得更深、更牢固。剧中通过对传统"根文化""家文化"的家庭伦理本位思想的传承与创新,完美解决了传统与现代之间看似不可调和的矛盾与冲突,并通过马德福这一人物思想认知的转变向人们传递出对待传统美德的态度。中华民族历来重视家庭与故土,费孝通在《乡土中国》中指出中国社会是乡土性的,"乡村社会在地方性的限制下成了生于斯、死于斯的社会"[①]。《山海情》中的村民拒绝整村搬迁,更有人以死等极端方式表明坚守的决心,村民尤其是老人拒绝搬迁的根源便在于安土重迁的传

---

① 费孝通:《乡土中国 生育制度 乡土重建》,商务印书馆2011年版,第9页。

统思想。对家园的守候，对家庭的重视及对故土的留恋本是中华传统道德观念的重要组成部分，但在社会的发展过程中，对"家庭本位""落叶归根"等传统道德观念的继承过程中应适当加以创新，灵活传承。正如剧中所表达的"两头根"，整村搬迁不是将人的根抛弃，而是为了更好地扎根，为了将故乡的"根"和先人的"根"牢牢地扎入后人们的美好生活中，演变成后人们生活的信仰与希望。

（二）理想信念引领下的道德追求

《新时代公民道德建设实施纲要》提出公民道德建设的四大任务，其中筑牢理想信念是首要也是基础的道德建设任务。理想信念是公民道德建设的基石，为公民的道德追求提供正确的方向指引。它作为一种强大的精神力量，能够通过思想层面指导人们的道德认知，并在理想信念的引领下产生规范人们道德行为的约束力量，使之在理想目标的实现过程中，不断调整自身的道德追求，从而更好地实现其理想目标。当前，我国共同理想是把我国建设成富强、民主、文明、和谐、美丽的社会主义现代化强国，在致力于实现共同理想的过程中，涌现出一批批艰苦奋斗、乐于奉献的道德模范，他们在共同理想的目标指引下表现出高尚的道德情操。在电视剧《山海情》中，无论是贫困农民、扶贫干部抑或是对口扶贫的菌草专家、支教教师等人都为了宁夏西海固地区能够早日实现脱贫、走向美好幸福生活这一理想目标而表现出崇高的道德追求，把自身投身于美丽乡村建设中，最终实现了"干沙滩"变成"金沙滩"的伟大目标。

首先，贫困农民淳朴善良，心怀希望。该剧在拍摄内容方面做了最大的有机还原，具有高度的真实性，剧中所表现的贫穷与落后都是根据真实故事改编，即使贫穷到一头驴一口水窖可以换一门亲事，即使兄弟几人仅有一条裤子穿，西海固的人们却始终没有丢失善良与希望。从马喊水对李姓与马姓的渊源讲述中可知，在过去逃荒的年代，马姓先人流落到贫瘠甲天下的涌泉村，非但没有被原著民李姓先人驱赶与排斥，而且还想尽办法帮助马姓先人定居于此。在后来的生活中，马姓与李姓的和睦相处亦说明西海固地区的人们虽然生活贫困，却始终保持一颗善良的心。此外，影片从一代年轻人的视角展现了涌泉村村民对美好生活的向往，并为之而不懈努力。如白麦苗是乡村教师白老师之女，因为母亲的死而对父亲耿耿于怀，于是福建对口帮扶中选择前往福建工厂务工。来自闭塞、落后与贫穷地区的白麦苗等人面对大城市的繁华与高强度的工作要求时，虽然有些不适应，但却没有轻易放弃，而是相互鼓励、勤学苦练、始终对自己保持信心、对未来心怀希望，最终成长为一名优秀的企业家，并义无反顾地返回家乡，投身于家乡的建设与发展。从白麦苗的身上，看到了涌泉村年轻一代在对美好生活的坚信与追求中，表现出良好的道德品质，身上始终闪烁着勇敢、坚强、善良的光芒。

其次，扶贫人员心系群众，迎难而上。剧中马德福作为主要角色承担着涌泉村大部分的扶贫工作，如吊庄移民、金滩村通电、修建水站、种菇技术引进与推广、整村搬迁等。在一系列的工作推进过程中，马德福在遭遇失败后并没有放弃，而是怀揣着对事业的热爱与对农民的关心而勇往直前。当村民连夜"逃回"涌泉村，他逐户劝说，做思想工作，而到搬迁后期，他亲自带领村民搬迁到金滩村；在面对金滩村长期不能通电的困境时，他一次又一次不顾尊严地恳求；而在遭遇水站欺骗，不肯放足够的水灌溉庄稼时，他据理力争，不惜越级举报……在故事的最后，马德福本有机会到市区任职，从事一份体面而又相对轻松的工作，但因为他心里始终牵挂着困难群众，依然选择留在扶贫工作的一线。马德福的行为生动形象地刻画出他心系群众、尽心尽责、迎难而上的优异品质，正是在对未来生活的向往与憧憬中，马德福不畏艰难险阻，带领涌泉村村民勇敢而坚定地走上脱贫致富的道路。除扶贫干部外，福建对口帮扶人员在西海固地区的脱贫工作中亦发挥着不可替代的重要作用。如剧中菌草专家凌一农不仅耐心传授村民种菇技术，而且还帮村民解决双孢菇的保存、销售等问题。在种菇技术推广到整个闽宁镇地区，被当地农民广泛接受与学习后，双孢菇的销售便成为农民脱贫的瓶颈问题。为避免"谷贱伤农"的现象，凌一农教授带领他的学生全国各地跑市场、做推广；为保证农民的收益，不惜把自己的钱拿出来补贴农民，甚至不顾知识分子的体面与奸商大打出手。按照最初帮扶内容，凌一农教授是为了研究菌草、治理风沙而来到宁夏，但看到西海固地区的贫穷与落后，却义无反顾地投入到攻坚脱贫的帮扶工作中，不仅给当地农民带来种菇技术，更带给农民对未来生活的信心与期盼。他影响的不仅仅是当地村民的经济、生活水平，更重要的是村民的思想观念和理想信念。凌一农教授的耐心帮扶与真心付出赢得了村民的爱戴与尊重，更赢得了观众的感动与敬佩。没有对美好生活的坚信，就没有良好的道德追求。在对美好生活的向往与期盼中，西海固地区的人们展现了真、善、美的优秀品质，其闪烁的道德光辉照亮扶贫路、未来路。

四　以真传情，正剧萌化的审美艺术

《山海情》是一部"土掉渣"的扶贫剧。剧中漫天黄沙飞舞的生活场景、灰头土脸的人物造型及正宗西北腔调的方言台词都充满着浓浓的"土味"，但这样一部"土味十足"的扶贫剧却在2021年的开年剧作中赢得一致好评，"美滴很"甚至一度成为观众的观影口头禅。该剧之所以受到观众的喜爱与追捧，成为群众喜闻乐见的电视剧作品，与剧中表现出的以真传情达意的审美艺术取向密切相关。《山海情》立足于攻坚脱贫的时代背景，通过"正剧萌化"的叙事创新，以人民为中心的艺术表达，创作出契合时代背景、符合人民精神需要的文艺作品。

(一) 以"真"贴近人民的审美需要

优秀的文艺作品创作离不开人民。《山海情》作为一部主旋律电视剧作品，不局限于以"高""大""全"的人物形象刻画深化主旨，而是以普通人民的悲欢离合引起观众共情，看似普通平凡的贫困生活却隐藏着触动人心的真实与真情，在内容上做到了以真传情达意。聂辰席在《山海情》创作座谈会上的讲话中指出，"《山海情》用真心呼唤真情，用饱含深情的笔触，展现了黄土地上的人们对美好生活的向往，展示了脱贫攻坚道路上人民的主体地位，靠着真挚、朴实的情怀打动了观众"①。剧中以"真"贯穿整个故事发展，从漫天黄沙的生活环境与灰头土脸、衣衫褴褛的人物形象中，让观众从真实与真情中感受到小人物身上蕴含的生活之美，这种美源于战胜贫困的坚毅品质和对美好生活的向往。

剧中开篇讲述了以李大有为首的7户村民移民吊庄后，又连夜逃回涌泉村的一段故事，为劝说李大有等人返回吊庄，扶贫干部张主任协同马德福逐户走访。在镜头切到李大有家时，黄泥堆砌的院墙、树枝围成的大门、家徒四壁、尘土飞扬逐一展现。这不仅仅是李大有家庭经济条件的客观反映，也是整个涌泉村贫困程度的整体描绘，同时，更是宁夏西海固山区的真实写照。现实中的宁夏西海固地区"苦瘠甲天下"，曾在20世纪被联合国粮食开发署评为"最不适宜人类生存的地区之一"。剧中村民拿女儿换一口窖和一头驴、一家兄弟三人只有一条裤子、村民常年以马铃薯充饥等生活状态正是对西海固地区贫穷状

---

① 聂辰席：《深入现实生活　讴歌伟大实践——在〈山海情〉创作座谈会上的讲话》，《中国电视》2021年第3期。

态的真实描写。剧中诸多场景的真实还原与细腻刻画，既详细生动地呈现了宁夏西海固地区的贫穷与落后，又凭借真实的素材、元素为观众提供真情实感的共鸣。在扶贫攻坚的时代背景下，人们透过电视剧看到的不仅是剧中涌泉村的贫困，更是基于涌泉村想象整个西海固、宁夏，乃至整个中国贫困地区的苦难生活，在想象的空间中激发观众的情感体验。从剧中的人物原型分析，剧中的扶贫干部张树成、马德福，福建对口支援干部吴月娟、菌草专家凌一农、涌泉村的老红军等人物形象塑造都有着明确的人物原型。如扶贫干部张树成，其原型是永宁县闽宁村党委书记李双成。现实生活中的李双成书记在闽宁镇的经济建设中发挥着积极推动的作用，受到当地群众的高度称赞。然而，这样一位好公仆却在一次工作途中遭遇交通事故，不幸以身殉职。在剧中，李双成书记的人物形象以扶贫干部张树成予以呈现，从故事开篇到最后结局，虽然篇幅不多，但辛勤为民、甘于奉献的形象却展现得淋漓尽致，最后因公殉职的画面更带有强烈的情感冲击，不禁让人潸然泪下。观众通过这部电视剧认识并理解以李双成书记为代表的千千万万个扶贫干部的伟大，同时对于扶贫工作的繁杂、扶贫干部的艰辛及扶贫成果的来之不易又多了一分理解与认同。一方面，剧中根据真实事件改编的故事情节具有较强的代入感，能够让观众充分感受与想象西海固地区的贫穷与落后，产生情感冲击与心灵共鸣。而另一方面，扶贫干部坚持不懈地帮扶与带动，又为贫困地区的人们带来美好生活的希望与信心，让观众在真情实感中体验到扶贫工作之难。从整个剧情的内容设计与剧情编排而言，《山海情》讲述的贫穷生活与扶贫故事皆基于真实，人们透过剧中村民贫困潦倒的生活和扶贫工作的艰难困苦，可以看到宁夏西海固地区的真实贫困状态，以贫穷、苦难的感情基调引发人们的情感共鸣与人生思考。同时，对扶贫工作的微观叙事，可以为人们呈现更加清晰、真实的扶贫工作，并在观看中认识到扶贫工作开展的重重困难与扶贫成果的来之不易。基于同情、理解和认同的情感体验是《山海情》作为主旋律电视剧拉近与观众之间距离的重要方式,从细微与平凡中感受小人物身上的伟大事迹与精彩人生使该剧在追求艺术真实性层面上展现了生活的真实之美与真情之美。

(二)"正剧萌化"的叙事创新

"正剧萌化"是《中国电视剧蓝皮书2018》一书在分析反腐剧《人民的名义》的艺术价值中提出的观点,认为"'正剧萌化'所具备的话题效果与时尚元素,毫无疑问为该剧引来大批的年轻观众,严肃正剧通过一些轻松、欢愉的段落进行搭配调和,避免了以往主旋律电视剧因过于严肃而传播效果不佳的弊端"[1]。主旋律作品承担着弘扬真善美、传递正能量的伦理义务,但在早年主旋律的弘扬与宣传中,一些作品因主题厚重而在叙事手法上过于宏大,给人一种"高高在上"的神圣感,远离了观众的生活基础与情感需要,从而使作品与观众之间产生一定的距离感,未能在弘扬真善美、传递正能量的伦理义务中充分发挥影响力。然而,随着主旋律作品下沉到商品经济市场,受商品经济市场竞争的影响,主旋律作品的创作与表达不断创新,使得主旋律作品的主题不仅有广度与深度,同时也更有温度、更有人情味。基于影视创新的背景,主旋律作品也迎来了口碑与收视率双丰收的佳境,无论是电影还是电视剧,都在创新驱动下表现出巨大的市场潜力与影响力。

扶贫剧《山海情》作为主旋律题材作品,其叙事正是沿着"正剧萌化"的创新思路赢得了群体的广泛接纳与认可。"影片着力于刻画当时宁夏农村人民的生存境遇,却并未囿于过度描写其生活的惨淡和贫

---

[1] 范志忠、陈旭光:《中国电视剧蓝皮书2018》,北京大学出版社2018年版,第31页。

困、村民的愚钝与固执,而是温情细腻又不乏幽默地刻画了生存在苦瘠之地西海固的三代人,特别是青年一代抗争命运的勇气与鲜活生动的情感。"① 基于诙谐幽默的叙事背景来刻画西海固地区人们的抗争精神与扶贫精神,不仅可以将扶贫剧的主题充分展现与弘扬,而且还赢得年轻观众群体的喜爱与追捧,实现主旋律电视剧的完美转型。如剧中娱乐担当李大有,因为"撒泼、耍赖、不想吃苦"的人物形象成为该剧的喜剧人物。他的存在如同贫苦生活的调味剂,为艰难困苦的贫穷生活增添些许乐趣,让苦日子变得没那么单调。在剧中开篇故事中,李大有等人连夜从吊庄"逃回"涌泉村,扶贫干部在对其进行劝说时,戏剧性的画面便接连上演。先是李大有在家中装睡,被识破后便狡辩,声称自己有沙眼,没办法在吊庄生活,继而在与代理村支部书记马喊水的斗智斗勇中借用"扶贫珍珠鸡"戏谑马喊水,顺势向扶贫干部张树成打小报告,表明是在马喊水的带领下大家才吃的"扶贫珍珠鸡"。一系列的操作后,"撒泼、无赖、不愿意吃苦"的形象便生动地呈现给观众,诙谐幽默的画风便很快拉近观众与该剧的距离。随着剧情的发展,他与欢喜冤家马喊水的"斗嘴"、买拖拉机后的大肆炫耀、见钱眼开、见风使舵的戏剧性行为都不禁让人捧腹大笑。尽管他说了很多风凉话、干了不少拖后腿的事情,但本质不坏的李大有不仅没有让人心生厌恶,反而因为诙谐、戏谑而饱受好评。李大有人物形象"萌化"的背后是西海固地区人们对苦难的乐观态度,这样的人物塑造一方面给人一种"接地气"的真实感,使之拉近与青年观众的距离,获得青年观众的接纳与喜爱;另一方面也在轻松、活泼的叙述环境中,将看似平凡实则伟大的扶贫故事娓娓道来,在平凡人物的嬉笑怒骂与贫困工作的一波三折中为观众呈现出有血有肉、有情有义的人物形象,并

---

① 常江、郝辉雅:《国家叙事与当代生活:数字时代电视文化的青年化》,《现代视听》2021年第2期。

使主旋律作品的深刻主题在欢快而不失真的叙述节奏中充分表达与升华。"《山海情》探索出了主流剧集特别是农村题材创作的新路径。"[1] "正剧萌化"的叙事创新推动了以《山海情》为代表的主旋律电视剧的转型与发展,突破了人物形象单一、说教意识浓厚等局限,实现了从小人物的喜怒哀乐中传递正能量,弘扬了真、善、美的伦理义务担当,在诙谐而不失真的审美趣味中吸引观众、引导观众。

以扶贫剧《山海情》为代表的主旋律电视剧的火爆表明,主旋律作品打破了以往"不好看"的刻板印象,并在竞争日益激烈的影视行业中成功实现创新转型,为叙述、肯定和弘扬主旋律及传播正能量提供有效途径。在以往主旋律电视剧中,"概念化""说教化""完美神圣化"等现象较为突出,让观众在观看过程中产生"不真实"的距离感,进而导致主旋律电视剧被标签化,成为"不好看"的典型代表,而剧中蕴含的先进思想观念也无法对观众产生深刻影响。然而,土味十足的扶贫剧《山海情》却一改创作思路,将主题聚焦于小人物的故事冲突和心路历程,在普通平凡人物身上演绎出伟大的扶贫故事。在真实感人、震撼人心的剧情中,观众既能深刻真实地认识到贫困地区的贫穷与落后,又能在脱贫致富的历程中真切感受扶贫工作的重要性和伟大意义。这样的作品创新既能实现主旋律作品流量与口碑的双丰收,又能促使观众在潜移默化中接受或认同作品中蕴含的优秀思想观念,充分承担起电视剧作品的伦理义务。

---

[1] 常江、郝辉雅:《国家叙事与当代生活:数字时代电视文化的青年化》,《现代视听》2021年第2期。

第十章　文化立法的伦理义务

文化是社会生活以及社会和谐发展不可或缺的重要内容。随着物质文明的高度发展、人们生活水平的提高，通过文化事业发展来调节人际关系和谐、维护社会稳定的需求比以往任何时候都更加重要而迫切。近年来，国家对于文化建设高度重视，提出了新时代繁荣文化的方针政策，即提升人们参与社会文化活动的积极性，推进精神文明建设，不断促进文化发展，进而提升中国文化软实力。因此，由于人们对于文化立法的呼声也越来越强烈，建立、健全具有国家强制力的法律法规来规范各机关、各组织、社会团体、个人在文化活动中的行为，以保护公民的文化权利就成为不可回避的现实问题。文化立法的目的是要确保社会文化健康稳定的发展；文化立法本身也承担着社会伦理义务，体现在规范社会文化生产行为的伦理义务，表现在文化生产的作品应该具有何种使用价值，进而对文化再生产人的精神结构的影响。因此，文化立法的伦理义务研究具有重要的现实意义。

第一节　我国的文化立法

文化立法是中国特色社会主义法律体系建设的重要组成部分。以宪法为核心的文化法律体系是以文化法为主要内容，横跨社会法、民法、刑法、行政法、诉讼法、经济法等多个立法部门，是一个多层次的规范体系。据不完全统计，新中国成立以来，国家制定的文化相关的法律、法规、规章及规范性文件约九百余件[1]；已出台的相关文化法律有《公共文化服务保障法》《公益事业捐赠法》《广告法》《中外文化交流管理法》《传统文化保护法》《慈善法》《电影产业促进法》《著作权法》《体育法》《文物保护法》《非物质文化遗产法》等 11 件；此外，全国人大常委会还通过了有关文化法律修改决定共 8 件，分别是修改文物保护法（包括 1991 年、2007 年、2002 年、2013 年、2015 年）、修改档案法（1996 年）、修改著作权法（2001 年、2010 年、2012 年）；国务院行政法规有《出版管理条例》《娱乐场所管理条例》《互联网上网服务营业场所管理条例》以及《音像制品管理条例》等约六十余件；国务院部门制定的各类规章及规范性文件中，有关文化娱乐类法规约 228 件，新闻出版类的法规约 449 件，影视类的法规约 181 件。[2] 各省、市、自治区人大及其常委会根据各地实际情况制定的地方性的文化法规和决定约两百多件，涉及公共文化、文化市场、图书馆、出版、印刷、文化遗产、书报期刊等多方面。由此可以看出，中国文化权利立法基本建立起以行政法为主干，附加行政规章和地方性法规为补充的文化立法体系。

总体来说，我国文化立法在结构上主要包含了四个部分。

一是《宪法》层面对文化权利的规定。宪法作为国家的根本大法，为国家制度和公民基本权利确定了基本原则，通过宪法实现国家规范并保护公民文化权利，对实现公民的文化权利具有极其重要的意义。

---

[1] 秦前红：《法律能为文化发展繁荣做什么》，中国政法大学出版社 2015 年版，第 222 页。

[2] 谢鲁：《加强文化立法推动文化大发展大繁荣》，《宁波经济》（三江论坛）2018 年第 6 期。

我国现行宪法为 1982 年《宪法》，其中对公民文化权利从不同的角度进行了明确规定。总纲部分进行了概括性规定，确立了社会成员文化权利保护的基本原则；关于保障公民享有从事文化活动权利、发展文化事业的相关规定，为文化法制的发展提供了基本原则；直接规定公民享有某项文化权利，该条款是对公民文化权利的明确，是文化权利保护体系的核心条款。

二是法律及相关部门法对文化权利的规定。在《未成年人保护法》中也同样明确了未成年人的受教育权、文化生活权等；其第 29 条规定各级政府应当鼓励建设、发展未成年人文化活动场所；1995 年《教育法》中强调公民依法享有平等的受教育机会，并与 1996 年的《职业教育法》、1998 年的《高等教育法》构成了我国教育法律体系的基本框架，进一步保障了公民受教育的基本权利。《妇女权益保障法》中明确了要保障妇女享有与男子平等的文化教育权利，在该法第 3 章规定了文化教育权利；《老年人权益保障法》、2008 年《残疾人保障法》第 3 条等都明确规定了不同群体或个体的文化权利要受到充分的保障。除了上述的法律规定外，民法、经济法、刑法、诉讼法、商法、行政法、社会法等法律也对某些重要的公众文化权利给予了综合、明确的支持与保障，如确保文化产品健康、稳定发展的民法规范有《合同法》《民法》《著作权法》等。这些法律确定了国家行政管理部门的职责权限，为保障社会主体的文化权利提供了法律规范依据，如民商法中的《保险法》《公司法》等法律规范对文化市场具有一定的强制约束力。在经济法、刑法和诉讼法中都有对传播文化垃圾等违法犯罪行为进行严厉打击的条款，确保社会公民、法人能够通过行政或刑事诉讼等途径实现对自身文化权利的保障。[①]《劳动与社会保障法》主要对文化从业者

---

① 章可：《我国文化立法的路径探究》，《学习与实践》2019 年第 8 期。

的劳动和社会权利的保障方面具有重要作用。

三是文化领域制定的专门法律。我国文化领域内的第一部专门法律是1982年颁布《文物保护法》，这部法律保护重心是自然遗产与有形文化遗产，标志着我国文化遗产保护法制化建设的开始。该法于1991年、2002年、2007年、2013年、2015年先后五次被修订。通过立法，使文物是不可再生的文化资源深入到社会成员的意识当中，对我国的文化持续健康发展发挥了重要作用。2011年，国家又颁布的《非物质文化遗产法》，为我国非物质文化遗产保护和发展工作提供了坚实的法律依据，进一步完善了中国特色社会主义文化法律体系。我国文化事业和文化产业随着经济社会的蓬勃发展，文化立法的步伐逐渐加快，立法水平不断提升。于2016年颁布的《电影产业促进法》是我国文化产业发展领域内的第一部正式法律，它为我国未来电影产业持续健康发展提供了坚实的法律保障。同年出台的《公共文化服务保障法》是由全国人大牵头的首部文化权利立法，这在文化发展领域是具有"四梁八柱"性质的一部基础性法律。第一次以法律的形式明确规定了国家政府在文化发展及公共文化服务保障中的职责。

四是行政法规、部门规章和地方性法规对文化权利的规定。在长期的社会治理实践进程中，社会文化利益相关的文化交流的促进、文化市场的规范、文物保护等领域已经形成一系列的立法文件，对文化权利的保护产生了一定的积极意义。在行政法规上，我国目前出台的与文化权利相关的立法文件也比较多，如《印刷业管理条例》等。各部委依据各自的职能，对所负责领域的文化利益进行积极的调控，形成了一系列部门规章。全国各省、自治区、直辖市也都结合自身实际出台系列地方性法规等。

第二节　我国文化立法的伦理义务

一　文化发展的立法需求

文化对于人，具有不可推卸的道德责任，人的发展是文化的意义归属。文化立法之关键不仅在于规范资本运作方式，规范文化关系中各种行为方式，而且在于以法制的形式，维护核心价值，坚守正确的文化价值导向；从而使得文化成为人的完善和发展的条件，而不是成为毁坏人的精神世界、给人的精神生活带来灾难的力量。从思维层次而言，我们在三个层面认知文化现象。第一个层次是大众关于文化现象的普通理解，见仁见智，基于日常生活经验和零碎的文化知识而确定各自的文化概念；第二个层次是一般的文化哲学，对文化现象进行归纳，由于所持标准的不同，文化现象被归类为多种存在；第三个层次是文化形而上学，是关于文化存在的本体、本质与演进逻辑的认知。由此，我们在形而上学的层次给出的文化定义如下。文化，就是人类创造的用来满足精神需要的产物，通过各种符号、物体、媒介、技能以及行为方式，再现或表达人类的理性或非理性精神活动的过程或结果；目的是用来满足人的精神生活需要。那些人类创造的但是直接目的不是用来满足精神生活需要的事物，就不能被看作文化现象。

几乎所有的人类创造物，包括物质产品和制度等，都具有精神属性。文化和其他人类创造的事物的精神属性区别在哪里？区别就在于，文化的精神属性具有双向性质，人类创造的其他事物的精神属性只具有单向性质。人类的精神活动所具有的创造能力通过实践活动方式与物质相结合创造的物质产品，是为了满足物质生活需要；人类的精神活动所具有的创造能力通过实践活动方式与各种社会关系相结合创造的规则和制度体系，是为了社会治理和社会交往关系的管理需要。文化的特殊性在于，一方面它来自于人类的精神活动，通过实践创造出各种文化产品；另一方面，文化产品通过人的文化活动返回人的精神本身，以人的精神生活需要为实践目标，生产和建构人的精神世界，并将这种生产不断延续为再生产和再建构。

而文化立法，是指具有立法权的国家机关基于文化价值关系对各种文化行为进行明文规定，并由此产生相关法律条文，目的是赋予文化生产、文化分配、文化传播、文化交换和文化消费等行为以合法性和合理性，同时限制非法的文化行为。在市场经济体制下，文化资源转化为文化资本的速度明显加快，文化资本的循环与周转借助于新媒体技术，迅速实现文化扩大再生产。文化市场的成熟，必然导致文化价值关系日益复杂化、文化行为多样化，文化立法面临较多亟待解决的新问题，文化立法需要创新思路。文化立法与其他领域的立法工作一样，将宪法作为立法的基石，它与行政法、经济法等其他法律部门相互关联且自成体系，是法律体系的重要组成部分。以宪法为基础确立文化权利、制定文化政策，国家和地方制定调控文化行为、调整文化关系和保障文化权利的规范体系。一般说来，文化法属于社会法的范畴，旨在保障并实现公民文化权益和满足人民群众精神生活需要，具有责任法、权利法、促进法等特征。文化法的立法逻辑定位如下：建立政府责任与公民文化权利之间的关联性，确立并维护产业文化事业文化形态，促进文化体制改革，实现社会核心价值体系建设和文化繁荣发展。

文化作为经济社会发展的重要组成部分，是构建、改变社会关系和社会结构及影响国家发展和社会稳定的重要因素。通过文化立法方式管理文化领域的事务，是经济社会发展的现实需要，主要体现在以下两个方面。

一方面是国家治理方式转变上的现实需要。习近平总书记多次强调要不断提高治理能力与治理体系，全面实施依法治国。在文化发展领域，过去部分靠政策调整的模式与当前经济社会发展的理念与现实，显然与我国国家治理方式的转变不相适应，因此，完善文化立法势在必行。从国家层面来看，虽然新中国成立以来制定了为数不少的涉及文化方面的法律、行政法规、规章和规范性文件等，但这并不能说明我国文化领域立法的任务已经完成。一个直接原因就是我国国家权力机关在文化领域主导的立法仍然屈指可数，在很多新兴文化产业领域又缺少规范性法律文件，目前该领域的法律规制主要是由行政机关的行政法规、规章甚至规范性文件来填补的。这种状况与依法治国的要求并不相统一。文化领域立法，需要从根本上解决行政机关的规章和规范性文件制定程序简略、缺乏民主性、公开性等问题，特别是对于某些带有部门利益色彩的规范性文件，还会致使不同规章之间存在矛盾和冲突。通过国家层面的人大立法，填补了我国公民文化权利和文化组织机构建设方面的立法空白，已是一项十分紧迫而重要的任务。

另一方面，经济发展的原因。在市场经济条件下，需要通过立法的形式确认文化主体所处地位以及权利义务，达到维护文化市场秩序的目的。从产业经济学的角度看，许多国家，特别是一些后进国家的成功经验表明，文化已经成为国家经济发展的一个重要产业，以立法的方式明确文化主体的所有制形式，吸引国内、国外资金，在资金、税收等方面予以扶持，以壮大文化产业，这已具有成熟的发展模式。就我国情况来说，文化作为中外交流与经济往来的重要内容，有效促使中外交流不断深入；但同时也要看到，我国文化事业的发展与西方发达国家的文化事业相比，在资金、技术、经验等方面仍处于比较明显的劣势地位，面临着"文化入侵"的危险。由此，在不违背国际规则的前提下，以立法的方式保护并促进我国的文化事业发展，抵御外国资本的冲击,显然十分重要。

二 文化立法遵循的伦理原则

文化立法建设的重要任务就是实现文化领域的科学合理立法,其体现的就是文化立法的伦理原则。以保障社会文化权利为逻辑起点的文化立法,权利法是其本质属性。由于文化法属于社会法的范畴。至少在一些主要方面体现着社会法的特征,因此,在本质上来说,文化立法就是为了以实现社会成员的文化权益、满足人民精神文化生活需要为实践目标,这是文化立法的伦理原则的现实体现。

由于当代文化发展的显著特点是社会文化呈现出不同的形态和特性,各项文化产业的发展和文化事业的进步,都要以实现社会成员的文化权利为依归。党的十一届三中全会以来,我国经济社会的各个方面都发生了深刻变化,经济体制改革带来了社会经济持续增长和社会财富积累,但同时也促使人们的思想观念发生着深刻变化,催发出强烈的社会文化建设的现实需求。进而伴随着经济体制的持续改革和社会建设的不断深入,文化建设的内核和目标体现为实现社会精神文明。回顾过去,以经济建设为中心的社会发展模式冲淡了社会建设的本质意义,也在一定程度上消解了文化发展的重要性。当前,社会体现于文化领域的主要矛盾发生了变化,逐渐转变为人民群众日益增长的文化需求同当前文化建设相对落后之间的矛盾。通过文化立法促进文化关系、文化行为和文化发展的规范化,既是推进文化发展的应然选择,也是必然选择。

从文化发展自身来看,文化立法的伦理原则首先表现在文化立法伦理是文化立法的主导思想和灵魂。文化立法作为规范社会公共文化事务的系统或功能的载体,需要相应的指导思想,这表现为文化立法所体现出来的一种精神力量和价值导向,相当于一个定向器。就文化立法本身而言，涉及立法机关通过用道德的力量来约束自己，是一种部门内部有效的自律行为。有了道德力量的约束，不仅是解决勤政问题的有效之策，同样也是解决廉政问题的治本之策。明确文化立法伦理义务对文化立法职能转变、文化体制改革、文化立法人员素质、公共文化政策制定、文化立法机关的作风建设等都能够起到积极的引导作用，实现从价值导向上推动上述领域中所存在的问题得到有效解决。

从外部审视，立法伦理原则是法在运行过程中，所发挥的制约和引导各种行为的规则所遵循的价值所在，是立法规范的理性依据，据以对立法行为是否具有伦理正当性进行评判。由此可知，立法行为如符合伦理规范的要求，则视为立法的正当行为；如所创设法律的价值范畴不符合伦理规范的要求，则被视为不正当的立法行为。在解决社会问题的主体期望上，过去人们习惯于依赖行政机关，后来人们开始习惯于依靠市场解决问题，但实际上，无论是政府还是市场都不是万能的。由此，在政府和市场之外，需要赋以道德的力量来形成伦理的规则，进而规范文化立法的行为方式，这种伦理规则可以内在地成为引导文化立法的真正独立而又自发的动力。

文化法是在经济与社会、历史与社会双重维度中对社会文化发展的人民意愿、国家意志的集中反映，所代表的是以实现公众的文化权利为逻辑起点，制约和引导文化行为的各种规则。在实践中，文化立法具有民族性、社会性及意识形态的属性，文化立法应着重关切国家利益和社会利益，体现其伦理价值，文化立法应当保障公众的文化参与权、文化创作权以及公平享有文化成果的权利。从逻辑起点上来说，文化立法的伦理义务是通过维护国家利益和社会利益，最终以实现人民文化权益、满足人民文化需求为落脚点。在立法体系上，文化立法必须以国家宪法当中对文化及文化权利的规范作为最高依据，所构建的文化法律体系是宪法当中对文化权利规范和文化政策规范的具体展开和延伸，进而以实现宪法上的文化权利为根本。其伦理义务就体现在文化立法中自由的道理和具体规范制约和引导社会文化发展，使社会文化发展的行为方式正当化和人与人之间文化关系合理化。

文化立法的伦理义务之本质属性体现在以下三个方面。一是文化立法伦理义务的正义性。文化立法伦理义务追求的终极目标是实现以社会成员为中心的文化管理以及非官僚制、实现民众决策和行政过程中的分权等，具体表现为对公众文化利益的维护和落实。这一特点表现为文化立法伦理义务的正义性，这种正义性一方面包括公平性，另一方面又包括公正性。文化立法的伦理义务要以社会公众的文化利益作为文化立法的出发点和归宿点。公众文化利益的切实维护，一要促使社会文化能够持续繁荣，使社会公共文化产品和公共文化服务在数量上实现极大的丰富和完善，而且在社会公共文化产品和社会公共文化服务的质量上起到保障作用；使社会公共文化产品和公共文化服务内容上剔除粗制滥造和低俗内容；在社会公共文化产品和社会公共文化服务的享有上，实现社会各个阶层都能够享受同等的机会和同样的文化份额。二是文化立法伦理义务的廉洁性。在社会文化发展中，不同主体的利益交织在一起，形成了一个较为复杂的利益纠缠体，文化立法过程中一旦发生贪污腐败现象，不但破坏文化立法权力公正的原则与文化立法的管理秩序，而且可能激化社会矛盾，毒化社会文化风气，导致社会公众对公共文化权力的不信任，进而形成文化立法的伦理危机。社会文化立法的伦理义务是一个特殊的领域，由于其所涉及的是社会文化艺术及公众精神层面的事务，因此在社会成员看来，文化立法是一个既神圣又能引起社会成员形成美好愿景的领域。所以这个特殊的管理领域如果受到不法之风的玷污，就会从社会成员的内心深处动摇其精神寄托所依赖的根基。因此，我们可以看到，文化立法的伦理义务的一个基本的价值取向应当表现为廉洁性。三是文化立法伦理义务的效率性。当今的社会文化发展日新月异，无论内容还是形式都呈现出加速发展的特点，文化立法伦理义务的一个重要特点就体现在效率性上。效率是文化立法学中的一个核心范畴。效率与文化立法伦理不是矛盾关系，而是一个有机统一的整体。在寻求文化立法效率的途径中，必须重视文化立法伦理义务的功能与作用，直接体现就是要使文化立法伦理义务充分体现其不断提高文化立法效率的功能与作用。在具体分析文化立法伦理义务的各个方面对文化立法效率的实际影响时，文化立法伦理义务所包含的三个方面，即文化立法从业人员的道德素质、文化立法组织的道德属性和文化立法运行的道德控制，这些都与文化立法效率有直接的关系。文化立法工作者如果不具有对文化立法工作的道德责任感，就不可能尽心尽力地做好本职工作，就不可能尽自己的道德责任，而可能的表现就是消极怠工、玩忽职守等一系列的负面态度，进而导致其工作状况不能让社会成员满意。假如文化立法工作者不能实现廉洁奉公，那么其手中文化立法权力就很有可能变为其以权谋私的工具和手段，国家对公共文化领域的投入就可能被转移到私人领域，从而导致社会公共文化产品和公共文化服务的减损。

三 文化立法的伦理规范要求

文化立法的伦理规范是依据伦理规则而产生的制约和引导立法行为的各种规则，是社会全面发展和进步中的重要组成部分。随着经济社会的迅猛发展，在百年未有之大变局的历史条件下，来自国内外的各种思想文化相互冲撞，综合国力竞争日趋激烈。中国除了在政治、经济、军事等领域不断提升竞争力外，也同样必然要具有文化的竞争力。如何确保立法行为符合伦理规范的要求，使其具有立法的正当性就成了不可忽视的重要研究内容。党的十八大以来，以习近平同志为核心的党中央审时度势、高屋建瓴，明确了以文化创新为引领，提出了要进一步贯彻"文化自信"，高度重视社会文化在提高我国综合国力中发挥的重要作用，使其成为实现中华民族伟大复兴中国梦的一个强大精神力量。要实现这一目标的重要保障就是必须进一步重视并加强文化立法工作，不断提高文化建设法治化水平，确保文化立法符合伦理规范的要求。党的十八届四中全会对全面依法治国做出战略部署，提出要加强重点领域立法，建立、健全文化法律制度。面对新形势，随着新时代文化发展战略布局不断深入贯彻落实，文化立法必须担负起应有的责任和任务。

（一）文化立法要保护各方主体的合法文化权利

文化立法的一个重要伦理职责就是要保护社会各方主体的合法文化权利。个人、社会组织、机构、企、事业团体等的基本文化权利是指在一定的社会历史条件下各社会主体按其本质和尊严所应当享有或应该享有的文化待遇和文化机会，及其可以自由选择采取的文化态度和文化习惯，主要包括社会文化创造权、参与社会文化生活的权利、享受科学进步的权利、保护作者物质和精神利益的权利等。改革开放以来，党和国家高度重视社会各主体的基本文化权益保障和公共文化服务工作，在引导和规范社会文化供给与满足各社会主体需求以及各个社会文化活动参与方的相互博弈的进程中，在客观上提出了进一步深化文化立法革新的需求，同时文化立法的伦理义务也成为重要的考量方面。我国社会文化发展与繁荣的瓶颈也在于如何进一步深化文化体制改革，文化立法是推进这一改革的重要工作内容。深化文化体制改革，首先需要由文化立法来保驾护航，也就是通过立法来确认和保障文化权利，继而推动社会文化改革。符合国家及社会各主体需要的文化立法必然有助于促进社会文化体制供给与需求之间的良性循环；同时这一良性循环也必然推动社会文化体制改革的有效开展，实现在新时代文化体制改革中的深化又反过来为社会各方文化权利的立法保护奠定了重要基础。在这一进程中，实施有效的文化立法还将规范包括政府在内的各社会主体在社会文化参与中的博弈行为，确保各参与方树立道德与规则意识，建立布局合理、体系科学的社会文化发展格局，协调各主体间的行为关系，保障、引导和促进新时代社会主义文化事业的发展与繁荣。

（二）文化立法要维护社会主义核心价值观

文化立法要体现社会主义核心价值观的各项要求，尤其是公平、正义、诚信等价值观，文化立法的重要作用之一就体现为保障我国文化发展战略任务的实施。党的十八大对"大幅提高我国文化软实力""建设社会主义文化强国"明确提出了四个方面的战略任务，排在第一位的就是社会主义核心价值体系深入人心，社会公民道德素质和社会文明程度明显提高。从文化立法的伦理义务视角审视这一论述，可以得出两个方面的结论。一方面是这一论述体现的是文化立法要坚持和巩固人民主体地位，不断推进社会主义民主政治法治化，尤其是公平、正义、诚信等价值观。在文化立法中要以宪法为核心，发挥文化立法在中国特色社会主义法律体系中的突出作用，要体现社会主义核心价值观要求，通过将社会主义核心价值观融入文化立法体制，从源头上确保文化立法具有鲜明的价值导向。全面推进以文化立法为核心的社会文化体制改革，完善社会文化管理体制和文化立法权力运行机制，努力确保让各社会主体感受到公平、正义、诚信等价值观念。另一方面是文化立法的伦理义务要求体现出发挥先进文化的育人作用。通过完善文化立法，完善社会公共文化服务和文化产业法制体系建设，特别是要建立、健全有利于中华优秀传统文化传承发展的相关法律制度。这既是当前以及今后一段时期我国文化法制建设必须完成的战略任务，也是文化立法必须要遵循的立法目标。文化立法的本质，就是建立起符合社会公平、正义、诚信等价值观的文化法律制度，通过法律制度构建符合中国特色社会主义文化发展规律、时代特点和要求，并在实践中确立行之有效的文化发展的最高规范和准则，就是要通过文化立法确保社会主义核心价值观在社会思想文化建设中的稳固地位并在全社会培育、践行这一核心价值理念。

（三）文化立法要保护先进文化，促进文化创新

社会文化发展源泉在于不断地创新。社会创新的重要组成部分是文化创新，而文化创新需要全体社会成员不断以新的理念来审视和谋划，从而不断形成新的文化发展的思想共识，这也是对文化立法工作提出的重要要求，具体体现在以下三个方面。

一是文化立法要坚持促进文化创新的正确方向。文化立法的重要职能是促进社会文化能够满足人民群众日益增长的多层次、多样化的精神文化需求，有效维护人民群众的精神文化权益，实现人的全面发展。文化立法要以习近平新时代中国特色社会主义思想为统领推进文化创新，坚持文化发展要符合中国特色社会主义的标准与要求，为经济社会的发展提供有力的文化保证、精神动力、智力支持。

二是文化立法要推动文化发展观念的创新突破。思想是否解放、观念是否更新直接影响社会文化的发展创新，文化立法中要充分认识文化对经济、政治和社会建设的重要推动作用，保障在文化发展进程中不断解放思想、更新观念，牢固树立新的文化发展观；在遵守文化发展的客观规律基础上，正确把握文化发展的意识形态属性与产业属性、商品属性的关系，努力探索形成政府主导、社会各主体参与的合

力，不断推动文化发展，开创良好局面。

三是文化立法要促进文化资源的统筹整合。要通过文化立法的形式均衡和统筹城乡国有文化资源与社会文化力量、优质文化资源与文化建设、文化资源优势与文化产业优势。在文化立法进程中要重视市场经济条件下建设社会公益性文化服务体系，重视发挥市场经济对文化建设的推动作用，维护人民群众的基本文化权益，充分发挥市场在文化资源配置中的决定性作用，调动全社会力量协同参与文化建设。

（四）文化立法要规范文化市场秩序

加快文化立法是完善中国特色社会主义法治体系的必然要求，文化立法要规范文化市场秩序，保护优秀文化、高雅文化，在社会道德引导上体现的是以法律的形式禁止低俗文化的生产与传播，这是增强文化自觉和文化自信的必然要求。党中央、国务院在提高社会主义物质文明的同时，始终在不断努力推进社会主义精神文明建设，持续提升全民族思想道德素质和科学文化素质。但是，当前我国的文化市场秩序依然存在一定问题，突出反映在出版物和计算机软件市场、印刷业及文物市场的经营管理较为混乱，电子游戏经营场所、歌舞娱乐服务场所、互联网上网服务营业场所、音像制品经营场所等违法违规行为屡有发生，时有出现愚昧迷信、低级庸俗、淫秽、暴力、赌博甚至反动等内容，败坏社会风气，对于民族团结和社会稳定影响巨大，特别是对青少年的身心健康危害严重，引发人民群众的强烈关注，必须进行大力整顿和规范。文化立法在引导社会道德发展上，要通过规范文化市场秩序，保护优秀文化、高雅文化，不断增强文化自觉和文化自信。一方面，要通过文化立法促进社会各文化主体文化规范素养的提升和文化自觉意识的培育，在全社会形成一种法律导向和法律激励机制；另一方面，文化立法要为保护和弘扬我国优秀传统文化、发挥高雅文化的教育引导作用提供坚实的法律制度保障。同时值得注意的是，社会文化的健康发展与各类媒体传播之间具有非常重要的关系，特别是随着各类新媒体的出现，在市场规律之下各类文化传播得更加快捷，因此，通过文化立法净化各类媒体传播内容就成了一个不容忽视的工作。

（五）文化立法要有针对性

加强文化立法是深化文化发展的必然要求，其立法内容要符合伦理规范。社会文化健康发展是文化建设领域的原则指向，同时又是新时代经济社会发展的必然要求，文化立法工作中，要进行有针对性的有效的立法，立法目的要符合伦理属性。如对于网络游戏、电影、电视剧、网络小说、短视频的制作与传播、运用、消费等，该领域的立法内容要符合伦理规范。要实现上述目标和要求，就必须充分发挥文化立法的保障、促进、规范作用。通过调动各方面的积极性，解放和发展文化生产力，建立完善文化法律法规体系，澄清模糊认识，规范特定文化发展领域的行为，细化文化对象性的运行规则，并使其符合社会伦理规范是需要详细研讨的重要内容。

一是要加强顶层设计，提高文化立法的针对性。针对不同文化发展的相关内容，有针对性地进行文化立法，有效地保障公共文化事业发展，建立中国特色"大文化"法制架构、"细文化"法制管理内容，形成丰富、完整的文化法制建设内容。

二是要通过文化立法，建立、健全文化产业相关法律制度，推动构建现代文化市场体系，以文化法制建设为基础，促进社会各类文化产品的生产、交易、传播并开拓国际市场，保障文化市场竞争有序、统一开放和健康繁荣。

三是针对不同对象的文化立法，其立法内容要符合伦理规范。要通过文化立法，在保障社会文化健康发展的前提下，社会各主体在文化发展中的地位、权利和义务要符合社会道德要求，明确社会文化发展的伦理属性。主要表现在以文化立法的形式推动各类文化主体的发展、明确各类文化资源的市场配置规则、文化企业的法人治理制度和文化传媒领域的开放准入制度；明确法人、公民和社会组织从事社会公共文化、文化产业的激励措施，以及文化中介组织、机构的地位、作用等。

第三节 我国文化立法的完善思路

一 完善文化立法的基本方法

我国文化产业的快速发展，在各类文化活动开展过程中，应当尽快确立起相应的法律法规机制，构建完备的行为框架，引导文化产业活动有序开展，加速实现文化产业活动的规范化、合法化。基于这种认知，各级立法机构以及政府部门需要优化工作思路，调整工作方法，以文化立法作为切入点；通过文化层面法律法规的确立，实现文化参与主体关系的有效调整，为文化活动的开展奠定坚实基础。

同时对于保障公民相关权益奠定必要基础，对促进我国文化产业的发展产生积极作用。从实际情况来看，中国经过多年的实践探索，形成了文化管理、文化遗产、文化服务、文化产业等不同的专业法门类；通过探讨文化立法的基本方向，明确文化立法的重点环节，有助于解决现阶段文化立法过程中暴露出的各类问题。

(一) 文化立法的基本方向

第一，文化教育管理法方面。该类法律主要集中在文化教育领域，地方人民代表大会以及地方政府依据地方文化产业发展情况，进行相应的法律制定。文化教育管理法主要包括文化市场、电视广播、互联网络等几个方面。例如，2018年，我国颁布执行《英雄烈士保护法》；江西省根据中央立法，结合江西自身的实际，颁布了具有江西特色的英雄烈士保护政策规章。在整个地方文化立法的过程中，地方立法主要关注于公民文化权利的保护，把法律赋予公民的文化权利进行具象化，构建起完善的文化法制机制，从而有效弥补过往地方文化立法中存在的空白，细化文化管理权限，促进地方文化产业的健康快速发展。

第二，文化遗产保护法方面。文化遗产立法的根本目的在于，通过完备的法律条文，对我国境内的文化遗产开展精准化、全面化的保护，增加文化遗产破坏行为的成本。例如福建在文化遗产保护过程中，为强化文化遗产保护能力，借助立法的方式，对地区内部典型的三坊七巷等文化遗产进行全方位的保护，并取得了较好的效果。南京市、沈阳市在文化遗产保护过程中，充分考量本地区的实际，进行针对性的文化立法，打造具有地区特色的文化法律体系，在实现文化遗产有效保护的同时，兼顾文化遗产的资源开发，促进文化遗产的产业化。越来越多的地区，借鉴南京、沈阳等地的实际，进行地区性的文化遗产立法。

第三，公共文化服务法方面。地区公共文化服务产业作为文化活动的有机组成，是促进文化资源合理分配、满足公共文化消费需求的重要平台。为引导公共文化产业的健康发展，各地区针对性地进行文化立法工作；在立法环节，以公共图书馆、文化艺术馆等作为主要对象，着眼公共文化服务对象，制定相应的法律法规。以深圳市为例，针对地区公共文化服务的使用需求，对公共图书馆等进行系统化的立法，对公共图书馆的日常管理、经费来源等进行了法律层面的明确。近些年来，随着公共文化服务的逐步成熟，相关立法工作的速度进一步加快，法制体系将日益完善。

第四，文化产业相关法方面。目前，文化产业的立法工作主要着眼于各类出版物、报刊、影视作品等，初步形成较完善的文化产业法律机制。随着居民消费能力的提升、文化产品消费能力的增强，各地区以及相关部门投入大量的精力，进行必要的文化产业立法，以适应新形势下文化产业的发展要求，规范各类文化主体的行为，塑造良好的文化市场秩序。北京、上海等城市，在文化产业立法过程中，对广告立法进行了探讨，并在这一过程中，积累了丰富的经验。2018年3月11日《文化产业促进法》被建议列入全国人大常委会的五年立法规划；2019年，中华人民共和国文化和旅游部对于文化产业立法进行了广泛的意见征求，在意见征求的过程中，提出将文化产业的发展与国民经济、精神文明建设融合起来，形成整体性、综合性、专项性的文化产业规划，以实现文化产业的有效布局，引导文化资源的有序流动。同时将立法工作融入文化产业发展规划，将文化产业立法作为产业活动的推动力，实现文化产业立法活动的稳步推进。

（二）我国文化立法现存问题

文化领域现有法律法规更新速度较为缓慢。改革开放后，我国文化市场的规模与体量得到快速增加，文化产业逐步成熟，以综艺娱乐节目、影视等为代表的文化产业活动日益活跃，形成了具有一定规模的经济活动。但是，与欧美国家相比，我国在文化产业的立法方面，存在一定的滞后性，导致文化法律法规对于文化产业活动的调节能力受到限制。以我国的《文化产业促进法》为例，其经历了10年左右的酝酿才最终形成草案征求意见稿。从实际情况来看，《文化产业促进法》中，关于文化产业活动的相关规定，对于文化产业的界定、文化产业活动的调整能力较为有限；从长远来看，未必能有效助力于文化产业活动的健康发展。同时文化产业活动涉及面较广,在我国的文化立法过程中,应当做好文化产业立法体系的综合性创建,而非个别几部法律法规领衔。否则将继续导致各领域的文化立法工作衔接性不高,立法内容存在漏洞或者重叠的情况,导致我国文化立法难以符合实际需求。

立法理念错位、盲点仍较多。文化产业发展环节,市场机制的作用发挥较为有限。多数地区在文化产业管理中,仍旧沿用传统的管理模式,强调文化活动的强制性,忽视了市场等其他主体的自主性。这种主动性的缺失,无疑使得文化立法的引导能力、保障能力受到限制。这种立法观念的错位,无形中抑制了文化市场的经济价值与社会价值,甚至在某些程度上激化了社会的潜在矛盾。现阶段,动漫、游戏等新型文化产业迅猛发展,为确保相关文化活动的有序进行,势必要求进行必要的文化立法;以法律为框架,对文化活动中的矛盾进行化解,防范矛盾的激化。但是从实际情况来看,我国现阶段并未形成完整的文化立法活动。这种情况如果没有得到妥善解决,将限制新型文化产业的发展,对于文化资本的融入产生阻碍作用。例如我国出台的《商标法》《广告法》以及《专利法》等专门性的法律法规,初步构建起文化市场法律管控机制;但就权威性来看,当前文化市场的相关立法权威性不高,强制性以及调节能力较为有限。这种情况的发生,无疑限制了文化资本作用的发挥,对于文化市场的形成与发展产生了抑制作用。导致这种情况出现的原因在于,多数立法属于行政性法规,具有临时性、地域性的特点,难以在整体层面,对文化市场各类资本行为进行调节。为应对这种局面,应当做好文化立法权威的提升工作,提升立法主体的等级,强化文化立法的缜密程度;避免出现法律缺失等较大漏洞,对立法质效带来不利影响。

(三) 文化立法关注的重点问题

在文化立法的过程中，需要根据文化活动的基本情况，结合文化产业的发展需求，总结、借鉴过往的立法实践经验，对文化立法活动作出适当的调整，以保证文化立法的有效性。这是有效弥补我国过往在文化资本立法环节存在的薄弱之处、构筑我国文化资本市场法治秩序的有力一步。

第一，结合文化活动的重点领域开展系统化的立法。文化立法活动的重视程度没有得到应有的提升，认识的不充分使得整个立法工作的进度较为缓慢。这种情况的发生，使得文化体系的构建与发展不够全面。这就需要适时调整思路，优化方法，将文化资本市场的相关立法纳入公共文化领域立法，将文化资本放在核心位置，有计划、有目的地推进各项文化立法工作。在文化立法实践环节，需要正视其立法工作的全面性、规范性，着眼于文化法律的运转情况，针对性地开展文化立法的强化工作。例如近些年来，我国针对经济发展、国民生活的实际，对知识产权、文化遗产等进行系统性的保护，以实现文化立法保护范围的有效性。随着《电影法》《文化企业法》等相关法律法规的逐步成熟，文化法律体系更为健全，文化活动得到较有效的引导。

第二，更大程度上与国际接轨。在文化产业活动的市场化管理过程中，由于行政命令的调节作用被过分突出，市场规律的作用受到限制。这种情况下，国家相关部门应当出台相应的举措，对市场秩序做好干预。近些年来，我国文化市场发生了深刻变化，文化资本、文化创作主体的活跃度逐步提升，与外部文化市场之间的联系性更为密切。考虑到这种情况，文化立法环节，需要从整体层面出发，将文化立法视角进行延伸，涵盖国内、国际两个市场；依托文化立法行为，制定合理的法律法规，扭转现阶段的文化市场行为，更好地发挥出市场对于文化行为的引导、规范作用，扩大文化市场的影响力，为文化产业活动的开展奠定坚实基础，营造良好的外部空间与产业氛围。

第三，提高文化资本市场的立法层次。确立新的文化立法观念，通过立法观念的有效转化，逐步解决文化产业立法过程中存在的立法失衡问题。借助必要的文化市场立法工作，对文化产业管理行为、管理方式、管理体系做出必要的调整，以更好地解决文化产业发展过程中所面临的各类问题。文化立法作为系统性工程，涉及立法议程、立法建议等不同环节；为确保文化产业立法的有效性，相关部门需要从整体性、全局性的角度出发，对文化产业立法的新要求、新标准等进行明确，以保证文化立法更好地贴近实际，符合现阶段文化立法的相关要求。除了做好立法内在逻辑的明确之外，还应对文化立法过程中，法律条文的表述方式进行必要的调整。例如文化产业的法律表述应当做到言语精炼、表达准确，同时文化产业法律法规要具备较强的可操作性，实现文化产业法律法规实践属性的稳步提升。

第四，持续优化文化市场立法机制。文化市场法律法规在创立的过程中，须要结合文化产业活动复杂性等基本特征，将不同的部门纳入文化立法活动；通过共同的参与以及密切的配合，在确保文化立法有效性的基础上，实现文化活动的有效规范。在这一思路的框架下，相关部门在文化市场立法环节，应当做好文化市场法律法规视角的优化，在文化产业发展过程中，对市场化要素进行发掘、培养以及规范，以更好地实现文化立法机制对于立法行为的调节作用。例如针对文化遗产的立法，考虑到文化遗产经济属性，立法环节充分考量市场要素，形成文化遗产的保护性开发，为文化遗产的持续、健康发展奠定了坚实的基础。

(四) 文化立法的推进思路

第一，打造整体性的文化法律体系。在文化立法环节，需要突出《宪法》的指导作用，将宪法中的相关要求，逐步地细化，使得公民真正享受到文化的基本权益。同时也可以借助于文化立法的方式，将《宪法》的法治精神与内涵，融入文化立法，引导文化立法行为的有序开展。例如各级人大作为立法机关，需要针对性地做好文化基本法的创设工作，实现对公民文化权益的有效保护，更为全面地引导文化产业行为。推动文化保护活动的有序进行。文化基本法成为我国文化法制体系的主体，在文化基本法中，针对我国文化市场的实际情况，完成制度设计，从整体上推动文化产业活动的良性运转。文化基本法在创设之初，需要考虑文化法律的立法要求，以实践需求为导向；在此基础上，有计划地推进文化立法工作，形成文化基本法体系。通过文化基本法形成文化立法框架，有效弥补过往文化立法存在的不足。

但是从实际情况来看，现行的文化市场法律法规，大多是以暂行条例等行政法规的形式存在，少数由全国人大制定。这种文化立法形式，立法层次较低，法律效力不足，无法满足实际需求。基于这种实际情况，以现有的法律法规为基础，在相关条件成熟的情况下，可以进行立法权限的升级，由全国人民代表进行法律顶层设计，加强文化立法的有效性。在立法过程中，应当考虑文化立法的根本要求，结合文化市场活动的复杂性等，有效推进文化立法活动。对于文化主体的自主性问题，应当以辅助性原则为导向，增加文化行为的自主权；个人能够解决的问题，国家不应当进行干预。同理，地方政府能够解决的问题，上一级政府不应当干预，这样的立法原则将稳步增强文化立法的合规性，对文化立法权做好细化。各级政府作为文化立法的主体，在整个过程中，势必需要具备更强的主动权，通过主动权的增强，实现对文化事务的有效调节。考虑到文化产业活动的市场属性，在文化立法环节，需要将立法活动与文化市场活动有机结合起来，将文化创新、文化资本、文化消费等纳入文化立法的视野，促进文化市场秩序的有效形成。同时在文化资本立法环节，应当着重进行立法的补充，去除文化资本立法的盲点，有针对性地开展稳住资本的立法工作，推动我国文化法律体系的健康快速发展。

第二，应当重视民间规范对文化立法的促进作用。一方面，如果立法工作难以对文化活动做好相应的规范以及引导，影响力、影响水平就难免有限。同时相关部门的文化立法有着滞后性，难以在较短的时间内，快速进行文化立法的补充与完善。另一方面，做好地方性文化立法工作，在地方层面进行立法的过程中，可以充分发挥规范的作用，在规范创设环节，应当结合过往经验，按照从无到有等方式进行持续文化立法。中国是一个多民族、地域广的国家，部分省份也有少数民族聚居的特色，各民族间如土家族、苗族等地域民族都有其独特的风俗习惯、宗教规则等民间规范，这些民间规范应构成地方文化立法的规则来源及重要参考。

二　完善文化执法的基本思路

文化执法作为文化市场法治化的有机组成部分，是文化立法活动的实践环节，是文化法制发挥作用的重要路径。文化执法要求执法部门、执法人员在文化法律法规的框架下，有目标、有导向地进行文化行为的管控，形成科学化的宏观性文化市场管理，使得文化执法活动更具可操作性，为文化产业活动的有序开展奠定基础。

对文化执法行为的权责进行明确。文化活动涉及的主体较为多样，在整个执法过程中，为避免执法盲区，相关执法部门需要从实际出发，依托岗位分工，有针对性地进行系统性、全局性的文化执法，形成文化执法、市场监管等执法主体的协同联动，以确保文化执法效能。在这一过程中，各级政府需要加强内部的工作沟通，形成文化执法综合机制，对文化产业活动中存在的违法犯罪行为，可以快速完成违法行为的识别、处罚以及整改等相关工作，更好地发挥文化法律法规的约束规范能力。同时建立、健全行业自律机制，对文化市场开展多层次的管控，确保文化市场与区域经济、社会生活的协同发展，打造源头管理的执法监督体系。例如对于非法音像制品，文化执法部门需要进行源头化管理，实现文化市场主体行为的有效管控。

同时，为更好地激活农村文化市场，形成城乡文化市场的协同发展，整个文化执法环节，需要立足于农村文化活动的基本情况，结合农村文化产品消费的行为习惯与消费需求，在此基础上，开展文化执法活动。旨在通过文化执法，确保各类文化活动优惠政策得到落实，农村文化市场的活力得到最大程度的激活；同时对于文化活动中存在的违法行为，进行必要的处罚，以规范农村文化活动。为达到这一目标定位，农村地区在文化执法环节，应当根据农村文化市场的整体情况，依托各类文化法律法规，组建文化执法队伍，细化文化执法权责分工，确保文化执法活动的顺利开展，实现文化执法效能的提升。

三 提升文化执法效果的有效路径

考虑到文化执法活动的质效，在文化执法过程中，除了做好立法工作之外，还需要对执法方式做出适当的调整，将新媒体手段、大数据等引入文化执法活动，依托文化执法手段的创新，更好地解决文化执法过程中面临的新问题、新挑战。现阶段，随着互联网普及程度的持续上升，文化产业活动的方式发生了深刻变化。在这种情况下，如果采用传统执法手段，势必难以对文化活动进行监管，导致执法效果无法达到预期。通过电子执法体系的构建和完善，执法人员对新媒体手段、大数据分析等的掌握，对文化市场、文化产品的内容进行数字化、信息化的监管，加强非法文化产品的识别能力，尤其是对盗版文化产品的制作、销售链条的高效打击，规范文化市场秩序，对于整个文化产业的创新有着深远影响。依托相关信息化技术，文化执法人员的执法规范性、标准性得到显著增强，文化执法的时间成本、费用成本也得到管控，实现了行政资源利用的最优化，对于文化市场执法行为作用的发挥有着深远的影响与作用。同时执法活动的信息化，降低了文化执法人员的工作强度，对于部分违法文化产品，可以快速进行处罚，提升文化市场秩序。

文化执法环节，为消除工作漏洞，相关部门必须将监管工作纳入执法活动；通过监管举措，加速文化执法体系的健全，确保文化法律法规要求的全面落地。例如在疫情防控过程中，文化执法的作用得到充分体现；在涉及文化活动相关场所复工复产的过程中，通过对文化娱乐场的检查，在保证复工复产活动顺利进行的同时，也保证了消费者的健康安全。监督工作开展环节，应当明确监督的重点，对文化市场的重点产业，例如文艺演出、电视电影等文化产业活动，通过执法检查等方式，对演出过程中存在的问题进行集中性的汇总，并根据检查结果进行处罚，以实现对文化产业活动的有效监督。在此基础上，应当做好文化执法队伍的创建工作，持续提升文化执法人员的专业能力。通过必要的业务培训、岗位练兵，稳步提升执法能力，实现文明执法、公正执法。同时，进一步强化执法人员的考核管理，逐步形成岗位责任制以及工作考核制度，落实文化执法各项责任，更好地发挥文化执法的作用，避免文化执法过程中出现漏洞或者管理缺失，为文化产业的发展、文化市场的繁荣奠定坚实的基础，创造良好的条件。

人类精神生产创造了文化。文化资本的力量，在技术和市场的催动下，攻城略地，所向披靡。不仅能够满足人的精神生活需要，而且塑造了这个时代人的精神结构，制造了需要以及满足这种需要的方式。法律和市场可以制约资本的力量，还有什么力量能够将文化资本制约在公设的道理和规范之内？只能是人们对于人的自由而全面发展目标的渴望，对于社会文明不断进步的希望，对于人的存在意义的追求，对于每一个人都可以获得的社会历史主体地位的尊崇。当人们发现文化资本运作行为有可能损害他的自由，或者掏空他的自由所需要的理性条件时，文化主体性会展开文化批判，重新建构文化资本的扩张逻辑。文化以叙述文本和社会文本，守护伟大价值观和道德观，唤醒沉睡的精神，解放思想，启蒙理性。文化，在这荒凉的物质世界，开了无数朵鲜花，将诗意和美好洒在人间。在这黑暗的精神世界，无声无息地设置路标，将精神从黑暗和迷茫引向黎明和自由。没有经过文化教化或不愿意接受文化教化的人，都是依据天然情绪而自利；唯有那些经过伟大文化教化的人，才知道何为高尚。

参考文献

【著作类】

[德] 马克思、恩格斯：《马克思恩格斯选集》第1—4卷，人民出版社2012年版。

中共中央宣传部：《习近平总书记在文艺工作座谈会上的重要讲话学习读本》，学习出版社2015年版。

中共中央宣传部：《习近平总书记系列重要讲话读本》，学习出版社、人民出版社2016年版。

习近平：《之江新语》，浙江人民出版社2007年版。

北京大学哲学系美学教研室编：《西方美学家论美和美感》，商务印书馆1980年版。

陈守聪、王珍喜：《中国传统文化的价值与现代德育构建》，光明日报出版社2013年版。

程树铭主编：《逻辑学》（第三版），科学出版社2016年版。

陈学明：《西方马克思主义教程》，高等教育出版社2001年版。

费孝通：《乡土中国　生育制度　乡土重建》，商务印书馆2011年版。

常江：《中国电视史：1958—2008》，北京大学出版社2018年版。

崔曼莉：《浮沉》，陕西师范大学出版社2008年版。

冯俊等：《后现代哲学讲演录》，商务印书馆 2003 年版。

付春、王善迈、任勇：《文化资本与国家治理——基于对中国传统治国之道的考察》，中国社会科学出版社 2015 年版。

范志忠、陈旭光：《中国电视剧蓝皮书 2018》，北京大学出版社 2018 年版。

顾肃：《自由主义基本理念》，中央编译出版社 2003 年版。

顾肃、张凤阳：《西方现代社会思潮史》，山东教育出版社 2004 年版。

宫承波、刘姝等：《新媒体失范与规制论》，中国广播电视出版社 2010 年版。

高楠：《中国古代艺术的文化学阐释》，辽宁人民出版社 1998 年版。

何天平：《藏在中国电视剧里的 40 年》，浙江工商大学出版社 2018 年版。

黄会林等主编：《电视学导论》，高等教育出版社 2008 年版。

黄淑娉、龚佩华：《文化人类学理论方法研究》，广东文教出版社 1998 年版。

胡正荣等编：《新媒体前沿（2013）》，社会科学文献出版社 2013 年版。

扈永进选编：《文学的意义》，江苏凤凰文艺出版社 2017 年版。

江畅：《论价值观与价值文化》，科学出版社 2014 年版。

焦国成：《中国伦理学通论》，山西教育出版社 1997 年版。

金惠敏：《媒介的后果》，人民出版社 2005 年版。

罗国杰主编：《中国传统道德》，中国人民大学出版社 1996 年版。

李萍：《现代道德教育论》，广东人民出版社 1999 年版。

罗钢、刘象愚主编：《文化研究读本》，中国社会科学出版社 2011 年版。

刘兴云、石小娇：《意义世界的构造——马尔库塞新人本主义伦理思想研究》，中国政法大学出版社 2016 年版。

罗浩波：《社会文明学导论》，浙江大学出版社 2008 年版。

马啸原：《西方政治制度史》，高等教育出版社2000年版。

欧阳坚：《文化产业政策与文化产业发展研究》，中国经济出版社2012年版。

欧力同、张伟：《法兰克福学派研究》，重庆出版社1990年版。

彭聃龄：《普通心理学》，北京师范大学出版社2012年版。

秦前红：《法律能为文化发展繁荣做什么》，中国政法大学出版社2015年版。

宋希仁主编，《西方伦理思想史》，中国人民大学出版社2004年版。

沈之兴、张幼香主编：《西方文化史》，中山大学出版社2000年版。

司马云杰：《文化价值论》，山东人民出版社1990年版。

孙远太：《文化资本与教育不平等》，知识产权出版社2013年版。

孙伟平：《事实与价值》，中国社会科学出版社2000年版。

唐凯麟：《伦理学》，高等教育出版社2000年版。

陶东风主编：《文化研究》第1—23辑（2001—2020年），社会科学文献出版社。

陶东风主编：《文化研究精粹读本》，中国人民大学出版社2006年版。

陶东风主编：《文化研究年度报告（2010）》，社会科学文献出版社2011年版。

陶东风、和磊：《当代中国文艺学研究（1949—2009）》，中国社会科学出版社2011年版。

唐君毅：《文化意识与道德理性》，中国社会科学出版社2014年版。

熊澄宇：《世界文化产业研究》，清华大学出版社2012年版。

万俊人：《现代西方伦理学史》，中国人民大学出版社2011年版。

万俊人：《寻求普世伦理》，商务印书馆2001年版。

王海明：《新伦理学》，商务印书馆2001年版。

魏英敏主编：《新伦理学教程》，北京大学出版社2002年版。

王贞子：《数字媒体叙事研究》，中国传媒大学出版社 2012 年版。

王元骧：《文学原理》，浙江大学出版社 2018 年版。

薛晓源、曹荣湘主编：《全球化与文化资本》，社会科学文献出版社 2005 年版。

许启贤、张立文、王俊义等主编：《传统文化与现代化》，中国人民大学出版社 1987 年版。

谢祥浩、刘宗贤：《中国儒学》，四川人民出版社 1993 年版。

杨祖陶：《康德、黑格尔哲学研究》，武汉大学出版社 2001 年版。

杨祖陶：《康德三大批判精粹》，人民出版社 2001 年版。

张文勋、施惟达、黄泽：《民族文化学》，中国社会科学出版社 1998 年版。

周才庶：《当代中国电影产业的文化资本研究》，中国社会科学出版社 2016 年版。

俞吾金、吴晓明主编：《二十世纪哲学经典文本》，复旦大学出版社 1999 年版。

周辅成主编：《西方伦理学名著辑要》，商务印书馆 1996 年版。

曾庆瑞：《电视剧原理·文本论》，中国传媒大学出版社 2007 年版。

吴根友点注：《四书五经》，中国友谊出版公司 1993 年版。

钱穆注：《论语新解》，九州出版社 2019 年版。

老子：《道德经》，富强译注，作家出版社 2016 年版。

司马迁：《史记》，岳麓书社，1988 年版。

［德］康德：《道德形而上学奠基》，杨云飞译，邓晓芒校，人民出版社 2013 年版。

［德］康德：《判断力批判》，邓晓芒译，杨祖陶校，人民出版社 2002 年版。

［德］哈拉尔德·韦尔策编：《社会记忆：历史、回忆、传承》，李斌、

王立君、白锡堃译,北京大学出版社 2007 年版。

[德] 阿莱达·阿斯曼:《回忆空间——文化记忆的形式和变迁》,潘璐译,北京大学出版社 2016 年版。

[德] 恩斯特·卡西尔:《人论》,甘阳译,上海译文出版社 2003 年版。

[德] 赖纳·特茨拉夫主编:《全球化压力下的世界文化》,吴志成、韦苏译,江西人民出版社 2001 年版。

[德] 马克斯·韦伯:《新教伦理与资本主义精神》,彭强、黄晓京译,陕西师大出版社 2002 年版。

[德] 马勒茨克:《跨文化交流——不同文化的人与人之间的交往》,潘亚玲译,北京大学出版社 2001 年版。

[英] 约翰·密尔著:《论自由》,许宝骙译,商务印书馆 2004 年版。

[英] 斯图亚特·霍尔编:《表征:文化表象与意指实践》,徐亮、陆兴华译,商务印书馆 2003 年版。

[英] 亨利·西季威克:《伦理学方法》,廖申白译,中国社会科学出版社 1993 年版。

[英] 马林诺夫斯基:《文化论》,费孝通等译,中国民间文艺出版社 1987 年版。

[英] 泰勒:《原始文化》,连树声译,广西师范大学出版社 2005 年版。

[英] 雷蒙德·弗思:《人文类型》,费孝通译,华夏出版社 2002 年版。

[美] 马克·波斯特:《第二媒介时代》,范静哗译,南京大学出版社 2005 年版。

[美] 马克·D. 雅克布斯、南希·韦斯·汉拉恩编:《文化社会学指南》,刘佳林译,南京大学出版社 2012 年版。

[美] 道格拉斯·凯尔纳:《媒体文化——介于现代与后现代之间的文化研究、认同性与政治》,丁宁译,商务印书馆 2004 年版。

[美] 约翰·罗尔斯:《道德哲学史讲义》,顾肃、刘雪梅译,中国社

会科学出版社 2012 年版。

［美］约翰·杰洛瑞：《文化资本——论文学经典的建构》，江宁康、高巍译，南京大学出版社 2011 年版。

［美］马歇尔·萨林斯：《文化与实践理性》，赵丙祥译，上海人民出版社 2002 年版。

［美］塞缪尔·亨廷顿、劳伦斯·哈里森主编：《文化的重要作用——价值观如何影响人类进步》，程克雄译，新华出版社 2002 年版。

［美］道格拉斯·凯尔纳、斯蒂文森·贝斯特：《后现代理论—批判性的质疑》，张志斌译，中央编译出版社 1999 年版。

［美］路易斯·亨利·摩尔根：《古代社会》，杨东莼、马雍、马巨译，商务印书馆 1997 年版。

［美］鲁思·本尼迪克特：《菊与刀》，吕万和、熊达云、王智新译，商务印书馆 2001 年版。

［美］贝斯特、凯尔纳：《后现代理论———批判性的质疑》，张志斌译，中央编译出版社 1999 年版。

［美］阿拉斯代尔·麦金太尔：《德行之后》，龚群、戴扬毅译，中国社会科学出版社 2020 年版。

［古希腊］亚里士多德：《形而上学》，苗力田译，中国人民大学出版社 2003 年版。

［古希腊］亚里士多德：《尼各马可伦理学》，廖申白译，商务印书馆 2003 年版。

［法］笛卡儿：《谈谈方法》，王太庆译，商务印书馆 2000 年版。

［苏］科恩：《自我论》，佟景韩等译，生活·读书·新知三联书店 1986 年版。

［瑞士］荣格：《荣格自传》，刘国彬译，上海三联出版社 2009 年版。

Glenn Jordan, Chris Weedon, *CulturalPolitics*, Oxford: Blackwell, 1995。

【期刊类】

习近平：《在打好精准脱贫攻坚战座谈会上的讲话》，《求是》2020年第9期。

艾斐：《用文艺传递向上向善的价值观》，《党史文汇》2015年第2期。

程铭、田福军：《我国青少年学生体质健康水平下降的原因及提升策略研究》，《教育理论与实践》2018年第24期。

常江、郝辉雅：《国家叙事与当代生活：数字时代电视文化的青年化》，《现代视听》2021年第2期。

韩思齐：《日本治愈系的文化分析》，《南昌教育学院学报》2010年第2期。

金丹元、游溪：《从〈甄嬛传〉的热播谈古装剧对历史的重新想象》，《浙江传媒学院学报》2013年第3期。

聂辰席：《深入现实生活 讴歌伟大实践——在〈山海情〉创作座谈会上的讲话》，《中国电视》2021年第3期。

孙佳山：《多重视野下的〈甄嬛传〉》，《文艺理论与批评》2012年第4期。

童民：《疗愈经济在日本》，《海外传真》2006年第8期。

魏则胜：《中国特色社会主义文化何以自信》，《华南师范大学学报》（社会科学版）2018年第1期。

王磊：《流潋紫谈〈甄嬛传〉语言：以〈红楼梦〉为样本》，《参花（文化视界）》2012年第5期。

王二磊：《爱伦·坡文学批评的道德困境与美学出路》，《外国文学研究》2020年第4期。

杨海燕、徐慧：《电子游戏异化及其社会对策》，《内蒙古农业大学学报》（社会科学版）2004年第3期。

周瑞：《浅析电视剧〈甄嬛传〉中的配乐》，《音乐时空》2015年第

8 期。

王欣：《创伤叙事、见证和创伤文化研究》，《四川大学学报》（哲学社会科学版）2013 年第 5 期。

谢鲁：《加强文化立法推动文化大发展大繁荣》，《宁波经济》（三江论坛）2018 年第 6 期。

解玺璋：《百家争鸣说"通俗"——"通俗电视剧"研讨会综述》，《中国电视》1993 年第 10 期。

章可：《我国文化立法的路径探究》，《学习与实践》2019 年第 8 期。

【报纸类】

《文学不能"虚无"历史》，《人民日报》2014 年 01 月 17 日第 24 版。

杜娟：《理性审视"她文化"的兴起》，《文摘报》2021 年 2 月 11 日第 7 版。

韩业庭、苏墨、唐蓉等：《古装戏应弘扬主流价值观》，《光明日报》2011 年 12 月 21 日第 15 版。

刘奇葆：《推动社会主义文化繁荣兴盛》，《人民日报》2017 年 11 月 13 日第 6 版。

李政葳：《我国网民规模超 10 亿》，《光明日报》2021 年 8 月 28 日第 3 版。

陶东风：《比坏心理腐蚀社会道德》，《人民日报》2013 年 9 月 19 日第 8 版。

吴潇怡：《"大"女主剧的"小"格局》，《光明日报》2018 年 9 月 13 日第 16 版。

徐川、蒲清平：《幸福都是奋斗出来的》，《光明日报》2018 年 12 月 24 日第 11 版。

后　　记

　　如果说学术是一片充满希望的田野，那么田野上盛开的花朵不属于我。犹如一个勤快却笨拙的农夫，只知道辛勤耕耘，收获甚少，却不懂得如何经营才能够流连于桃李芬芳。即使追寻真理的旅程孤独而寂寞，也只能如是。

　　这本书是本人主持的国家社科基金重点项目"新媒体与市场环境下文化资本的伦理义务研究"的最终研究成果。本以为在2016年获得立项后可以在2019年之前完成课题研究与成果写作任务，但是却拖延至2021年7月才完成初稿。虽然相关研究已经坚持了十几年，但本书开始写作的时间是2021年6月初，结束时间是2021年7月底。从芒种之前到大暑之后，我每天早晨五点起床，思考并写作到九点；下午从四点半写作到六点半。我见过早晨第一缕阳光照亮书桌，我听过早晨第一声鸟鸣；我曾在早晨看着窗外的电闪雷鸣与风雨交加；黄昏在文科楼前草坪踽踽独行，追问形而上学；隔天在操场跑十三圈（五千米），是为了锻炼体力和毅力；我见过深夜华南师范大学校园的星空和月光。从最初每天写作一千字，到每天写作两千字、三千字、四千字、五千字、六千字，终于，7月28日完成了这部著作的初稿。回首那两个月，不知自己怎么坚持下来的。本人不才，力所不逮，然而，"为天地立心，为生民立命"之信念不敢忘记。希望这本书会不负读者所望，力求有所创新。在理性希望找到清晰的地方，等待您的不会是迷茫。

感谢我指导的博士生邱翔翔、韩谦、苗存龙、杨慧芝和廖欢，硕士生孔令玉和彭曼婷，在我研究相关论题和写作本书过程中，不仅为我收集资料，而且与我探讨有关问题，对我的思考提供了很多帮助。邱翔翔、韩谦、苗存龙、杨慧芝和廖欢依据我建构的文化资本伦理义务的理论分析框架，对网络游戏、电影、电视剧等文化作品进行伦理批判，对文化立法的伦理要求进行探讨，我希望以此方式推动我指导的研究生尽快以比较专业的方式进入文化研究领域。

本书不是一部成熟的著作，可以算作本人正在撰写的著作《文化伦理学》的理论准备。学术理想与学术能力不匹配，是一件让人沮丧而痛苦的事情；然而对于真理的渴望，对于美好文化世界的向往，对于良好文化建构的人的精神世界的期待，成为本人的研究动力。自由的精神力量创造了文化。文化资本的力量在技术和市场的催动下，攻城略地，所向披靡，不仅能够满足人的精神生活需要，而且塑造了这个时代人的精神结构，制造了需要以及满足这种需要的方式。法律和市场可以制约资本的力量，伦理则以其特有的方式，标记人类前行的道路。文化，在荒凉的物质世界，绽开无数朵鲜花，将诗意和美好洒在人间。在这无边的精神原野，无声无息地设置路标，将行人从暗夜引向黎明。个人的力量是微小的，但涓涓细流汇聚成江河，位卑未敢忘忧国，即使自己的研究成果是历史长河中一朵不起眼的浪花，但毕竟身在其中，不负岁月。